Kunst-Reiseführer in der Reihe DuMont Dokumente

In der vorderen und hinteren Umschlagklappe: Karte von Süd-England

THE MERCHANT.

"high on horse he sat,
Upon his head a Flanders beaver hat."

Peter Sager

Süd-England

Von Kent bis Cornwall

Architektur und Landschaft, Literatur und Geschichte

DuMont Buchverlag Köln

Auf der Umschlagvorderseite: Fachwerkhaus in einem englischen Dorf
Auf der Innenklappe: Nicholas Hilliard: *A Youth Leaning against a Tree among Roses,*
um 1588, 13,6 x 7 cm, Victoria & Albert Museum, London
Auf der Umschlagrückseite: The Seven Sisters in Sussex
Gegenüber der Titelseite: Vignetten-Figur (Der Kaufmann) aus Chaucers ›Canterbury Tales‹,
Ellesmere Ms.

Die vom Verfasser stammenden Fotos sind mit einer Nikkormat der Firma Nikon aufgenommen,
die Farbbilder mit einer Olympus OM–1 auf Agfacolor CT 18.

CIP-Kurztitelaufnahme der Deutschen Bibliothek

Sager, Peter
Süd-England : von Kent bis Cornwall ; Architektur
u. Landschaft, Literatur u. Geschichte. – 3. Aufl.
– Köln : DuMont, 1979.
 (DuMont-Dokumente : DuMont-Kunstreiseführer)
 ISBN 3-7701-0744-6

© 1977 DuMont Buchverlag Köln
Alle Rechte vorbehalten
Druck: Gebr. Rasch & Co., Bramsche
Buchbinderische Verarbeitung: Kleins-Druck, Lengerich

Printed in Germany ISBN 3-7701-0744-6

Inhalt

Kent	10
Wo die Römer landeten	11
Heinrichs Burgen, Wellingtons Bett	12
Dickens was here	16
Becket oder Der Ruhm Canterburys	21
Burne-Jones und die Glasmalereien von Kent	28
Hopfentürme und Herrenhäuser	30
Wo Anne Boleyn schlief und Churchill schrieb	32
Von englischer Sitzkunst	61
Surrey	65
Magna Charta und die Teufel von Chaldon	65
Das College des Pillenkönigs	67
Picknickhügel mit Poeten	70
Heinrichs Traumschloß und Watts' Grabkapelle	72
Lewis Carroll in Guildford	92
Moor Park oder Die Liebe eines Privatlehrers	93
Landhäuser und die Kammermusik von Haslemere	95
Sussex	98
Rolling Hills	98
Brighton – Prinnys verrückter Palast	99
Die malerische Landschaft: Turner in Petworth House	105
Surrealisten, Pferde und Follies	107
Chichester und die Villen der Römer	108
Welche Pfeife rauchte Sherlock Holmes?	111
Opernfestival zwischen grünen Hügeln	113
Die Eroberung	116
Hampshire	119
Fast ein Palast von Waterloo	120
Ein Kreuzzug gegen den Krieg	139

INHALT

Vineta unter Weizenfeldern 141
Portsmouth und Southampton 145
Über den rechten Umgang mit Ruinen 147
Königsstadt Winchester 150
Agamemnon im New Forest 154
Das schöne Blech von Beaulieu 156

Isle of Wight 157
The Kaiser macht sich unbeliebt 158
Osborne oder Wie viktorianisch war Victoria? 159
Zum Tee bei Lord Tennyson 161

Dorset 164
Gartenstädte am Meer 164
Stadtsanierung Anno 1780 167
Die Steine von Purbeck 168
Unfall in der Heide 186
Land Art bei Dorchester 188
Küste der Steinbrüche und Versteinerungen 190
Die großen Klöster 192

Wiltshire 197
Stonehenge: Kalender der Hängenden Steine 197
Salisbury: Dom auf dem Dorfanger 203
Wilton House: Museum und Salon 207
Der Turmbau von Fonthill 210
Stourhead oder Das wiedergewonnene Paradies 213
Die Löwen von Longleat 216
Lacock Abbey: Fox Talbot erfindet die Fotografie 234

Somerset 238
Mord im Exmoor 239
Ein literarischer Wanderweg 241
Quantocks und Mendip Hills: Dichter und andere Höhlenbewohner 243
Die Kathedrale von Wells 247
Zum Gral nach Glastonbury 250
»In my end is my beginning« 252

Avon 254
Bristol oder Die Künste einer Kaufmannsstadt 254
Badminton in der Eingangshalle 258
»Follow the famous to Bath« 263

Devon 269
Die steinernen Könige von Exeter 270
Keats und die Toten von Torquay 273
Am englischen Rhein 275
Wo bitte geht's zu Francis Drake? 278
Reynolds' Porträts und Drakes Landsitz 289
Dartmoor: Reise auf dem Rücken eines Dinosauriers 291
Nord-Devon: Strandräuberküste mit Dichtern 294

Cornwall 297
Das Wirtshaus im Bodmin Moor 298
Wasser, Luft und Porzellanerde 299
Klosterinsel und Inselfestung 301
Englands Ende 304
Fish, tin and copper! 306
Künstler, Haie und Sardinen 307
Mein Gott, Arthur 310
Zwei Kirchen und ein Kauz 312

Literaturhinweise 314
Abbildungsverzeichnis und Fotonachweis 315
Zeittafel und Stilperioden 323

Praktische Reisehinweise 329
Süd-England von A–Z 329
Veranstaltungen und Bräuche 335
Ergänzende Ortshinweise und Öffnungszeiten 335
Essen und Trinken 337

Register 358

Danksagung

Dem englischen Dehio, Sir Nikolaus Pevsner, und seinem vielbändigen Werk ›The Buildings of England‹ verdankt dieses Buch manche Anregung. Für beständige Hilfe und Kritik danke ich besonders Lady Hildegard Heygate in Wissett/Suffolk, Mrs. Sally Lewis vom South East England Tourist Board in Tunbridge Wells/Kent und Robert König von der Britischen Zentrale für Fremdenverkehr in Frankfurt. Vor allem danke ich auch bei diesem Buch wieder meiner Frau Else Maria. Ihr kritischer Enthusiasmus hat das Reisen in England zu einem doppelten Vergnügen gemacht.

Abkürzungen

A	= Hauptstraßen 1. Ordnung	NT	= National Trust
B	= Hauptstraßen 2. Ordnung	Norm.	= Normannisch
M	= Motorway: Autobahn	E E	= Early English
Rd	= Road	Dec.	= Decorated
St	= Street	Perp.	= Perpendicular

Für Elle

Kent

»Ich sehne mich nach den grünen Feldern Englands.«
Ronald Biggs, Posträuber

Auf den Weißen Klippen von *Dover* liegt keine Loreley, aber Kanalromantik, früher oder später, wird immer mit diesem Anblick verbunden sein, my castle is my home-Gefühle, und diese ganze lange Geschichte von den Römern bis zum geregelten Fährverkehr. »Ende des Winters fuhr ich abermals nach England und war von den weißen Klippen Dovers so gerührt wie nur ein aus den Kolonien in die Heimat zurückkehrender Engländer«, bekannte Oskar Kokoschka, dessen Bild ›Die Küste von Dover‹ (1926) im Museum von Basel hängt.

The White Cliffs: Von hier startete Richard Löwenherz 1190 zum 3. Kreuzzug, hier landete Charles II. bei der Restauration der Stuarts 1660, und Feldmarschall Blücher bei seinem London-Besuch, hier kam er an, 1814, begrüßt von einer begeisterten Menschenmenge. Die weißen Klippen von Dover: ein strahlender, ein kühler, ein stürmischer Empfang – wollten wir das Erlebnis dieser Annäherung wirklich in einem Auto-Tunnel schnurstracks unterlaufen, irgendwo hinter Dover ans Licht kommen, geblendet wie Gloucester: »Mich dünkt, der Grund ist eben.«? Ganz und gar nicht, es geht steil hinauf zum Shakespeare Cliff, benannt nach jener Szene im ›Lear‹ (IV,6), die an der Küste bei Dover spielt. Ironie der Verhältnisse: Am Fuß des Shakespeare Cliff wurde 1880 die erste Meile eines Kanaltunnels gebohrt, gegen den zwei Jahre später die englische Militärführung aus politisch-strategischen Gründen ein Veto einlegte, das sie erst 1955 aufhob. Der Kanal, sagte Churchill 1936, »ist keine Wasserstraße, er ist eine Weltanschauung«. So wurde der 1973 im Zeichen eines umstrittenen englischen EG-Beitritts erneut beschlossene Bau eines Kanaltunnels wiederum zwei Jahre später wohl nicht nur aus finanziellen Gründen auf unbestimmte Zeit verschoben. Dies immerhin wäre der letzte Rekord, der noch aussteht auf der 33,8 Kilometer langen Strecke zwischen Calais und Dover, die Captain Matthew Webb 1875 als erster Kanalschwimmer in 21 Stunden 45 Minuten schaffte.

Kent, seit Jahrhunderten strategisch wichtigstes – und damit auch kulturell fruchtbares – Durchgangsland zwischen dem Kontinent und London, Kent hat mehr Festungen und Burgen als jede andere englische Grafschaft, Northumberland ausgenommen. Die erste Burg im Lande war und ist Dover Castle. 1168 von Heinrich II. begonnen, wuchtig auf den Klippen über der Stadt gelegen, spiegelt Dover Castle wider, was es

im Mittelalter war: der Schlüssel Englands, die modernste Festungsarchitektur in West-
europa. Neu und von den Kreuzfahrern aus Konstantinopel importiert war die Ver-
wendung von Kurtinen, auf den Wallanlagen der Eisenzeit errichtete Mauern, gleicher-
weise neu die konzentrische Befestigung rings um den normannischen Bergfried. Von
seinen Zinnen aus kann man bei gutem Wetter die französische Küste sehen, und seine
Mauern sind mit über sechs Metern dick genug für ganze Zimmerfluchten. Der Name
von Heinrichs Festungsbaumeister ist uns bekannt: Mauricius, ebenso die im 12. Jahrhundert enorme Bausumme: rund 7 000 Pfund. Die kleine Kirche auf dem Burggelände,
St. Mary-in-Castro, gilt als hervorragendes Beispiel spätangelsächsischer Architektur
in Kent (ca. 1000). Römische Ziegel stecken in ihren Mauern, und an ihrem Westende
steht der Pharos, ein achteckiger, im Kern römischer Leuchtturm (1. Jh.).

Wo die Römer landeten

Die umfangreichsten Reste des römischen Empire in Kent sind weiter nördlich zu
finden: *Richborough Castle* am Rande der Isle of Thanet, damals eine Insel – Roms
Gibraltar. Als Flottenstützpunkt nach der Landung der Truppen des Kaisers Claudius
43 n. Chr. war Rutupiae zunächst bedeutender als Dover und blieb bis zum Ende der
römischen Besatzung im Jahre 412 der Hauptverbindungshafen nach Gallien. Am
Westtor von Richborough Castle betreten wir die ältesten Straßensteine Englands,
die römische Watling Street, die von hier über Canterbury nach London führte – heute
teils identisch mit der A 2 – und von London weiter nach Chester in Nord-Wales.
Ende des 3. Jahrhunderts wurde Rutupiae eine der zehn Festungen der Saxon Shore,
von den romanisierten Briten als Küstenschutz gegen die Angelsachsen errichtet.
    Aber nicht die Ruinen der Römer, sondern die drei Kühltürme des Kraftwerks von
Richborough beherrschen weithin die Landschaft. Und ein Caravanplatz ruiniert noch
die Ruinen von *Reculver*, dem römischen Regulbium. Reculver war Richboroughs
Pendant am anderen Ende des inzwischen versandeten Wantsum-Kanals, der die Isle
of Thanet vom Festland trennte. Wieder, wie in Dover, eine angelsächsische Kirche
auf römischem Burggelände: St. Mary's Abbey, 669 erbaut, 1809 abgerissen – bis auf
die doppeltürmige Westfassade (12. Jh.) hoch auf den Klippen, unverwechselbares
Zeichen für die Schiffe in der Themsemündung. Der Rest ist ein Appell an die Imagination: ein kreuzförmiger Grundriß mit Apsis und Arkade, die den Chor vom Langhaus
trennt, charakteristisch für die angelsächsischen Kirchengründungen des 7. Jahrhunderts
im Südosten Englands. Eine komplette Kopie der Kirche von Reculver steht in Parra-
matta in Australien. Dort haben Emigranten sie wiederaufgebaut als ihren letzten
Eindruck von England.
    Wer die Römer in Kent bis vor die Tore Londons verfolgen will, findet südlich
der A 20 im fischreichen Darent-Tal die Villa von *Lullingstone*. Von diesem eindrucksvollsten der über vierzig bisher bekannten römischen Landhäuser in Kent – Anfang des

KENT

*Lullingstone:
Fußbodenmosaik der
römischen Villa,
Bellerophon auf
Pegasus im Kampf
gegen die Chimäre*

ersten Jahrhunderts erbaut und im fünften wahrscheinlich durch Feuer zerstört – sind mehr als nur Grundmauern und Hypokaustenheizung erhalten. Das Fußbodenmosaik im apsisförmigen Speisesaal zeigt Europa auf einem weißen Stier (Abb. 15), ein zweites im Empfangsraum Bellerophon auf Pegasus im Kampf gegen die Chimäre. Rekonstruktionen der Wandmalereien – Wassernymphen, Betende und das XP-Monogramm – bezeugen das hohe künstlerische Niveau dieser Villa, die als früheste christliche Kultstätte in England gilt.

Heinrichs Burgen, Wellingtons Bett

Golf spielt man am exquisitesten, historisch und landschaftlich gesehen, an der Sandwich Bay, auch ›Millionärsecke‹ genannt. ›Royal Cinque Ports‹ heißt einer der drei Golfplätze dort – und mit einem Schlag sind wir im Mittelalter, als die ›Fünf Häfen‹ – Sandwich, Dover, Romney, Hythe, Hastings, später auch Rye und Winchelsea – unter der Führung von Dover dem englischen König den Kanal sicherten, gegen entsprechende Rechts- und Handelsprivilegien. Halb Löwe, halb Schiff: Unter dieser Flagge segelten die Cinque Ports seit ihrer ersten Föderation unter Eduard dem Bekenner im 11. Jahrhundert bis zu ihrem Niedergang im 15. Jahrhundert. Aber noch heute haben die ›Barone‹ der Cinque Ports das Recht auf besondere Plätze bei jeder Krönung in Westminster Abbey. Und sie haben einen eigenen ›Lord Warden‹, einen Gouverneur, dessen Residenz seit etwa 1730 Walmer Castle ist.

Sandwich, nördlichster der Cinque Ports, einst betriebsam am Meer, jetzt malerisch am River Stour gelegen: Seinen mittelalterlichen Charme genießt ganz nur, wer über

Wappen von Sandwich, einem der Cinque Ports

die Butts, die ehemaligen Festungswälle, bummelt oder durch die katzenkopfgepflasterten Gassen, die dem angelsächsischen Straßennetz folgen – breit genug für die Begegnung von Ochsenkarren und Fußgängern. Das Domesday Book von 1086, das Grundbuch Wilhelms des Eroberers, verzeichnet das heutige Kleinstädtchen als viertgrößte Stadt Englands hinter London, Norwich und Ipswich. Sandwich war das Tor Englands vom 11. bis zum 13. Jahrhundert, Hauptumschlagplatz für Händler und Heilige, Könige und Piraten. Thomas Becket schiffte sich hier ein ins französische Exil, Richard Löwenherz landete hier nach seiner österreichischen Gefangenschaft und pilgerte barfuß weiter nach Canterbury. Dies ist die Küste der großen Landungen. In Ebbsfleet nördlich von Sandwich betraten um 450 unter ihren legendären Führern Hengist und Horsa die ersten Angelsachsen englischen Boden, und ein keltisches Kreuz erinnert daran, daß hier im Jahre 597 St. Augustin seine Mission begann, ausgesandt von Papst Gregor dem Großen. Unter den drei Kirchen Sandwichs ragt der normannische Vierungsturm von St. Clement mächtig empor, innen und außen mit rund hundert Bögen geschmückt. In St. Peter (13. Jh.) heiratete Thomas Paine 1759 eine Einheimische, als er in Sandwich, New Street No. 20, für das väterliche Miedergeschäft und noch nicht für die amerikanische Unabhängigkeitsbewegung tätig war. Fast die ganze Stadt steht unter Denkmalschutz, die vielen mittelalterlichen Fachwerkhäuser und Ziegelsteingebäude wie The Dutch House (King St) oder Manwood Court (Strand St) mit ihren holländischen Giebeln. Elizabeth I. hatte hier nach 1560 protestantischen Webern aus den Niederlanden und Frankreich Zuflucht gewährt vor den Verfolgungen des katholischen Philipp II. Dies führte zu einer florierenden Textilindustrie und einer letzten Blüte Sandwichs. An der schmalen ›holländischen‹ Zugbrücke über den Stour zwischen den beiden schachbrettgemusterten Türmen, The Barbican, zahlen wir Maut wie im Mittelalter.

KENT

Diese Barbakane wurden 1539/40 als Blockhaus im Rahmen der Küstenverteidigung Heinrichs VIII. erbaut, ebenso wie die benachbarten Artillerie-Festungen von Sandown, Deal und Walmer. An der ganzen englischen Küste zwischen Hull in Yorkshire und Pendennis Castle in Cornwall ließ Henry VIII. (Abb. 106) vom Geld und teils auch von den Steinen der 1538 aufgelösten Klöster Burgen bauen, zwanzig insgesamt – eine Kette von Küstenbatterien, die erst von den Verteidigungsanlagen gegen Napoleon übertroffen und noch im Zweiten Weltkrieg benutzt wurden. Heinrich fürchtete eine katholische Invasion, angeführt vom französischen Erbfeind Franz I. und angestiftet von Papst Klemens VII. Der hatte ihn kurz zuvor exkommuniziert, denn Henry VIII. hatte sich, päpstlichem Verbot zum Trotz, von seiner ersten Frau, Katharina von Aragonien, scheiden lassen, in der Suprematsakte von 1534 zum Oberhaupt der Anglikanischen Kirche erklärt und damit endgültig von Rom gelöst. Der Anlaß dieser gesamteuropäischen Aufregung? Er lag in Hever Castle, einem idyllischen Schloß in Kent, und hieß Anne Boleyn (Abb. 105; s. S. 58).

Deal Castle, mittlere und größte der drei innerhalb von drei Meilen angelegten Burgen König Heinrichs VIII., ist ein Höhepunkt der Festungsarchitektur in der englischen Renaissance. Diese Burgen, von dem Deutschen Stephan von Haschenperg konzipiert, waren nur zur Verteidigung vorgesehen und daher flach gebaut – ein militärisch-architektonisches Novum in Europa. Um den runden Zentralturm gelagert sechs zinnenbewehrte halbkreisförmige Bastionen, konzentrisch umgeben von abermals sechs Halbkreis-Bastionen, die je zwei der kleineren umfassen und den Radius des Zentralturms wiederaufnehmen, das Ganze noch einmal umgeben von Wall und Wassergraben – die ästhetische Perfektion eines militärischen Gedankens auf dem Grundriß der Tudor-Rose. Solche niedrigen, breiten Basteien hatte, nach den Italienern, auch Dürer 1527 in seiner Befestigungslehre empfohlen.

Vor uns der Strand und hinter uns ein Meer von Blumen: *Walmer Castle*, Heinrichs kanonenstarrende Festung, ist längst ein gutmöbliertes Bellevue-Gartenhaus geworden. Dreiundzwanzig Jahre gehörte es dem Sieger von Waterloo, Wellington, der als Ministerpräsident die politische Gleichberechtigung der Katholiken durchsetzte – ein später Sieg über Heinrich VIII., in dessen Burg er 1852 starb. Totenmaske und Rasierspiegel, seine legendären schwarzen Stiefel und die schwarze Wedgwood-Teekanne, seine rote Feldherrenuniform und der Lehnstuhl, in dem der Dreiundachtzigjährige starb: All dies ist im Wellington-Zimmer zu sehen. Angesichts seines eisernen Feldbetts von Waterloo wird die Maxime des Iron Duke verständlich: »Don't turn over in bed – turn out!« Aus patriotisch-pädagogischen Gründen wird uns noch eine zweite Feldbett-Reliquie vorgeführt: Premierminister William Pitt d. J. war es, der hier für England schlief, ebenso wie Wellington Gouverneur der Cinque Ports. Aber schon Churchill, der diesen Ehrenposten fünfundzwanzig Jahre innehatte, war da aus anderem Holz: Er zog die weichen Betten seines Landsitzes Chartwell vor. Auch der jetzige, der 117. Gouverneur der Cinque Ports, der australische Ex-Premierminister Sir Robert Menzies, überläßt seine Seeburg ganz den Touristen.

The Leas heißt die lange Strandpromenade von *Folkestone*, Schauplatz von H. G. Wells' Roman ›Kipps. Die Geschichte eines schlichten Gemüts‹ (1904). Im benachbarten *Sandgate* steht das Sommerhaus des Schriftstellers, Spade House (Radnor Cliff Crescent), entworfen 1899 von Charles Voysey. Auf der kreislauffördernden Leas-Wanderung begegnet uns in Bronze William Harvey, Entdecker des Blutkreislaufs und Leibarzt von Charles I., 1578 in Folkestone geboren. Den klassischen Limerick auf Deal hat uns Edward Lear, der Nonsense-Dichter, auf den Weg gegeben: »There was an Old Person of Deal, / Who in walking used only his heel; / When they said, ›Tell us why?‹ – / He made no reply; / That mysterious Old Person of Deal.« Hier sehen wir auch die ersten Martello Towers, Geschütztürme gegen eine befürchtete Napoleonische Invasion (1803–08). Zwischen Folkestone und Seaford standen ursprünglich vierundsiebzig dieser runden, dreistöckigen Türme, siebenundzwanzig sind noch intakt, einer ist als Museum zu besichtigen: Martello Tower No. 24 in *Dymchurch*. Ihr Name, vokalverdreht, stammt vom Torre della Mortella auf Korsika, den die Engländer 1794 nur mit großer Mühe einnehmen konnten. So wurde sogar aus dem Kastell Heinrichs VIII. in Sandgate im Jahre 1806 kurzerhand ein Martello-Turm.

Mitten in *Hythe*, einst am Meer gelegen, beginnt der Royal Military Canal, der im weiten Bogen um die Romney Marsh bis Rye führt (37 km) – eine weitere Verteidigungsanlage gegen Napoleon (1804–06). An diesem Kanal liegen die Ruinen von Stutfall Castle, dem römischen Portus Lemanis, dessen Name das höher gelegene *Lympne Castle* (14./15. Jh.) bewahrt hat. Von hier überblicken wir die Küste bis zur südlichen Landzunge von Kent, bis *Dungeness*, dem längsten Kiesstrand Europas, mit Vogelschutzgebiet und Atomreaktor. Wir sehen – wo sonst als im klassischen Eisenbahnland? – die »kleinste Miniatureisenbahn der Welt« (Hythe – Dungeness 21 km), seit 1927 nicht nur für Kinder ein sommerliches Küstenvergnügen. Und wir überblicken die weite, grüne Romney Marsh, berüchtigt ihrer Schmuggler, berühmt ihrer Schafe und Kirchen wegen. Deren Größe spiegelt den einstigen Reichtum der Marsh: All Saints in *Lydd,* die ›Kathedrale der Romney Marsh‹; St. Nicholas in *New Romney,* einer der Cinque Ports; und vor allem St. Augustine in *Brookland.* Turm und Taufbecken, Campanile und Ornament haben diese Kirche berühmt gemacht. Die zwölf Arbeiten des Monats und die zwölf Tierkreiszeichen laufen in doppeltem Bogenfries um ein normannisches Taufbecken aus Blei, das seinesgleichen sucht, nicht nur in Kent. Vermutlich stammt es aus Nordfrankreich oder von flämischen Handwerkern (um 1200). Mit Zedernschindeln gedeckt, achteckig und wie drei übereinandergestülpte Trichter, so steht der Turm (13./15. Jh.) neben seiner Kirche. Warum, darüber gibt es viele Theorien, am amüsantesten diese: Als ein geschworener Junggeselle und eine alte Jungfer aus Brookland einst heirateten, da fiel der Turm vor Überraschung vom Dach.

KENT

MR. PICKWICK

Dickens was here

An der Küste von Kent machte Charles Dickens (Abb. 119) am liebsten Ferien. Zwischen Ramsgate und Margate, den bis heute populären Seebädern zumal der Londoner, fand der viktorianische Bestseller-Autor »eines der freiesten und frischesten Plätzchen der Welt«, *Broadstairs* – bei seinem ersten Besuch 1837 fast noch ein Fischerdorf, heute ein Badeort und fast schon ein Dickens-Freilichtmuseum (Farbt. XVI). Das Restaurant ›The Charles Dickens‹ an der Seepromenade bietet Gelegenheit, werkgetreu zu trinken, nämlich in Fortsetzungen wie die ursprüngliche Erscheinungsweise seiner Bücher: in der Oliver Twist Bar, Nickleby Lounge oder Pickwick Bar – lauter Romane, in Broadstairs begonnen oder vollendet. Dickens-Leser, sein Werk als Pub-Führer durch Kent benutzend, trinken weiter im ›Barnaby Rudge‹ in der Albion Street und übernachten, Dickens sei Dank, in derselben Straße, No. 40, heute ein Hotel, wo der Meister laut Plakette fünfmal logierte. Anderntags gleich nebenan ins Dickens-Museum: Mary Strong lebte hier, die als Miss Betsy Trotwood in ›David Copperfield‹ weiterlebt. Kummer überkommt den Dickens-Verehrer in Harbour Street: ›The Old Curiosity Shop‹ – zum Souvenirladen heruntergekommen. Wie andere Leute zur Kur, so gehen Dickens-Liebhaber jedes Jahr im Juni zum Dickens-Festival nach Broadstairs. Da treffen sich bei Lesungen, Theateraufführungen, Film und Tanz eine Woche lang die Mitglieder der 1902 gegründeten Dickens Fellowship und alle ›Dickensians‹, kostümiert als Scrooge, Sam Weller oder Mr. Micawber – die ganze lustig-illustre Romangesellschaft. Höhepunkt jeder Dickens-Reise: das Haus auf den Klippen, sein »luftiges Nest« und Lieblingsaufenthalt seit 1850, kurzfristig auch Quartier seines Freundes Wilkie Collins. Das zinnenbekrönte ›Bleak House‹, nach seinem hier konzipierten gleichnamigen Roman benannt, ist ein Dickens-Museum mit Aura und Bellevue. Das Wasserglas, aus dem er trank; der letzte Kragen, den er trug; und natürlich – neben historischen Fotos, Theaterzetteln und Illustrationen von George Cruikshank – der legendäre Schreibtischstuhl, völlig durchgesessen, mit einem Stammbaum der späteren Besitzer. Hier oben im Erkerzimmer, mit dem Blick auf die Viking Bay, schrieb Dickens täglich von neun bis eins am ›David Copperfield‹. Nachmittags ging er hinunter an den Strand zum Schwimmen, natürlich von der »bathing-machine«, dem

Badewagen aus, den der Quäker Benjamin Beale aus Margate 1753 konstruiert hatte gegen die »gaffenden Blicke des Pöbels« – eine sehr englische Erfindung aus dem Geist der Prüderie und privacy.

Ramsgate, Mythos der badenden Middle class wie Margate, rühmt sich eines milderen Klimas als ihr Rivale und prominenterer Besucher. 1876 verbrachte der dreiundzwanzigjährige Vincent van Gogh hier als Hilfslehrer und Hilfsprediger ein unglückliches Jahr. 1827 war Heinrich Heine hier, erwähnt Ramsgate aber in seinen ›Englischen Fragmenten‹ mit keiner Silbe, wütet statt dessen um so heftiger gegen Wellington, der es wagte, Heines Idol Napoleon zu besiegen. Während in Deutschland die Neogotik mit dem Neubau des Kölner Doms ihren Höhepunkt erreichte, wirkte in Ramsgate A. W. N. Pugin, neben Horace Walpole Hauptvertreter des Gothic Revival in England. An Barrys Londoner Parlamentsgebäude hatte Pugin maßgeblich Anteil, von den Details der Perpendicular-Fassade bis zu den Tintenfässern und Hutständern im Innern. In Ramsgate, neben seinem Haus The Grange (1844), konnte sich der Konvertit Augustus W. N. Pugin seinen religiösen und künstlerischen Traum erfüllen: St. Augustine, eine Kirche ganz nach eigenen Entwürfen, von ihm selbst finanziert – an den Bauformen des katholischen Mittelalters, nicht des zeitgenössischen Klassizismus orientiert (1845–50). Pugin, der glaubte, christliche Architektur könne nur spitzbogig sein,

Mr. Bumble und
Mrs. Corney beim Tee.
Illustration George Cruikshanks zu
›Oliver Twist‹

KENT

fiel 1851 in geistige Umnachtung. 1852 starb er, vierzigjährig, in The Grange, heute eine Schule. In seiner Kirche liegt er begraben.

Noch ein zweiter bedeutender Viktorianer starb auf der Halbinsel Thanet, der symbolistische Malerdichter Dante Gabriel Rossetti (Abb. 116), Sohn eines italienischen Freidenkers und politischen Flüchtlings. Auch Rossetti war ein Erneuerer der ›Early Christian Art‹, wie er die von ihm 1848 mitbegründete Bruderschaft der Präraffaeliten ursprünglich nennen wollte, auch er wurde wie Pugin in seinen letzten Lebensjahren von Depressionen heimgesucht. In Sonetten und Bildern hat er den Typ der präraffaelitischen Femme fatale geprägt, jene Galerie der schwindsüchtigen, scharlachlippigen und rothaarigen Madonnen und Medusen, Botticellinen und Androgynen, die Dickens so gar nicht mochte. Im Südschiff der Kirche von *Birchington* finden wir ein Gedenkfenster für Rossetti von einem seiner Freunde. Ein anderer, Ford Madox Brown, hat ihm beim Südportal ein Keltisches Kreuz errichtet. Von Rossettis Grab führt für Präraffaeliten-Freunde ein direkter Weg zurück nach *Bexleyheath*. Hier, in der Red House Lane – damals noch auf dem Land und nicht in der dichtbesiedelten Londoner Vorstadt – baute Philip Webb seinem Freund William Morris 1858 das ziegelsteinrote Red House, das Rossetti »mehr ein Gedicht als ein Haus« nannte. Es sollte nach dem Willen von Morris mittelalterlich wirken, wurde aber einer der Pionierbauten der modernen Architektur jenseits des Historismus. Die Innenausstattung von Morris und seinen Freunden ist nur noch in Resten erhalten, unter anderem jener Schrank, den Edward Burne-Jones mit Szenen aus dem Nibelungenlied bemalte.

In der Industrie- und Hafenstadt *Chatham** verbrachte Charles Dickens einen Teil seiner Jugend und in seinem Landhaus Gad's Hill Place, heute eine Privatschule, seinen Lebensabend. Im Dörfchen *Cobham,* »vorzugsweise für einen Misanthropen einer der hübschesten und angenehmsten Wohnorte«, stürmen sogar Anti-Alkoholiker die Leather Bottle Inn (1629): ein Dickens-Kneipenmuseum par excellence! Und gleich gegenüber in St. Mary Magdalene fallen selbst Atheisten auf die Knie, um eine der achtzehn Brass-Figuren im Altarraum – Messing-Grabplatten von Priestern, Rittern und ihren Frauen – als Schwarzweiß-Frottage nach Hause zu tragen. Kent ist das Land der Brasse. Keine andere Kirche hat eine so große, zusammenhängende Gruppe dieser Grabplatten wie Cobham Church. Sie reichen von 1320 bis 1529, eine einzigartige Familien-, Kostüm- und Waffengeschichte ihrer Zeit. Die Figuren, streng en face, sind keine Porträts, sondern Typen: der Ritter in seiner Rüstung, der Priester im Chorrock. Brasse sind eine Sonderform der englischen Grabmalkunst, so typisch englisch wie Perpendicular oder Cricket. Aber der Gebrauch gravierter Messingplatten als Grabtafeln wurde Ende des 13. Jahrhunderts von Holland eingeführt, und der älteste erhaltene Brass ist nicht in England, sondern in Deutschland zu finden (St. Andreas,

---

* In Chatham wurde 1817 der visionäre Künstler Richard Dadd geboren, der nach dem Mord an seinem Vater dreiundvierzig Jahre in Irrenhäusern lebte und malte.

Stoke d'Abernon (Surrey): Brasse des Sir John d'Abernon († 1277) und seines gleichnamigen Sohnes († 1327)

KENT

Verden, 1231). Der älteste englische Brass, noch in seiner Original-Steineinfassung, liegt in *Stoke d'Abernon* im benachbarten Surrey: Sir John d'Abernon, gestorben 1277, mit Lanze und ursprünglich blau emailliertem Schild, die handwerklich und kompositorisch unübertroffene, monumentale Grabfigur eines mittelalterlichen Ritters. Sein Sohn neben ihm, fünfzig Jahre später gestorben, trägt teilweise schon Plattenrüstung, da der Kettenpanzer seines Vaters inzwischen aus der Mode war. Brass Rubbing ist ein jedermann zugängliches Vergnügen (Abb. 13). Wenn auf dem weißen Spezialpapier, das über die Grabplatte gelegt wird, unter dem schwarzen Wachsstift der tote Ritter wieder Gestalt gewinnt, erst die Füße mit dem heraldischen Hund oder Löwen, dann die gefalteten Hände über dem Schwert, zuletzt der Helm und die offenen Augen: Das ist eine ganz persönliche Art, sich Geschichte und Tod zu vergegenwärtigen, die Kraft der Kontur zu erleben, die Figuren schafft und abstrakte Strukturen.

Spätelisabethanisch in seinem Kern und E-Grundriß, aus rotem Backstein und mit vier kuppelbekrönten Türmen, umgeben von uralten Zedern und Eichen, liegt *Cobham Hall* (ca. 1580–1670) in Humphry Reptons Landschaftsgarten. Repton, der etwa zweihundert Garten- und Parkanlagen gestaltete, ließ die Natur nicht in malerischer Wildheit unmittelbar ans Haus herankommen wie sein Vorgänger Capability Brown, sondern bevorzugte eine Übergangszone aus Terrassen und Blumenbeeten. Cobham Hall, heute ein Mädchen-Internat, hat einige noble Räume, vor allem The Gilt Hall, den Musiksaal: vergoldete Stuckdecke (1672), Wanddekorationen im Adam-Stil von James Wyatt (ca. 1790) und eine Barock-Orgel des von Passau nach England übergesiedelten Orgelbauers Johann Snetzler. Jede 50 p-Münze, die wir umdrehen, hat mit Cobham Hall zu tun. Denn für die Figur der Britannia saß dem Kupferstecher Roettier die schöne Frances Modell, als sie noch nicht Herzogin von Cobham Hall war, sondern Mätresse Charles' II. und Hofdame seiner Frau, Katharina von Braganza. Als ›La Belle Stuart‹ hat sie aufs königlichste Hof- und Münzgeschichte gemacht.

Daß Charles II. 1660 die Nacht vor seiner Restauration in *Rochester* im Restoration House (Maidstone Rd) verbrachte, ist nicht erwiesen; daß Charles Dickens ebendort seiner Miss Havisham (›Great Expectations‹) Wohnung gab, ist indes unbestritten. Dickens-Leser übernachten natürlich, wie die Pickwickier, im Royal Victoria & Bull (18. Jh.), sollten sich aber nicht wundern, daß »the silent High Street« etwas lauter geworden ist. Am Ende der Straße, einem Tudor-Fachwerkhaus gegenüber, erkennen Dickensianer sogleich Eastgate House als ›Nun's House‹ wieder (›Edwin Drood‹). Heute ist der elisabethanische Ziegelsteinbau ein Heimatmuseum, wo auch das Original-Schweizerhäuschen von Dickens zu sehen ist: seine Arbeits-Gartenlaube von Gad's Hill Place. Da Dickens entgegen seinem letzten Wunsch nicht auf dem Friedhof von St. Nicholas begraben wurde, sondern in Westminster Abbey, sucht sein unruhiger Geist gelegentlich zwischen den alten Grabsteinen Rast. Was Gespenster angeht, wird man in Rochester freilich Lady Blanche de Warenne den Vorzug geben. Durchbohrt vom Pfeil des eigenen Mannes, der ihrem Liebhaber galt, spukt die bleiche Dame zuweilen auf der Spitze des normannischen Bergfrieds (nach 1127), des höchsten in England. Von der Burg, einst strategischer Kreuzungspunkt der alten Watling Street und des Medway, sehen wir hinunter auf die Kathedrale und die Zementwerke im Flußtal.

Kent ist die einzige Grafschaft, die zwei Bischofskirchen hat: Rochester und Canterbury. Rochester Cathedral geht in ihren wenigen erhaltenen angelsächsischen Fundamenten zurück auf eine Gründung König Aethelberts. Die heutige Kathedrale ist weitgehend normannisch, geweiht um 1130, begonnen von Bischof Gundulf, dem Erbauer des Weißen Turmes im Londoner Tower. Das normannische Westportal (ca. 1160) wird von zwei der ältesten Kirchenskulpturen Englands flankiert, Salomon und der Königin von Saba. Zusammen mit Tympanon und Archivolten weist es zurück auf französische Vorbilder, etwa St. Denis. Architektonisch überzeugender, bewegender als das breite, niedrige normannische Mittelschiff ist die Krypta mit ihrem Early English-Gewölbe. Der Hochchor (EE) enthält zwei Kostbarkeiten: das ›Rad des Glücks‹, ein gut erhaltenes Fresken-Fragment des 13. Jahrhunderts, und einige der ältesten englischen Chorstühle (ca. 1227). Der Sarkophag des Bischofs Walter de Merton, Gründer des Merton College in Oxford, steht dort, wo einst der Sarg eines Bäckers stand: St. William of Perth, ein schottischer Pilger, der 1201 bei Rochester unter die Räuber fiel und erschlagen wurde wie Erzbischof Thomas Becket, zu dessen Grab er unterwegs war.

Becket oder Der Ruhm Canterburys

Beckets blutiges Ende war der Beginn einer blühenden Wallfahrt nach Canterbury (Farbt. I). Das Gewimmel vor der Kathedrale (Farbt. III) wird nicht geringer gewesen sein als heute, denn die Wallfahrt, zu Fuß oder zu Pferde, war im Mittelalter die einzige Form der Gesellschaftsreise – so fromm, fröhlich und frivol, wie Geoffrey Chaucer es in seinen ›Canterbury Tales‹ schildert. »And specially from every shires ende / of Engelond to Caunterbury they wende.« Da reitet der Kaufmann neben der Äbtissin, auf deren Brosche zu lesen ist ›Amor vincit omnia‹, der Mönch verführt die Kaufmannsfrau, der Domherr entpuppt sich als Alchimist, und die Frau von Bath unterhält die Reisegesellschaft mit der Geschichte ihrer fünf Ehen. Diese klassischen Pilgererzählungen Chaucers, des englischen Petrarca, geschrieben auf dem Höhepunkt der Wallfahrt im späten 14. Jahrhundert, hat William Morris (Abb. 117) mit gotisierenden Initialen, Jugendstil-Bordüren und siebenundachtzig Holzschnitten von Edward Burne-Jones zur Bibel der englischen Buchdruckerkunst gemacht: The Kelmscott Chaucer (1896).

Den großen kontinentalen Wallfahrtsstraßen von Vézelay und anderen Orten nach Santiago de Compostela entsprach in England The Pilgrims' Way von Winchester nach Canterbury, ein schon in prähistorischer Zeit benutzter Pfad entlang den Südhängen der Downs*. Wenn nach vielen Tagesreisen auf einmal, silbergraue Glorie im Dunst des

---

* Die klassische 165-Meilen-Wanderung von Winchester Cathedral nach Canterbury Cathedral hat der englische Künstler Hamish Fulton nachvollzogen und in einer Foto-Arbeit vergegenwärtigt: ›The Pilgrims' Way – Ten Days in April‹ (1971).

KENT

Vignetten-Figuren aus den ›Canterbury Tales‹ (Ellesmere Ms.): The Second Nun und The Nun's Priest

Stour-Tals, die Kathedrale über den roten Dächern Canterburys auftauchte: das Glück dieses Augenblicks, um so vieles kürzer geworden wie der Name Pilgrims' Way – A 2, vergangen ist es nicht. Die Pilger betraten Canterbury durch das Westgate, heute ein Waffenmuseum und von sieben Stadttoren das einzig erhaltene (1375–81). Die Reichen fanden Quartier im Kathedralenbezirk, die andern im Eastbridge Hospital (ca. 1180) in der High Street oder in den beiden Klöstern am Stour, bei den Blackfriars, den Dominikanern, und den Greyfriars, den Franziskanern, die 1224 hier ihr erstes Kloster in England gründeten (Ruine). Chaucers Pilger logierten in der Hundert-Betten-Herberge Chequers of Hope in der Mercery Lane. Diese Gasse ist geblieben, wie sie war: mittelalterlich eng, mit überhängenden Geschossen, ein Nadelöhr der Souvenirs und Geschäfte zwischen High Street und Kathedrale. Hier gab es die Pilgerabzeichen für den Pilgerhut, Becket in allen Größen und in Phiolen das Blut des Heiligen, das die Mönche auf wunderbare Weise verdünnt von 1170 bis zur Auflösung des Klosters 1538 verkaufen konnten. Höhepunkt jeder Pilgerreise: die Kathedrale, die Berührung des Sarkophags mit den Gebeinen des Märtyrers. Beckets goldener Schrein, über und über mit Juwelen bedeckt – »glänzender als das Gold des Midas«, schrieb Erasmus von Rotterdam bei seinem Besuch 1512. Aber, fügte er hinzu, was hätte Becket zur Armut der Bevölkerung ringsum gesagt?

Seite aus dem Kelmscott Chaucer (1896) von William Morris mit Holzschnitt von Edward Burne-Jones ▷

For if I with his arowe mete,
It wol me greven sore, ywis!
But I, that nothing wiste of this,
Wente up and doun ful many a wey,
And he me folwed faste alwey;
But nowher wolde I reste me,
Til I hadde al the yerde in be.

THE gardin was, by mesuring,
Right even and squar in compassing;
It was as long as it was large.
Of fruyt had every tree his charge,
But it were any hidous tree   The Trees
Of which ther were two or three.
Ther were, and that wot I ful wel,
Of pomgarnettes a ful gret del;
That is a fruyt ful wel to lyke,
Namely to folk whan they ben syke.
And trees ther were, greet foisoun,
That baren notes in hir sesoun,
Such as men notemigges calle,
That swote of savour been withalle.
And alemandres greet plentee,
Figes, and many a date-tree
Ther weren, if men hadde nede,
Through the gardin in length and brede.
Ther was eek wexing many a spyce,
As clow-gelofre, and licoryce,
Gingere, and greyn de paradys,

Canelle, and setewale of prys,
And many a spyce delitable,
To eten whan men ryse fro table.
And many hoomly trees ther were,
That peches, coynes, and apples bere,
Medlers, ploumes, peres, chesteynes,
Cheryse, of whiche many on fayn is,
Notes, aleys, and bolas;
That for to seen it was solas;
With many high lorer and pyn
Was renged clene al that gardyn;
With cipres, and with oliveres,
Of which that nigh no plente here is.
Ther were elmes grete and stronge,
Maples, asshe, ook, asp, planes longe,
Fyn ew, popler, and lindes faire,
And othere trees ful many a payre.

WHAT sholde I telle you more of it?
Ther were so many trees yit,
That I sholde al encombred be
Er I had rekened every tree.

THESE trees were set, that I devyse,
Oon from another, in assyse,
Five fadome or sixe, I trowe so,
But they were hye and grete also:
And for to kepe out wel the sonne,
The croppes were so thikke yronne,
And every braunch in other knet,

KENT

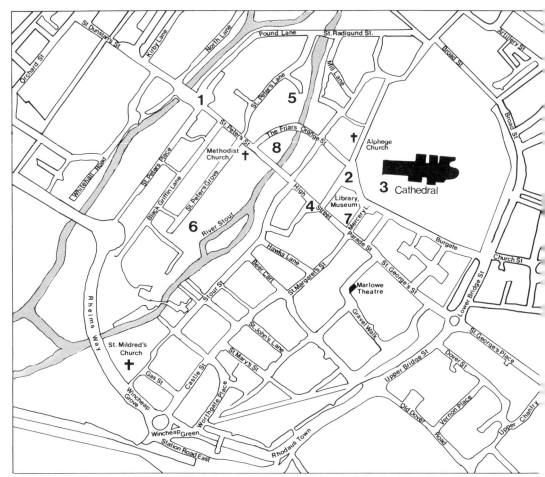

Plan von Canterbury: 1 West Gate 2 Eastbridge Hospital 3 Kathedrale 4 High Street 5 Blackfriars 6 Greyfriars 7 Chequers of Hope 8 Weber-Häuser

Dieser Hort im Dom war die spektakuläre Reliquie eines spektakulären Falles. In Thomas Beckets Person bricht sich der Konflikt seiner Zeit. Als jugendlicher Saufkumpan und Kanzler Heinrichs II. unterstützt er bedingungslos die Politik des Königs, auch gegen die Kirche. Aber als Heinrich Kurzrock ihn 1162 zum Erzbischof von Canterbury macht, verficht er ebenso kompromißlos die Interessen der Kirche gegen den König. Der Kampf um die Gerichtsbarkeit, um Pfründe und Privilegien, endet am 29. Dezember 1170. Becket, eben zurückgekehrt aus dem französischen Exil, wird von vier Baronen des Königs in seiner eigenen Kathedrale im nordwestlichen Querschiff erschlagen. Vier Jahre später läßt sich der bußwillige König am Grab des Märtyrers von dessen Mönchen geißeln – ein politischer Kniefall, der den Triumph Beckets und den Einfluß des Papstes in England nicht mehr aufhält. Ein König und ein Königssohn lassen sich zu beiden Seiten des Heiligen begraben: Edward, der Schwarze Prinz, »die Blüte der englischen Ritterschaft« im Hundertjährigen Krieg (Abb. 3), über der geharnischten Bronzefigur die Repliken seiner Rüstung; ihm gegenüber die vollendet schönen Alabasterskulpturen Heinrichs IV. und seiner Gemahlin Johanna von Navarra. Daß der Schrein des Erzbischofs gleichwohl seine königlichen Nachbarn an Kostbarkeit weit übertraf, wird Heinrich VIII. nicht entgangen sein, als er hier 1520 den jungen Kaiser Karl V. empfing. Anders als Heinrich II. fand Heinrich Blaubart in Canterbury einen Erzbischof, Thomas Cranmer, von dem er alles bekam, was er wollte: eine Scheidungsurkunde, die kirchliche Oberhoheit und den gesamten Klosterschatz samt Beckets Schrein – angeblich sechsundzwanzig Wagenladungen mit 1417 Kilogramm Gold. Auch dieser Erzbischof von Canterbury endete, unter Maria der Katholischen, als Märtyrer – ohne Heiligenschein, da er auf der falschen Seite stand.*

Ausgetreten von den Jahrhunderten der Pilger sind die Treppen, der unverwechselbare Rhythmus dieser Kathedrale: vom Hauptschiff in den Chor, vom Chor in die Dreifaltigkeitskapelle (Abb. 2). Dort, hinter dem Hauptaltar, sind von Beckets Schrein nur die Spuren seiner Verehrung übriggeblieben, Marmorfliesen, abgewetzt wie die Heilige Stiege in Rom. Heinrichs Verurteilung »dieses falschen Heiligen«, wie Defoe ihn nannte, und der Plünderung seiner Kathedrale entgingen die Becket-Fenster im Umgang der Trinity Chapel (Farbt. II): Darstellungen von Wundern des heiligen Thomas, selber Wunderwerke mittelalterlicher Glasmalerei (um 1220), ebenso wie die Fenster im Nordschiff des Chors und im südwestlichen Querschiff. Leuchtkraft der Farben, Ausdruckskraft der Figuren lassen sie den besten Beispielen französischer Kathedralenfenster des 12. und 13. Jahrhunderts ebenbürtig erscheinen. Zu den bedeutendsten Wandmalereien der englischen Romanik zählt das Fresko in der Apsis der Anselm-Kapelle (Paulus mit der Schlange auf Malta, um 1160), englischer Buchmalerei und normannischen Mosaiken in Sizilien form- und farbverwandt (Abb. 4). Diese Anselm-Kapelle ist dem Vater der mittelalterlichen Scholastik und Mystik geweiht, dem Erzbischof Anselm von Canterbury, der im Investiturstreit die Ideen Papst Gregors VII. gegen die englischen Könige verfocht. Naturgemäß besser erhalten als die Fresken (um 1130) der Gabrielskapelle in der Krypta sind die dortigen Figurenkapitelle: kämpfende Menschen und Tiere, Urbilder der Phantasie und Vitalität der normannischen Eroberer (Abb. 7, 8). Diese Krypta (nach 1096) mit ihren abwechselnd glatten und ornamentierten Säulen ist prachtvoller, weiträumiger als jede frühere Krypta in England. Sie wäre wohl der einzige Teil der Kathedrale, den Thomas Becket wiedererkennen würde.

---

* Cranmer, erster anglikanischer Erzbischof von Canterbury, führte 1549 ›The Book of Common Prayer‹ ein, das ›Allgemeine Gebetbuch‹ der Anglikanischen Kirche bis heute.

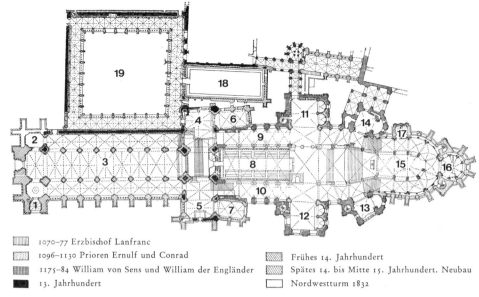

|||| 1070–77 Erzbischof Lanfranc
▒▒▒ 1096–1130 Prioren Ernulf und Conrad
▓▓▓ 1175–84 William von Sens und William der Engländer
■■■ 13. Jahrhundert
▧▧▧ Frühes 14. Jahrhundert
▨▨▨ Spätes 14. bis Mitte 15. Jahrhundert. Neubau
☐ Nordwestturm 1832

Canterbury Cathedral: Grundriß. 1 Portal 2 Nordwestturm 3 Hauptschiff 4 Nördliches Querschiff 5 Südliches Querschiff 6 Marien-Kapelle 7 St. Michaels-Kapelle 8 Chor 9 Nördlicher Chorgang 10 Südlicher Chorgang 11 Nordöstliches Querschiff 12 Südöstliches Querschiff 13 St. Anselms-Kapelle 14 St. Andreas-Kapelle 15 Dreifaltigkeits-Kapelle 16 Corona 17 Kapelle Heinrichs IV. 18 Kapitelsaal 19 Kreuzgang

Die Baugeschichte des Doms von Canterbury ist weniger labyrinthisch als sein Grundriß. Auf den Ruinen der Christ Church, der angelsächsischen Bischofskirche des Augustinus, baute der erste normannische Erzbischof von Canterbury, der Scholastiker Lanfranc, 1070–77 eine Kathedrale ähnlich der seiner früheren Abtei St. Étienne in Caen. Ein Jahrhundert später, beim Wiederaufbau des 1174 abgebrannten Chors, führte der Steinmetz William of Sens mit Spitzbogen und dreiteiliger, hochstrebender Wandgliederung den frühgotischen Stil der Île de France in England ein. Canterbury Cathedral, erstes Beispiel des neuen Early English-Stils, zeigt zugleich die Eigenständigkeit der englischen Frühgotik und ihre ganz andere, charakteristische Raumauffassung: das doppelte Querschiff. Als der französische William 1179 vom Gerüst fiel, übernahm Wilhelm der Engländer die östliche Erweiterung der Kathedrale für Beckets Schrein: die Dreifaltigkeitskapelle mit ihren polierten Zwillingssäulen und die Corona, die Rundkapelle mit dem Marmorthron, seit dem 13. Jahrhundert in Gebrauch für die Inthronisierung des Erzbischofs von Canterbury, jetzt des Primas der Anglikanischen Kirche (Abb. 2). Unter Leitung Henry Yeveles, des Königlichen Baumeisters und Architekten von Westminster Hall, wurde das normannische Haupt- und Querschiff abgerissen und neu errichtet (1391–1405), dem Höhendrang des Perpendicular folgend. Um 1500 schließlich erhob sich ›Bell Harry‹, der Vierungsturm, mächtig aufragend über die auseinanderstrebenden Baumassen der Kathedrale. Chaucers Pilger haben ihn noch nicht gesehen, ebensowenig wie das Christ Church Gate, jenes glanzvolle Perpendicular-Torhaus (1517) mit seinem barocken Eichenportal (ca. 1660), durch das man von der Mercery Lane den Kathedralenvorplatz betritt (Abb. 6). Dort las ich, auf einem Plakat der renovierungsbedürftigen Kathedrale, die kürzeste Zusammenfassung ihrer langen Geschichte: »Augustinus gründete sie / Becket starb für sie / Chaucer schrieb über sie / Cromwell schoß auf sie / Hitler bombardierte sie / Nun droht die Zeit, sie zu zerstören.«

Weit mehr Wappensteine noch als das Christ Church Gate, nämlich achthundertfünfundzwanzig buntbemalte Schlußsteine, schmücken die Gewölbe des Kreuzgangs (1397–1411; Abb. 5). Im östlich anschließenden Kapitelsaal (begonnen 1304) wurde 1935 als kirchliches Auftragswerk für das Canterbury Festival T. S. Eliots Mysterienspiel ›Mord im Dom‹ uraufgeführt, die mittelalterlich-moderne Version eines Stoffes, dem die elisabethanischen Dramatiker nicht zuletzt aus politischen Gründen aus dem Weg gegangen waren. Auch Christopher Marlowe, im selben Jahr wie Shakespeare, 1564, als Schusterssohn in Canterbury geboren, dramatisierte nicht die Geschichte des Ortsheiligen, sondern lieber die des unheiligen ›Doctor Faustus‹. Auf eine Übersetzung des deutschen Volksbuchs zurückgehend, gehörte dies Schauspiel im 17. Jahrhundert zum Repertoire der englischen Wanderbühnen in Deutschland. Marlowes Kritik am Christentum – »Die Religion entstand, um die Menschen einzuschüchtern« – machte diesen »Liebling der Musen« als Atheisten und Agenten verdächtig. Politischer Mord oder Liebeshändel: 1593 wurde der erst neunundzwanzigjährige Dichter in einer Londoner Vorstadtkneipe erstochen. Besser als Gedenktafeln erinnert das Marlowe Theatre in der St. Margaret's Street mit Aufführungen zeitgenössischer englischer Dramatiker an ihren großen Vorgänger. Seine Schulzeit verbrachte Marlowe in der 1541 von Heinrich VIII. »für fünfzig arme Scholaren« gegründeten King's School, die heute von siebenhundert durchaus nicht armen Schülern in dunklen Anzügen besucht wird. Die Bibliothek gegenüber der noblen normannischen Außentreppe trägt den Namen eines anderen berühmten Schülers, Somerset Maugham, der diese traditionsreiche Public School in seinem autobiografischen Roman ›Of Human Bondage‹ (1915) schildert. Auch der Schriftsteller Lawrence Durrell ging in Canterbury zur Schule, in der St. Edmund's School außerhalb der Stadt auf dem St. Thomas-Hügel, wo 1962 die Universität von Kent gegründet wurde.

Daß König Ethelbert dem Missionar Augustinus außerhalb der Stadtmauern Bauland zuwies, war, so gesehen, ein Akt weitsichtiger Stadtplanung. Augustinus, erster Erzbischof von Canterbury, gründete hier Anno 598 eine Abtei, die nächst Monte Cassino zum bedeutendsten Benediktinerkloster in Europa wurde. Aus seinem Schatten trat das rivalisierende Domkloster erst hervor, als Becket ermordet wurde und die Pilger vom Schrein des neuen Heiligen größere Wunder erwarteten als vom Grab des »Apostels der Angelsachsen« in der Abteikirche. Die Fundamente von St. Augustine's Abbey und dreier angelsächsischer Kirchen sind auf dem Gelände der anglikanischen Missionsschule St. Augustine's College (1848) zu sehen. Oben auf dem Hügel liegt

KENT

St. Martin's Church, wo Augustinus und Ethelberts Frau, die fränkische Prinzessin Bertha, Gottesdienst hielten. Ein angelsächsischer Chor aus römischen Ziegelsteinen, ein normannisches Taufbecken mit Bogen- und Kreisornamenten: Dies ist die »Mutterkirche Englands«, von Gräbern und alten Eiben umgeben, abseits der geschäftigen Kathedralenstadt, wo sich das ›Haus der Agnes‹ mit seinen vorspringenden Geschossen noch mehr als zu David Copperfields Zeiten nach vorne beugt, »um zu sehen, was unten auf dem Pflaster vor sich geht«.

Burne-Jones und die Glasmalereien von Kent

Wer die Kathedralen Kents kennt, kennt Kents schönste Kirchen noch längst nicht. Sie liegen in Dörfern auf dem Land, und hier lassen sich erstaunliche Entdeckungen machen. Etwa St. Nicholas in *Barfreston* zwischen Canterbury und Dover inmitten der feldreichen Ausläufer der North Downs. Diese Dorfkirche aus Flint und Sandstein (12. Jh.) mißt kaum mehr als fünfzehn Meter – aber welche Pracht der Proportionen und Ornamente! Umlaufend ein Dachgesims mit siebzig Kopf-Grotesken zur Abwehr böser Geister, im Giebel des rechteckigen Ostchors ein Radfenster mit Tierköpfen, und dann das Südportal – ein Meisterwerk spätnormannischer Steinmetzkunst (Abb. 1). Im Tympanon Christus in der Mandorla, dreifach gekrönt mit reich skulpturierten Archivolten, in deren Medaillons sich die profansten und phantastischsten Szenen abspielen: Müller, Förster und Falkner bei den Arbeiten des Monats, ein Bär spielt die Harfe und ein Affe die Pansflöte – ein kleines Welttheater in Stein in einem Dorf in Kent. St. Mary in *Patrixbourne* bei Canterbury hat ein ähnlich reich ornamentiertes Südportal aus derselben Zeit und möglicherweise von denselben Steinmetzen, die an den Kirchen von Barfreston und Rochester arbeiteten. In *St. Margaret's at Cliffe*, einer versteckten Badebucht abseits der populären Strände, steht die größte normannische Pfarrkirche Kents (Westportal ca. 1150).

Mitten in den Hopfengärten: Marc Chagall. All Saints in *Tudely*, die einzigen Glasmalereien Chagalls in England (Abb. 10): Wie kommen sie ausgerechnet in diese Dorfkirche bei Tonbridge? Ein einheimischer Kunstsammler, dessen Tochter Sarah Venetia d'Avigdor-Goldsmid beim Segeln ums Leben kam, hat sie gestiftet. Wirbelnde, strahlende Wasserfarben beherrschen das rundbogige Ostfenster (1967), im unteren Teil eine Frau in einer blauen Farbwoge, darüber der Gekreuzigte, von Engeln und einem Reiter auf rotem Pferd umgeben. Ähnlich außergewöhnlich in seiner Zeit: das große Ostfenster in St. Andrew in *Wickhambreux,* ein Jugendstilwerk in einer viktorianisierten Dorfkirche des 14. Jahrhunderts östlich von Canterbury. Die Glasmalerei, eine Verkündigung mit leuchtend weißen Lilien und einem Himmel aus reinen Art Nouveau-Kurven, entworfen von Arild Rosenkrantz, gestiftet von einem Grafen aus New York (Abb. 9), dies Fenster gilt als erster europäischer Auftrag für eine amerikanische Glasmanufaktur (John La Farge, 1896).

Fast schon ein Kirchenfenstermuseum, einzigartig nicht nur in Kent, ist St. Mary the Virgin in *Speldhurst* bei Tunbridge Wells. Diese Dorfkirche (1871) hat nicht die konventionellen viktorianischen Fenster, wie wir sie überall sehen, sondern präraffaelitische Glasmalereien, entworfen von Edward Burne-Jones, ausgeführt in der Werkstatt von William Morris (Abb. 11, 12). Burne-Jones, Sohn eines walisischen Rahmenmachers, wollte ursprünglich Geistlicher werden, wurde statt dessen Maler und entwarf über hundert Kirchenfenster. Seine Glasmalereien in der Kirche von Speldhurst sind ein Fest der Farben und der stilisierten Gefühle, der geschwungenen Linien, des dramatisierten Lichts. In den Fenstern des südlichen Seitenschiffs die scharf profilierten, michelangelesken Figuren der vier Evangelisten, Matthäus und Johannes mit lila Heiligenschein, darunter in rubinrot umrandeten Grisaille-Feldern Szenen aus dem Leben Jesu. Über dem Taufbecken Maria und die hl. Elisabeth, mit gesenktem Haupt und dem präraffaelitischen Nirgendwohin-Blick. Eine Studie in Blau, Grün und Braun sind die beiden südlichen Chorseitenfenster. Im Ostfenster Christus, gekreuzigt am Lebensbaum, unter ihm die rote Schlange des Bösen, zu beiden Seiten vor nachtblauem Hintergrund Johannes und Maria, darüber in den drei Vierpaßfenstern Engel mit flammendroten Flügeln. Poetischer, weniger theatralisch ist das Westfenster des nördlichen Seitenschiffs, vielleicht das leuchtendste Bild dieser leuchtenden Kirche: sechs Engel mit alten Musikinstrumenten auf blauem Grund, in den hellen Gewändern Blumen wie Sterne. Dies Fenster ist das früheste, von Morris selbst entworfen. Als seien die zehn Burne-Jones-Fenster von Speldhurst nicht genug: in *Bidborough* und *Langton Green* – beides Dörfer bei Tunbridge Wells – finden sich weitere Beispiele präraffaelitischer Glasmalerei, darunter eine dem mittelalterlichen Werkstattgeist der Bruderschaft entsprechende Gemeinschaftsarbeit im Westfenster des Südschiffs von All Saints in Langton Green: Markus von Burne-Jones, Lukas von Morris, Johannes und Matthäus von Ford Madox Brown (1865/66). Die Fülle der Kirchenfenster von Burne-Jones gerade in Kent wäre undenkbar ohne die Nachbarschaft der 1861 gegründeten Firma seines Freundes William Morris (Abb. 117), die 1881 von London aufs Land nach Merton Abbey zog, wo bis 1939 Tapeten und Textilien mit dem populären Morris-Muster in Serie gingen.

Nach *Tunbridge Wells* lockt weniger das eine Burne-Jones-Fenster im Chor der Christ Church, sondern The Pantiles (Farbt. VI): eine ursprünglich mit holländischen Pfannenziegeln (pan-tiles) gepflasterte Promenade des frühen 17. Jahrhunderts. Auf der einen Seite Geschäfte und Restaurants unter Kolonnaden mit schlanken toskanischen Säulen, gegenüber ein Flanieren unter Lindenbäumen – alles soviel organischer, so unvergleichlich charmanter als jede unserer künstlichen, geschäftigen ›Fußgängerzonen‹. Hier traf sich im 17. und 18. Jahrhundert alles, was in England Rang und Namen und eine kleine Krankheit hatte. Denn Tunbridge Wells auf den grünen Hügeln war eine Heilquelle und bald ein Modebad, spätestens seit Queen Anne auf den Pantiles promenierte und der galante Beau Nash aus Bath (Abb. 109) 1735 ein Gastspiel als Zeremonienmeister gab. Wer sich am 18. Oktober in der zweihundertjährigen Kutscher-

KENT

kneipe ›Beau Nash‹ einfindet, kann dort alljährlich mit einem Bier-Wetttrinken, »a yard of ale competition and other gaieties«, Beau Nashs Geburtstag feiern. Macaulay und Meredith haben dies Städtchen gepriesen, Thackeray hat hier gewohnt (Rock Villa, 85 London Rd), und Defoe warnte: »Without money a man is nobody at Tunbridge.«

Burne-Jones-Kirchenfenstern nachzureisen, ist nicht der schlechteste Weg, Kent und seine Kunstwerke kennenzulernen. *Bishopsbourne*, ein malerisches Dorf in den North Downs, südöstlich von Canterbury. Im Westfenster von St. Mary sehen wir die allegorischen Figuren Glaube, Hoffnung, Liebe von Burne-Jones, die Engel im Maßwerk von Morris. Im Chor die Grabbüste eines elisabethanischen Gelehrten zwischen Büchersäulen: Richard Hooker, Autor der grundlegenden Naturrechtslehre der anglikanischen Staatskirche und Prosaist von Rang. Hooker lebte fünf Jahre, bis zu seinem Tod 1600, als Rektor in Bishopsbourne. Auch Joseph Conrad, der englische Seemann und Romancier aus der Ukraine, verbrachte hier seine letzten Lebensjahre. Von 1919 bis 1924 wohnte er neben der Kirche in Oswalds', dem heutigen Rektorat; auf dem Friedhof in Canterbury liegt er begraben.

Maidstone, Grafschaftshauptstadt zwischen Downs und Weald, Hopfen- und Apfelplantagen. Hier sammelte Wat Tyler, Führer des Bauernaufstandes von 1381 gegen Richard II. und seine Steuerpolitik, die kentischen Landarbeiter zum Marsch auf London. Sein klassischer Kampfruf: »Als Adam grub und Eva spann / Wer war da der Edelmann?«

Hopfentürme und Herrenhäuser

Nicht die Kirchtürme sind typisch für Kent, sondern die Hopfentürme, die Oast Houses (Farbt. IV). Als seien die Martello Towers auf ihrem Vormarsch ins Binnenland friedlich geworden, mit einer weißen Zipfelmütze auf dem Dach, leuchten die roten Ziegelsteintürme von allen Hügeln des Weald. Dies ist das Herz des Hopfenlandes, »the Mother of Hop Grounds in England«, wie der Reisende Daniel Defoe die Gegend um Maidstone charakterisierte. Dort wurde im 16. Jahrhundert der erste Hopfen vom Kontinent auf englischem Boden angebaut – ein Ereignis, dessen epochale Zusammenhänge ein von Defoe zitierter Zweizeiler würdigt: »Hops, Reformation, bays, and beer, / Came into England all in a year.« In den Oast Houses, den Darrehäusern, wird der Hopfen getrocknet – »gekocht«, wie die Einheimischen sagen. Am Boden der Türme brennt ein Feuer, auf der Plattform darüber liegt der Hopfen, und durch die drehbaren Windhauben auf den konischen Dächern zieht der Rauch ab. Funktion und Form dieser runden, in der viktorianischen Zeit viereckigen Türme bilden eine Einheit wie Hopfen und Malz. Es ist die einfache, klassische Schönheit des Funktionalismus, die wir in diesen frühen ländlichen Industriedenkmälern bewundern. Sie steigert sich zu einem eigenen ästhetischen Wert, wenn die Hopfentürme – meist

Biddenden Maids: Die siamesischen Zwillinge, nach denen das Restaurant Ye Maydes benannt ist

zu mehreren verbunden – wie serielle Skulpturen der Landschaft ihren Rhythmus aufprägen. Monumentales Beispiel: *Beltring* bei Paddock Wood, The Whitbread Hop Farm, mit fünfundzwanzig Oasts die größte Hopfenfarm in England. Eine Besichtigung ist möglich und besonders reizvoll zur Erntezeit im September, wenn es morgens neblig ist und die Einheimischen sagen: »It's hop picking weather.« Nach vorsichtigen Schätzungen sind nur noch fünf Prozent der ursprünglich vorhandenen Oast Houses in Betrieb, die meisten wurden zu Scheunen und Wohnhäusern umgebaut.

Hassel Street in einer Sackgasse in den North Downs: Es gibt keinen anderen Grund dorthin zu fahren außer Bier. ›Woodmans Arms‹ ist weder alt noch schön, hier wird nur getrunken. Dies aber aufs familiärste und kenntnisreichste, denn für jedes Glas Draught Bitter oder Ale steigt Mr. Harvey hinunter in den Keller und zapft wie nirgendwo sonst: das wohltemperierte Bier. Der Freund der schönen Braukünste, der The Three Chimneys (15. Jh.) bei Biddenden nicht auslassen sollte, wird in Kents Kneipen zum Lunch ›Ploughman's‹ bestellen: »a lump of bread, a lump of cheese, and a pint of beer«.

Der Weald, ein ursprünglich undurchdringliches Waldgebiet, ist von üppigen Apfel- und Kirschbaumplantagen durchzogen. An den Wegen stehen die Hopfen Spalier. Malerisch dazwischen die Dörfer: Smarden und Biddenden, das Straßendorf Headcorn und das Hügeldorf Goudhurst – Bilderbuchhäuser aus Backstein und Fachwerk, mit schindelähnlich übereinandergeschobenen Flachziegeln (hanging tiles) oder der ebenfalls für den Weald charakteristischen, schwarz- oder weißgestrichenen Holzverschalung (weather boarding). Dazu kommt im nördlichen Weald Kieselsandstein und, besonders an der Küste, Flint. Diese typischen Boden- und Baumaterialien prägen das Bild der Landschaft, die Farbe und Struktur ihrer Häuser. Wieviel Behaglichkeit, wieviel Augenlust in diesen Dörfern! *Biddenden* – ein bewohntes Freilichtmuseum, dessen Wahrzeichen die Biddenden Maids sind: die siamesischen Zwillinge Elisa und Mary Chulkhurst, die hier vor achthundert Jahren engstens zusammenlebten. Das nach ihnen benannte Restaurant ›Ye Maydes‹ gehört zu einer Reihe von Fachwerkhäusern, deren untere Etage ein durchgehender Werkraum der Weber war. The Old Cloth Hall

KENT

(16. Jh.) nördlich des Dorfangers zählt zu den vielen prächtigen Häusern in und um Biddenden, die zwischen 1400 und 1700 von reichen Textilfabrikanten errichtet wurden. Zentren der bis ins 19. Jahrhundert bestehenden Textilindustrie im Weald waren Tenderden und Cranbrook – Kleinstädte vom wohligen Format handgestrickter Pullover. *Tenderden* beansprucht den Ruhm für sich, Geburtsort William Caxtons zu sein, des englischen Gutenberg. Mit seinen ersten Buchdrucken (seit 1475), darunter wertvolle Chaucer-Editionen, erwarb sich Caxton, der auch Übersetzer und Herausgeber war, große Verdienste um die englische Schriftsprache, während auf dem Kontinent die humanistische Literatur noch weitgehend in lateinischer Sprache gedruckt wurde.

Wo Anne Boleyn schlief und Churchill schrieb

Eine Landschaft ›malerisch‹, ein Gebäude ›pittoresk‹ zu nennen, ist jedem Touristen geläufig als Passepartout für bildschöne Ansichten. Wo hätten wir besser Gelegenheit, uns den vagen Begriff aufs genaueste anschaulich zu machen als in England, dem Ursprungsland des Pittoresken? Hier ist der Begriff theoretisch fundiert und als ästhetische Kategorie auch gleich praktiziert worden. *Scotney Castle* ist die perfekte Illustration dieses Topos und seiner Geschichte (Abb. 14). Das Fragment einer Burg des 14. Jahrhunderts, ein Turm aus Sandstein, davor eine Zypresse, daneben die Ruinen eines Ziegelsteinhauses aus dem 17. Jahrhundert, umgeben von einem Wassergraben, in dem Bäume und Gebäude spiegelnd verschmelzen: Dies alles sehen wir, über Azaleen- und Rhododendronbüsche hinweg, von einem Neo-Tudorhaus auf einer Anhöhe, das Anthony Salvin, ein Schüler John Nashs, 1835 entwarf. Von diesem neuen Haus aus wollte sein Besitzer, Edward Hussey, das alte betrachten, als sei es eine Ruine in einer Landschaft von Lorrain. Den dramatischen Vordergrund bildete der inzwischen zugewachsene Steinbruch unmittelbar zu Füßen und zu Diensten des neuen Hauses; der romantische Hintergrund wurde betont, indem man die Reste des alten Hauses noch weiter abriß – bis die Ruine vollendet, die Inszenierung wie Zufall, die Kunst wieder wie Natur aussah. Den Prinzipien des Pittoresken entsprechend: wild, zerklüftet und melancholisch. Die Voraussetzungen dafür liegen im späten 18. Jahrhundert: Uvedale Price hatte in seinem ›Essay on the Picturesque‹ (1794) gefordert, daß die Landschaftsgärtner die Bilder der Landschaftsmaler studieren sollten, also Lorrain, Poussin, Salvator Rosa. Und Richard Payne Knight hatte, noch vor seiner ›Enquiry into the Principles of Taste‹ (1805), geschmacksbildend gewirkt mit seinem eigenen Park, Downton Vale in Herefordshire (1774 ff.), Prototyp des pittoresken Landsitzes.

Kein Garten in Kent, im »Garten Englands«, ist so sehr zum Inbegriff englischer Gartenleidenschaft geworden wie *Sissinghurst Castle* (Abb. 19). Der ›Weiße Garten‹, wo nur weißblühende Pflanzen wachsen; der Rosengarten mit dem Taxus-Rondel; der Obstgarten mit den Resten des alten Burggrabens; der Gewürzgarten, wo sich die Besucher unter Entzückensrufen an Thymian, Safran und Salbei die Nase reiben: Dies

II CANTERBURY Becket-Fenster, um 1200

III CANTERBURY Kathedrale, 14./15. Jh.

IV Hopfenhäuser in Kent

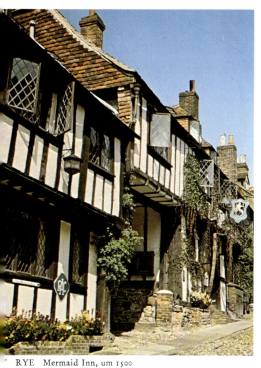

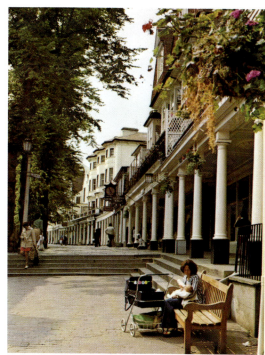

RYE Mermaid Inn, um 1500

VI TURNBRIDGE WELLS The Pantiles

VII AYLESFORD, Kent

X   LOSELEY HOUSE   Tudor-Landsitz in Surrey

◁ VIII   CRANBROOK   Kleinstadt mit alter Mühle   X   EPSOM   Derby-Zuschauer und Buchmacher

II HERSTMONCEUX CASTLE, 15. Jh.

XI Der Große Mann von WILMINGTON, Sussex   XIII BRIGHTON Bankettsaal im Royal Pavilion

XIV BRIGHTON Palace Pier, 1898

XV SHEFFIELD PARK, Sussex   XVI BROADSTAIRS, Kent

XVII Begegnung in den Downs

XVIII BATTLE Wirtshaus in Sussex

XIX SOMPTING Angelsächsische Kirche

XX WINCHESTER Bibel-Initiale, 12. Jh.

XXI WINCHESTER Kathedrale, 11.–14. Jh.

XXII WINCHESTER Hospital of St. Cross, 1136

XXIII   DURNDLE DOOR und MAN O'WAR, Dorset

XXIV   CORFE CASTLE, Dorset

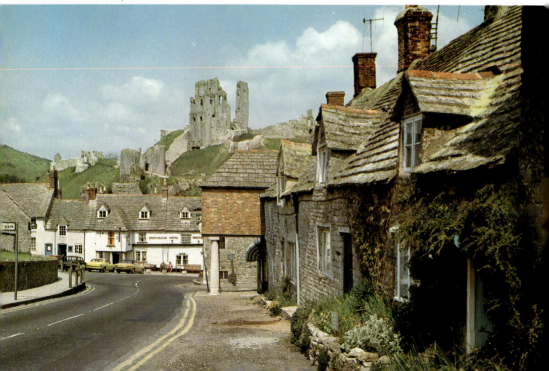

XV SHAFTESBURY Gold Hill

XVI FORDE ABBEY, Dorset

XXVII STOURHEAD Englischer Garten, um 1740

XXVIII AVEBURY Prähistorischer Steinkreis, Wiltshire

XXIX SALISBURY Kathedrale am Avon

XXX LONGLEAT Elisabethanisches Landschloß, Wiltshire

XXXI Fuchsjagd im EXMOOR

XXXII ALLERFORD, Somerset

XXXIII Der Garten von MONTACUTE HOUSE

XXXIV Die Kathedrale von WELLS, um 1230 begonnen   XXXV HAYTOR ROCK, Dartmoor ▷

XXXVI Küste bei HARTLAND POINT, Devon

XXXVIII Die normannische Burg von LAUNCESTON ▷

XXXVII WIDECOMBE-IN-THE-MOOR, Dartmoor

XXXIX PENZANCE Ägyptisches Haus, um 1830   XL MEVAGISSEY, Cornwall

XLI Küstenlandschaft in Cornwall   XLII ST. MICHAEL'S MOUNT 15./19. Jh. ▷

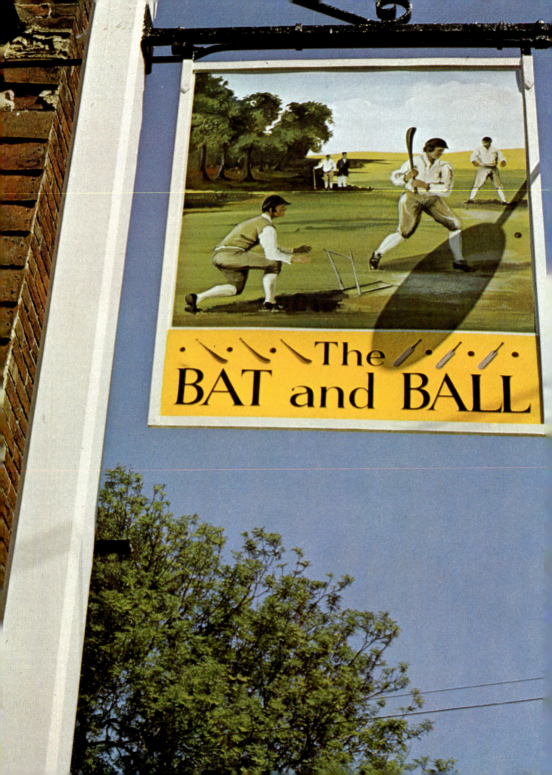

alles hat die Schriftstellerin Victoria Sackville-West mit ihrem Mann, Harold Nicolson, angelegt, die hier 1930 nichts als verwahrloste Gebäude aus den Tagen der Tudor vorfanden. Nach Sissinghurst zu kommen war das Schlimmste, was einem französischen Soldaten passieren konnte, der im Siebenjährigen Krieg (1756–63) in englische Hände fiel. Denn dieser idyllische Garten war damals ein berüchtigtes Gefängnis. Einer der englischen Wachoffiziere wurde später als Historiker des Römischen Reiches berühmt: Edward Gibbon. In dem ziegelsteinroten Torhaus mit seinen beiden achteckigen Seitentürmen (ca. 1570) hat Victoria Sackville-West bis zu ihrem Tode 1962 gelebt und geschrieben, hoch über den Hügeln des Weald. Im Raum über ihrem Arbeitszimmer steht die Handpresse, auf der ihre ›Herzensaffäre‹ Virginia Woolf und deren Mann Leonard die Erstausgabe von T. S. Eliots Gedicht ›The Waste Land‹ und andere Bücher der später renommierten Hogarth Press druckten. Die Woolfs gehörten seit 1906 zum Londoner Intellektuellen-Kreis Bloomsbury Group, ebenso wie Vita Sackville-West und ihr Mann.

Victoria Sackville-West und ihr Geburtshaus *Knole* bei Sevenoaks standen Modell für Virginia Woolfs Roman ›Orlando‹. Victoria selbst hat ›Knole and the Sackvilles‹ historisch und in ihrem Roman ›The Edwardians‹ auch poetisch dargestellt. Knole, eines der großen, geschichtsreichen Herrenhäuser Englands, ist bis heute im Familienbesitz der Sackvilles, seit Elizabeth I. den ursprünglich erzbischöflichen, dann königlichen Palast 1566 ihrem Vetter Thomas Sackville schenkte. Die Regenrinnen im Steinhof tragen seine Initialen T D: Thomas Earl of Dorset. Dieser Politiker, den Anglisten als Dichter der ersten englischen Blankvers-Tragödie kennen, hatte Maria Stuart das Todesurteil zu überbringen. Thomas Sackville hat Knole mit dreihundert italienischen Gastarbeitern ins Unübersehbare ausgebaut. Als es fertig war, starb er (1608). Ich habe nicht nachgezählt, aber die National Trust-Führerin versicherte: Knole hat so viele Innenhöfe wie die Woche Tage, so viele Treppen wie das Jahr Wochen, und so viele Räume wie das Jahr Tage. Kein Wunder, daß 1623 die Sackvilles hundertelf Bedienstete hatten, damit wenigstens einer sie gelegentlich fände. Mit seinen silbergrauen Steinmassen, den zahllosen Giebeln und Kaminen wirkt Knole eher wie ein mittelalterliches Dorf als ein Privathaus, seit etwa 1460 beständig gewachsen wie ringsum die Eichen und Buchen in dem über vierhundert Hektar großen Wildpark. Knole, seit den Tagen Charles' I. nahezu unverändert, bietet die seltene Gelegenheit, frühe englische Möbel in ungewöhnlicher Auswahl und Qualität zu sehen: In der Leicester Gallery jakobianische Sessel mit den alten Samtbezügen und das ›Knole-Sofa‹ mit verstellbaren Armlehnen; im Schlafzimmer des venezianischen Gesandten das reichgeschnitzte vergoldete Bett, angefertigt für James II.; im King's Bedroom ein weiteres, wahres Himmelbett mit gold- und silbergewirkten Vorhängen, dazu eine einzigartige Sammlung von Silbermöbeln aus dem letzten Viertel des 17. Jahrhunderts. Nach der Porträtgalerie der Sackvilles im Ballsaal (Abb. 20), nach den vielen Kopien Alter Meister unvermutet eine kleine Reynolds-Sammlung: acht Gemälde, darunter seine Porträts von David Garrick, Oliver Goldsmith und Samuel Johnson. Die Atmo-

◁ XLIII Cricket-Wirtshausschild in HAMBLEDON

57

Der königliche Falke und die jungen Tudor-Rosen: Wappen Anne Boleyns, das Heinrich VIII. ihr 1532 verlieh.

sphäre von Knole ist mehr als das Inventar seiner Kunstschätze. Die geschnitzten Grotesken der Holzvertäfelung gehören dazu, die Stuckdecken und flämischen Tapisserien, die unendlich soliden, breiten Eichendielen des 16. Jahrhunderts. Und dann und wann ein ›Dummy‹, eine jener bemalten, ausgeschnittenen Holzfiguren, die man als ›stumme Gefährten‹ vor dem Kamin im 18. Jahrhundert gern um sich hatte. Wir würden uns einschließen lassen in diesen Räumen für 1001 Tag, gäbe es nicht auch in Knole ein Gespenst, den ›Schwarzen Ritter‹.

Indes kann man es auch machen wie Heinrich VIII., wenn er von London kam: in Knole nur eine Picknickpause, dann weiter nach *Hever Castle* zu Anne Boleyn. Hier hat sie ihre Jugend verbracht, und hierhin kehrt ihr Geist jeden Weihnachtsabend zurück über die Brücke des Eden. Hier hat ein König ihr den Hof gemacht, und hier umschwärmen sie heute die Massen. Als wir kamen, an einem normalen Wochentag, glich die Wasserburg einer belagerten Festung (Abb. 18). Der halbe Park ein Parkplatz, die Zugbrücke wie eine Bushaltestelle: »Queue here please!« Das tun täglich bis zu viertausend Besucher, und es lohnt sich. Was als königliche Romanze begann und mit der englischen Reformation endete – in dieser eher kleinen Burg, 1462 von den Boleyns in ein Tudor-Wohnhaus umgewandelt, finden sich die sichtbaren Spuren jener Ereignisse: Teile des Himmelbetts, in dem Anne Boleyn schlief; das transportable Türschloß Heinrich Blaubarts, das er an seinen wechselnden Schlafzimmern anbringen ließ; die päpstliche Bulle, die seine Scheidung von Katharina verhindern sollte. In einer National Portrait Gallery en miniature sind die Akteure dieser folgenreichsten Bettgeschichte der englischen Historie in Hever Castle versammelt: Henry VIII., porträtiert von seinem Hofmaler Holbein (Abb. 106) – ein Renaissancefürst, dem nicht nur die Frauen gehörten. Elizabeth I., Heinrichs und Anne Boleyns Tochter, dargestellt von ihrem Hofmaler Marc Geeraerts – eine Königin, die kühl und streng aus ihrem Spitzenkragen auf ein Weltreich blickt. Und dann Anne Boleyn, wie Holbein sie malte, in Halbfigur und Viertelprofil – eine Frau mit vollen Lippen und schwarzen Augen, die noch nicht weiß, daß ihr gekröntes Haupt drei Jahre später fallen wird (Abb. 105). Als sie dem König nicht den ersehnten Thronfolger schenkt, macht Heinrich kurzen Prozeß wegen Hochverrat und Ehebruch. Jane Seymour, Hofdame seiner enthaupteten

Frau, wird Königin für ein Jahr, sie stirbt im Kindbett. Das Porträt ihres Sohnes, Edward VI., hat François Clouet gemalt; das ihrer bald wieder geschiedenen und nach Hever Castle abgeschobenen Nachfolgerin, der Deutschen Anna von Kleve, malte Holbein. Im selben Raum mit ihnen und Tizians Philipp II. hängen Lucas Cranachs Reformatoren-Porträts: Melanchthon und Luther, dessen Lehre Heinrich VIII. in seiner Kampfschrift ›Assertio Septem Sacramentorum‹ 1521 noch zurückgewiesen hatte. Dies Bekenntnis dankte ihm Papst Leo X. mit dem Titel ›Verteidiger des Glaubens‹ – ein Titel, den die englischen Könige auch nach Heinrichs Abfall bis heute führen. All diese Bilder gehören zum Haus, aber sie gehörten nicht dazu, als Lord Astor 1903 das verwahrloste Anwesen kaufte. William Waldorf Astor, Urenkel eines Amerika-Emigranten aus Walldorf bei Heidelberg, hat die meisten Möbel und Gemälde selbst zusammengetragen, er hat Hever Castle mit unglaublicher Leidenschaft und Kennerschaft restauriert und in drei Jahren das vierhundert Jahre ›alte‹ Dorf neben der Burg, das Tudor Village, angelegt. Auch die täuschend stilechte Holzvertäfelung im Haus ist, größtenteils, ein Beispiel für das virtuose Kunsthandwerk der edwardianischen Zeit. Wer sich im Park im Labyrinth* aus tausend Taxusbüschen nicht verirrt, kann um Lord Astors See herumspazieren – ganz nach königlicher Laune auf »Anne of Cleves'« oder »Anne Boleyn's Walk«.

Man könnte gleich weiterwandern in den nächsten Park, den des neogotischen *Chiddingstone Castle* (1808–38), so nahe liegen in diesem Teil Südenglands die Herrenhäuser nebeneinander. Daß dies so ist, daß in Kent die Landschaft parzellierter erscheint als andernorts, die Parks kleiner und große Ländereien seltener, liegt an einem besonderen Erbschaftsrecht, das Kent als einzige südenglische Grafschaft seit dem 11. Jahrhundert entwickelt hat: Landbesitz wurde unter allen Söhnen gleichmäßig aufgeteilt, nicht dem Ältesten allein vererbt. – Präsentierte Lord Astor im Italienischen Garten von Hever eine Freilichtausstellung griechischer, etruskischer und römischer Statuen und Sarkophage, so überrascht der ehemalige Antiquitätenhändler und jetzige Schloßherr von Chiddingstone gleich mit mehreren Spezialsammlungen: Buddha-Statuen; japanische Waffen und Lackarbeiten; ägyptische Kultfiguren; Handschriften, Porträts und Locken der Stuart-Könige. Längst nicht alles ist ausgestellt, auch die kostbare Sammlung von Miniaturen Nicholas Hilliards und seiner Zeitgenossen nur zum Teil.

---

* Eines der schönsten noch erhaltenen Heckenlabyrinthe in England ist das 1833 angelegte Labyrinth aus Lorbeerbüschen im Garten von Glendurgan bei Falmouth (Cornwall).

Labyrinth von Glendurgan. Grundriß

KENT

»In these days of organized robbery«, sagt die Wärterin, »it's better not to show the best.« Das zeigt der Hausherr, Denys E. Bower, Studenten und Interessenten nach schriftlicher Anmeldung. Nahezu unverändert seit dem 16./17. Jahrhundert ist die Dorfstraße von Chiddingstone mit ihren Fachwerk- und Backsteinhäusern, heute ganz im Besitz des National Trust.

Nur vier Kilometer entfernt im Medway-Tal liegt *Penshurst Place*. Als sich Sir John de Pulteney, Tuchhändler und Bürgermeister aus London, diesen Landsitz um 1340 einrichtete, konnte er es riskieren, statt einer befestigten, aber unbequemen Burg ein komfortableres, nur noch turm- und zinnenverziertes Herrenhaus zu bauen. Man lebte seit Jahrzehnten im Frieden, und diesen Wandel spiegelt auch die Architektur, am eindrucksvollsten Penshurst Place. Sein Grundriß ist charakteristisch für die Raumauf-

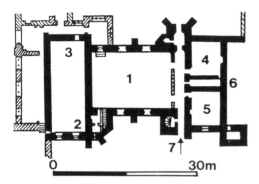

Penshurst Place: 1 Halle   2 Krypta   3 Wohnraum, heute Festsaal   4 Speisekammer   5 Anrichte   6 Küche   7 Besucher-Eingang

teilung spätmittelalterlicher Herrschaftssitze in England: dominierend die Halle, Zentrum des häuslichen Lebens und erst zwei Jahrhunderte später zur bloßen Eingangshalle geschrumpft; ein Wohnraum auf der einen Seite der Halle, auf der anderen, durch einen Gang getrennt, die Küche und die verschiedenen Wirtschaftsräume. In diesem Landschloß wurde 1554 Sir Philip Sidney geboren, »soldier poet«, Ritter und Dichter (Abb. 107). Mit »hervorragendem Verstand und außerordentlicher Schönheit« (Aubrey) verkörperte er vollendet das Ideal des Gentleman der Renaissance, beflügelte mit ›Astrophel and Stella‹ die elisabethanische Sonettenmode und starb im James Dean-Alter den Heldentod im holländischen Unabhängigkeitskrieg gegen Spanien. Sein Beerdigungs-Helm ist in der Barons' Hall zu sehen, von dessen offenem Dachstuhl zehn lebensgroße Figuren hinunterschauen auf die Gelage der Jahrhunderte.

Noch Winston Churchill, Schriftsteller und Held unserer Zeit, verkörperte auf seine Weise Philip Sidneys Ideal des gebildeten, streitbaren Gentleman: als wilder Reiter im Burenkrieg und im Polo-Match, als Maler und Feldherr. Churchills Landhaus *Chartwell* nördlich von Penshurst, fünfundzwanzig Meilen von Westminster entfernt, ist eine Wallfahrtsstätte der Nation. Hier lebte er von 1924 bis kurz vor seinem Tod 1965, von hier aus wurde er zweimal Premierminister (1940 und 1951), hierhin kehrte er nach Siegen und Niederlagen zurück, um zu schreiben und zu malen. Sein Arbeitszimmer, ein kleiner Raum mit einer weiten Aussicht: Blick über den Weald und auf die »Geschichte der englischsprachigen Völker«, Marlboroughs Biographie vor Augen und die Deutschen im Anflug auf London. Ein Haus voller Reliquien: die Zigarre, Marke »Churchill's Boite Nature«, von der er pro Jahr dreitausend rauchte; auf dem Schreibtisch Büsten von Nelson und Napoleon; in den Vitrinen Hosenbandorden und Literaturnobelpreis, seine Hüte, Uniformen und die politischen Souvenirs von den Großen seiner Zeit. All dies bis 1974 sanft umschnurrt von Jock, seiner überlebenden Katze. ›WSC‹, wie er seine Bilder signierte, 1947 unter Pseudonym in die Royal Academy zugelassen, Churchill war ein respektabler Freizeitmaler, davon zeugen die Stilleben und Landschaften im Haus und in seinem Garten-Atelier. Dort steht eine Büste Rudyard Kiplings mit der Inschrift: »One sang of Empire and the other saved it.«

Zwischen Chartwell, dem Landhaus Churchills, und Chevening Park (ca. 1790, von Inigo Jones), dem Landsitz des jetzigen Thronfolgers Charles, im Städtchen *Westerham* sitzt Churchill monumental auf dem Dorfanger, und ein paar Schritte weiter steht fechtend General James Wolfe*. Im Pfarrhaus von Westerham wurde Wolfe 1727 geboren, auf den Abraham-Höhen in Kanada fiel er 1759 als Sieger von Quebec. Das dreigieblige Quebec House (17. Jh.), wo er seine Kindheit verbrachte, ist heute eine Gedenkstätte des National Trust. ›Wolfe's Inn‹ mit dem janusköpfigen Schild des jungen und alten Generals beherrscht das Ortsende von Westerham. Am Ortseingang aber feiert der von Wolfe besiegte ›Marquis de Montcalm‹ einen kulinarischen Sieg auf der ganzen Linie. Selbst patriotische englische Feinschmecker laufen früher oder später zum Franzosen über, kapitulieren vor Raymond Zarbs ›Germiny en Tasse‹ oder dem ›Fillet de Porc aux Pruneau‹ – und dies vor den Augen ihres weiland Premierministers Pitt des Jüngeren, dessen Landhaus in Westerham als Restaurant ›Pitt's Cottage‹ den Triumph des ›Marquis‹ nicht aufhalten kann. Die Straße zwischen Westerham und *Brasted* ist als ›Portobello Road of Kent‹ bekannt: Nahezu zwanzig Antiquitätengeschäfte auf einer Strecke von drei Kilometern verzögern aufs angenehmste die Weiterfahrt.

Von englischer Sitzkunst

Allein in Kent sind rund achtzig Burgen und Herrenhäuser der Öffentlichkeit zugänglich. Wenigstens stichwortartig noch einige Beispiele, zugleich Beispiele für gewandelte Besitzverhältnisse. *Mereworth Castle* (1722–25) von Colen Campbell, Autor des ›Vitruvius Britannicus‹, ist als Kopie von Palladios Villa Rotonda in Vicenza eines der authentischen Beispiele für die Landhäuser des englischen Palladianismus – ein von Inigo Jones in England eingeführter Stil, den harmonische Proportionen, Portikus- und Arkadenmotive auszeichnen (Abb. 21). Mereworth Castle, Kulisse des James

---

* Bronzestatuen von Oscar Nemon (1969) und Derwent Wood (1910)

Mereworth Castle: Querschnitt aus Colen Campbells ›Vitruvius Britannicus‹. Alle 24 Kamine des Hauses münden in der Laterne der Kuppel.

Bond-Films ›Casino Royal‹, gehört heute als Wochenendsitz dem vermutlich reichsten Mann der Welt, dem Scheich Mohammed Al-Tajir – einer der vielen Araber, die in diesen Jahren der Pfundschwäche und des Ölbooms England aufkaufen. *Brasted Place* – von hier brach 1840 Prinz Louis Napoleon zu seinem mißglückten Putsch nach Bologna auf – ist ebenso wie *Mersham-Le-Hatch* bei Ashford (1766) ein palladianisches Landhaus von Robert Adam, mit Stuckdekorationen im etruskischen Stil, 1784/5 für den Hofarzt Georges III. in einem Park der North Downs errichtet, heute Priesterseminar der Anglikanischen Kirche. Im Medway-Tal bei Maidstone liegt *Allington Castle* (13. Jh., restauriert ca. 1930), heute im Besitz der Karmeliter, Geburtshaus des Dichters und Diplomaten Sir Thomas Wyatt, »Vater des Englischen Sonetts« und Liebhaber Anne Boleyns. Nicht weit entfernt, Richtung Sevenoaks, trotz der Nähe von London in ländlicher Abgeschiedenheit: *Ightham Mote*, Kents besterhaltene Wasserburg des 14. Jahrhunderts. In kühler Eleganz, von einem Schwanensee umgeben, liegt eine andere mittelalterliche Wasserburg: *Leeds Castle* (12./19. Jh.), einst Lieblingsresidenz Edwards I., heute Eigentum der Nation – mit einem der schönsten Golfplätze im Umkreis von Maidstone.

Voller Charme und versteckter Köstlichkeiten sind die kleineren Landhäuser, zum Beispiel *Godinton Park* bei Ashford (14./17. Jh.), wo der Hausherr zuweilen noch selbst die Führung übernimmt. Die Kunst der klassischen Möbeldesigner des georgianischen 18. Jahrhunderts, hier sehen wir sie im Original und in ihrer ursprünglichen Wohnungs-, nicht Museumsatmosphäre: Thomas Chippendale, der mit gotisierenden und chinesischen Motiven, mit Schnörkel- und Serpentinenformen nach 1750 eine Art englisches Rokoko zur Mode machte; George Hepplewhite[*], der mit seinem Schildrückenstuhl mit ovalen oder herzförmig zugespitzten Kurven zwischen 1775 und 1790 stilbestimmend wurde; schließlich Thomas Sheraton, der nach 1790 mit geradlinigen

Chippendale-Stühle

Formen zu einem strengen Klassizismus und zu einem zweckmäßigen, sachlichen Design zurückkehrte, dessen Wirkung am längsten anhielt. Die Wonnen des gewöhnlichen Sitzens: Angesichts dieser Stühle verstehen wir die Begeisterung des Fürsten Pückler, der von seiner Englandreise 1826 seiner Frau nach Muskau über die wahrhaft königliche Sitzkunst der Briten berichtet: »Fürs erste muß der Fremde die raffinierte Bequemlichkeit bewundern, mit der der Engländer zu sitzen versteht, so wie man auch gestehen muß, daß, wer die genialen englischen Stühle aller Formen und für alle Grade der Ermüdung, Kränklichkeit und Konstitutionseigentümlichkeit berechnet, nicht kennt, wirklich einen guten Teil irdischen Lebensgenusses entbehrt.« Der Stolz von Godinton ist The Great Chamber: eine jakobianische Holzvertäfelung (1632–38) mit einem Figurenfries, der den noch heute bei bestimmten Hofzeremonien üblichen Piken- und Musketen-Drill mit schöner Akribie illustriert, wahrscheinlich eine Arbeit hugenottischer Handwerker. Wo ließe sich im weitläufigen Park von Godinton englischer pick-

---

* »To unite elegance and utility, and blend the useful with the agreeable, has ever been considered a difficult, but an honourable task.« (Vorwort zu Hepplewhites ›The Cabinet-Maker and Upholsterer's Guide‹, 1788).

  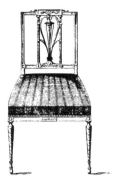 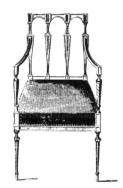

Hepplewhite-Stühle   *Sheraton-Stühle*

nicken als bei den Resten der ›Domesday Oak‹? Diese gewaltige Eiche, unerschüttert seit den Normannen-Stürmen, soll am 3. September 1939 um elf Uhr vormittags zerborsten sein, als Chamberlain im Rundfunk die Nation über den Kriegseintritt informierte. Wo andernorts die Tempelvorhänge reißen, bersten in Kent die Eichen.

Chilham Castle in den North Downs ist das Museum jener ›Battle of Britain‹ (1940) geworden. Hier soll auch eine der ersten Schlachten Cäsars auf britischem Boden stattgefunden haben. In einem Anbau des jakobianischen Hauses (1616) sind die Trümmer von Spitfire-, Junkers- und Messerschmitt-Jägern gesammelt, Teile der ME 110 von Rudolf Heß, Fallschirme unter der Fachwerkdecke. Das alles liegt inzwischen versöhnlich eingebettet in einem Landschaftspark des Gartenkünstlers Capability Brown. Deshalb vor allem kommen die Besucher hierher, der alten Bäume und dressierten Falken wegen, und um teilzunehmen – »take a trip back 600 years« – an einem mittelalterlichen Bankett im normannischen Burgturm, wo Odo von Bayeux tafelte und heute Lautenspieler, Wine-Maidens in Samt und nach Mitternacht an der Bar der Geist einer White Lady für historischen Nachgeschmack sorgen.

Surrey

Londons playground, stockbroker belt, Börsenmaklers Grüngürtel: Verlockend klingen Surreys Beinamen nicht. Eine Grafschaft, in der kein Ort mehr als fünfzig Meilen von der City entfernt ist – wer wollte da nicht lieber auf dem Land leben, auch wenn er täglich in der Stadt arbeiten muß? Dies ist die Landschaft der Pendler, Idylle mit Rush hour, Naherholungsgebiet für fast acht Millionen Großstädter. Schon Daniel Defoe beschreibt Ende des 17. Jahrhunderts die ersten Pendler, Kaufleute und Gentlemen der Börse, »who take their horses every morning to London ... and be at Epsom again at night«. Den Bauboom von Richmond beobachtet Defoe mit gemischten Gefühlen. Haus und Garten auf dem Land zu haben, im 18. Jahrhundert eine Mode der Londoner Society (Twickenham an der Themse war so eine ›Adresse‹, oder Kew und Ham), das wird im 19. Jahrhundert im weiteren Umfang für das viktorianische Großbürgertum möglich, dessen Landhäuser sich schon in die Nord-Downs ausdehnen, und das ist vollends im 20. Jh. der Traum der Middle class: ein Häuschen in Surrey. Und wenn kein Häuschen, dann wenigstens ein Picknick am Box Hill zum Wochenende.

Countryside und Kapitale, diese Nachbarschaft hat den ruinösen Reiz eines Duells im Grünen. Eine Landschaft, die von der Großstadt aufgesogen wird: Kein anderes englisches County hat sich in den letzten hundert Jahren so rapide entwickelt, so rüde verändert und dennoch behauptet. Surrey, das ›Suthridge‹ (= southern district) der Angelsächsischen Chronik, begann noch bis 1888 am Südufer der Themse. Heute reicht Groß-London bis zum Rennplatz von Epsom und bald zur Schlafstadt Woking. Eine der kleinsten Grafschaften Englands, wird Surrey an Bevölkerungsdichte nur von London und Middlesex übertroffen. Ironischer Genius loci: Thomas Robert Malthus, der die Bevölkerungsexplosion erstmals im Großen analysierte und Geburtenbeschränkung empfahl, stammt aus Surrey.

Magna Charta und die Teufel von Chaldon

Wer im frühen 18. Jahrhundert von London die Themse aufwärts nach Hampton Court fuhr, der sah nicht Fabrikschornsteine, Hochhäuser und überfüllte Straßen, der sah »die Flußufer voller Dörfer und diese Dörfer so voll von schönen Häusern, bezaubernden Gärten und prächtigen Herrschaftssitzen, daß nichts in der Welt dem nahekommt«, nicht die Seine zwischen Paris und Rouen, nicht die Donau bei Wien, nicht

SURREY

der Po bei Turin. Der dies schrieb, Daniel Defoe, war Patriot und Realist genug, um die Schönheit des nördlichen, heute zu London zählenden Teils von Surrey mit Enthusiasmus zu schildern. Er kam an Syon House vorüber und an Kew Palace, dem Landsitz eines Londoner Kaufmanns, am königlichen Palast von Richmond, an Ham House, Hampton Court und Kingston-upon-Thames*, dem Krönungsort der angelsächsischen Könige im 10. Jahrhundert. »Das ganze Land hier leuchtet in unbeschreiblicher Pracht. Aus der Ferne gesehen glänzen die schönen Landsitze zwischen den Bäumen wie Juwelen in einer kostbaren Krone; aus der Nähe betrachtet sind sie reine Bilder und Gemälde; von ferne sind sie ganz Natur, nahebei ganz Kunst, aber beides in vollendeter Schönheit.« In der Steinwüste Groß-Londons liegen diese Landsitze des alten Surrey wie Oasen, »a view of the luxuriant age«. Auf einem Schiff die Themse aufwärts nach *Chertsey:* In den Genuß dieser Flußpartie kam Heinrich VI. noch einmal posthum, als er nach einem wirren Leben und elenden Tod im Tower 1471 in die Abtei von Chertsey überführt wurde. Dieses völlig zerstörte, bedeutende Benediktinerkloster, gegründet Anno 666, war im 13. Jahrhundert für seine buntglasierten Kacheln bekannt; einige sind im Museum von Guildford und im Britischen Museum erhalten. Auf dem St. Ann's Hill bei Chertsey, heute ein öffentlicher Park, hatte der Whig-Politiker und Gegner des jüngeren Pitt, Charles James Fox, ein Landhaus mit einem in der zeitgenössischen Literatur vielgepriesenen Blick auf das Themse-Tal und St. Paul's.

Auf halbem Weg zwischen dem Haus des Parlamentariers Fox und dem Königsschloß Windsor liegt eine Wiese, auf der die Krone eine unblutige Schlacht verlor und die englische Parlamentsverfassung ihr Fundament gewann, die Magna Charta. Runnymede heißt diese historische Themse-Wiese bei *Egham,* die den Kühen entzogen und »der Nation geschenkt« wurde. Die kommt in Scharen, kocht Tee, spielt Cricket und genießt zwischen Schulbucherinnerungen und Erinnerungsfotos ihr Magna Charta-Picknick. Wahrscheinlich hat König Johann Ohneland an jenem 15. Juni 1215 wütend in die Themse gespuckt, als ihm der Erzbischof von Canterbury, Stephen Langton, die 63 Artikel des Adels und der Kirche überreichte: Rückgabe unrechtmäßig konfiszierter Güter, Schutz vor Übergriffen der Krone, gleiches Recht für alle vor Gericht. Dies folgenreiche Dokument, das erstmals gegen königliche Willkür Garantien bügerlicher Grundrechte fixierte, ist in vier Abschriften erhalten (zwei im Britischen Museum, zwei in den Dombibliotheken von Salisbury und Lincoln). Zwischen Eichen der Erinnerungs-Tempel, den amerikanische Stifter auf der Wiese von Runnymede der Magna Charta errichtet haben als »symbol of liberty under law«, Vorläufer auch ihrer eigenen Unabhängigkeitserklärung von der Kolonialherrschaft des Mutterlandes der Magna Charta.

Ungefähr zur gleichen Zeit wie diese große politische Auseinandersetzung am Beginn des 13. Jahrhunderts entstand in einer kleinen Kirche in Surrey ein Bild, das den

---

* Geburts- und Sterbeort des Fotopioniers Eadweard Muybridge, dem es als erstem gelang, Bewegungsabläufe in Serienaufnahmen fotografisch festzuhalten (1872 ff.). In der Borough Bibliothek von Kingston sind Fotos und Instrumente Muybridges zu sehen sowie sein Zoopraxiskop (1879), ein Vorläufer des Filmprojektors.

Gläubigen eindrucksvoll zeigte, was sie nach allen irdischen Händeln erwartete: neue Händel im letzten Kampf um ihre Seele. So sehr die Magna Charta schon den Keim der Neuzeit in sich trägt, so sehr repräsentiert die Wandmalerei von *Chaldon* noch den Geist des Mittelalters. Der Dualismus der Zeit verbindet beide: Der Streit zwischen Kirche und König, König und Adel, Adel und Bauern findet seine Fortsetzung im übergreifenden Antagonismus von Gut und Böse, Himmel und Hölle. So agieren auch die Engel und die Teufel von Chaldon in kompositorisch fest umrissenen Kompetenzbereichen: In der unteren Bildzone machen die Teufel den Verdammten die Hölle heiß, oben im Fegefeuer retten die Engel, was noch zu retten ist, und in der Mitte, auf der Feuerleiter zwischen beiden Etagen, herrscht begreifliches Gedränge, da steigen und fallen die armen Seelen durcheinander, daß Gott erbarm. Diese Darstellung des Jüngsten Gerichts und der ›Leiter der Erlösung‹ ist kein Fresko, sondern al secco auf den trockenen Kalkputz der Westwand von Chaldon Church gemalt, vielleicht das Werk eines wandernden Malermönchs um 1200. Ein mittelalterliches Menetekel, so deutlich im Ganzen wie drastisch im Detail (Abb. 26). Dreist greift der Satan dem Erzengel Michael in die Seelenwaage, zwei Teufel kochen die Mörder im Kessel über offener Flamme, zwei andere lassen unredliche Handwerker über eine Säge laufen, darunter wird ein Wucherer gefoltert, daß ihm das Geld zum Mund herausquillt. So werden alle sieben Todsünden in Aktion gezeigt, ein biblischer Comic strip zu Nutz und Frommen der Gläubigen, die in der Mehrzahl ja noch Analphabeten waren. Darum die naive Direktheit, die plakativen Silhouetten-Figuren vor rotbraunem Hintergrund, die effektvolle Mischung aus Heiligem und Horror, aus Didaktik und diabolischer Phantasie. Heulen und Zähneknirschen und die Hoffnung auf Erlösung: Dies mag den Pilger ergriffen haben in der Dorfkirche von Chaldon, nördlich von Reigate am Pilgrims' Way nach Canterbury.

Sehr viel komplizierter als das Wandbild von Chaldon war das Weltbild des Franziskaners William of Occam, der um 1285 vermutlich in *Ockham* geboren wurde, in einer noch heute verhältnismäßig unberührten ländlichen Gegend zwischen Woking und Leatherhead. Wilhelm von Ockham, der Begründer des mittelalterlichen Konzeptualismus, demzufolge der Inhalt eines Allgemeinbegriffs nicht identisch in der Sache verwirklicht, sondern ihr nur ähnlich ist, wurde solcher ›Irrlehren‹ wegen exkommuniziert, floh nach München und propagierte als Bundesgenosse Ludwigs des Bayern gegen Papst Johann XXII. die Trennung von Staat und Kirche. »The Invincible Doctor«, der streitbare Scholastiker aus Ockham, starb 1349 in München.

Das College des Pillenkönigs

Surrey ist eine urbane Grafschaft, voll von literarischen Figuren und Assoziationen, nicht zuletzt dank der Nähe von London. Drei große Schulen in Surrey haben sich einen Namen gemacht: das Royal Holloway College, die Charterhouse School und das

67

SURREY

Mädchen-Internat Claremont. Die älteste, wenngleich immer noch beträchtlich jünger als Eton oder Harrow, ist die Pulic School *Charterhouse,* 1611 in London gegründet und 1872 aufs Land verlegt. Wie früher die Burgen, so thront dieses viktorianische Schulmonument auf einem Hügel über der Kleinstadt Godalming, dem Geburtsort von Aldous Huxley. Die berühmten Londoner Schüler von Charterhouse sind in einem alten Torbogen verewigt: die Schriftsteller Addison und Steele, der Methodistenprediger Wesley und Baden-Powell, der erste Pfadfinder, Thackeray und sein Freund, der ›Punch‹-Karikaturist John Leech.

Im selben Jahrzehnt wie das asymmetrisch-pittoreske, neogotische Charterhouse entstand im Nordwesten Surreys ein noch monumentaleres Gebäude im symmetrischen Stil der Renaissance, eher ein französisches Schloß als eine englische Schule: das *Royal Holloway College* (Abb. 22). Hinter dem reichen Grubenbesitzer Thomas Sutton, dem Gründer der Londoner Charterhouse School, wollte der Fabrikant Thomas Holloway nicht zurückstehen. Eine exemplarische Gründerzeitfigur, hat er mit winzigen Pillen ein Vermögen und mit gigantischen Gebäuden sich selbst einen Namen gemacht: als Stifter des Holloway Sanatoriums bei Virginia Water und wenig später des Holloway Colleges bei Egham, beides Musterbeispiele des spätviktorianischen Historismus. Holloways Architekt W. H. Crossland errichtete nach dem Vorbild des Loire-Schlosses Chambord das College des Pillenkönigs als rechteckigen Ziegelkomplex, der mit seinen zwei Innenhöfen und einer Fülle von Türmen, Kuppeln und Kaminen die immerhin eigene Originalität einer Grande Illusion erreicht (1879–87). Dies Schulschloß, eine der ersten Frauen-Universitäten in England, kostete fast eine Million Pfund. Für jede Studentin hatte der Stifter zwei Räume vorgesehen. Im Nordflügel des inzwischen der Londoner Universität angeschlossenen Colleges ist die Gemäldegalerie des Gründers zu besichtigen, ein Dokument der Geschmacksgeschichte seiner Zeit. Was der Geschäftsmann Thomas Holloway zwischen 1881 und seinem Todesjahr 1883 zusammenkaufte, diese rund neunzig Gemälde galten damals als Spitzenwerke. Dazu zählten vor allem – neben je einem Gainsborough, Constable und Turner – die sentimentalen Historienbilder von Millais, das moralisierende ›Der Mensch denkt – Gott lenkt‹ von Queen Victorias Lieblingsmaler Landseer und all jene detaillierten, superrealistischen Genrebilder, für die William Powell Frith' Monumentalgemälde ›Paddington Station‹ (1862) in Holloways Sammlung ein glänzendes Beispiel bietet. Wer wird in diesem viktorianischen Salon ein Nocturne von Whistler suchen? Und wer wird in dieser riesigen Schloß-Vitrine auch nur eine Tapete finden, entworfen von William Morris?

In königlichen Klassenzimmern aber lernen die Mädchen von *Claremont.* Unter Stuckdecken von großer Eleganz Schiefertafeln, Katheder und Pulte mit Tintenklecksen. Wer den ehemaligen Landsitz Claremont in Esher besucht, an der Grenze von Groß-London und Surrey, sieht die Schülerinnen in grauem Rock, weißer Bluse und roter Krawatte auf dem Rasen vor ihrem exklusiven College Pause machen. Wo sich jetzt die kleinen Schultragödien ereignen, starb einst ein König im Exil und eine Prinzessin im Kindbett. Diese Schule hat Geschichte gemacht. Es begann ganz privat: Sir John

Vanbrugh, bedeutendster Architekt des englischen Barock und Baumeister von Blenheim Palace, erwarb 1708 dies Grundstück. Sein Haus ist nicht mehr erhalten, wohl aber das White Cottage des Gärtners und der zinnenbekrönte Belvedere (1717) auf dem Hügel westlich des jetzigen Hauses, ein frühes Beispiel der Mittelalter-Mode des 18. Jahrhunderts. Von diesem Aussichtsturm erhielt das Haus seinen Namen: ›Claremount‹. 1768 kaufte Lord Clive das Grundstück, riß Vanbrughs Haus ab und engagierte den Gartenarchitekten Capability Brown (Abb. 111), der hier eines seiner wenigen Häuser baute, in weißem Ziegelstein und neopalladianischem Stil. Dies ebenso schlichte wie noble Gebäude mit Treppe und Portikus ist von einem Landschaftspark William Kents umgeben, dessen Harmonie nichts stören sollte. Darum führte zum Dienstboteneingang nur eine unterirdische Passage, in der das Personal verschwinden konnte wie Alice in der Kaninchenhöhle. In den Genuß dieser klassischen Villa Hügel kam ihr Besitzer indes nicht: Lord Clive, der die englische Herrschaft in Ostindien begründet hatte und dabei auch selber reich geworden war, wurde wegen Amtsmißbrauch angeklagt und nahm sich, freigesprochen, 1774 das Leben. Dann zog ein königliches Brautpaar in Claremont ein, Prinzessin Charlotte, einzige Tochter Georges III., und Prinz Leopold von Sachsen-Coburg, der spätere erste belgische König. Aber die glücklichen Tage von Claremont waren kurz. Schon nach einem Jahr, 1817, starb Charlotte bei der Totgeburt des ersehnten Thronfolgers. Königlich und traurig ging es weiter, als im Revolutionsjahr 1848 Louis-Philippe und seine Gemahlin Marie-Amélie auf ihrer Flucht Exil in Claremont fanden, wo der abgesetzte Bürgerkönig zwei Jahre später starb. Glücklich war in Claremont nur Queen Victoria, die bei ihrem »geliebten Onkel Leopold« oft die Ferien verbrachte – »die schönsten Tage meiner im übrigen ziemlich melancholischen Kindheit«.

Der Park von Claremont, heute vom Haus getrennt, gilt als einer der exemplarischen, frühen englischen Landschaftsgärten. Noch zu Vanbrughs Zeit hatte Charles Bridgeman an einem der Hügel ein Natur-Amphitheater angelegt – das einzige dieser Art in England. Aber erst William Kent machte um 1740 aus dem geometrischen Garten einen Landschaftspark, mit einer Felsgrotte am See und einem Tempelpavillon auf der Insel – die vollkommene Verwirklichung eines Landschaftsgemäldes. »Mohammed erdachte ein Elysium, Kent erschuf viele ... Er war der erste, der über den Zaun sprang und sah, daß die ganze Natur ein einziger Garten ist«, schrieb Horace Walpole über diesen Mann, der als Maler mittelmäßig, als Möbeldesigner und Baumeister begabt, als Gartenarchitekt aber genial war. Seit 1975 restauriert der National Trust den völlig verwilderten Park von Claremont. Dies ist um so verdienstvoller, da von einem anderen berühmten Garten William Kents nichts übriggeblieben ist: Esher Place, einst Wohnsitz Kardinal Wolseys, des gestürzten Lordkanzlers Heinrichs VIII.

Epsom, nur wenige Meilen südwestlich von Claremont an den Hängen der Downs, muß man am letzten Mittwoch im Mai oder am ersten Mittwoch im Juni besuchen, am Derby-Tag (Farbt. X; Abb. 27). Neben dem exklusiven Ascot ist dies der Höhepunkt der Rennsaison: Modenschau und Picknick am Parcour, Wallensteins Lager mit Wohn-

69

SURREY

wagen, fliegenden Händlern und wahrsagenden Zigeunerinnen, Rolls-Royce-Parade und Volksfest, die Queen kommt, die Taschendiebe kommen, und alle, alle wetten. Ein langer Tag mit kurzen Rennen, knapp drei Minuten über die klassische Distanz von einundhalb Meilen, dem eigentlichen ›Derby‹. Diese Minuten genügen, um ein Pferd unsterblich zu machen, ›Diomed‹ zum Beispiel oder ›Eclipse‹, wie der Epsom-Sieger von 1770 hieß und ein Pub in Egham noch heute heißt (Abb. 28). Am 2. Juni 1976 sahen wir ›Empery‹ hier siegen, mit drei Längen Vorsprung, geritten von Lester Piggott, dem seit Jahren erfolgreichsten englischen Jockey. Epsom Derby, besucht von Millionen, gemalt von Géricault (Abb. 29), beschrieben von Defoe als ein Anblick, vergleichbar nur dem einer »siegreichen Armee unter dem Kommando eines protestantischen Königs von England«. Im 17. Jahrhundert indes setzte man in Epsom nicht auf Pferde, sondern auf Salz. ›Epsom Salts‹ machten die Kleinstadt zum Kurort Charles' II. und zum Modebad der Londoner Gesellschaft. Samuel Pepys, 1667 im ›King's Head‹ zu Gast, notierte »allmorgendlich an den Quellen öffentliches Frühstück, Tanz und Musik«. Als Tunbridge Wells populärer wurde, blieben Epsom nur die Downs und der 12. Earl of Derby. Der machte die bisher unregelmäßig hier veranstalteten Pferderennen 1780 zum festen Begriff, zum ›Derby‹. An den Pferden lag es gewißt nicht, daß der Schüler Graham Sutherland sich in Epsom College so unglücklich fühlte, daß er beschloß, Maler zu werden.*

Picknickhügel mit Poeten

»Morgen geht's zum Box Hill«, verkündet Jane Austens Heldin Emma, und am nächsten Tag bricht die ganze Gesellschaft – die Damen in der Kutsche, die Herren zu Pferde – bei schönem Wetter zum *Box Hill* auf, »und jedermann brach in Entzücken aus beim ersten Anblick«. Ein Picknickausflug, wie er im Buche steht, ›Emma‹, Kapitel 43. Wo Anno 1816 Jane Austens Ausflügler ihre Pferde ließen, am Fuß des Hügels beim Wirtshaus ›Fox and Hounds‹, dem heutigen Burford Bridge Hotel, ist am Wochenende kaum noch ein Parkplatz zu bekommen. Unmittelbar dahinter, steil ansteigend erst und dann in unglaublich sanftem Schwung: Box Hill. Ein Hügelrücken, lang und schön wie eine Linie von Ingres. Vereinzelt Buchsbaum, der Box Hill den Namen gab, und am Rand Wacholder. Das Gras ist dicht und kurz, aber statt Schafen haben Generationen von Besuchern hier ihre Augenweide gefunden. Nordwärts Richtung Leatherhead hat das Flüßchen Mole eine Lücke in den Downs hinterlassen, den Mole Gap, und an klaren Abenden schimmern in der Ferne die Lichter von London durch dies Guckloch der Natur. Auf dem Gipfel des Hügels, zur anderen Seite, erreicht das Panorama von Box Hill seine klassische, englische Dimension: kein schwindelerregender

---

* ›Epsom Downs‹ heißt ein gesellschaftskritisches Schauspiel des engl. Dramatikers Howard Brenton, uraufgeführt 1977 in London.

Schluchtenblick, sondern eine gelassene Übersicht; eine lyrische, keine dramatische Landschaft; eine Variation in Grün und Grau, eine Landschaft in Wasserfarben mit den sanften Sensationen der Atmosphäre, des Dunstes, der verschwimmenden Konturen: im Vordergrund die Kleinstadt Dorking, dahinter die Greensand Hills, weiter südlich das unabsehbare Muster der Felder und Wälder des Weald, die South Downs, die Silhouette von Chanctonbury. Wenn der Teufel einem Engländer alle Reichtümer der Welt zeigen wollte, er fände genug Berge, die höher, aber keinen Hügel, der verführerischer wäre als Box Hill. Nicht von ungefähr ist der gelobte Hügel der englischen Literatur zugleich auch der beliebteste im Volk (und National Trust-Besitz), der Hügel der Hunderttausend, die sonntags von London kommen, um hier zu picknicken. Box Hill, die Buchen rauschen, und es riecht nach gegrillten Würstchen.

Im Herbst 1817 schrieb sich der Sohn eines Londoner Mietstallbesitzers im jetzigen Burford Bridge Hotel ein: John Keats. In einem Brief berichtet er einem Freund, wie er den Box Hill im Mondlicht hinaufging und mit der Idee zu den Schlußversen des ›Endymion‹ herunterkam. Fünfzig Jahre später, und der erhabene Inspirationsgang des romantischen Dichters wird zur erholsamen Lockerungsübung seines viktorianischen Kollegen George Meredith, der festen Wohnsitz nimmt am Fuß des Hügels: »I'm every morning on the top of Box Hill. I shout ha ha to the gates of the world.« Nachdem er sich solchermaßen Luft gemacht hatte, stürmte Meredith vom Box Hill hinunter wie Apoll vom Olymp. Weitere Entfernungen pflegte er nicht weniger eindrucksvoll zurückzulegen: in einem Sulky, gezogen von seinem Maulesel namens Picnic. So war der Dichter von Box Hill den Bauern der Umgebung längst ein Begriff, bevor er mit ›Diana of the Crossways‹ in der literarischen Welt populär wurde. Die jakobianische Crossways Farm, der Schauplatz dieses Romans über die Gleichberechtigung der Frau, liegt westlich von Dorking bei Abinger, wo der Romancier E. M. Forster lebte und der Hard-Edge-Maler Robyn Denny geboren wurde. Das mit roten Ziegelsteinbändern eingefaßte Flint Cottage, das Meredith von 1867 bis zu seinem Tod 1909* bewohnte, ist unverändert erhalten, ebenso die Holzhütte, die er sich am äußersten Ende des Gartens bauen ließ, um ungestört von seinen beiden Kindern zu schreiben, u. a. auch sein Hauptwerk, ›Der Egoist‹.

George Meredith, der zwei Schuljahre bei der Herrnhuter Brudergemeinde in Neuwied verbrachte, hat 1864 in der dem Box Hill benachbarten Kirche von *Mickleham* geheiratet – in derselben normannischen Dorfkirche, in der 1793 eine andere prominente Literatenhochzeit stattgefunden hatte. Es war die Liebesheirat einer Frau von vierzig Jahren, die leidenschaftlich schrieb und leidenschaftlich lebte, Ankleiderin Königin Charlottes, Liebling der Londoner Salons: Fanny Burney heiratete einen französischen Generaladjutanten, der eben den Revolutionsgreueln entkommen war – eine romantische Geschichte. An der Straße nach Mickleham liegt das Haus, wo Fanny Burney ihren Chevalier d'Arblay kennengelernt hatte: Juniper Hall, Zufluchtsort

---

* Meredith' Grabstein auf dem Friedhof von Dorking schmücken seine eigenen Lieblingsverse: »Life is but a little holding, lent / To do a mighty labour. It is one / With heaven and the stars when it is spent / To do God's aim. Else die we with the sun.«

SURREY

Talleyrands und anderer Emigranten des Aristokratenklubs der Feuillants. Auch Madame de Staël war Gast in diesen Räumen, die noch wie 1793 im Stil der Arabesken Robert Adams geschmückt sind – ein Haus aus dem Zeitalter der Empfindsamkeit. Rot leuchtet hinter den mächtigen Zedern des Libanon die viktorianische Fassade von Juniper Hall, heute eine Landwirtschaftsschule des Field Studies Council.

Beim Burford Bridge Hotel, wo die römische Stane Street und der Pilgrims' Way den Mole überquerten, führt eine Straße durch Ranmore Common, ein ideales Wandergebiet, nach *Polesden Lacey*. Einer der Verehrer Fanny Burneys, der Komödiendichter und Parlamentsredner Sheridan, erwarb diesen Landsitz 1797, kurz nach seiner Heirat. »Der schönste Fleck in England, in angemessener Entfernung zur Hauptstadt«, schwärmte er und bestellte mit viel Enthusiasmus und wenig Erfahrung seine Ländereien. Wo Sheridans Haus stand, sehen wir eine Regency-Villa mit ionischen Kolonnaden, und auch im Innern erinnert nichts mehr an den Dichter der ›Lästerschule‹. Um so prächtiger aber im Park: Sheridan's Walk, eine Allee am Hügelkamm, hohe Buchen auf der einen, ein Wiesental auf der anderen Seite, Säulen am Anfang und Ende des Wegs und auf Sockeln Urnen mit Zitaten von Alexander Pope – ein Poet's Walk im englischen Arkadien. Polesden Lacey selbst wurde 1906 erweitert und völlig neu ausgestattet. Vor allem der Salon ist ein virtuoses Beispiel des edwardianischen Geschmacks vor dem Ersten Weltkrieg: eine weiß-rot-goldene Pracht aus italienischem Wand- und Deckendekor, französischen Rokoko-Möbeln und orientalischem Porzellan – Eklektizismus, gewiß, aber aus einem Guß, in schillernder Perfektion. Um wieviel leichter, eleganter, fragiler der edwardianische Prunk ist im Unterschied zum viktorianischen Pomp, wird in Polesden Lacey deutlich. Dies war der fürstliche Rahmen für die Flitterwochen des späteren George VI. (1923) und für die Schätze Mrs. Grevilles, die Greville Collection, eine der kostbarsten Kunstsammlungen in Surrey (Meister von St. Severin, Perugino, Teniers, Terborch, Jan van Goyen, Pieter de Hooch u. a.).

Heinrichs Traumschloß und Watts' Grabkapelle

Am Nordrand der Downs, zwischen Guildford und Hatchlands, dem Haus Admiral Boscawens, liegt *Clandon Park* (Abb. 32): ein Klotz in der Landschaft. Der massige, rote Backsteinbau hat vier unterschiedliche, aber gleich unattraktive Fassaden, und die Eingangsfront haben die Viktorianer mit sicherem Gespür für das Geschmacklose durch einen pseudo-barocken Portalbau aus dem Gleichgewicht gebracht. Diesen ungraziösen Bau, Landsitz der Speaker-Familie Onslow, sollte ein Venezianer entworfen haben? Erst die Innenraumgestaltung rechtfertigt den Ruhm Clandon Parks und seines Architekten Giacomo Leoni, dessen Londoner Queensberry House für die neopalladianischen Stadthäuser in England stilbildend wurde. The Marble Hall, die zweistöckige Eingangshalle von Clandon Park: ein Empfang im großen Stil des frühen

BARFRESTON Normannisches Kirchenportal, 2. H. 12. Jh.

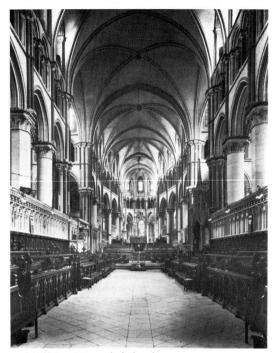

2 CANTERBURY Kathedrale, Chor, 1175–84

3 CANTERBURY Der Schwarze Prinz, 1376

4 CANTERBURY Kathedrale, Fresko, um 1160

5 CANTERBURY Kathedrale, Kreuzgang, um 1400

CANTERBURY Christ Church Gate, 1517

7/8 CANTERBURY Kapitelle in der Krypta der Kathedrale, vor 1130

9 WICKHAMBREUX St. Andrew, 1896   10 TUDELEY Chagall-Kirchenfenster, 1967

11/12 SPELDHURST Präraffaelitische Kirchenfenster von Edward Burne-Jones, 1875

3 STOKE D'ABERNON Brass-Rubbing (s. S. 19) 14 SCOTNEY CASTLE Inbegriff des Pittoresken, 14./17. Jh. ▷

15 LULLINGSTONE Mosaik des römischen Landhauses, 4. Jh. n. Chr.

16 FISHBOURNE Mosaik des römischen Palastes, 2. Jh. n. Chr.

17 WITHYAM Grabmonument von C. G. Cibber, 1677

19 Picknick vor SISSINGHURST CASTLE   20 Kamin im Ballsaal von KNOLE, 16. Jh.

◁ 18 HEVER CASTLE   Besucherschlangen vor Anne Boleyns Wasserburg, 13./15. Jh.

21 MEREWORTH CASTLE   Palladianisches Landhaus, entworfen von Colen Campbell, 1722–25

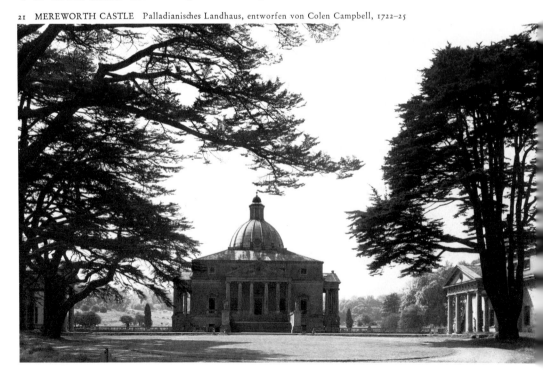

2 EGHAM Das viktorianische Royal Holloway College, 1879–87

3 TIGBOURNE COURT entworfen von Edwin Lutyens, 1899

24 COMPTON G. F. Watts-Grabkapelle, 1896–1901

25 COMPTON Jugendstil-Innendekor

26 CHALDON Jüngstes Gericht in einer normannischen Dorfkirche, um 1200

7   EPSOM   Derby-Besucher 1976

28   Derby-Sieger von 1770

9   Théodore Géricault: Das Pferderennen von Epsom, 1821

31 Schornsteine in ALBURY

30 Grotesken von NONSUCH PALACE, um 1538 ▷

32 Eingang von CLANDON PARK, 18. Jh.

18. Jahrhunderts, ein Raum mit dem klassischen Atem Palladios. Zwei übereinander-
gestellte korinthische Säulenordnungen tragen eine reichverzierte Stuckdecke, an deren
Rändern Engel und Sklaven aus ihrem Relief vollplastisch in den Raum drängen.
Diesem barocken Schauspiel italienischer Stukkateure entsprechen Rysbracks anti-
kisierende Kamineinfassungen mit ihren Bacchus- und Diana-Reliefs (um 1730).
Giebelbekrönte Türen führen in die übrigen Räume, deren Tapeten- und Stuckdekorationen größtenteils original sind. Möbel, Spiegel, Gobelins und Porzellan entstammen
einem ganz anderen Haus, Little Trent Park in Hertfordshire, Wohnsitz der Kunst-
sammlerin Mrs. Gubbay, die ihre Schätze dem National Trust vermachte. Die
Gubbay Collection ist vor allem ihres Porzellans wegen berühmt. Frühes Chelsea und
Derby, Bustellis Nymphenburg- und Kaendlers Meißen-Figuren – wo könnte man
englisches und deutsches Porzellan besser vergleichen? Unvergleichlich aber ist Mrs.
Gubbays Sammlung chinesischer Porzellanvögel des 17. und 18. Jahrhunderts: Porzellan, farbig wie Gefieder – Gefieder, zart wie Porzellan. Eine zauberhafte Menagerie
zerbrechlicher Exoten, frühe Beispiele des chinesischen Porzellanexports nach Europa.
    Die beiden interessantesten Paläste in Surrey aus der Zeit Heinrichs VIII. sind nicht
mehr oder noch nicht zu besichtigen: Nonsuch Palace (zerstört) und Sutton Place (privat). Vollautomatische Tore und ›Scharfe Hunde‹-Schilder schützen *Sutton Place,*
Wohnsitz des amerikanischen Ölmilliardärs Jean Paul Getty von 1950 bis zu seinem
Tod 1976. Auch Sir Richard Weston, der sich dies Landschloß zwischen Woking und
Guildford 1520–30 gebaut hatte, war kein armer Mann. Als Unterschatzmeister und
Protegé Heinrichs VIII. konnte er die besten Handwerker seiner Zeit verpflichten,
wandernde italienische Künstler, die die vollkommen symmetrische Fassade dieses
elisabethanischen Herrenhauses mit Terrakotta-Reliefs schmückten. Als Heinrich VIII.
sich wenige Jahre später, 1538, selbst eine Residenz vor den Toren Londons bauen
ließ, sollte sie schöner sein als Sutton Place, herrlicher als Kardinal Wolseys Hampton
Court, ein Palast ohnegleichen, none-such: *Nonsuch Palace.* Es wurde, wie alles, was
Heinrich anpackte, ein Kraftakt, nicht zuletzt auch ein Konkurrenzunternehmen zu
dem zehn Jahre zuvor von Franz I. begonnenen Schloß Fontainebleau. Anders als die
sich langsam, organisch entwickelnde Schule von Fontainebleau markiert Nonsuch
Palace keinen höfischen Stil von Dauer, sondern nur ein Gastspiel der internationalen
Avantgarde. Nonsuch machte Wirbel, aber nicht Epoche. Um zwei große Innenhöfe
gebaut, waren die Stein- und Fachwerkmauern rundum mit Stuckdekorationen und
Schieferplatten verkleidet. Alle waren über und über ornamentiert, einige sogar vergoldet. Die Designer dieser englischen Sonnenkönigspracht kamen aus Frankreich, allen
voran der Italiener Nicolas Bellin, Mitarbeiter Primaticcios in Fontainebleau. Heinrich
erlebte nicht mehr die Vollendung seines Schlosses (1556), Elizabeth I. bewohnte es erst
in ihren letzten Regierungsjahren, und Charles II. verschenkte den Palast 1669 an seine
Mätresse Barbara. Dies königliche Geschenk wurde kläglich verschleudert: Barbara,
Fürstin von Castlemaine, brauchte Geld, ließ Nonsuch Palace abreißen und den kostbaren Inhalt verkaufen. Wer sich Heinrichs Palast als privates Traumschloß rekon-

89

SURREY

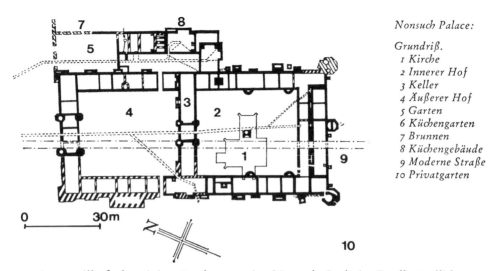

Nonsuch Palace:
Grundriß.
1 Kirche
2 Innerer Hof
3 Keller
4 Äußerer Hof
5 Garten
6 Küchengarten
7 Brunnen
8 Küchengebäude
9 Moderne Straße
10 Privatgarten

struieren will, findet einige Fundamente im Nonsuch Park in Ewell nördlich von Epsom (Eingang London Rd/Cherry Orchard Farm).

Wem das, begreiflicherweise, nicht reicht, der sollte den Tudor-Landsitz *Loseley* bei Guildford besuchen, der 1561–69 mit den Steinen der aufgelösten Abtei von Waverley erbaut wurde (Farbt. IX). Die Täfelung im Großen Saal des allein erhaltenen Nordflügels trägt, von Grotesken gerahmt, die Initialen Heinrichs und seiner letzten Frau, Katherine Parr. Dennoch ist ihre Herkunft von Nonsuch Palace umstritten, ebenso die der perspektivisch geschnitzten Holztäfelung am Kopfende der Halle, ein virtuoses Architektur-Trompe l'œil der Renaissance. Aus einem der Bankettsäle Heinrichs VIII. stammen die Paneele auf der Galerie, antike Götter und Girlanden, graziös wie die Arabesken von Pompeji (Abb. 30). Solcher und anderer Kostbarkeiten und vor allem seiner Atmosphäre wegen kommen heute Film- und Fernsehteams gern zu Dreharbeiten nach Loseley Park. Früher kamen Könige und Königinnen: James I., der sich mit seinem Porträt von Mytens für die Gastfreundschaft bedankte, und Elisabeth I., die dreimal zu Besuch war und ihrem Gastgeber zuvor genaue Instruktionen gab: Der Hausherr hatte seine Diener auszuquartieren, um gehörig Platz zu schaffen; die Zimmer sollten sauberer sein als letztes Mal; und die Auffahrt möge mit Stroh ausgelegt werden, damit die Königin in ihrer Kutsche wenigstens auf der letzten Meile nicht so gerädert werde.

Einen Spaziergang von Loseley Park entfernt, in den Hügeln unterhalb des Hog's Back, des ›Schweinerückens‹, liegt das Dörfchen *Compton*. Hier hatte sich 1891 George Frederic Watts, einer der populärsten Maler seiner Zeit (Abb. 118), das Landhaus Limnerslease gebaut, um dem Londoner Nebel im Winter zu entgehen. Seine Frau, die Töpferin Mary Watts, die bereits zu seinen Lebzeiten mit dem Bau einer opulenten Grabkapelle die Kanonisierung des Meisters eingeleitet hatte, eröffnete termingerecht in seinem Todesjahr 1904 die Watts Gallery in Compton. Die Besucher strömten, der Nachruhm zirkulierte: von seinem Grab zu seiner Galerie in ihre Töpferei. Als sie starb, 1934, war ihre Keramik populärer als seine Malerei, zu Recht, und heute ist die Watts Gallery von der Schließung bedroht. Zu Unrecht. Denn mit ihren rund hundertfünfzig Bildern ist diese Galerie ein Monument der Selbstverkennung, ein Beitrag zur Geschichte des Geschmacks im 19. Jahrhundert. Watts, dessen kolossaler ›King Alfred‹ im House of Lords hängt und dessen Allegorie ›Die Hoffnung‹ sich in die viktorianischen Wohnzimmer reproduzierte, Watts pflegte zeitlebens die Historienmalerei als die traditionsgemäß höchste Gattung und malte Porträts nur nebenher. Überlebt haben seinen Ruhm indes allein diese Bildnisse, von denen die Londoner National Portrait Gallery über fünfzig besitzt – ein Pantheon viktorianischer Prominenz, vergleichbar nur dem seiner Freundin, der Fotografin Julia Margaret Cameron. Die Watts-Galerie in Compton sollte sein eigentliches Lebenswerk dokumentieren, aber zwischen all den mythologisch-historisch-allegorischen Deklamationen leuchten wieder nur seine Porträts; darunter das der sechzehnjährigen Schauspielerin Ellen Terry, mit der der dreißig Jahre ältere Maler zehn Monate verheiratet war. Sein Selbstbildnis zeigt einen ernsten alten Mann, der seinem großen Vorbild Tizian am Ende verblüffend nahekam – physiognomisch und mit Hilfe eines roten Samtkäppchens.

Watts' Grabkapelle (1896–1901) krönt den Friedhofshügel von Compton und das künstlerische Lebenswerk seiner Frau (Abb. 24). Es ist ein einzigartiges, originelles, eklektizistisches, durch und durch paradoxes Bauwerk, streng in der Außenarchitektur, überströmend im Dekor des Innenraums, von Symmetrien beherrscht, von Symbolen befrachtet, so mystisch wie ästhetizistisch. Eine schlanke byzantinische Kreuzkuppelkirche mit normannischem Stufenportal, ein normannisches Portal mit Jugendstilengeln, ein Engelfries mit Klimt-Gesichtern, Art Nouveau mit keltischen Ornamenten. Eine Stilverwehung in rotem Ziegelstein und Terrakotta. Innen die Dämmerung neuer Symbole, in eine dunkle Farbglut getaucht. An den Wänden der Rotunde neue Engelchöre, zwischen ihnen der Lebensbaum, der sich zu einem unendlichen Jugendstilmuster verästelt (Abb. 25). Pompes funèbres, Kultraum eines Künstlers, Grabkapelle einer Epoche, des 19. Jahrhunderts. In einem Kreuzgang auf dem Friedhof liegen Watts und seine Frau begraben. Aus ihrer Werkstatt stammen auch einige der schönen Terrakotta-Jugendstilgrabsteine.

Comptons kunsthistorische Bedeutung datiert indes nicht erst seit Watts' Grabkapelle. Die Pfarrkirche St. Nicholas mit ihrem schindelgedeckten Turm, charakteristisch für Surreys Kirchen, hat ein in der englischen Architektur überaus seltenes, zweistöckiges romanisches Sanktuarium im Chor: eine Überwölbung des Altarraums und darüber eine Kapelle, die zum Chor hin offen ist und von einem rundbogigen Holzgeländer aus derselben Zeit begrenzt wird (um 1180). Der Verwendungszweck des doppelstöckigen Chors von Compton ist ungeklärt. Die stilgeschichtlichen Parallelen reichen von der Stephanskapelle in Westminster Palace bis zur Sainte-Chapelle in Paris und zur Doppelkapelle von Schwarzrheindorf.

SURREY

Lewis Carroll in Guildford

In keiner Stadt Surreys habe ich mich so wohlgefühlt wie in *Guildford*. War es die Mischung aus Urbanität und Kleinstadt? Der Charme der High Street mit ihren alten Häusern? Die Möglichkeit, gleich über die Hügel ins Grüne zu wandern, in die North Downs und Greensand Hills? Die Siedlung an der Furt über den Wey, »the ford where golden flowers grew« – mag der angelsächsische Name ›Guildford‹ etymologisch anders zu erklären sein, poetisch stimmt er. Die Stadt hat eine überall sichtbare, ganz gegenwärtige Vergangenheit, die nicht touristisch-museal präpariert ist, sondern einbezogen in das Leben der alten Grafschaftshauptstadt und jungen Universitäts- und Kathedralenstadt. Roger Fry, Englands Wortführer der modernen Kunst, wußte schon, warum er sich 1913 in Guildford niederließ.

Von der Brücke über den Wey die lange, steile High Street hinauf: eine Hauptstraße, in der gleichberechtigt neben den Geschäften die Geschichte ihre Schaufronten hat, eine vielfältige architektonische Einheit jenseits der Ideologien von Sanierung und Rendite. Tu felix Britannia. Malerisch ragt die alte Rathausuhr an einem Balken über die Straße, 1683 und die Uhrzeit von heute. Am höchsten Punkt der High Street hat George Abbot, Erzbischof von Canterbury, den Bürgern seiner Heimatstadt aus Rosenziegelstein ein Armenhaus gebaut, reich wie ein Patrizierpalast (1619–22). Das viertürmige Torhaus, ein Echo von Hampton Court, führt in einen Hof, um den die Gebäude gruppiert sind, auch im Innern weitgehend noch so jakobianisch wie die geschweiften Giebel und das prachtvoll geschnitzte Portal. Heute wird das Dreifaltigkeitshospiz von Pensionären bewohnt, und wie zu George Abbots Zeiten tragen die Männer flache Tudorhüte und Mäntel mit dem silbernen Emblem des erzbischöflichen Stifters, der gegenüber in der georgianischen Holy Trinity-Kirche begraben liegt. Ein paar Häuser weiter: Royal King Edward VI. Grammar School (1557–86), Guildfords Gymnasium, eine der frühen Stätten des Cricketspiels. Die Chained Library, die Schulbibliothek mit ihren angeketteten alten Folianten, und die Antiquariate, zwei Häuser voller Bücher (Upper High St und Quarry St), sind ein Eldorado für Bibliophile.

Auf der literarischen Landkarte Surreys hat Guildford einen festen Platz. Hier wurde 1881 P. G. Wodehouse geboren, Schöpfer des unnachahmlichen Jeeves, »a gentleman's personal gentleman«, der als Butler des Junggesellen Bertie Wooster den Geist des edwardianischen England aufs komischste verkörpert. In die tieferen, märchenhaften und beunruhigenden Bereiche des Nonsense führen die Geschichten eines anderen Autors, der 1868 als junger Geistlicher in Guildford erschien, um eine Wohnung für seine sechs unverheirateten Schwestern zu suchen. Es war Charles Lutwidge Dodgson, aber zu dem Zeitpunkt wußte kaum einer, wer er wirklich war: Lewis Carroll, Autor der ›Alice im Wunderland‹ (1865). Heute geht kein Engländer an dem roten Ziegelsteinhaus The Chestnuts in der Quarry Street vorüber, ohne sofort die Figuren wiederzuerkennen, die auf den Buchstaben der Gedenktafel herumturnen: das

92

*Illustration John Tenniels zu
Lewis Carroll, ›Alice im Wunderland‹*

Weiße Kaninchen mit der Trompete, Dinah, die Katze, und das Riesenei Goggelmoggel, das grinsend auf dem großen C sitzt und Alice die Hand entgegenstreckt (Abb. 34). Unten, im Todesdatum 1898, schnarcht der Schwarze König und, Zwiddeldei und Zwiddeldum, »brauchte bloß aufzuwachen, und schon gingst du aus – peng! – wie eine Kerze!« Die farbigen Emailfiguren sind den ›Alice‹-Illustrationen des ›Punch‹-Karikaturisten John Tenniel[*] nachgebildet, der – soweit ich sehe – als einziger Karikaturist geadelt wurde. Gäbe es eine poetischere Gedenktafel am Haus eines Dichters? Der Dozent für Logik C. L. Dodgson hätte allerdings Wert auf die Feststellung gelegt, daß er hier nicht lebte, sondern nur starb, bei einem seiner regelmäßigen Weihnachtsbesuche. Hügelabwärts, am Fuß der Burg (ca. 1170), wo die Prinzen der Plantagenets aufwuchsen, liegt das Museum mit seiner reichen, nur zum Teil ausgestellten Materialsammlung zu Leben und Werk Lewis Carrolls, der ja auch einer der erstaunlichsten Kinderfotografen des 19. Jahrhunderts war. Wenn es noch eines Beweises bedürfte, daß Alice im Wunderland wirklich gelebt hat, dann wären es die Fotos, die Lewis Carroll auf dem Dachboden des Christ Church Colleges in Oxford von der Tochter seines Dekans machte, Alice Liddell (Abb. 33). Alice starb nicht im Wunderland, sondern 1932 in Hampshire, hochbetagt als Mrs. Reginald Hargreaves. Auf dem Friedhof von St. Michael in Lyndhurst ist sie begraben.

Moor Park oder Die Liebe eines Privatlehrers

Westlich von Guildford, in den Wiesen vor Farnham, liegt eine Abtei, die Architektur- und fälschlicherweise auch Literaturgeschichte gemacht hat: *Waverley Abbey*, eine Ruine und eine Legende. Mit Mönchen aus der Normandie gründete der Bischof von Winchester 1128 diese erste Zisterzienser-Abtei in England, dreißig Jahre nach dem

---

[*] Von Sir John Tenniel stammt die Bismarck-Karikatur ›Der Lotse verläßt das Schiff‹ (1890).

SURREY

Stammkloster Cîteau. Es war eine exemplarische Gründung, getreu der Ordensregel in einer unwirtlichen Gegend, die urbar gemacht werden sollte. Und es war eine exemplarische Architektur, von äußerster Einfachheit und Strenge, wie es dem Geist dieses größten, bestorganisierten Reformordens entsprach. Gerader Chorabschluß, nebeneinandergestellte Kapellen am Ostende des Chors und der Querschiffe, diese Addition rechteckiger Bauteile entsprach ja auch einem Grundprinzip englischer Architektur. Die Bedeutung der Zisterzienserbauten für den Übergang des normannischen Stils zur englischen Gotik ist an Tintern Abbey oder Kirkstall und Rievaulx in Yorkshire besser abzulesen. Von Waverley Abbey blieb nach 1536 allzu wenig übrig. Dies Wenige, ein Teil des Querschiffs und der gewölbten Vorratskammern (13. Jh.), liegt inmitten alter Eichen in einer Flußbiegung des Wey, umgeben von hohem Gras und Getreidefeldern: eine romantische Ruine, die man nur allzu gern in Verbindung brächte mit dem romantischen ›Waverley‹-Zyklus von Walter Scott. Indes, der Autor hat nie eine Verbindung mit Waverley Abbey angedeutet. Auch der Held dieser historischen Romane, die Goethe zum Besten der Weltliteratur zählte, auch Edward Waverley, schwankend zwischen dem englischen Königshaus Hannover und den schottischen Stuarts, entwickelt in den dreißig ›Waverley‹-Romanen zwar viele Beziehungen, aber keine zu Waverley Abbey.

Gesicherten literarischen Boden betreten wir im benachbarten *Moore Park*. Ein langgestrecktes Wiesental, von Wald begrenzt, am Rand ein schlichtes weißes Herrenhaus: Dies war der Ort, wo Swift und Stella sich begegneten. Jonathan Swift, ein junger Intellektueller ohne Geld und Berufsaussichten, hatte hier 1689 eine Stelle als Privatsekretär des Politikers und Essayisten William Temple angetreten. Seiner Diplomatie war das Bündnis Englands gegen Frankreich und mit Holland maßgeblich zu verdanken. Inzwischen, der Hofintrigen müde, hatte Sir William in Moor Park sein Tusculum und in Swift einen Mitarbeiter gefunden, der ihm bei seinen Memoiren und gelegentlichen politischen Missionen bis zu seinem Tod 1699 half. Swift studierte Temples Bibliothek, lernte bei einem Besuch Wilhelms III. von Oranien, »wie man Spargel auf holländische Art ißt«, und widerlegte gleich mit seinen ersten Satiren, die er in Moor Park schrieb, mit der ›Bücherschlacht‹ und dem ›Tonnenmärchen‹, das bissige Urteil seines Verwandten John Dryden: »Vetter, du wirst niemals ein Dichter werden!« Swifts Stern ging auf, als er Stella traf: die dunkeläugige, damals achtjährige Hester Johnson, wahrscheinlich Temples Tochter, die der Privatlehrer Jonathan »unablässig in den Prinzipien der Tugend und Ehrbarkeit unterwies«. Die Romanze von Moor Park war eine gänzlich platonische Beziehung, die heimliche Heirat in Dublin ist eine Legende, Swift mochte weder Ehe noch Kinder. Aber der Schwierige, dieser Kirchenmann und Zyniker, schrieb doch jene ›Briefe an Stella‹, die zeigen, was ihm ihr lebenslanges Vertrauen bedeutet hat. »Er war immer einsam und im Dunkeln knirschend, außer als Stellas süßes Lächeln zu ihm kam und ihn umstrahlte« (Thackeray).

Moor Park ist heute eine Akademie für Erwachsenenbildung. An seine früheren Bewohner erinnern einige Bilder im Haus, das Ende des 18. Jahrhunderts umgebaut wurde. Verschwunden ist auch William Temples geometrischer holländischer Garten. Sir William war ja nicht nur Politiker und Prosaist von Rang, er hatte in seinem Essay ›Upon the Gardens of Epicurus‹ 1692 erstmals auf das Sharawaggi, die chinesische Landschaftsgärtnerei, hingewiesen – ein wesentliches Datum in der Geschichte des englischen Gartens. Etwas mehr ist von den Gärten seines Zeitgenossen John Evelyn in Surrey erhalten, der als Mitbegründer der Royal Society, der ältesten englischen Akademie der Wissenschaften, Pläne gegen die Luftverschmutzung in London entwickelte und in seinem Tagebuch vom 11. bis 86. Lebensjahr die Geschichte seines Lebens und seiner Zeit notierte – fürwahr ein ›Virtuoso‹. Dieser neben seinem Freund Samuel Pepys bedeutendste englische Tagebuchschreiber des 17. Jahrhunderts wurde in *Wotton* westlich von Dorking geboren. In der Kirche St. John, auf einem Hügel neben der A 25, ist er begraben. Wotton House, der Familiensitz der Evelyns, heute eine Feuerwehrschule, liegt abseits der Hauptstraße in einem idyllischen Tal der Downs. Hinter dem modernisierten Tudorhaus hat John Evelyn um 1650 einen künstlichen Hügel mit Terrassen und Tempel-Pavillon angelegt – den ersten Italienischen Garten in England. Evelyn pries den wahrhaften Garten als »rem sacram et divinam«, ein Stück wiedergewonnenes Paradies, heilsam für Geist und Seele des Menschen. Er träumte von einem »Elysium Britannicum«, einer »Society of the Paradisi Cultores«. Immerhin zeigt die ›Königliche Gartenbaugesellschaft‹ die Möglichkeiten heutiger englischer Gartenkunst in den Wisley Gardens – die Pforten des Wochenendparadieses an der A 3 bei Woking. Und auf der anderen Seite der Stadt, in *Brockwood*, ein unabsehbarer Landschaftspark mit Gräbern und Mausoleen: die Nekropole von London, der Mitte des 19. Jahrhunderts angelegte größte Friedhof in England, auf dem die Schauspieler und die Bäcker, die Moslems und die Rentner aus Chelsea ihre eigenen Totenviertel haben.

Landhäuser und die Kammermusik von Haslemere

Seit William Cobbett, der Publizist und Sozialreformer aus Farnham, seine agrarpolitisch folgenreichen ›Ländlichen Ritte‹ (Rural Rides, 1820–30) durch Südengland machte, hat sich von allen Grafschaften Surrey am meisten verändert. Im empfindlichen Gleichgewicht weichender Landschaft und wachsender Vorstädte bildete sich Ende des 19. Jahrhunderts ein neuer Landschaftstyp heraus, die »High-Class Suburb« (Pevsner). In diesen Villenvororten – Virginia Water etwa oder St. George's Hill in Weybridge – sieht man vor lauter Bäumen die Häuser nicht, sie verstecken sich hinter hohen Hecken, in ihrem eigenen Stück Wald. Es war eine Frau, die am Beginn dieser Entwicklung mit dem gärtnerischen Enthusiasmus Evelyns den neuen Landhäusern moderne Gärten gab: Gertrude Jekyll. Sie war es auch, die einen jungen Architekten entscheidend förderte, dessen Karriere mit Landhäusern in Surrey begann und mit Monumentalbauten in Indien endete: Sir Edwin Lutyens. Ihre Zusammenarbeit mit ihm, ein doppelter

SURREY

Glücksfall, ist am geschlossensten zu sehen in den waldigen Hügeln von *Munstead* oberhalb Godalmings (Munstead Wood 1896, Orchards 1897). In Landhäusern wie Crooksbury House (1890–1914) bei Tilford südöstlich von Waverley Abbey spielte Lutyens alle Stilformen durch, Neo-Georgian und Neo-Tudor. Er baute nicht mehr im Geist des viktorianischen Historismus, aber auch nicht mit der unbedingten Modernität eines Frank Lloyd Wright, der im selben Jahr wie Lutyens, 1896, geboren war. Darum ist Lutyens auf dem Kontinent nahezu unbekannt geblieben, ein Einzelgänger nicht am Anfang, sondern am Ende einer Stilepoche. Seine Subjektivität ist immer stärker als sein Eklektizismus. Das zeigt sich am eindrucksvollsten in Tigbourne Court (1899), unmittelbar an der A 283 bei *Witley* (Abb. 23). Eine Fassade mit drei elisabethanisch spitzen Giebeln und einer dorischen Loggia, flankiert von zwei flachen Gebäudeflügeln mit extrem langen Schornsteinen, deren scharfe Kanten wiederum kontrastieren mit den konkav geschwungenen Seitenwänden – eine dramatische Geometrie, sophisticated, elegant und eloquent bis in die Oberflächentextur: bossiertes Mauerwerk, durchzogen von Flachziegelbändern, ähnlich dem opus spicatum in Römermauern.*

Solche Häuser anzuschauen ist ein reines Vergnügen, und nirgendwo besser zu haben als in Surrey. Hier finden sich die inzwischen klassischen Beispiele jener englischen Landhausarchitektur, deren Pionierbauten von Richard Norman Shaw, Philip Webb und Charles Voysey um die Jahrhundertwende zur europäischen Avantgarde zählten. Die Architekten des ›Domestic Revival‹ bevorzugten örtliche Baumaterialien und ländliche Bautraditionen. Ihr Stil war schlicht, großzügig ohne Monumentalität, komfortabel ohne Luxus, auf Wohnlichkeit bedacht, nicht auf Repräsentation. So sind Norman Shaws Häuser gebaut, bequem, weiträumig, Backstein mit Ziegelpfannenverkleidung, zum Beispiel Banstead Wood (1884–90) südlich von Epsom. Und so sind auch Charles Voyseys Landhäuser, langgestreckt, mit großen niedrigen Dächern, ganz einbezogen in die Landschaft und meist auch in der Inneneinrichtung ganz von Voysey gestaltet. »Ruhe, Heiterkeit, Einfachheit, Breite, Wärme, Stille im Sturm, Wirtschaftlichkeit im Wohnen, der Charakter des Schützenden, Einfügung in die Umgebung, keine dunklen Gänge oder Winkel, eine ausgeglichene Temperatur, und daß das Haus für die, die darin leben, ein angemessener Rahmen sei«: Das war es, was Voysey unter gutem Bauen verstand. Mit so herrlich gelegenen Häusern wie Greyfriars (1896) bei Puttenham am Fuß des Hog's Back wurde der Pfarrerssohn aus Yorkshire zum einflußreichsten britischen Architekten auf dem Kontinent. Der Mitbegründer des Deutschen Werkbundes und der Gartenstadt Hellerau, Hermann Muthesius, vom preußischen Handelsministerium zum Studium der Architektur und des Designs nach London geschickt, machte diesen englischen Landhausstil durch eigene Entwürfe und Publikationen in Deutschland bekannt (Das englische Haus, 1904).

---

* Einer der schönsten Landsitze von Lutyens liegt in Hampshire, westlich von Winchester: Marsh Court in King's Somborne, 1901–04 oberhalb des River Test für einen edwardianischen Börsenmakler erbaut, seit 1948 Internat.

Beiläufig beim Wandern, erst im Zusammenhang mit der Landschaft erschließt sich die unaufdringliche Schönheit dieser Landhäuser ganz. Zum Beispiel im Wald- und Heidegebiet um *Haslemere*, wo Surrey an Sussex und Hampshire grenzt, beauty spot und Poet's Corner. Hierhin zog sich die Schriftstellerin George Eliot gerne von London zurück, und ihre Beschreibungen der englischen Provinz, des Landlebens um 1800, verdanken nicht zuletzt diesem Teil Surreys ihre subtile Anschaulichkeit. Nur wenige Meilen jenseits der Grafschaftsgrenze, in seinem Haus Aldworth an den Hängen des Blackdown, hat der viktorianische Dichter Alfred Lord Tennyson seine letzten Lebensjahre verbracht. Ein Motiv aus den ›Idyllen des Königs‹ wählte Burne-Jones für sein Tennyson-Gedächtnisfenster, das Freunde des Dichters 1899 der Kirche St. Bartholomew in Haslemere stifteten. Ein Museumsstück, aber noch in der Kirche zu sehen, wenngleich hinter Glas: ein seidengesticktes zartfarbiges Altartuch von William Morris mit einem Chor musizierender Engel. Natürlich spielen sie, da sie in Haslemere gastieren, auf jenen alten Instrumenten, die Arnold Dolmetsch seit der Jahrhundertwende baute und sammelte und deren Klang von diesem Dorf in Surrey aus weltberühmt wurde.

Seit 1925 findet in Haslemere das Dolmetsch-Festival statt. Diese eine Woche im Juli ist für Liebhaber alter Kammermusik dasselbe wie für Opernfreunde die Saison in Glyndebourne. Seit Arnold Dolmetsch können wir Bach, Händel, Telemann, Vivaldi oder Couperin in Haslemere und auf unzähligen Schallplatten so hören, wie jene Musik zu ihrer Zeit geklungen hat, nämlich auf den Instrumenten gespielt, für die sie auch komponiert war. Diese Wiederentdeckung – und ebenso die Renaissance der Blockflöte in jeder guten Kinderstube nach 1910 – ist die Pioniertat eines Mannes, der aus einer Familie von Orgel- und Klavierbauern stammt und in der Arts and Crafts-Bewegung den geistigen und handwerklichen Nährboden für seine Arbeit fand. Auf Anregung von William Morris baute Arnold Dolmetsch sein erstes originalgetreues Cembalo, und als Morris 1896 erkrankte, ließ er Dolmetsch an sein Totenbett kommen und musizieren, Flöte und Viola da Gamba. Diese alten Instrumente, Beispiele für den hohen musikalischen und kunsthandwerklichen Standard Arnold Dolmetschs, sind zusammen mit anderen Prototypen der Musikarchäologie in seiner ehemaligen Werkstatt ausgestellt (Jesses House, Grayswood Rd). Dort wohnt sein Sohn, der Flötist Carl Dolmetsch, der die Festspiele seit dem Tod seines Vaters leitet und mir erzählte, wie fremdartig die Musik dieses ›Sonderlings‹ damals auf die Einheimischen gewirkt hat. Heute ist das Festival von Haslemere ein Fremdenverkehrsfaktor, und die Instrumente der Dolmetsch-Werkstätten (King's Rd) sind ein Begriff in der Musikwelt.

---

* In Stoke d'Abernon im nördlichen Surrey hat Yehudi Menuhin 1963 eine Musikschule eröffnet.

Sussex

Wo die Wellen trockenen Fußes an Land gehen und das Land in weiten Wellen weiter-
rollt; wo die Schaumkronen kalkweiß erstarren und die Kalkzinnen meerweit schäu-
men: Hier, in den Downs, an der Küste von Sussex zeigt England am vollkommensten
sein Doppelgesicht aus Erde und Wasser. Dieses elementare Wechselspiel der Natur
sollten nur Eiszeiten und Erdbewegungen zustandegebracht haben? Derlei Geologen-
vernunft wollten die Leute von Sussex nie so recht glauben. Gibt es doch Stellen, die
eher nach einem Handstreich der Natur aussehen, rätselhaft prähistorische Signale aus
Hünengräberzeit, Devil's Humps und Devil's Jumps, da ist der Teufel übers Land
gegangen, sichtbarlich und namentlich. Bei *Devil's Dyke*, fünf Meilen nordwestlich
von Brighton, wird selbst der teufelsschluchtenverwöhnte Tourist auf seine Kosten
kommen. Denn der Steilhang zu seinen Füßen ist Teil eines Kanals, den der Teufel
eines Nachts gegraben haben soll, um die See ins Land zu lassen und die zahlreichen
Kirchen der Siedler im Weald zu zerstören. Aber eine alte Frau, vom Lärm aufgeweckt,
schaute mit einer Kerze aus dem Fenster, der Satan hielt's für Sonnenaufgang und ließ
sein Teufelswerk im Stich, unvollendet.

Rolling Hills

Vom Hügel über Devil's Dyke sieht man bei klarem Wetter die Walfischrücken der
South Downs, die sich von Beachy Head – dem normannischen ›Beau Chef‹ (Schöner
Kopf), dem höchsten Kliff der gesamten Kanal-Küste (175 m) – über die Grenze von
Hampshire bis Winchester erstrecken. Landeinwärts, Richtung Kent, liegen die North
Downs und dazwischen weites Wald- und Heideland, der Weald. »Green Sussex fading
into blue, with one gray glimpse of sea«: Die Landschaft des Lyrikers Lord Tennyson
hat ihren Charakter, ihre Atmosphäre bewahrt. *Cissbury Ring*, die Sicht ist weit über
die ›rolling hills‹ meerwärts nach Worthing. Hier konnte keiner von irgendeiner Seite
ungesehen sich nähern, und so war – neben dem buchenbekrönten Chanctonbury
Ring – auch dies prähistorische Hügelplateau, mit doppeltem Erdwall und Graben, ein
naturgegebener Zufluchtsort für Mensch und Vieh der frühen Bronzezeit und einer der

Verteidigungsringe gegen die um 50 v. Chr. eindringenden Belger. Über zweihundert Schächte zeugen von steinzeitlichem Flint-Abbau in Cissbury. Bäume stehen hier nur vereinzelt. Weiter westlich sind die Downs bewaldet. Die Schafzucht, früher typisch für die grasbewachsenen Kalkhügel der Downs, ist zurückgegangen zugunsten des Getreideanbaus. In den Tälern weiden Kühe und Pferde. Die Hänge leuchten im raschen Wechsel der Wolken, die mit weitem Schlag ihre Schatten über die Felder und in die Mulden treiben, als seien die Downs ein einziger großer Golfplatz für die Windspiele des Lichts. Gewiß, die Natur selbst und nicht erst die naturromantische Metapher hat allenthalben in den Downs Golfplätze geschaffen, die ihresgleichen suchen. Von den Küstenorten, am atemberaubendsten bei *Seaford* mit dem Blick auf die Kalkklippen der Seven Sisters (Umschlagrückseite), steigen Golfplätze terrassenförmig in großen Schwüngen hügelan.

In *Falmer*, zwischen Lewes und Brighton direkt an der A 27, aber abgeschirmt durch Bäume im weitläufigen Stanmer Park, liegt die Universität von Sussex (1960; Abb. 45). Mit ihren offenen, vielfältig abgestuften Gebäudekomplexen und Innenhöfen setzt diese neue Universität die klassische Tradition der englischen College-Architektur fort. Zugleich ist sie unverwechselbar ein Werk des 20. Jahrhunderts, in der Nachfolge Le Corbusiers, aber nicht in der anonymen Modernität des Internationalen Stils. Sir Basil Spence, Architekt der wiederaufgebauten Kathedrale von Coventry, hat mit dieser Universität Landschaft in Architektur übersetzt. In den hohen und niedrigen Bögen der Innenhöfe und Durchgänge, in den weiten, flachen Fenstersegmenten sind die Formen der Downs, die Rundungen und Rhythmen ihrer Hügel vollkommene Figur geworden. Eduard Goldstücker, einer der Wortführer des Prager Frühlings, hat hier nach seiner Verbannung eine Professur bekommen.

Brighton – Prinnys verrückter Palast

Einfahrt in Brighton. Wir spüren die Downs noch unter dem gewölbten Asphalt. Eine breite, belebte Strandpromenade, pastellgrün ihre gußeisernen Geländer mit den Delphinen, dem Stadtwappentier. Dies meilenweite Grün der Marine Parade und der King's Road ist ein Vorklang der grünen Kuppeln, Minarette und Pagodendächer des Royal Pavilion (Abb. 36), jener königlichsten Verrücktheit, die je auf englischem Rasen sich ausbreitete – »der verschwenderischste Sproß des entzückenden und verrückten Stammes der Follies«, wie Sir Nikolaus Pevsner ihn zärtlich nannte. Ein indischer Kreml in England, dazu noch mitten in der Stadt, nicht irgendwo versteckt auf dem Lande, wo man sonst meist die Follies findet. Ironisch beschrieb ein Zeitgenosse, der Theaterkritiker und Essayist William Hazlitt, diese architektonische Schaubude als »eine Sammlung von Steinkürbissen und Pfefferschachteln«.

Dabei hatte alles ganz seriös begonnen, mit einer Abhandlung des Dr. Richard Russel aus Lewes über den ›Nutzen von Seewasser bei Drüsenkrankheit‹. Das war

99

SUSSEX

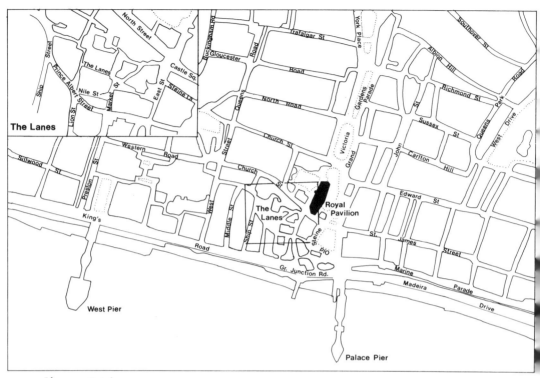

Plan von Brighton

1750, und als der einundzwanzigjährige Prince of Wales, der spätere George IV., 1783 erstmals die Stadt besuchte, da war das alte Fischerdorf Brighthelmstone zum Modebad der höheren Stände geworden. ›Prinny‹ hatte zwei Leidenschaften: Chinoiserien und die schöne Maria Anne Fitzherbert. Beide unter ein Dach zu bringen, scheute der Prinzregent weder Kosten noch Skandale. Sein Küchenmeister, der Deutsche Louis Weltje, hatte ihm eine Sommerresidenz in Brighton ausfindig gemacht, ein Bauernhaus mit Seeblick, wo der Prinz mit seiner 1785 heimlich Vermählten wohnen wollte wie Schäfer und Schäferin. Aber das einfache Leben langweilte Prinny, er ließ den Architekten Henry Holland kommen und umbauen. Das Ergebnis, Marine Pavilion (1786/87), war eine Villa mit gebogenen Fensterfronten und schmiedeeisernen Gittern – eben jene Elemente, die charakteristisch werden sollten für die nach dem Prinzregenten benannte Regency-Architektur nicht nur in Brighton. George, dem Modekönig und ›Ersten Gentleman Europas‹, war auch das noch zu steif, und so ließ er seiner Chinoiserienlust freien Lauf, bis sie mit den Jahren aus den klassischen Fugen quoll und als ›Hindu-Gotik‹ die Fassade überzog. Indien hieß die Nostalgie der Regency-Roman-

100

tiker, Lord Byron schrieb eine ›Indian Serenade‹, Coleridge sein berühmtes Gedicht
›Kubla Khan‹, dessen Eingangsverse wie eine Beschreibung des Royal Pavilion klingen:
»In Xanadu schuf Kubla Khan / Ein Lustschloß, stolz und kuppelschwer.« Einen indi-
schen Pavillon hatte sich George schon 1805 von Humphry Repton, dem Gartenarchitekten, entwerfen lassen. Aber erst unter der Leitung seines Partners und Georges
Favoriten John Nash (Abb. 112), dem der Prinzregent auch den Neubau von Regent's
Park und Regent Street in London verdankte, entstand der Royal Pavilion zwischen
1815 und 1822 in seiner heutigen, gänzlich unklassizistischen Form. Schon Jahre
zuvor hatte George (Abb. 37) so viel Schulden gemacht, daß er sich von seiner bürger-
lichen und obendrein noch katholischen Geliebten trennen und 1795 eine ungeliebte
Standesheirat eingehen mußte – mit einer Deutschen, der dicken Karoline von Braunschweig. Ein Jahr später versuchte er, sich wieder von ihr scheiden zu lassen – vergebens, die Zeiten waren schwieriger als unter Heinrich Blaubart. Georges lockerer,
verschwenderischer Lebenswandel machte ihn immer unbeliebter im Volk, ein Atten-
tat auf ihn mißlang. 1820 folgte er seinem Vater, George III., auf den Thron. Von
Krankheiten und Karikaturisten geplagt, zog er sich mehr und mehr nach London
zurück. Zehn Jahre später starb George IV., halbwegs ordentlich, in Windsor Castle.
Sein Bronzedenkmal, von Francis Chantrey (1828), steht am Nordende des Pavillon-
Gartens.

Kitsch wäre ein falsches, zu einfaches Wort für die raffiniert-vulgäre Pracht des
Royal Pavilion, der superviktorianisch ist noch vor der viktorianischen Epoche. Ein
Treibhaus der Ornamente und Stilblüten: Lotuslüster und Wasserliliengaslaternen,
Sphinx- und Delphinmöbel, Uhrenpagoden und Lianentapeten, Palmen- und Schlan-
gensäulen und eine Couch als ägyptischer Nachen auf Krokodilsfüßen. Drachen überall, Bambus überall. Aber das Bambus-Treppengeländer ist aus Gußeisen, und viele
Bambusmöbel – Gipfel des sophistischen Kunsthandwerks der Firma Frederic Crace –
sind Bambus-Imitationen aus viel kostbarerem Holz, Mahagoni, Palisander oder Seidenholz. Eklektizismus ganz und gar, ein Maskenball der Stile, dem sogar Chippendale
mit seinen Möbelentwürfen Tribut zollte. Diesen ›chinesischen Geschmack‹ hatte der
Hofarchitekt Georges III., William Chambers, der selbst in China und Indien war,
1757 mit einem Buch über chinesische Architektur und drei Jahre später mit der Pagode
in Kew Gardens in London eingeleitet. Im Regency, im Royal Pavilion zumal, wird
alle Eleganz des Robert Adam-Stils überschwemmt von Ornamenten, alle Leichtigkeit
der Linie schwer von historischem Zubehör. Bedrückend und belustigend zugleich der
Bankettsaal (Farbt. XIII), der gold- und lackstrotzende Höhepunkt von Georges
fernöstlicher Phantasmagorie: über den chinesischen Wandmalereien eine himmelblaue
Kuppel mit tropisch wuchernden Tabakpflanzenblättern aus bemaltem Kupfer; darunter, von einem versilberten Drachen gehalten, ein Kronleuchter aus 22 000 Kristal-
len, eine Tonne schwer und 5613 (damals noch solide) Pfund teuer. Sogar die Küche
prunkt mit Palmensäulen aus Gußeisen, dem dekorativ kostümierten Material der
Industriellen Revolution. Mrs. Fitzherbert, deren Salon wir sehen, hat diese Küche nie

benutzt, denn Georges Geliebte wohnte nicht in seinem Palast, sondern gegenüber, Old Steine No. 55. Auch Königin Victoria, zur Sommerfrische in Brighton, hielt es nicht lange aus in dem immer überlaufeneren Seebad und in den kuriosen, vielbegafften Räumen ihres Onkels. Die ungeliebte Erbschaft, die George eine halbe Million Pfund gekostet hatte, verschenkte Victoria für lächerliche 50 000 an die Stadtväter. Die verwalten den Palast seitdem mit steigendem Gewinn, denn wer von den jährlich sieben Millionen Brighton-Besuchern ginge am Royal Pavilion vorüber, ohne ihn zu besichtigen?

Brighton, Englands größtes Seebad und beliebtester Konferenzort, ist in der Saison ein Vorort von London, eine Eisenbahnstunde entfernt. ›London an der See‹ hat viele Attraktionen, unter anderem seit 1896 alljährlich ein Autorennen, längst als Oldtimer-Rallye London – Brighton weltberühmt. Aus Brighton – crazy George hätte seine Freude daran – stammt auch die schnellste Schnecke, ›Lightning‹ (Blitz), die 1974 auf der 60-Zentimeter-Bahn mit einer Minute und zwanzig Sekunden Weltrekord kroch. Wir gehen die lange, lange Uferpromenade entlang, vorbei an Magnus Volk's elektrischer Strandeisenbahn, der ersten in England (1883); vorbei an den Terraces, Squares und Crescents, diesen komfortablen englischen Wohnhausformationen und besten Beispielen der Regency-Architektur in Brighton. Und dann die Piers: frischgestrichen

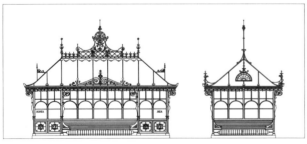

Brighton: Palace Pier, Aufriß (oben), Schmuckaufbauten aus Gußeisen (Mitte) und Toilettenhäuschen (unten)

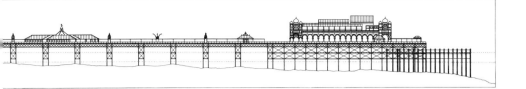

dahinrostend zwischen Brechern von unten und Regen von oben, unbesiegbar in ihrer englischen Lust, möglichst weit auf dem Wasser noch festen Boden unter den Füßen zu haben. Spinnenbeinig stakst die 521 Meter lange Palace Pier ins Meer hinaus, bei Ebbe zwölf Meter über dem Wasserspiegel, ein wunderbar verrücktes, verspieltes Kind des gußeisernen Zeitalters. Getragen von achtundzwanzig Hauptstützen und einer unbändigen Vergnügungslust, lädt dies Deck ohne Dampfer zum Promenieren und Konsumieren ein, mit vierzig kleinen Geschäften und Schaubuden, mit Restaurant, Spielkasino und einem Theater, von Zwiebeltürmchen bekrönt wie der Royal Pavilion. Damit wurde die Palace Pier (1891–99) zum Höhepunkt dieser maritimen Kirmesarchitektur britischer Badeorte (Farbt. XIV). Als Spielstraße zum Flanieren im Freien sind die Piers ein Pendant zu den überdachten Passagen des 19. Jahrhunderts. Der Nachbar der Palace Pier, die vom Abbruch bedrohte West Pier (1866), hat Literatur- und Filmgeschichte gemacht: in Graham Greenes Roman ›Brighton Rock‹ (1938, Am Abgrund des Lebens) und in Richard Attenboroughs Filmsatire ›Oh, what a Lovely War‹ (1968). Gegenwärtig kann jedermann diese Pier für nur ein Pfund kaufen – unter der Bedingung, sie für rund zwei Millionen Pfund zu renovieren. »Dandyhaft« fand Constable die (1896 abgerissene) Chain Pier, malte sie 1827 dennoch, möglichst weit im Hintergrund (Abb. 35), aber außer Wellen und Wolken, klagte er, gebe es in Brighton nichts weiter, was sich zu malen lohne – nur »endloses und unschickliches Durcheinander . . . and the beach is only Picadilly by the seaside«.

Die mittelalterlich engen Gassen des früheren Fischerviertels The Lanes hat schon Queen Mary nach Antiquitäten durchstreift. »Kind, cheerful, merry Doctor Brighton« (Thackeray), bewohnt und beschrieben von Samuel Johnson bis Jane Austen. Auch Fürst Pückler, »der fashionabelste aller Sonderlinge« (Heine), von englischer Parkleidenschaft an den Rand des Ruins gebracht und von einer englischen Heirat sich Tilgung erhoffend, ging 1827 »nach Brighton auf den Anstand«, erfolglos. Zu den architektonisch und historisch interessantesten ›Adressen‹ zählt Brunswick Terrace, wo Fürst Metternich 1848/49 wohnte (No. 42), während sein englischer Gegenspieler George Canning das Royal Crescent Hotel bevorzugte. In Percival Terrace No. 5 starb 1903 der Philosoph Herbert Spencer. Inzwischen, beklagte vor einiger Zeit die ›Times‹, habe Brighton, diese »Britische Institution«, sich erheblich gewandelt, würden hier doch heute – abgesehen von Sir Laurence Olivier – vornehmlich pensionierte Bardamen, Jockeys, Kitsch- und Antiquitätenhändler leben. Wie schön, sagen wir, und genießen den Trubel.

In einem olivgrauen Reihenhaus, Buckingham Road No. 31, wurde Aubrey Beardsley 1872 geboren. Hier lebte er, bis er 1889 als Angestellter einer Versicherungsgesell-

SUSSEX

schaft nach London ging und neun Jahre später als Meister des englischen Jugendstils starb. Lapidar rühmt die Tafel an seinem Geburtshaus den großen Zeichner und Illustrator: »Master of Line«. Ein anderer Virtuose der Linie, der präraffaelitische Maler Edward Burne-Jones, liegt neben seiner Frau Georgiana auf dem Friedhof des nahen *Rottingdean* begraben. Ein Lorbeerstrauch bezeichnet die Stelle unmittelbar an der Südwestecke der kleinen Flint-Kirche St. Margaret. Hier heiratete die einzige Tochter von Burne-Jones, Margaret, und aus diesem Anlaß entwarf und stiftete der Maler 1893 das leuchtende Ostfenster: großfigurig die drei Erzengel Gabriel, Michael und Raphael, in den kleineren Feldern darunter drei biblische Szenen. Burne-Jones und Morris übertrafen ihr eigenes Werk noch an Feinheit der Farbe und Komposition mit den beiden Lanzettfenstern im Turm, der Jakobsleiter und dem Baum Jesse (1897). Rottingdean hatte noch einen anderen berühmten Bürger, Rudyard Kipling, der seit 1897 dem North End House seines Onkels Burne-Jones schräg gegenüber The Elms bewohnte. Als die Besucher aus dem ganzen Empire allzu zahlreich wurden, zog sich Kipling in den Weald zurück – ähnlich seinem Zeitgenossen Lord Tennyson (Abb. 120), dessen Haus Farringford auf der Isle of Wight zum literarischen Wallfahrtsort wurde (Abb. 75) und der sich 1869 auf dem höchsten Hügel von Sussex, Blackdown, im neugotischen Stil Aldworth House baute, in dem er 1892 starb. Bateman's, Kiplings Landsitz seit 1902, ursprünglich das Haus eines Eisenhüttenbesitzers des 17. Jahrhunderts, gehört heute dem National Trust. Hier schrieb Kipling nach seinen britischen Weltreich- und Dschungelbüchern nun auch Kindergeschichten (›Puck of Pook's Hill‹) und Teile seines letzten, autobiografischen Werks ›Something of Myself‹. Kipling, der lange gefeierte, später umstrittene erste englische Literatur-Nobelpreisträger, hat sich 1936 erneut und endgültig dem auch hier anhaltenden Besucherstrom entzogen. Auf dem Schreibtisch sind Federhalter und Pfeifenreiniger zurückgeblieben, in den Zimmern Erinnerungen an seine Jahre in Indien, an der Wand ein Aquarell seines Gartens, den Kipling selbst entworfen hatte, und der Text seines Gedichtes ›The Glory of the Garden‹. »Unser England ist ein Garten«, heißt es da, jeder kann gärtnern, kein Bein ist zu dünn dafür und kein Kopf zu dick, »schon Adam war ein Gärtner«. Adam war Engländer, zweifellos.

Wer Gärten in Sussex besuchen will, hat über hundert zur Auswahl. Neben Nymans Gardens und Leonardslee ist vor allem *Sheffield Park* sehenswert (Farbt. XV), seiner seltenen Pflanzen und seiner Anlage wegen (H. Repton, ca. 1790). Fünf künstliche Seen steigen terrassenförmig auf zu dem grauen, neugotischen Landschloß, das James Wyatt um 1780 für den Earl of Sheffield baute. Hier schrieb sein Freund Edward Gibbon, der auch stilistisch überragende Historiker des 18. Jahrhunderts, jenes Buch, das Churchill als zweiundzwanzigjähriger Husarenoffizier in Indien verschlang: ›Die Geschichte vom Verfall und Untergang des Römischen Reiches‹. Ein epochales Werk, überquellend von Fakten, Anekdoten, Perspektiven, nie nur gelehrsam, immer auch unterhaltend, ein Meisterwerk erzählter Geschichte, reflektierter Erzählung. Im Sheffield-Mausoleum in der benachbarten Dorfkirche von Fletching wurde Gibbon 1794 begraben.

Die malerische Landschaft: Turner in Petworth House

Den typisch englischen Landschaftsgarten fand ich, wo ich ihn am wenigsten erwartete, hinter einem ganz untypisch gelegenen englischen Landschloß, das man mitten in der Stadt betritt und mitten im Grünen verläßt: Petworth House am Nordrand der Downs. Mit diesem Fassadenkontrast überrascht in anderer, architektonisch bizarrer Form auch *Castle Goring* bei Worthing, der Landsitz von Shelleys Großvater: Die Eingangsfront ließ er sich um 1790 als neugotisches Kastell entwerfen, die Gartenfassade zur selben Zeit im griechisch-palladianischen Stil – Janusgesicht des Gothic Revival.

Von *Petworth House* geht der Blick über weite Wiesenhügel mit lockeren Baumgruppen und einem serpentinenförmigen See. Alles wirkt wie zufällig entstanden und regellos gewachsen, nicht als sei es ebenso planvoll angelegt wie der geometrische Barockgarten, der vor 1750 da war, bevor Lancelot Brown (Abb. 111) erschien und auch hier »great capabilities«, große Möglichkeiten der Verbesserung erblickte – eine Redewendung, die dem späteren Königlichen Gärtner von Hampton Court den ironischen Rühmnamen ›Capability Brown‹ eintrug.

Schon 1711 hatte Alexander Pope in einer Satire auf die geometrischen Heckenfiguren den formellen Gartenstil angegriffen und ab 1719 seinen eigenen Landsitz in Twickenham zu einem Landschaftsgarten umgestaltet. »The beautiful wildness of nature« forderte auch Joseph Addison in seiner literarisch-politischen Zeitschrift ›The Spectator‹. Die Sehnsucht des Jahrhunderts nach dem verlorenen Paradies nimmt seine schönste Gestalt an im Landschaftsgarten. Dieser Begriff deutet schon an, daß der englische Garten – im Gegensatz zum französischen und italienischen – die Landschaft nicht beherrschen will, sondern sich mit ihr verbindet. William Kent, der sich als erster ›Landschaftsgärtner‹ nannte, und seine Nachfolger gingen zurück zur Natur und zugleich über sie hinaus. Wenn Hügel und Seen nicht an der richtigen Stelle oder gar nicht da waren, wurden sie so angelegt, daß sie die überraschendsten, ›natürlichsten‹ Ausblicke boten. Kent, ursprünglich Maler, pflanzte sogar tote Bäume an, wenn sie ins ›Bild‹ der Landschaft paßten. Die Engländer des 18. Jahrhunderts, zurück von ihrer Grand Tour, der Bildungsreise in die römische Campagna, wollten nun auch zu Hause in idealisierten Poussin-Landschaften wohnen, mit Tempeln, Grotten und Ruinen. Daß man diese – wenn man sie nicht wirklich bauen wolle – auch auf Leinwand malen und als Kulissen in der Landschaft aufstellen könne, wie ein Gartentheoretiker vorschlug, charakterisiert die Illusionslust und malerische Empfindsamkeit der Zeit. War der französische Garten geometrisch umgrenzt und abgeschlossen, das System seiner Wege ausgerichtet auf zentrale Blickpunkte, so ist im englischen Garten alles von unbegrenzter, vielfältig verströmender Bewegung. Statt Mauer oder Hecke halten verdeckte Gräben, sogenannte ›Ahas‹, das weidende Vieh vom Hause fern, unauffällig den fließenden Übergang zwischen Park und Landschaft betonend.

Englische Gartenkunst in ihrer höchsten Vollendung ist reine Natur. Eine Landschaft wie ein Landschaftsgemälde. William Turner hat diese Naturkunst wiederum gemalt,

SUSSEX

Park und See mit der Silhouette grasender Rehe im Farbenwirbel der untergehenden
Sonne (Abb. 43). Landschaftsmalerei und malerische Landschaft, diese Zwillingskünste
hier nebeneinander zu sehen, ist einer der überraschendsten Augenblicke in Petworth
House. Eine sehr englische Kontinuität: Wo Turner einst stand und die Landschaft sah
und malte, da stehen wir heute und sehen zugleich das Gemälde und dieselbe Landschaft – unverändert bis auf einen einzigen fehlenden Baum. Zahlreiche Bilder, darunter die Küstenansichten von Brighton und Chichester, und rund hundert Aquarelle
mit Interieurs von Petworth House, malte Turner hier zwischen 1830 und 1837.
Sein Freund und Mäzen, Lord Egremont, hatte ihm ein eigenes Atelier in Petworth
House eingerichtet. Der 3. Earl of Egremont war einer der größten Grundbesitzer
und Kunstsammler seiner Zeit, sein Landsitz ein offenes Haus für die Londoner
Künstler. Auch Constable und Flaxman gingen hier ein und aus. Der Turner-Raum
ist ein Höhepunkt, aber längst nicht der einzige in diesem Landschloß (1688–96),
dessen Geschichte und Grundmauern zurückreichen bis ins 13. Jahrhundert. Gemälde von Elsheimer, Rogier van der Weyden, Tizian, Hobbema, Lorrain, Teniers,
Gainsborough, Blake, Füssli, Angelika Kauffmann, dazu ein Dutzend Porträts allein
von Anthonis van Dyck, dem Hofmaler Charles' I., und ein weiteres Dutzend von
Reynolds – eine Museums- eher als eine Privatsammlung. Aber wir gehen durch die
Wohnzimmer Max Wyndhams, 2. Baron Egremont und 7. Baron Leconfield, Erbe einer
achthundertjährigen Familientradition. Im Carved Room hat Grinling Gibbons, »Mei-
sterschnitzer der Krone« unter Charles II., 1692 eine seiner virtuosesten Arbeiten aus-
geführt (Abb. 42): Stilleben in Lindenholz, geschnitztes Trompe l'œil aus Früchten und
Fischen, Musikinstrumenten und Engelsköpfen – prunkvoller Rahmen für prunkvolle
Bilder: Henry VIII. nach Holbein, Charles I. zu Pferde nach van Dyck, und die berühmte Kurtisane des 18. Jahrhunderts, Kitty Fisher, von Reynolds. Im Beauty Room,
so genannt wegen seiner Porträts der Damen vom Hofe Queen Anne's, steht auf einem
Tisch der ›Kopf der Aphrodite‹, dem Praxiteles zugeschrieben (4. Jh. v. Chr.). Die
›Leconfield Aphrodite‹ und der ›Egremont Apollo‹ zählen zu einer bemerkenswerten, in
der North Gallery konzentrierten Sammlung von Skulpturen aus der Antike, der
Renaissance und dem Klassizismus. Diese Gemälde- und Skulpturengalerie ist nicht
nur eine der größten privaten Kunstsammlungen in England, sie ist auch eine der wenigen, die unverändert erhalten blieb seit dem frühen 19. Jahrhundert.

Als ich Petworth House verließ, verstand ich den Historienmaler Benjamin Haydon,
der sagte, sogar die Tiere schienen hier glücklicher auszusehen als andernorts. Und ich
hielt jene Anekdote, die Fürst Pückler erzählte, nicht länger für eine Anekdote: »Es
gibt ein Schloß in England, wo seit einem halben Jahrhundert ein Leichnam wohlange-
zogen am Fenster steht und sich ohne Störung noch immer sein einstiges Eigentum
besieht. Wie sehr muß dieser Mann die Häuslichkeit geliebt haben!«

Surrealisten, Pferde und Follies

Elisabethanisch mit dem charakteristischen E-förmigen Grundriß und mit symmetrisch gegiebelter Fassade, besticht auch *Parham House* (1577) durch seine Architektur, seine Lage in den Downs und seine reiche Gemäldesammlung (Bellotto, Gainsborough, Romney u. a.). Ein Porträt-Querschnitt durch die englische Historie in Charakterköpfen und Topgarderobe: in glänzend-gelbem Duchesse van Dycks Madam Kirke, Ankleiderin der Königin Henrietta Maria; oder Charles II. mit Hosenbandorden, porträtiert von dem holländischen Blumenmaler Simon Verelst. Im Grünen Salon hängt Reynolds' Bildnis von Omiah, dem ersten Südseeinsulaner, der Europa besuchte – eine Trophäe von Cooks Weltreisen wie jenes Känguruhfell, nach dem George Stubbs, der Anatom unter den Tiermalern seiner Zeit, dieses in Europa gleichermaßen unbekannte Wesen erstmals malte, denn Fotos gab es noch nicht. Die Frauen von Parham müssen emsig gestickt haben, Generationen und Jahrhunderte hindurch, Blumiges und Biblisches (Abb. 41). Neben dieser erstaunlichen Sammlung Naiver Nadel-Malerei, vor allem aus der Stuart-Zeit, wird auch eine Bettdecke der schottischen Königin Maria gezeigt, die sie in der Gefangenschaft gestickt haben soll. Die fast fünfzig Meter lange, holzgetäfelte Long Gallery (16. Jh.; Abb. 38) im Obergeschoß war in der Tudor-Zeit kaum möbliert. Hier, nach beiden Seiten mit Ausblick auf die Downs, spazierte man, wenn es draußen regnete, spielte mit den Kindern, machte sportliche und sogar militärische Übungen.

Nicht weit von *Singleton** mit seinem Freilichtmuseum englischer Bauernhäuser des 14. bis 19. Jahrhunderts liegt das Landschloß *West Dean* (1804, von James Wyatt). Sein Besitzer, Edward F. W. James, ist einer der wenigen Erben historischer Häuser, der nicht nur eine Sammlung Alter Meister übernommen, sondern selbst die Kunst seiner Zeit gesammelt hat. Seit Edward James, ein Patensohn König Edwards VII., Anfang der 30er Jahre Dali kennenlernte und einer seiner frühesten Mäzene wurde, ist allein seine Dali-Sammlung auf über hundert Werke gewachsen. Dazu kommen zweiundzwanzig Bilder seines Freundes Magritte, acht von de Chirico – insgesamt rund dreihundert Objekte, die umfangreichste englische Privatsammlung des Surrealismus. Diese Werke, bisher teils als Leihgaben in der Tate Gallery und in anderen Museen, will Edward James in seinem Haus in West Dean als ›Galerie surrealistischer Kunst‹ dem Publikum geschlossen zugänglich machen.

Einige Kilometer weiter Richtung Chichester, vielbesucht seit langem: *Goodwood House*. Hier, auf den Höhen der Downs, finden alljährlich im Sommer die nächst Ascot und Epsom berühmtesten Pferderennen Großbritanniens statt. Durch das Haus gibt es nur geschlossene Führungen mit Verzehrzwang, Tee oder Lunch. Man tafelt mit der Führerin, die ihre Touristenschärpe trägt, als sei's der Hosenbandorden. Einmal

---

* In der Kirche St. John Grabspruch des Jägers Thomas Johnson, gestorben 1744: »Unpleasing Truth – Death hunts us from our Birth / In view; and Men, like Foxes, take to Earth.«

SUSSEX

großes Fürstengefühl für kleine Leute; das Sèvres-Prozellan indes bleibt in der Vitrine. Anfang des 18. Jahrhunderts als Jagdsitz gegründet, 1760 erweitert von William Chambers, der auch den landhausgroßen Pferdestall errichtete, sollte Goodwood House ˙unter James Wyatt zu einem weiträumigen Oktogon mit runden Ecktürmen ausgebaut werden. Davon wurden nur drei Seiten vollendet (1790–1800), in charakteristischem Sussex-Flintstein, dann ging dem Bauherrn das Geld aus. Dieser 3. Herzog von Richmond, porträtiert von Reynolds, war einer der vielseitigen Gentlemen des 18. Jahrhunderts: Als Botschafter am Hofe Ludwigs XV. in Versailles sammelte er französische Möbel und Gobelins, als britischer Generalfeldzeugmeister veranlaßte er den Bau der Martello-Türme, und als Reitsport-Enthusiast gründete er 1801 zu Füßen der prähistorischen Hügelfestung Trundle die Pferderennbahn von Goodwood. Stubbs hat seine Pferde beim Training gemalt, und neben den Bildern von Hogarth, van Dyck und Gainsborough gehören vor allem die Veduten Canalettos, der rund zehn Jahre in England lebte, zu den Kostbarkeiten des Hauses. Für ein typisch englisches Folly sorgte die 2. Herzogin von Richmond: In siebenjähriger Arbeit legte sie mit ihren Töchtern die Wände einer Grotte in Goodwood Park mit farbigen Muscheln aus, den Fußboden mit einem Muster aus Pferdezähnen (Shell House, um 1740).

Derartige architektonische Narreteien sind jede Abschweifung wert. Ein solches Folly ist auch, neben dem Palast in Brighton, die Pyramide von *Brightling* (bei Bateman's). Die hat sich 1810 der ehrenwerte Jack Fuller, später nur noch »Mad Jack« genannt, schon zu Lebzeiten errichten lassen als friedhofsprengendes Mausoleum. Daß er sich drinnen im Lehnstuhl mit Zylinder und Rotweinflasche zur letzten Ruhe begeben habe, erwies sich als Legende. Fuller, Parlamentsmitglied, ein früher Förderer und Sammler Turners, hat die Wasserburg *Bodiam Castle* (1385; Abb. 46) vor dem Verfall gerettet und ein exzentrisches Meisterstück hinterlassen: Sugar Loaf, ›Zuckerhut‹, eine Kirchturmspitze ohne Kirche, weil er gewettet hatte, man könne von seinem Haus aus den Kirchturm von *Dallington* sehen. Das konnte man nicht, also ließ er eine Kopie des Kirchturms in Sichtweite errichten – Mad Jack gewann die Wette und die Nachwelt ein Folly.

Chichester und die Villen der Römer

Chichester Channel: William Turners Bild in Petworth House im Sinn und ein Seglerparadies vor Augen. Chichester Cathedral: der einzige Kathedralenturm in England, der schon von See her sichtbar ist. Das erste und letzte, was man von *Chichester* sieht, ist diese Kathedrale, ungestört von Hochhäusern oder Fabriktürmen. Glückliches England, das solche Ansichten noch kennt, solche Verbindungen von Architektur, Stadt und Landschaft bewahrt hat bis heute. Die beiden Hauptverkehrsstraßen machen einen angemessenen Bogen um Chichester, dessen Name sich von ›Cissas castrum‹ (Cissas Burg) herleitet. Cissa war ein Sohn des angelsächsischen Eroberers Aella, der im 5. Jahrhundert die von Kelten und Römern besiedelte Stadt Noviomagus Regnensium übernahm. Die vier rechtwinklig aufeinanderstoßenden Hauptstraßen mit dem spätgotischen Marktkreuz (1501) in der Stadtmitte bezeugen die römische Besatzung, ebenso die östlich außerhalb der Stadtmauern ausgegrabenen Fundamente eines Amphitheaters. Im 14. und 15. Jahrhundert war Chichester ein wichtiger Exporthafen für Wolle, später für Weizen. Heute, obwohl Hauptstadt von West-Sussex und Landwirtschaftszentrum, ist Chichester eine jener erholsamen, liebenswerten Kleinstädte der englischen Südküste. Das Festspieltheater (1961/62) in Oaklands Park mit seiner offenen Shakespeare-Bühne hat sich unter der langjährigen Leitung Sir Laurence Oliviers einen guten Namen gemacht.

Neben dem schlanken Zentralturm hat Chichesters Kathedrale als einzige in England noch einen Campanile (15. Jh.), wie er früher auch neben Westminster Abbey oder neben Salisbury Cathedral stand. Ungewöhnlicher als die doppelten Seitenschiffe ist die Lage des Kreuzgangs (ca. 1400), der das südliche Querschiff in asymmetrischer Form umgibt. Die normannische Wandgliederung der 1184 vollendeten Kirche wurde vor allem im Obergaden nach dem Brand von 1187 mit Early English-Dekorationen aufgelockert. Der Retrochor, der Umgang hinter dem teils noch erhaltenen Chorgestühl (14. Jh.; Abb. 40), ist in seiner Harmonie von Rund- und Spitzbögen, romanischen und gotischen Elementen ein gutes Beispiel des Transitional, des normannischen Übergangsstils. Ergreifend in ihrem Ausdruck, ebenso intim wie monumental: Christus am Haus der Maria von Bethanien und die Auferweckung des Lazarus (Abb. 47), zwei romanische Sandstein-Reliefs, wahrscheinlich Teile eines Lettners aus der ersten Hälfte des 12. Jahrhunderts. Zwei zeitgenössische Farbakzente: ein Altarbild Graham Sutherlands in der Südostkapelle (Noli me tangere, 1962) und, zentral im Chor über dem Eichenaltar, John Pipers abstrakter Gobelin der Dreifaltigkeit, Weltschöpfung und Atomkatastrophe (1966). Pinton heißt die Werkstatt, in der dieser Gobelin gewoben wurde – Nachfahre jener Familie, die neun Jahrhunderte zuvor den Teppich von Bayeux knüpfte. In dieser einzigartigen Bildergeschichte der Eroberung Englands durch die Normannen erscheint auch die angelsächsische Kirche von *Bosham* und König Harold mit seinem Gefolge, der dort betete, bevor er sich 1064 in jenem Fischerdorf vor den Toren Chichesters einschiffte zu seiner folgenreichen Fahrt in die Normandie.

Chichester spielt im Leben zweier englischer Dichter eine Rolle. In East Street wurde der frühromantische Lyriker William Collins geboren, der als Dreißigjähriger in geistige Umnachtung fiel und acht Jahre später, 1759, in einem Haus am Kreuzgang starb. »He pass'd in madd'ning pain life's feverish dream«, steht auf dem Marmordenkmal, das den Dichter sitzend über das Neue Testament gebeugt darstellt – eines von sechs Grabmonumenten Flaxmans in der Kathedrale. Im jetzigen Guildhall Museum wurde der visionäre Maler-Poet William Blake wegen ›Aufruhrs‹ vor Gericht gestellt. Er hatte einen Soldaten unter apokalyptischen Beschimpfungen aus seinem Garten im benachbarten *Felpham* geworfen – Grund genug, Blake den Prozeß zu machen, war er doch als Verteidiger der Französischen Revolution und des Amerikanischen Unabhängigkeitskrieges ohnehin der Anarchie hinreichend verdächtig. Aber die Nachbarn hielten zu ihm, er wurde freigesprochen. Blake hatte sich im September 1800 mit seiner Frau Catherine von London nach Felpham zurückgezogen – damals noch ein Dorf, heute ein Stadtteil von Bognor Regis. Hier sollte er, durch Vermittlung Flaxmans, für den Dichter William Hayley als Illustrator arbeiten. Es wurden drei glückliche Jahre, sorgenfrei und reich an Gesichten. »Der Himmel öffnet hier nach allen Seiten seine Goldenen Pforten«, schrieb er und begann seine prophetischen Bücher ›Milton‹ und ›Jerusalem‹.

>   Away to sweet Felpham for heaven is there:
>   The ladder of Angels descends trough the air
>   On the turret its spiral does softly descend
>   Through the village it winds, at my cot it does end.

Dieses Häuschen, aus Flintstein, weißgekalkt und strohgedeckt, steht unverändert nahe der Kirche in Blake's Lane.

Noch in ihrer nördlichsten Provinz haben die Römer keineswegs provinzielle Zeugnisse ihrer Kunst und Lebensart hinterlassen. Die Villa von *Fishbourne* bei Chichester, deren Südflügel damals am Meer und heute unter der A 27 liegt, wurde erst 1960 entdeckt. Nur ein reicher Privatmann oder der einheimische König und römische Bundesgenosse Tiberius Claudius Cogidubnus selbst konnte sich einen Palast dieser Pracht und Größe leisten (ca. 75 n. Chr.). Auf einer Fläche von 1500 Quadratmetern gruppieren sich vier Flügel um einen Innenhof mit Brunnen und Garten. Die westlichen und östlichen Flügel, wiewohl ausgegraben, wurden aus Konservierungsgründen vorläufig wieder zugedeckt. Fast alle der rund hundert Räume waren mit Mosaikfußböden verschwenderisch ausgestattet (Abb. 16); die im Badehaus gelten als die frühesten in England erhaltenen. Wie von einem römischen Vasarely ersonnen die geometrischen Muster und

Fishbourne: Römische Villa, Seepferd aus dem Delphin-Mosaik

perspektivischen Täuschungen. Nach einem Brand im späten 3. Jahrhundert verfiel auch dieser römische Palast am englischen Kanal.

Farblich und figürlich vielleicht noch reicher mosaiziert, idyllisch in den Downs gelegen unweit der römischen Stane Street, die London mit Chichester verband, von Parham House fünf Meilen und über tausend Jahre entfernt: die römische Villa von *Bignor*. George Tupper, ein Bauer, hat sie am 18. Juli 1811 entdeckt, als sein Pflug ein tanzendes Mädchen berührte: das Fußbodenmosaik des Speiseraums. Den Tuppers gehört das Gelände noch heute, und sie haben über die Mosaiken aus der Mitte des 4. Jahrhunderts Strohdachhütten gebaut. Unverdrossen treiben darunter Cupido-Knaben ihre Gladiatorenspiele, Pfauen umrahmen den blumenbekränzten Kopf der Venus, Medusa fixiert mit vierzehn Schlangen den Betrachter, und einmal mehr entführt der Adler Ganymed. Als einzige übriggebliebenen von den vier Jahreszeiten: der Winter, eine Frau mit verhülltem Haupt und einem kahlen Zweig über der Schulter. Sie überlebt, groß und gelassen, auch die Jahreszeiten des Tourismus. In einer Ecke dieses Mosaiks lesen wir die Initialen TER – Terentius, vielleicht der Künstler von Bignor.

Welche Pfeife rauchte Sherlock Holmes?

Durch die Downs an die Küste, auf waldreichen Nebenwegen im Tal des Arun. *Bury* gegenüber, wo der Romancier John Galsworthy auf seinem Landsitz Bury House 1933 starb, betreten wir *Amberley*, ein malerisches Dorf mit einer malerischen Burg (ca. 1380), aus derselben Zeit wie Bodiam Castle und jahrhundertelang im Besitz der Bischöfe von Chichester. *Arundel* liegt wie eine Sirene an der A 27. Üppig reizen ihre Hügel mit Burg und Kirche, indes sie lockt mit falschen Tönen. Eine große alte Dame, historisch gesehen – um so enttäuschender ihr theatralischer Auftritt, ästhetisch betrachtet. Arundel Castle und seine Besitzer haben seit dem 11. Jahrhundert eine hervorragende Rolle in der englischen Geschichte gespielt. Henry Fitzalan, 22. Earl of Arundel, holte Holbein an den königlichen Hof nach London, und aus der Familie der Howards, denen seit dem 16. Jahrhundert bis heute die Burg gehört, stammt der Petrarcist und Tudorgegner Henry Howard, Earl of Surrey, der den Blankvers in die englische Literatur einführte. Unter Heinrich VIII. wurde er als Hochverräter hingerichtet – gerühmt als »der tapferste Soldat, der melodischste Dichter und nobelste Gentleman seiner Zeit«. Einer seiner Nachfahren, Thomas Howard, legte als erster großer Kunstsammler Englands im 17. Jahrhundert den Grundstock zu der immer noch ansehnlichen Gemäldesammlung von Arundel Castle. Mitte des 17. Jahrhunderts bis auf den normannischen Bergfried und die Barbakane (13. Jh.) fast vollständig zerstört, wurde Arundel Castle zwischen 1890 und 1903 neu erbaut. Als sollte es Windsor Castle noch übertreffen, so steht es nun da, auf viktorianischem Kothurn. Sein sakrales Pendant: St. Philip Neri, die zur Feier der Volljährigkeit des 15. Duke errichtete pompöse Reproduktion einer

SUSSEX

französischen Kathedrale der Gotik. Wie überzeugend solcher Historismus kein kann, zeigt die im selben Jahr (1868) entworfene Kapelle von *Lancing College*, die sich noch spektakulärer über dem Adur-Tal bei Shoreham erhebt, meilenweit sichtbar. Bescheidener, aber sehr viel unterhaltsamer und nicht weniger viktorianisch fand ich ›Potter's Museum of Curiosity‹ in Arundels High Street, das Lebenswerk des Präparators Walter Potter. Die Tiere, die er mit tieferer Bedeutung ausstopfte, hat er ordentlich angezogen und zu Tableaus zusammengestellt. Katzenhochzeit, Kaninchenschule – Potters Tierleben, das sind wir.

An der Küste südlich von Arundel, versteckt am Ende einer Sackgasse, liegt *Bailiffscourt*. Ein mittelalterliches Landhaus, 1935 erbaut von Amyas Phillips, umgeben von alten Bäumen, die eigens hierher verpflanzt wurden – die komplette Antiquität. Ein Torhaus aus dem 15., ein Fachwerkhaus aus dem 17. Jahrhundert; Gobelins des 16., Eichenbalkendecken des 15. Jahrhunderts: Aus alldem, von überallher gesammelt, hat sich der verstorbene Lord Moyne sein Haus zusammengepuzzelt, für rund eine Million Pfund. Nichts ist imitiert, alles so alt wie neu. Nichts ist hier von früher erhalten geblieben außer einer normannischen Kapelle, alles dient heute als Hotel: ein bewohnbares Freilichtmuseum.

Ein romanischer, rheinischer Kirchturm an der englischen Küste: Wäre der ›Rhenish helm‹ von *Sompting* (bei Worthing) transportabel, Lord Moyne hätte ihn sicher für Bailiffscourt erworben. Zu den exemplarischen, so einfachen wie formvollendeten angelsächsischen Kirchen von Sussex zählt, neben St. Mary in Sompting (Farbt. XIX), auch St. Andrew in *Bishopstone* in den Downs (bei Seaford) und St. Nicholas in *Worth*, eine Dorfkirche im Weald (bei Crawley). Dort, im Hauptgebäude der benachbarten Worth Priory, ist die Geschichte der Fortbewegung vom Ochsenkarren bis zum Auto an einem Stuckfries abzulesen, 1897 von Walter Crane entworfen. Crane, Kunsthandwerker im Umkreis von Morris und der Arts and Crafts-Bewegung, Illustrator und Theoretiker des Jugendstils, starb 1915 in Horsham, West-Sussex.

Turner's Hill bei Worth: ein Bilderbuchblick über den Weald und seinen immer noch waldreichen Teil, den *Ashdown Forest*. Hügel und Heide, mit Ginster, Farn und Erika, Birken und Kiefern. »Dicht und undurchdringlich, eine Zuflucht für Wölfe und Eber«, so fand der Benediktinermönch und Chronist Beda Venerabilis Anno 731 das Gelände. Dann, vom 15. bis ins 18. Jahrhundert: der große Kahlschlag, Eichen für den Schiffsbau, Holzkohle für die Eisenindustrie. Aus dem Weald kamen die kunstvoll geschmiedeten Ofenplatten, wie sie etwa in Petworth House gesammelt sind, die Kanonen gegen die Armada, und die Grabplatten auch. Wir sehen noch das alte Schmiedeeisengitter vor der Sackville-Kapelle (1680) in St. Michael in *Withyam*, das Erbbegräbnis der Sackvilles, einer der großen Familien des Landes. Hier, am Rande des Ashdown Forest, wurde der Renaissancedichter Thomas Sackville beerdigt, nach seiner zeremoniellen Totenfeier in Westminster Abbey, und 1962 auch die Gärtnerin und Schriftstellerin Victoria Sackville-West; Knole und Sissinghurst in Kent, wo sie lebten, sind ja nicht fern. In der Dorfkirche von Withyam haben die bedeutenden Bildhauer des englischen

Klassizismus – Flaxman, Chantrey und Nollekens – Beispiele ihrer Grabmalkunst hinterlassen. Ergreifend aber, unvergleichlich schön: das Grab eines Knaben. »Here lies the 13th child and 7th son/ who in his 13th year his race had run.« Offenen Auges, zurückgelehnt auf seinem Sarkophag wie auf einem Ruhebett, eine Hand auf dem Totenschädel, liegt der junge Thomas Sackville (Abb. 17). Neben ihm zu beiden Seiten hingekniet die Eltern, lebensgroßer marmorner Schmerz, seine Geschwister als Relieffiguren am Sarkophag – eine Szene, so intim wie repräsentativ, so statuarisch wie dramatisch. Dies, in Auffassung und Ausführung an italienischen Barockskulpturen orientiert, war ein neuer Höhepunkt in der langen englischen Tradition des Grabmonuments. Der Däne Caius Gabriel Cibber hat das Denkmal des jungen Sackville 1677 für dessen Mutter geschaffen, bevor er Hofbildhauer Williams III. wurde.

Unweit von Withyam in *Crowborough*, einer Golfergegend, starb 1930 der Arzt und Krimiautor Arthur Conan Doyle*. Windlesham Manor, wo er seit 1907 gelebt hatte, ist heute eine Altenpension. Die Pfeifenraucher unter den Freunden seines pfeiferauchenden Detektivs Sherlock Holmes werden auf ihrer Sussex-Reise früher oder später auch das Pfeifenmuseum von *Bramber* besuchen. In diesem Dorf nördlich von Worthing hat der Theateragent Anthony Irving mehr als 25 000 Pfeifen, Raritäten und Kuriositäten des blauen Dunstes zusammengetragen. Welche Pfeife rauchte Sherlock Holmes bei seinem letzten Fall?

Opernfestival zwischen grünen Hügeln

Als Daniel Defoe 1722 *Lewes* besuchte, schwärmte er, dies sei »die schönste Stadt ihrer Art im ganzen Königreich«. Hier fand er »eine Aussicht, wie ich sie in keinem anderen Teil von England je gehabt habe«. Inzwischen lärmt die A 27, immer noch nicht umgeleitet, durch Lewes, Chichesters Pendant als Hauptstadt von Ost-Sussex. Geblieben ist Defoes Ausblick über die Downs, an deren Rand Lewes liegt – neben Rye, Winchelsea und Mayfield eine der reizvollen Hügelstädte Südenglands. Geblieben ist das Vergnügen, die georgianischen Häuser zu betrachten, ihr rotgrau gebranntes Ziegelstein-Schachbrettmuster oder die charakteristischen »mathematical tiles«: dem Fachwerk vorgeblendete flache Ziegel, die so aussehen wie massive. Die steile Keere Street hinunter, am Ende des halsbrecherischen Flint-Katzenkopfpflasters lese ich das erste Verkehrsschild mit einer Anekdote: »Durchgangsverkehr verboten – auch wenn George IV. als Prinzregent einer Wette wegen mit einer Kutsche hier herunterraste.« Bemerkenswert der historische Bowlingplatz neben der Burg, auf dem die Einheimischen unschlagbar sind. Er ist wellig wie eine Miniaturausgabe der Downs – unverändert seit den Tagen des Francis Drake. Die Burg, deren normannischer Bergfried und Barbakane

---

* Auf seinem Grabstein auf dem Kirchhof von Minstead stehen die markigen Worte: »Steel true / Blade straight / Arthur Conan Doyle / Knight, Patriot, Physician & Man of Letters«.

SUSSEX

(14. Jh.) erhalten sind, hat William de Warenne erbaut, der die Tochter Wilhelms des Eroberers, Gundrada, heiratete und neben ihr in St. John in einem Bleisarg ruht. William de Warenne hatte Anno 1077, nach einem Besuch in Cluny, vor den Toren von Lewes die erste und größte Cluniazenserabtei in England gegründet, die Priorei St. Pancras. Auch die hat Heinrich VIII. durch seinen Handlanger Thomas Cromwell so fundamental geplündert, daß durch Kreuzgang und Kapitelsaal längst die Eisenbahn Brighton-Eastbourne donnert. Cromwell, ›Hammer der Mönche‹ genannt, wurde wenig später enthauptet, nachdem er Heinrich VIII. die vierte Frau vermittelt hatte – wieder die falsche, Anna von Kleve. In Anne of Cleves' House in Lewes, heute ein Heimatmuseum, hat sie freilich auch nach ihrer Scheidung nie gelebt, so wenig wie in dem gleichnamigen pittoresken Haus in Ditchling (Abb. 49).

Ergiebiger als den Spuren des in Lewes geborenen George Baxter nachzugehen, dem wir die Erfindung des Ölfarbendrucks (1835) verdanken, ist ein Besuch im White Hart in der High Street. Innen elisabethanisch, außen georgianisch, wirbt das heutige Hotel mit dem Slogan ›Wiege der Amerikanischen Unabhängigkeit‹. Hatte doch deren Vorkämpfer Thomas Paine, Autor des ›Zeitalters der Vernunft‹ und der ›Menschenrechte‹, hier den Headstrong Club gegründet, einen politischen Zirkel, der im White Hart heftig diskutierte. Im Bull House hatte der Quäker Paine seit 1768 gewohnt, in St. Michael zum zweiten Mal geheiratet, und 1774 war er aufgebrochen von Lewes in die Neue Welt. Percy Bysshe Shelley, der revolutionäre Romantiker, hätte sich Tom Paine vermutlich angeschlossen, zumindest literarisch. Wäre er ein paar Jahre früher geboren worden, hätte er den großen Pamphletisten jedenfalls in Lewes treffen können – Bull House gegenüber wohnten damals des Dichters Tanten. Das jetzige Shelley's Hotel war schon im 16. Jahrhundert ein Gasthof, dann das Stadthaus der Familie Shelley. Auf einem ihrer Landsitze, *Field Place* bei Horsham, wurde Shelley 1792 geboren. Früh mit dem Vater zerstritten, heiratete der Neunzehnjährige die sechzehnjährige Wirtstochter Harriet Westbrook; sie ertränkte sich wenige Jahre später, als Shelley mit Mary Wollstonecraft Godwin nach Frankreich floh. – Idyllisch fließt der River Ouse durch Lewes. Vier Kilometer flußabwärts ertränkte sich 1941 die Autorin des Romans ›The Waves‹, Virginia Woolf, die mit ihrem Mann Leonard seit 1919 in Monks House in *Rodmell* wohnte. »Ich will alles«, schrieb sie, »Lieben, Kinder, Abenteuer, Intimität, Arbeit.« Das war, in der Zeit der Emanzipationskämpfe, zuviel für eine Frau, deren Ansprüche an das Leben und das Schreiben so hoch, so unbedingt waren wie die von Virginia Woolf. Im Garten von Monks House ist ihre Asche begraben.

Im nahen *Glyndebourne*, am Rand der Downs, erklingen die Opern Mozarts. John T. Christie, Opern-, Auto- und Cricketfan, hatte 1934 an sein Landhaus ein Opernhaus gebaut, den emigrierten Dirigenten Fritz Busch verpflichtet und es im Mai 1934 mit Mozarts ›Figaro‹ eröffnet. Seitdem finden hier alljährlich internationale Opernfestspiele statt – so ländlich wie luxuriös, mit langem Abendkleid und in der Pause Picknick auf der Wiese (Abb. 39). Wer einige Sommertage lang mehrere Inszenierungen erleben will – auch Verdi, Strauß oder Strawinsky – findet Zeit für zwei Landhaus-Museen in nächster Umgebung: *Glynde Place* (16. Jh.) mit den Entwürfen von Rubens für seine Deckengemälde im Bankettsaal von Whitehall in London; und *Firle Place* (16./18. Jh.) mit einer erlesenen Sammlung von Sèvres-Porzellan, englischen und französischen Möbeln und Alten Meistern (Fra Bartolommeo, Correggio, Guardi, Rubens, van Dyck, Gainsborough, Reynolds u. a.). Ein paar Meilen weiter an der A 27, kalkweiß aus einem grünen Hügel der Downs hervortretend, mit einem Stab in jeder Hand: »The Long Man of Wilmington«, der siebzig Meter große Mann von *Wilmington* (Farbt. XI). Wodan weiß, ob er das selbst ist, ein prähistorisches, angelsächsisches oder ein viel späteres Signal an den Homo automobilis.

Im südöstlichen Küstenzipfel von Sussex, auf zwei Hügeln in der Marsch liegen Winchelsea und Rye. Als Ancient Towns seit etwa 1190 Mitglieder der Cinque Ports, waren sie beide florierende Hafenstädte, bedeutend im Wollhandel, im Rahmen der Küstenverteidigung und der Überwachung des Kanals. Aber die See hat ihnen jahrhundertelang ein Schnippchen geschlagen und sich immer weiter zurückgezogen. So ist ihnen nur der Charme von Seelöwen auf dem Trockenen geblieben, dies aber vollendet. *Winchelsea* wirkt wie eine Gartenstadt siebenhundert Jahre vor der Gartenstadt-Bewegung. Die Straßen sind breit, die Häuser haben Platz und die Menschen auch. Wir bewegen uns auf einem grünen Schachbrett, dessen symmetrisch begonnene Partie irgendwann im Mittelalter abgebrochen und liegengelassen wurde. Insofern hat John Wesley, der hier 1790 unter einer Esche seine letzte Freiluftpredigt hielt, Recht mit der Bemerkung, dies sei nurmehr »das traurige Skelett des alten Winchelsea«. Davon sehen wir noch etwas, wenn wir hinuntersteigen in die schöngewölbten mittelalterlichen Keller, von denen rund fünfzig erhalten sind. Sie bezeugen, daß Edward I. das neue Winchelsea 1283 nicht aus militärischen Gründen so stramm rechtwinklig anlegte, sondern aus kommerziellen: um den importierten Gascogne-Wein zu lagern, so effektiv und kühl wie möglich.

Mit Weinhandel hat die Symmetrie von *Camber Castle* nichts zu tun, obwohl man sich auch von diesem Kastell umwerfende Wirkung versprach. Heinrichs VIII. Küstenbastion ist seit dem 17. Jahrhundert eine Ruine in der Marsch mitten zwischen Winchelsea und *Rye*. Wenn Ihnen hier dennoch kleine weiße Kugeln um die Ohren

There was an Old Person of Rye,
Who went up to town on a Fly;
But they said: »If you cough,
You are safe to fall off!
You abstemious Old Person of Rye!«

SUSSEX

zischen sollten, so kann es sich nur um Querschläger vom nahen Golfplatz an der Rother-Mündung handeln. Rye ist beliebt bei Golfern, Badegästen und Künstlern – bei jedem, der Augen hat zu sehen. Längst brandet nicht mehr die See, aber um so bedrohlicher die A 27 um die Hügel. Das letzte erhaltene Stadttor, Landgate (14. Jh.), wehrt sich so gut wie möglich. Warum ist es in Rye so schön? Rye ist, zunächst einmal und schon von weitem, ganz einfach romantisch: Eng gedrängt die Häuser, über den roten Dächern aufragend St. Mary, die im Kern normannische Kirche mit den zwei drall-goldenen ›Quarterboys‹ am Uhrwerk. Rye ist, in des Wortes touristischer Bedeutung, überwältigend pittoresk: Das Katzenkopfpflaster der Mermaid Street (Farbt. V) müßte längst flachgetreten sein vom allsommerlichen Treck ihrer fotografierenden Bewunderer. Daß Edward Burra, der surrealistische Maler und Aquarellist, hier dennoch lebt, zeigt nur, wie souverän diese Stadt ist und jeder, der sie wirklich liebt.[*] Ähnlich St. Ives in Cornwall gibt es auch hier eine Künstlerkolonie und etliche Töpfereien mit guter lokaler Tradition. In der Lion Street, dicht bei der Kirche, liegt Fletchers Café, das ehemalige Pfarrhaus, hinter dessen Flachziegeln massives Eichenfachwerk des 15. Jahrhunderts steckt sowie die noch nicht restlos geklärte Frage, ob der Dramatiker John Fletcher 1579 in diesem Haus geboren wurde. In Rye jedenfalls kam er zur Welt und in Zusammenarbeit mit Francis Beaumont zu einer Popularität, die zeitweise sogar die von Shakespeare übertraf, zumal nach dessen Ausscheiden als Hausautor seiner Schauspielertruppe. Heute sind Fletchers Pasteten beliebter als seine Dramen. Fletcher schrieb, hauptsächlich Tragikomödien, für die aristokratische Oberschicht unter James I. Zufall literarischer Nachbarschaften: Auch der Romancier Henry James zeigte starke Sympathie für aristokratische Lebensformen, als er von Amerika nach England übersiedelte und sich 1898 in Rye niederließ. Für siebzig Pfund jährlich mietete er in der West Street, ein paar Häuser weiter als Fletcher's, das klassizistische Lamb House. Dort lebte er mit Köchin, Butler und einigen Unterbrechungen bis kurz vor seinem Tod, schrieb in dem (1940 ausgebombten) Gartenhäuschen unter anderem die Romane ›Die Gesandten‹ und ›Die goldene Schale‹, die er seinem Sekretär gleich in die Remington zu diktieren pflegte – bei der psychologischen Schachteltechnik seines Stils eine Strapaze, die Sekretär und Autor wohl nur dank des guten Klimas von Rye 18 Jahre aushielten.

Die Eroberung

Sussex stand immer, seit den Hügellagern der Stein- und Eisenzeit, in vorderster Front bei der Landesverteidigung. Eindrucksvolles Beispiel: *Pevensey Castle* zwischen Eastbourne und Hastings. Anderida hieß es als Küstenfestung der Römer; die wurden von den Angelsachsen vertrieben – den ›South Saxons‹, die Sussex den Namen gaben; die Sachsen wiederum unterlagen den Normannen, die innerhalb der heute noch bis zu

[*] Der Schriftsteller Allan Sillitoe lebt in Wittersham nordwestlich von Rye.

sieben Meter hohen römischen Mauern eine neue Burg errichteten. Pevensey Castle wurde wieder und wieder befestigt: gegen die Spanische Armada, gegen Napoleon und zuletzt noch mit Beton gegen die Operation ›Seelöwe‹, die drohende deutsche Invasion im Zweiten Weltkrieg. Wo die Normannen einst ihre Münzen prägten, geben die Besucher sie heute aus für Antiquitäten: im Mint House (1342) neben der Burg. In den eichegetäfelten Räumen soll Edward VI. kurz nach seiner Thronbesteigung einen stärkenden Seeurlaub verlebt haben (1548).

Pevensey Bay, Norman's Bay: Industriegebiet, Bungalowgebiet, Ferienstrand. Keine Menschenseele, als Wilhelm der Eroberer (Abb. 104) am 28. September 1066 hier an Land ging. Genauer gesagt: stolperte. Denn die heroische Überlieferung notiert, er sei ganz unheroisch auf die Nase gefallen. Das freilich wäre im Angesicht der Mannschaft ein schlechtes Omen gewesen, hätte William sich nicht geistesgegenwärtig aufgerafft mit schmutzigen Fingern und der trefflichen Bemerkung, er habe soeben England mit beiden Händen in Besitz genommen. Allerdings fand die schulbuchberühmte Schlacht von Hastings sowenig in Hastings statt wie Greenwich Time heute von Greenwich aus gemessen wird. Die Weltzeit geht von einem Dorf in Sussex aus, von *Herstmonceux Castle* (1440). In dieses Schloß aus Ziegelstein und Zauber, das von einem breiten Wassergraben umgeben ist und reinste Renaissance-Symmetrie ausstrahlt, zog sich 1957 das Royal Observatory zurück, als der Himmel über London allzu schmutzig wurde und die Nächte zu hell für die königlichen Sterngucker (Farbt. XII).

Die ›Battle of Hastings‹ fand nicht in Hastings statt, sondern zehn Kilometer weiter in *Battle,* wie jener Schlachtort in lapidarer Wörtlichkeit heißt. In der unbewohnten Heide, wo am 14. Oktober 1066 nach einem taktischen Fehler der angelsächsische Harold fiel, hatte der normannische William einen Hochaltar errichtet und eine Abtei dazu, fromme Gelübde erfüllend und klug die Gefolgschaft von Thron und Altar befestigend. Heinrich VIII. setzte das auf seine Weise fort, als er auch diese Benediktinerabtei auflöste. Sein Oberhofstallmeister Sir Anthony Browne riß die normannische Kirche ab und machte aus dem Kloster ein Herrenhaus – Altbaurenovierung Anno 1539. Immerhin ist noch genug Sehenswertes übriggeblieben, auch nach dem Einzug einer Mädchenschule (Dormitorium 1120, Torhaus 1338). In der Pfarrkirche sehen wir Sir Browne lang ausgestreckt auf seinem prächtigen Renaissance-Sarkophag – ein Mann, der von den Klosterauflösungen seines Königs profitierte wie ein Makler von der Stadtsanierung. Von den Zisterziensern übernahm er Waverley Abbey in Surrey, von den Prämonstratensern Bayham Abbey bei Tunbridge Wells, und den Augustinerinnen knöpfte Sir Browne Easebourne Priory bei Midhurst ab, um seinen Grundbesitz rund um Cowdray House zu konsolidieren. Als der letzte Sproß dieses Hauses, der 8. Viscount Montagu, 1793 bei dem Versuch, auf den Rheinfall von Schaffhausen zu schießen, jämmerlich ertrank, und als wenige Tage später das Tudorschloß von Cowdray in Flammen aufging, da hatte sich der legendäre Fluch erfüllt, den der letzte Mönch von Battle Abbey zweifellos ausstieß, als ihn Heinrichs Oberhofstallmeister vor die Tür setzte. Neben der Klosterschule, im Fachwerkhaus The Pilgrim's Rest (15. Jh.), gibt es Lunch

117

SUSSEX

und Lektüre über den ›Geburtsort einer Nation‹ (Farbt. XVIII). Der Eroberer selbst soll auf einem gewaltigen Stück Sandstein vom Weald getafelt haben, der als Conquerer's Stone vor der Vergnügungsmole von Hastings aufgestellt ist.

Hastings, im 12. Jahrhundert der führende Hafen der Cinque Ports, dann lange Zeit ein unbedeutendes Fischerdorf, ist heute ein beliebter Badeort – »a kind of résumé of middle class English civilisation«, schrieb Henry James und fügte hinzu, wenn er eine ruhige alte Dame mit bescheidenem Einkommen wäre, würde er gerne seinen Lebensabend hier verbringen. Die Aussicht auf den elegant im Regency-Stil geschwungenen Pelham Crescent (1824), mit St. Mary in der Mitte und gekrönt von Williams Burgruine auf orangefarbenem Kliff, ist durch Souvenirläden empfindlich gestört.

Weil die Bodenpreise am Strand von Hastings offenbar schon im Mittelalter beträchtlich waren, haben die Fischer auf kleinster Grundfläche ihre hochragenden Netzspeicher aus schwarzgeteertem Holz errichtet – eine geometrisch-klarlinige, so schlichte wie malerische Küstenarchitektur. Dieser Teil der Altstadt, The Stade, hat noch einen Rest jenes Charmes von Hastings bewahrt, den Turner malte und Rossetti 1860 in St. Clement durch seine Heirat mit der schönen Viktorianerin Elizabeth Siddal bekräftigte. Bis zu ihrem frühen Tod 1862 saß sie Rossetti und den anderen Präraffaeliten oft Modell – »dünner, totenähnlicher, schöner und bleicher denn je«, wie ein Besucher notierte. – Keine Konkurrenz für den Teppich von Bayeux, aber ein imponierend langes Stück handgewebter englischer Geschichte ist die Hastings Embroidery (1966). Neunhundert Jahre auf vierundsiebzig Metern, im White Rock Pavilion ausgestellt. Der Erfinder des ersten brauchbaren Webstuhls, der Geistliche Edmund Cartwright, der 1823 in Hastings starb, hätte seine Freude daran.

Letztes Picknick in Sussex, nach so vielen Royal Oak-Wirtshausschildern nun wirklich unter einer königlichen Eiche, wo Elizabeth I. sich servieren ließ. In der Nähe des jakobianischen Herrenhauses und jetzigen Internats Brickwall in *Northiam* (Abb. 44) steht diese Eiche und daran geschrieben, daß Elizabeth I. hier ihre Schuhe aus grüner Damastseide zurückließ zur Erinnerung an ein königliches Picknick am 11. August 1573. Unsere Eichen, sagen die Leute von Sussex, leben tausend Jahre, und sie sterben tausend Jahre. Manche aber scheinen unsterblich. ✷

✷ In West Grinstead Park (bei Bramber) wächst ›Pope's Oak‹, unter der Alexander Pope sein Versepos ›Lockenraub‹ geschrieben haben soll.

Hampshire

Gehen Sie einfach übers Land, an den nächsten Fluß und sonntags auf einen Dorfanger. Das ist die ganze Philosophie: Angeln, Cricket, Countryside. An diese englische Trias erinnern in Hampshire drei klassische Plätze: ein Grab, ein Pub und ein Provinzmuseum. Das Pub liegt in den Downs nördlich von Portsmouth bei *Hambledon,* heißt ›The Bat and Ball‹, das Wirtshausschild* (Farbt. XLIII) zeigt, auch Cricket-Analphabeten vom Kontinent verständlich, die Grundstellung: Der ›bowler‹ wirft den Lederball Richtung Tor, der ›batsman‹ mit seinem Schlagholz, halb Keule und halb Paddel, versucht ihn möglichst weit wegzuschlagen. Was dann geschieht, ist mehr als nur ein Rennen nach Regeln und Punkten, es ist das Ritual des Rasens, zelebriert von zweiundzwanzig Gentlemen in Weiß. Ein Sport der philosophischen Beschaulichkeit, dessen oft Tage andauernde Spannung nur Laien als Langeweile mißverstehen. Es muß eine besonders Hohe Schule des Fair Play sein, denn »that's not cricket« heißt umgangssprachlich: das ist nicht fair, nicht ehrlich. Dem ›Bat and Ball‹ gegenüber auf dem grünen ›pitch‹ wurde Cricket Mitte des 18. Jahrhunderts erstmals nach den heutigen Regeln gespielt. Trinken wir also auf John Nyren of Hambledon, den Star jener Jahre.

»Gott erschuf keine gelassenere, ruhigere, unschuldigere Erholung als Angeln«. Der dies mitten im Bürgerkrieg schrieb, Izaak Walton, »the Prince of Fishermen«, liegt im Querschiff der Kathedrale von Winchester begraben, wo ihm noch 1914 die Angler von England und Amerika wie einem Heiligen ein Fenster stifteten. Diese anhaltende Popularität verdankt der Londoner Händler Izaak Walton nicht seinen literarhistorisch bedeutsamen Biografien elisabethanischer Zeitgenossen, sondern seinem Buch ›Der vollkommene Angler‹ (The Compleat Angler, 1653), nächst Bunyans ›Pilgrim's Progress‹ das meistgelesene Buch der englischen Literatur. So wie Angeln mehr ist als Fische aus dem Wasser ziehen, so ist Waltons Werk mehr als nur ein Dialog über die Kunst des Angelns: ein Buch ländlicher Lebensfreude und Geselligkeit, dem Charles Lamb »den Geist der Unschuld, Reinheit und Einfalt des Herzens« nachrühmte. »Let's be going,

---

* Die klassische Darstellung eines Cricket-Spielers ist auf dem Wirtshausschild des ›Bat and Ball‹ in Breamore zu sehen (Abb. 147), eine Kopie von Thomas Hudsons Gemälde ›The Boy with the Bat‹ (Breamore House).

HAMPSHIRE

good master, for I am hungry again with fishing.« Mit dieser Bibel der Angler im Gepäck suchen wir uns an den forellenreichen Flüssen Hampshires, am Itchen oder Test, ein Plätzchen. Es muß ja nicht gleich das Grosvenor Hotel in *Stockbridge* sein, wo Englands exklusivster Anglerverein sich trifft, der Houghton Fishing Club.

Auflagen von Shakespeareschem Ausmaß erreichte auch das Buch des Reverend Gilbert White, das den Namen seines Dorfes in ganz England bekannt machte: »The Natural History of Selborne« (1789), drei Jahre nach Erscheinen schon ins Deutsche übersetzt. Wäre es nur die Naturgeschichte von *Selborne*, die exakte Beschreibung seiner Flora und Fauna, seine Leser kämen nicht heute noch in Scharen in das Gilbert White-Museum ›The Wakes‹, das Haus, in dem er lebte und starb. »This sweet delightful book«, wie Coleridge es nannte und das der Landschaftsmaler Constable so schätzte, diese Briefe Gilbert Whites an befreundete Naturwissenschaftler sind zugleich Beobachtungen der Wetter- und der Seelenlage, Topografie der ländlichen Umgebung und jenes Lebensgefühls, das wir mit dem Wort Countryside verbinden. Eine englische Ortsbestimmung aus dem Geist des 18. Jahrhunderts – und der Sehnsucht des 20. Jahrhunderts so nah. Hinter dem Garten des Reverend White führt sein Naturlehrpfad in die Wiesen und Wälder, ein ideales Wandergebiet.

Fast ein Palast von Waterloo

In den Ausläufern der Sussex Downs, in Selbornes Nachbardorf *Chawton* hat eine Schriftstellerin gelebt, deren Popularität wie die von Dickens ungebrochen ist bis heute: Jane Austen (Abb. 64). Chawton hat den Charme vieler Dörfer Hampshires, Bauernhäuser aus rotem Ziegelstein und Fachwerk, mit Reetdächern, die tief heruntergezogen sind und sich wie Ohrenwärmer um die Fenster legen. Jane Austen's Home, ein einstöckiges Backsteinhaus, war in der Postkutschenzeit ein Gasthof an der Hauptstraße von London nach Southampton. Hier zog die Landpfarrerstochter aus Steventon im Juli 1809 mit ihrer Mutter und der Schwester Cassandra ein und schrieb, unbemerkt von den Nachbarn, an einem winzigen dreifüßigen Teetisch im Familienwohnzimmer ihre

Jane Austen

Lewis Carroll: Alice Liddell, ›Alice im Wunderland‹

34 GUILDFORD Lewis Carroll-Gedenktafel mit Alice und Goggelmoggel

John Constable: Chain Pier, BRIGHTON, um 1827

36 BRIGHTON   Der Königliche Sommerpalast Georges IV., 1815–22
38 PARHAM PARK   Elisabethanische Long Gallery, 1577
37 James Gillray: Karikatur des Prinzen von Wales, später Georg IV., 1795

39 GLYNDEBOURNE Picknick in der Opernpause, 1967, von Tony Ray-Jones

40 CHICHESTER Tänzer und Fiedler im Chorgestühl, 14. Jh.

42 PETWORTH HOUSE Holzschnitzerei von G. Gibbons, 1692

◁ 41 PARHAM PARK Barocker Armstuhl

3 William Turner: Sonnenuntergang im Park von PETWORTH HOUSE, um 1830

44 NORTHIAM Jakobinianisches Herrenhaus Brickwall, 1617/33

45 FALMER Universität von Sussex, 1960

46 BODIAM CASTLE Mittelalterliche Wasserburg, 1385

CHICHESTER Kathedrale, Auferweckung des Lazarus, um 1125

48 Eiserne Kaminplatte des WEALD, 17. Jh.

49 DITCHLING Anne of Cleeves' House, 16. Jh.

50 TITCHFIELD ABBEY Fußbodenkacheln, um 1300

51 STRATTON PARK   Moderner Landsitz mit klassizistischer Ruine

52 BURGHCLERE   Gedächtniskapelle mit Wandmalereien von Stanley Spencer, 1926–32

BURGHCLERE Stanley Spencer, Detail
MOTTISFONT ABBEY Fresko von R. Whistler, 1938/39

54 AVINGTON PARK Wandmalerei, um 1810
56 IDSWORTH Kirchenfresko, um 1330

57 NETLEY ABBEY   Rasenpflege in der gotischen Ruine   58 WINCHESTER   Fächergewölbe in der Kathedrale, um 14
59 WINCHESTER   Normannisches Taufbecken in der Kathedrale   60 ROMSEY   Normannische Klosterkirche, 1220–30

61 WINCHESTER Römisch-keltische Bronzebüste, 1.–2. Jh. n. Chr.
62 WINCHESTER Angelsächsische Elfenbeinschnitzerei, um 1000
63 SOUTHSEA Dickens-Wirtshausschild
64 CHAWTON Jane Austen-Souvenirpuppe

PORTSMOUTH   Nelsons Flaggschiff ›Victory‹

PORTCHESTER CASTLE   Römisches Kastell mit normannischer Burg

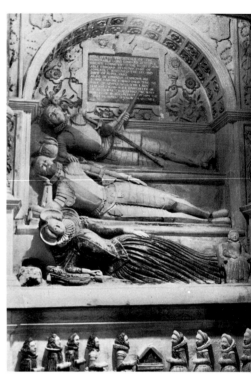

67 MADRON Schiefergrabplatte, 1631

68 BERRY POMEROY Familiengrab, 1613

69 ROMSEY ABBEY Grabmonument, 1658

70 WINCHESTER Grabmonument von Flaxman, 1800

Stratfield Saye House:
Wellington-Silhouette

Hauptwerke, ›Mansfield Park‹, ›Emma‹, ›Persuasion‹. Ihr Frühwarnsystem vor unangemeldeten Besuchern, die (immer noch) knarrende Tür, funktionierte so gut, daß die Romane der Jane Austen bis zu ihrem Tod mit dem Vermerk erschienen: »Von einer anonymen Dame«. Nicht daß sie etwa Skandalöses schrieb, aber daß eine Frau aus ihrer Gesellschaftsschicht überhaupt schrieb, galt damals vielfach noch für unschicklich. Jane Austen lebte auf dem Land, aber Landschaften spielen so wenig eine Rolle in ihren Romanen wie Landflucht, Industrierevolution und Napoleonische Kriege. Sie schrieb, zeitlebens unverheiratet, von Liebe und Ehe, von den Irrungen und Wirrungen gutbürgerlicher Existenz. »Diese junge Frau hatte ein Talent fürs Beschreiben der Gefühle und Verstrickungen und Charaktere des Alltagslebens, das mir als das Wunderbarste erscheint, das es je gegeben hat«, schrieb ihr Zeitgenossen Walter Scott, als Jane Austen 1817 in Winchester starb, zweiundvierzigjährig.

Während Jane Austen zu Hause unbekümmert die Marseillaise intonierte, bangte England vor einer Napoleonischen Invasion. Nach der Schlacht von Waterloo 1815 schenkte die erleichterte Nation ihrem siegreichen Feldherrn einen Landsitz nach freier Wahl. Wellington (s. a. Abb. 145) begutachtete unter anderem Bramshill House an der Grenze zu Berkshire, eines der größten jakobinischen Landschlösser in England, bevor er sich 1817 für das benachbarte, von ertragreichem Farmland umgebene *Stratfield Saye* entschied. Sehr zur Mißbilligung seiner Freunde, die diesen schlichten Landsitz aus der Mitte des 17. Jahrhunderts nicht für repräsentativ genug hielten. Nun war der Duke keineswegs so bescheiden, wie sein Haus von außen wirkt. Er hatte, das zeigen die Entwurfszeichnungen im Korridor, durchaus einen ›Palast von Waterloo‹ im Sinn, triumphal wie Vanbrughs Blenheim Palace, der große Preis der Nation an den Duke of Marlborough nach seinem Sieg über Louis XIV. im Spanischen Erbfolgekrieg. Aber die Epoche, die ihren Helden Häuser schenkte, war knausriger geworden, die vom Parlament bewilligten £ 600 000 reichten nicht für Wellingtons Feldherrnhalle. So blieb es bei einem bescheidenen Familiensitz mit Grandeur im Kleinen – sehr zur steuerlichen

HAMPSHIRE

Erleichterung des jetzigen Hausherrn, des 8. Duke of Wellington, der sein nationales Erbe inzwischen der Nation zur Besichtigung freigibt. So wie der Iron Duke in Stratfield Saye eine der frühesten englischen Zentralheizungen einbaute und blaugeblümte Porzellantoiletten mit Wasserspülung, damals ein unerhörter Komfort, so scheute sein Ur-Urenkel nicht den Anbau einer zeitgemäßen Bequemlichkeit, eines Swimmingpools neben dem Musiksalon. Der Geschmack des Großen Duke, das signalisiert schon die Eingangshalle mit den erbeuteten Trikoloren, neigte zur Gloire, zum Wohnzimmer mit Goldrand. Louis Seize-Möbel, Rokoko-Stuckdecken, französische Tapeten, Bronze- und Marmorbüsten überall, auch Blücher, fair enough. Nach dem Pomp der Siegerjahre starb Wellington im spartanischeren Walmer Castle in Kent. Die Gemäldesammlung, die Napoleon von Ferdinand VII. und Wellington von Napoleon erbeutete, ist größtenteils in Apsley House, seiner Londoner Stadtwohnung, zu sehen. Bemerkenswert der Print Room, auf dessen Wände vom Fußboden bis zur Decke Kupferstiche geklebt sind, Landschafts-, Sport- und Historienbilder – eine Regency-Mode, die Wellington vom früheren Hausherrn übernahm, der die Galerie Ende des 18. Jahrhunderts mit goldgerahmten Drucken, meist Shakespeare-Szenen, tapeziert hatte. Im Korridor zum Billardraum die Reliquien des Helden von Waterloo: zwei künstliche Gebisse, Hörmuscheln, Schnupftabakdosen und seine Haarlocke in einer Brosche, die Queen Victoria trug. Unter einer Eiche vor dem Haus liegt Wellingtons wackeres Schlachtroß Copenhagen begraben, 1836 mit militärischen Ehren beigesetzt. Der Grabsteinvers gibt der Hoffnung Ausdruck, Copenhagen werde dereinst siegreich mit dem Duke im Himmel einreiten. Weit über Wellingtons Country Park hinaus hat sich sein Ruhm fortgepflanzt in Gestalt der Wellingtonia, eines Nadelbaums, der 1853, ein Jahr nach seinem Tod, in England eingeführt wurde.

Von Stratfield Saye auf der A 33 an dem Wirtshaus mit dem Stevenson-Titel › Jekyll & Hyde‹-Inn vorbei zum Landsitz *The Vyne*. Die unauffällige Lage in einer Talsenke, das warme Rot des Ziegelsteins mit seinem Rautenmuster, beides weist The Vyne als typischen Landsitz der Tudorzeit aus (um 1520). Bauherr war William Lord Sandys, Haushofmeister Heinrichs VIII. und einer der wenigen, der seinen Kopf behielt. »I am an honest country Lord«, sagt er in Shakespeares ›Henry VIII.‹. Nicht nur das: Er war auch ein Mann von außerordentlichem Geschmack. Sandys entwarf für sein Haus eine der ersten wirklich langen Long Galleries und ließ sich diese Galerie vollständig in Eiche täfeln, insgesamt rund vierhundert faltenverzierte Paneele mit den geschnitzten Wappen und Initialen seiner Familie und Freunde, darunter Heinrichs Tudor-Rose und der Granatapfel der Königin. Seine Hauskapelle schmückte Sandys mit flämischen Glasmalereien (Heinrich VIII. kniet neben seinem Namenspatron Heinrich II. von Bayern), Renaissancefenster von leuchtender Farbigkeit. Nebenan in der neugotischen Kapelle liegt Chaloner Chute in der Robe des Speakers, ein Grabmal von solcher Grazie, als läge er auf einer Wiese und nicht auf seinem Sarkophag (ca. 1780). Dieser Mann, der The Vyne 1653 erwarb, war nicht weniger neuerungsfreudig als sein Vorgänger. Der korinthische Portikus, der zum See hin der Nordfassade ihr klassisches Gepräge gibt, ist der erste Portikus an einem englischen Landsitz (um 1655). Entworfen hat ihn John Webb, der angeheiratete Neffe und Schüler von Inigo Jones, nach dem Vorbild von Palladios Villa Barbaro in Maser – ein halbes Jahrhundert bevor Lord Burlingtons Palladianismus Mode wurde. Seinen letzten architektonischen Höhepunkt erreicht The Vyne in der zweiten Hälfte des 18. Jahrhunderts: Vestibül und Treppenhaus, auf engstem Raum eine faszinierende Vielfalt von Durchblicken und Rhythmen, voll georgianischer Eleganz die Säulengalerien mit der Kassettendecke – das ist keine Treppe, das ist ein Tempelaufgang, ein Theaterauftritt. Architekt dieser kühlen Elevation war der Hausherr selbst, John Chute. Aber seine besten, avantgardistischen Ideen hat nicht er, sondern sein Freund Horace Walpole in Strawberry Hill verwirklicht. Strawberry Parlour hieß Walpoles Gästezimmer in The Vyne, und nur zu gerne hätte er das ganze Haus und nicht nur den Vorraum zur Kapelle im neugotischen Stil umgebaut. »Chute war mein Ratgeber«, bekannte Walpole nach dem Tod seines Freundes, »mein Orakel in Sachen des Geschmacks und das Genie, das über dem ›armen‹ Strawberry thronte«.

Ein Kreuzzug gegen den Krieg

Ein spätes, raffiniertes Echo von Strawberry Hill finden wir in *Mottisfont Abbey* westlich von Winchester. Dies ehemalige Augustinerkloster im Tal des Test, von alten Platanen und Eichen umgeben*, hat mit The Vyne nicht erst neugotische, sondern viel ältere Verbindungen: Lord Sandys erwarb es 1536 (im Tausch gegen die Dörfer Chelsea und Paddington!), riß große Teile des 1201 gegründeten Klosters ab und richtete sich im umgebauten Kirchenschiff wohnlich ein. Auch der Tudor-Landsitz Mottisfont erlebte viele Veränderungen, die interessanteste 1938/39: Rex Whistler erhielt den Auftrag, einen neuen Salon über dem Cellarium zu gestalten. Es wurde ein Festsaal der Augenlust und Augentäuschung, ein Trompe l'œil-Kabinett, in dem alle Dekorationen gemalt sind, meist in Grisaille: die schlanken Säulen, die Reliefs der Stuckdecke und der Trophäen, die Vorhangblenden und am virtuosesten jene Wandnische, in der eine Urne raucht und Bücher, Laute und Handschuh zum Greifen nah erscheinen (Abb. 55). Ein Spiel mit Raum und Fläche, mit neugotischen Ornamenten und barockem Illusionismus – desillusionierend in formvollendetem Stil. Denn der Anachronismus dieser Kunst spiegelt den Anachronismus einer feudalen Lebenshaltung im 20. Jahrhundert, es ist ein optisches und gesellschaftliches Täuschungsmanöver, Dekoration als Ironie der Verhältnisse, die nicht mehr so sind, wie sie scheinen. Mottisfont war Rex Whistlers letzte Arbeit in einem englischen Landhaus, bevor er 1944 in der Normandie fiel.

Nur wenige Jahre vor Whistlers Salon wurde in Hampshire ein Sakralraum eingeweiht, dessen Wandmalereien als bedeutendstes Werk des Expressionismus in England

---

* Im historischen Rosengarten wächst u. a. die Rote Rose von Lancaster und die Weiße Rose von York.

HAMPSHIRE

gelten: Stanley Spencers Sandham Memorial Chapel in *Burghclere,* einem Dorf südlich von Newbury an der Grenze zu Berkshire. Wer den von außen nichtssagenden Ziegelsteinbau und den sachlichen, rechteckigen Innenraum betritt, erwartet eine konventionelle Gedächtniskapelle. Biblische Geschichten, nicht Zeitgeschichte, nicht diese Szenen der banalen, brutalen Realität des Ersten Weltkriegs. Feldlager, Schützengräben, Lazarette, die Wirklichkeit der gesegneten Waffen, ohne direkte Schlachtszenen. Die Kapelle von Burghclere ist eher ein Aktions- als ein Andachtsraum, bestürzend, nicht beruhigend. Hier ist viel Trauer und kaum Trost, Passion ohne Pathos. Von der Ostwand über dem Altar prasseln die Kreuze, die Gefallenen kommen aus ihren Gräbern, aber selbst die Auferstehungsvision steht mehr im Zeichen des Infernos als des Paradieses (Abb. 52). Kein Triumph, nur das Ende einer Tragödie. Wo ist Christus? Eine kleine weiße Figur im Hintergrund, der Menschensohn. In Giottos Arena-Kapelle in Padua oder in der Sixtinischen Kapelle war dies der ikonografische Ort Gottes in der Glorie, des Weltenrichters. Nichts davon hier, keine Guten und keine Bösen, keine Helden, keine Heiligen, nur ohnmächtige Opfer. Als Stanley Spencer, Sohn eines Organisten aus Berkshire, von Mr. und Mrs. Behrend den Auftrag erhielt, für den 1919 an den Folgen seiner in Mazedonien erlittenen Kriegsverletzung verstorbenen Leutnant H. W. Sandham eine Gedächtniskapelle zu gestalten, wußte er, was er malte. Auch Spencer war in Mazedonien gewesen, Frontsoldat und vorher Sanitäter in Bristol. Unmittelbar danach waren die Skizzen* entstanden, die er von 1926 bis 1932 in Burghclere ausführte, neunzehn Bilder in drei Reihen übereinander, durch Bogen unterteilt (Abb. 53). Spencer malte diesen Zyklus in Öl auf Leinwand, die er auf die Wand spannte, nicht als Fresken, die ja unter den klimatischen Bedingungen in England selten von Bestand waren.** Seine Farben sind stumpf, nicht leuchtend, gebrochen wie die Szenen selbst; Grau-, Braun- und Beigetöne, selten ein starkes Rot oder Blau. Es sind Alltagsszenen, aber wie vom Fallschirm aus gesehen, darauf beruht ihre unerhörte Eindringlichkeit. Die perspektivischen Verkürzungen haben ihren Fluchtpunkt im Manierismus, die Gesichter tragen Bruegelsche Züge, die Abstraktion des Gegenständlichen verweist auf die Neue Sachlichkeit, aber das Ganze in seiner Expressivität und Genauigkeit ist unverwechselbar Stanley Spencer: die Reportage über den mazedonischen Feldzug, ein Kreuzzug gegen den Krieg.

---

* Im Besitz der Stanley Spencer Gallery in seinem Geburtsort Cookham (Berkshire).

** Zu den bedeutenden, relativ gut erhaltenen Fresken in Hampshire, abgesehen von Winchester Cathedral, gehören die in St. Hubert in Idsworth, einer Kapelle in den South Downs an der Grenze zu Sussex (um 1330; Abb. 56).

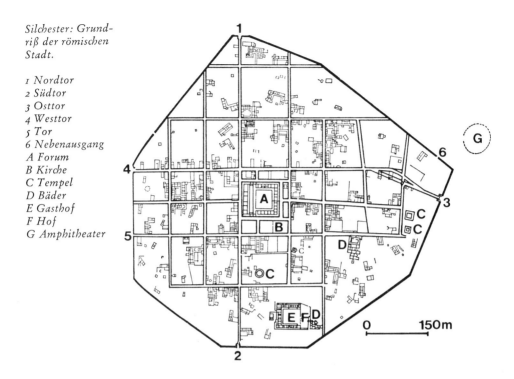

Silchester: Grundriß der römischen Stadt.

1 Nordtor
2 Südtor
3 Osttor
4 Westtor
5 Tor
6 Nebenausgang
A Forum
B Kirche
C Tempel
D Bäder
E Gasthof
F Hof
G Amphitheater

Vineta unter Weizenfeldern

Seit der Invasion im Jahre 43 n. Chr. haben die Römer in Hampshire ihre Spuren hinterlassen, die Küstenfestung Portchester, die Stadt Silchester, das Landhaus von Rockbourne: drei exemplarische römische Siedlungsformen. Calleva Atrebatum, die Waldstadt der Atrebates, liegt östlich des jetzigen Dorfes *Silchester* (zwischen Basingstoke und Reading) auf einem Plateau, gut zu verteidigen und mit reichlich Wasser – ideale Bedingungen für eine Römersiedlung. Aber wo ist diese Stadt? Wir können sie ganz umrunden, wir können mitten hindurchgehen, aber wir sehen nicht einmal mehr ihre Fundamente. Wo einst auf einer Fläche von vierzig Hektar knapp viertausend Menschen lebten, bestellt heute ein Bauer seine Getreidefelder. Unter dem wogenden Korn, längst wieder zugedeckt und überwachsen, liegt die am vollständigsten erforschte Römerstadt in England, bei deren Ausgrabung Ende des 19. Jahrhunderts Wellingtons Sohn sich zwei Mosaikfußböden für die Eingangshalle von Stratfield Saye sicherte. Der Stadtplan der Archäologen ist derart detailliert, daß die einstigen Siedler anhand dieser Karte leicht ihre alten Wohnungen unter den Feldern wiederfänden. Sie würden staunen, was alles aus ihren Abfallgruben in die

HAMPSHIRE

Vitrinen des kleinen Calleva-Museums und des größeren in Reading gelangte, Zeugnisse ihres bäuerlich-handwerklichen Lebens. In der Stadtmitte lag das Forum, an drei Seiten von Kolonnaden-Geschäften umgeben, an der vierten stand die Basilika, die Stadthalle, wo Markt und Gericht gehalten wurde. Im südöstlichen Stadtbezirk, insula XXXIII, besuchte man die Bäder, eines der ältesten Gebäude. Seine Fassade fiel schon der römischen Stadtplanung zum Opfer, als nach dem ersten Jahrhundert das rechtwinklige Straßensystem angelegt wurde, dessen Schachbrettmuster aus der Luft deutlich zu erkennen ist. Zur Unterhaltung – Ringkämpfe und Tierhatz – ging man an der Nordostecke der Stadt gleich hinter den Mauern ins Amphitheater, dessen noch sichtbare Erdwälle mit Sitzreihen aus Holz bedeckt waren. Es gab fünf Tempel – zwei liegen unter dem jetzigen Friedhof von St. Mary (13. Jh.) – und sogar eine kleine christliche Kirche, basilikaler Grundtyp mit Apsis und leicht vorspringendem Querschiff (4. Jh.). Die Häuser hatten fast alle einen Garten, die der Wohlhabenden auch ein Atrium, Mosaikfußböden, Glasfenster und ein eigenes Bad mit Hypokaustenheizung. Hier also lebten die Atrebates, einer der belgischen Stämme aus Nordgallien, zusammen mit den romanisierten Briten, deren Fürsten die Macht behielten, kontrolliert von römischer Verwaltung. Zu sehen sind nur noch einige äußere Erdwälle und die Stadtmauern, die nicht wie üblich rechteckig, sondern polygonal den Ort umgeben. Weite Teile der zweieinhalb Kilometer langen Mauer sind noch von Erde bedeckt und mit Bäumen und Sträuchern bewachsen wie ein großer alter Knick. So natürlich wie ihr heutiges Aussehen war auch ihr Ende: Calleva Atrebatum, die römische Provinzstadt, wo sich die Straßen von und nach London, Chichester, Winchester, Dorchester und Old Sarum trafen, verlor seit dem 5. Jahrhundert ihre politisch-wirtschaftliche Bedeutung, die Bewohner verließen die Stadt, Silchester verfiel.

Weil Angelsachsen und Normannen den Ort nicht wieder besiedelten, anders als etwa Winchester, sind die Grundrisse von Silchester so genau und vollständig erhalten wie nirgendwo sonst. Noch immer werden römische Siedlungen entdeckt, so 1976 das bis zum Jahre 410 bewohnte Vindomis, ›Weinhausen‹.* Etwa siebzig bis achtzig solcher Römerstädte in England sind den Archäologen bekannt und, abseits der Dörfer, rund fünfhundert Landhäuser, genannt Roman Villas. Diese Farmer, die den ersten Wein in England anbauten und die ersten Kirschen, Pfirsiche und Feigen hier heimisch machten, entwickelten eine hohe Landhauskultur. Vor allem Aristokraten und Offiziere, aber auch reiche Bauern und Kaufleute waren die Besitzer. Sie richteten sich ihre Landhäuser mit städtischem Geschmack und Komfort ein, mit Mosaiken und Fresken, mit Fußbodenheizung, Bad und Atrium. Sie hatten auch schon geometrische Gärten mit beschnittenen Sträuchern, Springbrunnen und Statuen. Ein solches römisches Landhaus wird seit 1942 in *Rockbourne* südlich von Salisbury ausgegraben. Die Fundstücke aus den über siebzig Räumen füllen ein eigenes Museum, eine subtile Rekonstruktion römisch-britischen Landlebens.

---

* Ausgrabungsstätte: Cuckoo's Corner, Holybourne (A 31) bei Alton, Hampshire.

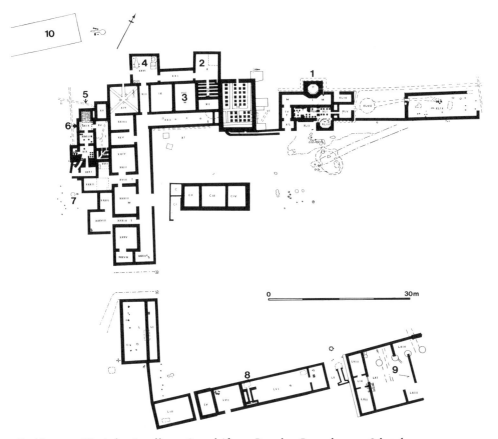

Rockbourne: Römisches Landhaus, Grundriß. 1 Besucher-Bungalow 2 Schatzkammer 3 Speiseraum 4 Küche 5 Fußbodenheizung 6 Hauptbad 7 Brunnen 8 Getreidespeicher 9 Kornmühle 10 Museum

In der weiten Hafenbucht von Portsmouth, auf der Spitze einer flachen Landzunge, liegt Portus Adurni, die Römerfestung *Portchester* – zu malerisch fast für eine militärische Anlage, zu schön, um je zerstört zu werden (Abb. 66). Zwar wurde sie mehrmals eingenommen, trotz ihrer strategisch günstigen Lage, die sich als Falle erwies, aber die Mauern rundum stehen so zinnenbewehrt, als seien die Römer noch da und nicht schon Anno 370 abgezogen. Portchester Castle ist das einzige Römerlager in Nordeuropa, dessen Mauern unzerstört in voller Höhe erhalten sind. Diese sechs Meter hohen Mauern aus Flint mit horizontalen Stein- und Ziegelstreifen wurden im späten 3. Jahrhundert errichtet, auf nahezu quadratischem Grundriß (ca. 180 x 180 m) und mit zwanzig Bastionen – eine Modellfestung in der Kette der Küstenforts wie Richborough und

143

HAMPSHIRE

■ Römisch
▢ Normannisch
▢ 14. Jahrhundert

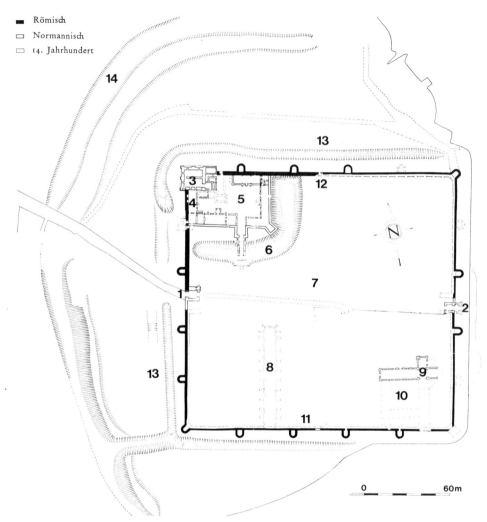

Portchester Castle: Grundriß des Römerlagers. 1 *Tor zur Landseite* 2 *Tor zur Hafenbucht* 3 *Wehrturm* 4 *Palast Richards II.* 5 *Innere Festung* 6 *Burggraben* 7 *Äußere Festung* 8 *Lage der Scheune* 9 *Klosterkirche* 10 *Lage der Augustiner-Priorei* 11 *Südlicher Nebenausgang* 12 *Nördlicher Nebenausgang* 13 *Römische Gräben* 14 *Außendämme*

Reculver. Als die Normannen kamen, acht Jahrhunderte später, übernahmen sie intakte Burgmauern, errichteten neue Tore und, wie in Pevensey Castle, eine Festung in der Festung: den massigen quadratischen Wehrturm in der Nordwestecke. Das war unter Heinrich I., der Portchester Castle zur Königsburg ausbaute, übertroffen nur von Dover und Corfe Castle. Dem Bergfried diagonal gegenüber gründete er 1133 eine Augustiner-Priorei, deren Kreuzgang abgerissen, deren Klosterkirche St. Mary aber glänzend erhalten ist mit normannischem Säulenportal und Taufbecken. Ende des 14. Jahrhunderts war Portchester Castle militärisch nicht mehr auf der Höhe der Zeit, und Richard II. baute neben den Bergfried einen befestigten Palast (1396–99). Hier wohnte Heinrich V., als er 1415 auf dem weiten Rasen sein 10 000-Mann-Heer zur Kampagne gegen Frankreich sammelte und nach dem Sieg von Agincourt als Herr über zwei Königreiche zurückkehrte. Die Franzosen waren auch später die einzigen, die mit Portchester Castle unangenehme Erinnerungen verbanden: Burg und Bergfried waren zu Napoleons Zeit voller Kriegsgefangener, die ihre Namen in die Mauern ritzten wie die Touristen heute.

Portsmouth und Southampton

Hinter Fareham wird die Autobahn M 27 zum Drive-in-Kino mit Blick auf das Panorama von *Portsmouth:* auf der Halbinsel im Vordergrund die Mauern von Portchester Castle, in der Bucht die weißen Segler, dahinter die grauen Schiffe der Royal Navy, die Phalanx der Öltanks, die Docks, die Skyline der Kräne und Masten – dies ist eines der großen Hafenpanoramen der Welt. Portsmouth, eine Insel wie England selbst, hieß einst »Ruhm und Bollwerk des Königreichs«. Plymouth war der Hafen der Admirale, der elisabethanischen Entdecker und Kauffahrer, Portsmouth wurde der Hafen der Docks, das Marinehauptquartier in den Jahrhunderten nach der Armada. Mit dem Holländer Bernard de Gomme, einem der besten Festungsbaumeister seiner Zeit, startete Charles II. ein großangelegtes Befestigungsprogramm in Portsmouth und besiegelte hier auch gleich sein Ehebündnis mit Katharina von Braganza (1662). In der Folgezeit wurde die Stadt immer stärker befestigt, bis Portsmouth und gegenüber Gosport unter Lord Palmerston eine einzige Festung war. Wer den Solent zwischen der Isle of Wight und Portsmouth beherrschte, kontrollierte den Kanal, und wer den Kanal beherrschte, kontrollierte England. Historiker der Militärarchitektur können in Portsmouth auf den Kriegspfad gehen: vom Round Tower (ca. 1415) und Square Tower (1494) am Hafeneingang in der Altstadt, vorbei an den langen Kurtinen und der Königsbastion, den einzigen im Kern erhaltenen Befestigungen de Gommes; hinunter zu Heinrichs VIII. Southsea Castle (1538–40), dessen Umbauten in nuce alle militärischen Veränderungen von Portsmouth spiegeln*; weiter zum Cumberland Fort (1746/86) im Stadtteil Eastney und hinauf auf die Kalkhügel von Portsdown, wo man Lord Palmerstons Fort Widley (ca. 1868) besichtigen kann, mit dem Blick über Portsmouth

---

* Im Seebad Southsea praktizierte 1882–90 der Arzt Arthur Conan Doyle und schrieb seinen ersten Sherlock Holmes-Roman, ›A Study in Scarlet‹ (1887).

HAMPSHIRE

und den Solent, in dessen Wellen vier weitere Bastionen ›Lord Feuerbrands‹* wie Riesenbojen ankern.

Die Docks sind eine Stadt in der Stadt, ihr hämmerndes Herz. Zusammen mit den Büros und Lagerhäusern der Marine bilden sie die Existenzgrundlage von Portsmouth und indirekt auch seiner berühmtesten Schriftsteller: Samuel Pepys war jahrelang Sekretär der Admiralität, George Meredith wurde hier als Sohn eines Marineschneiders geboren, und John Dickens arbeitete im Lohnbüro der Marine, als sein Sohn Charles (Abb. 119) 1812 im fast noch ländlichen Außenbezirk von Portsea geboren wurde. Heute ist sein einstöckiges Ziegelsteinhaus Commercial Road No. 393 Dickens-Museum und von Hochhäusern umgeben. Portsmouth, Geburtsort des Eisenbahn-, Schiffs- und Brückenbauers I. K. Brunel, ist die Stadt der Industriedenkmäler, nicht der Kirchenarchitektur. Charakteristisch sind die Docks mit ihren georgianischen Lagerhäusern aus Ziegelstein: klargliedrige, funktionale Architektur von karger Schönheit. In der Königlichen Werft, nicht weit von der Stelle, wo 1495 Heinrich V. das erste Trokkendock der Welt in Betrieb nahm, liegt Lord Nelsons Flaggschiff ›H.M.S. Victory‹, ein Triumph der Schiffsbaukunst und ein Monument jener Epoche, als Nelson der Held und England die Königin der Meere war (Abb. 65). Nach siebenundvierzig glorreichen Dienstjahren zu Wasser ist die ›Victory‹ nun aufgebockt zum letzten Gefecht gegen Holzwurm und Touristen. An jedem Wochenende wird die Schlacht von Trafalgar im Trockendock geschlagen. Ein Kadett Ihrer Majestät führt die Besucher durch die drei Kanonendecks an die Stelle, wo am 21. Oktober 1805 Nelson starb. Hinter Glas ein zerschossenes Trafalgar-Segel, bewundert wie das Trierer Leichentuch.

*Southampton***, um eine Unterscheidung Samuel Johnsons zu gebrauchen, ist sehenswert, aber keine Reise wert. Eine Durchreise, das ja, vor allem eine Abreise: die lange, breite Förde entlang zur Isle of Wight. Southampton ist der Hafen der großen Überseedampfer, es war jahrelang der Hafen der großen Emotionen von Ankunft und Abschied. Das alles ist nüchterner geworden, selbstverständlicher, die ›Titanic‹ hat ihr Denkmal und die ›Mayflower‹ auch. ›The Blitz‹, die Bomben des Zweiten Weltkriegs haben Southampton verheerender getroffen als Portsmouth. St. Michael, die einzige erhaltene mittelalterliche Kirche im Stadtzentrum; das Tudor House in der Bugle Street; Bargate, das nördliche Stadttor, God's House Tower am Hafen und die Arkaden der Stadtmauer mit der Ruine von King John's, einem normannischen Kaufmannshaus: Die Reste des alten Southampton stehen eindrucksvoll, aber beziehungslos in einer effektiv, aber gesichtslos wiederaufgebauten Stadt. Überzeugende moderne Architektur fehlt, mit wenigen Ausnahmen, etwa dem Nuffield Theatre (1961) von Basil Spence auf dem Universitätsgelände von Southampton in Highfield. Dort gibt es seit 1973 eine der Universität angeschlossenen Galerie für Fotografie, die einzige reine Fotogalerie von

---

* Palmerstons Geburtshaus Broadlands am River Test bei Romsey, an den Wochenenden im August zu besichtigen, ist der Landsitz des Earl of Mountbatten, Onkel von Elizabeth II.
** Die angelsächsische Siedlung Hamtun gab ›Hamtunshire‹ = Hampshire den Namen.

internationaler Bedeutung in Südengland. Die Industriestadt Southampton, Geburts-ort des Präraffaeliten John Everett Millais und des Pop-Malers Allen Jones, hat für Kunstfreunde einen zweiten Anziehungspunkt: die Städtische Galerie im Civic Centre. Sie besitzt unter anderem den Perseus-Zyklus von Burne-Jones, eine qualitätvolle Sammlung zeitgenössischer Keramik, vor allem aber bietet sie einen hervorragenden Überblick über die englische Moderne, von der Camden Town Group, der unter Füh-rung Walter Sickerts 1911 gegründeten nachimpressionistischen Londoner Künstler-gruppe, bis zu Nash, Spencer, Lowry, Nicholson und Sutherland.

Über den rechten Umgang mit Ruinen

Zwischen den beiden Großstädten Hampshires liegen, wie zum Ausgleich, in Ruinen-ruhe zwei Klöster, Titchfield und Netley Abbey. Beide wurden im ersten Drittel des 13. Jahrhunderts vom Bischof von Winchester gegründet, beide wurden nach 1536 zu Herrenhäusern umgebaut. *Titchfield Abbey,* letzte von dreiunddreißig Klostergründun-gen der Prämonstratenser in England (1232), wird von einem stattlichen Torhaus mit vier zinnenbekrönten Ecktürmen beherrscht, das Heinrichs Lordkanzler Thomas Wrio-thesley mitten im Hauptschiff der Klosterkirche errichtete. Das Refektorium wurde zur Halle, der Kreuzgang zum Innenhof: Schnell fertig war der Tudor-Palast Place House (1542). Hier besuchte Shakespeare seinen Patron, den 3. Earl of Southampton, und führte wahrscheinlich auch einige seiner Stücke auf. Shakespeare widmete dem streit-baren Hofmann unter anderem seine Sonette, und Graf Heinrich – Eitelkeit der Mä-zene – bezahlte ihn für diese Widmungen. Mittelalterliche Fußbodenkacheln, um 1300 entstanden, sieht man selten so zahlreich am ursprünglichen Platz erhalten wie in Titch-field Abbey (Abb. 50). Blumen, Vögel, Schachbrettmuster, heraldische Motive wie Lö-we, Turm oder Doppeladler – das Design ist schön und klar wie frühe Entwürfe von William Morris.

Anders als Titchfield Abbey hat die Zisterzienserabtei *Netley* (1239) das aufgezwun-gene Herrenhaus fast völlig wieder abgeschüttelt. Strahlend steht die Klosterruine da, als habe es das profane Intermezzo nie gegeben (Abb. 57). Stiche des 18. Jahrhunderts und Berichte von Besuchern dokumentieren, wie Netley Abbey damals aussah: »Über und über mit Efeu bedeckt, zwischen den Mauern wuchern viele Bäume, deren Wirkung durch Zypressen noch verstärkt würde ... Kurz, dies sind nicht die Ruinen von Netley, sondern die Ruinen des Paradieses.« Enthusiastisch wie Horace Walpole schrieb auch Thomas Gray, der Dichter der ›Elegie, geschrieben auf einem Dorf-Kirchhof‹. Gray besuchte die gotische Klosterruine im selben Jahr (1755) wie Walpole, der Autor des Gothic Revival und des Schauerromans ›The Castle of Otranto‹. Melancholie hieß der neue Kult, das Pittoreske war das künstliche Paradies und Netley Abbey die Kathedrale dieses neuen Geschmacks. Das Kaputte erbaute die Gemüter. Die Klosterruine von Netley gefiel dem Landlord Thomas Lee Dummer so gut, daß

147

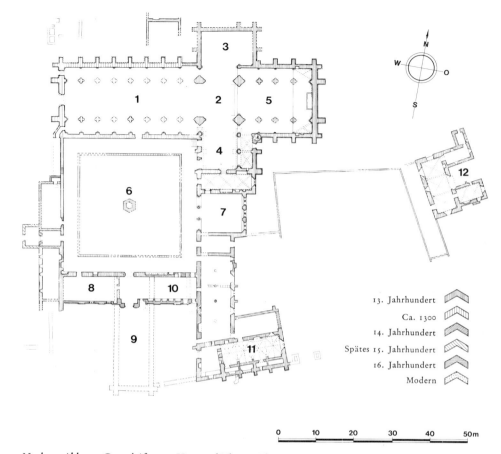

Netley Abbey: Grundriß. 1 Hauptschiff 2 Chor 3 Nördliches Seitenschiff 4 Südliches Seitenschiff 5 Presbyterium 6 Klostergarten 7 Kapitelsaal 8 Küche 9 Lage des Speisesaals 10 Calefaktorium 11 Krankenhaus 12 Abtswohnung

er 1770 Teile des Querschiffs abriß und in Cranbury Park, seinem Landsitz nördlich von Southampton, als künstliche Ruine wieder aufbaute – pittoresk und praktisch zugleich, denn drinnen wohnte sein Gärtner. Auch deutsche Fürsten, romantischer Mittelalter-Sehnsucht restaurativ aufgeschlossen, betrieben den Ruinen-Neubau (Löwenburg in Kassel, 1793–98). C. D. Friedrich malte die Ruine von Eldena im Mondlicht – ein gotisches Zisterzienserkloster wie Netley Abbey. Die Ruine, für die Romantiker ein Symbol, wurde für die Ruinenromantiker zur Kulisse. Fledermaus und Eule ersetzten die Schauer der Unendlichkeit. Man besuchte gotische Ruinen, man verschlang ›gotische‹ Romane. Diese Schauerromane wiederum machten Orte wie Netley Abbey zu Schauplätzen horrender Phantasie. Huschte da nicht Melmoth der Wanderer durchs Portal? Streckte nicht der Mönch Ambrosio seinen Arm durchs geborstene Maßwerk? Zwei Jahre vor diesem populärsten aller Schauerromane, ›The Monk‹ von Matthew Gregory Lewis (1796), amüsierten sich die Londoner bei der Oper ›Netley Abbey‹ in Covent Garden. Elegien und Oden auf die Klosterruine von Netley erschienen, und Peacocks Satire ›Nightmare Abbey‹ (1818) hätte auch ›Netley Abbey‹ heißen können. Als dann um 1840 sogar Ruinen-Feste mit Tanz und Tee in Netley Abbey veranstaltet wurden, war es mit der Schauerromantik zu Ende.

Und heute? Heute wirkt die Ruine rüstig wie ein Rentner nach der Frischzellentherapie. Netley Abbey ist eine Musterruine unter der Verwaltung des Umweltministeriums, sicher wie ein Neubau, gepflegt wie ein Oldtimer, keimfrei wie eine Klarsichtpackung. So ändern sich die Ruinen. Vom Efeu befreit sind Mauern und Säulen, man sieht wieder die Architektur, die Early English-Lanzettfenster, die Profile der Laibung. Man sucht, kühl und sachlich, die Strukturen des Gebäudes, nicht die eigenen Gefühle; Stilschichten, nicht Seelenlagen. Es ist eine Rückkehr zur Rationalität, zu den klaren Proportionen, gegen die sich die Ruinen-Ästhetik ursprünglich wandte. Eine ganze Batterie von Rasenmähern sorgt in Netley Abbey für Lawn and Order. Die Rasenkanten um die Mauern sind gestutzt und abgezirkelt wie ein Kavaliersbart des 18. Jahrhunderts. Bowling Green ist überall. Alles sieht so beständig aus, gar nicht mehr vergänglich, so geputzt wie zur Auferstehung des Steines. Zementspritzen und regelmäßige Untersuchungen stoppen den Verfall, Denkmalpflege als Gerontologie. Diese Ruinen sind Studienobjekte der Vergangenheit, nicht Menetekel der Vergänglichkeit. Ihre totale Visualisierung hat die Vision ersetzt. Ruinen lösen vor allem Fotos aus. Die Piranesis mit der Polaroid wollen Ruinen ohne Risiko, spektakuläre, nicht bestürzende Perspektiven: Ruinen als Attraktion im Freizeitpark. Der sentimentale Reisende des 18. Jahrhunderts hatte Zeit, sich in die vieldeutige Atmosphäre einer Ruine zu vertiefen; der Tourist sucht die schnelle, eindeutige Information, die fertige Stimmung. Die Kriegsruinen sind verdrängt, die zeitlosen Ruinen nostalgisch beliebt, und die zukünftigen Katastrophen schon vorweggenommen in den künstlichen Ruinen, die New Yorker Architekten Mitte der Siebziger Jahre für eine amerikanische Versandhauskette bauten – der Ruinen-Look als Werbegag, aber auch als Protest gegen sterilen, perfektionierten Städtebau.

Souveränen Umgang mit Ruinen bewies Anfang der sechziger Jahre ein Londoner Bankier, als er bei *East Stratton* nördlich von Winchester den Landsitz Stratton Park erwarb (von George Dance d. J., 1803), Statt das arg ruinierte klassizistische Herrenhaus wieder aufzubauen, riß er es ab, ließ den Portikus als Ruine stehen und errichtete dahinter, durch einen Teich verbunden und getrennt, einen Neubau aus Stahl, Glas und Ziegelstein (von Gardiner & Knight, 1965) – eine moderne, kühle Liaison aus dem Geist des Konstruktiven und der geheimen Lust am Destruktiven (Abb. 51). Die toskanischen Säulen des Portikus, übriggeblieben wie die Arkaden um den Teich der Villa Hadriana in Tivoli, bilden den malerischen Rahmen für den Blick vom Haus auf die Parklandschaft, ganz in der Tradition des Pittoresken. Demselben Bankier gehörte auch *The Grange* (1804–09) südöstlich von Stratton Park. Dieser Landschloß-Tempel ist ein exemplarisches Werk des Greek Revival von William Wilkins, dem Architekten der

149

HAMPSHIRE

Londoner National Gallery, dem indes – im Vergleich mit Schinkel oder Ledoux – das attische Salz fehlte. The Grange, von Wiesen und Wäldern umgeben, wird gegenwärtig vom Umweltministerium als Ruine hergerichtet, da eine Renovierung zu kostspielig war.

Königsstadt Winchester

Englands Hauptstadt lag jahrhundertelang am Itchen, nicht an der Themse. Die Könige, die Wollhändler, die Pilger, alle strömten nach *Winchester*. Als die Römer aus Venta Belgarum abzogen, wurde Winchester Hauptstadt des angelsächsischen König-reichs Wessex (= West-Sachsen). Als die Normannen kamen, war Winchester schon über zweihundert Jahre lang – seit Egberts Krönung Anno 827 – Hauptstadt von ganz England, bevorzugt durch die Nähe zum Kontinent, zur englischen Normandie. Eine expandierende Kleinstadt, die sich am Westufer des Itchen auf die umliegenden Hügel ausdehnt: das ist Winchester heute.

Vom Denkmal König Alfreds, unter dessen Regentschaft Winchester eine kulturelle Blütezeit erlebte wie Aachen unter Karl dem Großen, führt die High Street mit den Kolonnaden-Geschäften The Pentice durch das Westgate (13. Jh.) hinauf zum heutigen Verwaltungszentrum der Grafschaftshauptstadt. Dort war die Festung, wo Wilhelm der Eroberer das Domesday Book verwahrte, die Grundlage seiner Steuerpolitik und unsere wichtigste Quelle für das englische Wirtschaftsleben im 11. Jahrhundert. William (Abb. 104) hatte sich in beiden Hauptstädten, in London und Winchester, zum König krö-nen lassen. Erst nach Heinrich III. (Henry of Winchester) wurde London konkurrenzlos Englands Hauptstadt. Aber noch Charles II. beauftragte Christopher Wren, ihm in Winchester ein Königsschloß zu bauen. Dieser 1683 begonnene und beim Tod des Monarchen 1685 unvollendete Palast stand bis zum Ende des 19. Jahrhunderts unweit der Great Hall Heinrichs III., des allein erhaltenen Teils der mittelalterlichen Königs-residenz. In der weiten, dreischiffigen Halle mit ihren schlanken Säulenschäften aus Purbeck-Marmor und dem offenen Dachstuhl fanden Feste und Verhöre statt, die Hoch-zeitsfeier Mary Tudors mit Philipp II. von Spanien, die Verhandlung gegen Raleigh und viele Sitzungen des englischen Parlaments. An der Westwand hängt nicht etwa eine monumentale Darts-Zielscheibe, sondern König Arthurs legendärer Tafelrunden-tisch. Die fünfundzwanzig Segmente, reserviert für die Artusritter, sind in den Tudor-farben Grün und Weiß bemalt. Auch die Tudorrose in der Mitte, über der König Artus thront, ist kein Anachronismus, sondern das Emblem Heinrichs VIII., der die Eichen-platte 1522 restaurieren ließ zum Staatsbankett für Kaiser Karl V. im Großen Saal von Winchester. Dieser Round Table, in Caxtons Ausgabe von Malorys ›Morte d'Arthur‹ (1485) als Beweis für die Existenz des Königs Artus zitiert, mag er uns Mythenarme immerhin als mittelalterliches Glücksrad erfreuen. Neuesten Radiokarbon-Untersuchungen zufolge ist der Tisch rund sechshundert Jahre alt. Wahrscheinlich wurde er für Edward III. angefertigt, der 1340 in Windsor den Orden der ›Knights

150

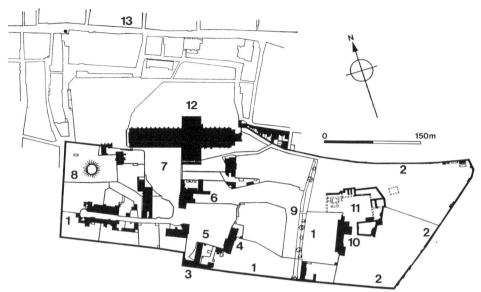

Winchester: Umgebung der Kathedrale. 1 Mauer der Domfreiheit 2 Burgmauer 3 St. Swithuns-Tor 4 Pilgerhaus 5 Reste vom Haus des Priors 6 Dekanei 7 Lage des Klosters 8 Hügel 9 Mühlbach 10 Wolvesey Palace 11 Wolvesey Castle 12 Ausgrabungsstätte 13 High Street

of the Round Table‹ stiftete. Die Reise Parzivals und der Ritter der Tafelrunde zum Gral, an den Tisch des Herrn, war ein höfischer Abenteuerroman mit religiösem Kern, literarischer Ausdruck der populären Pilgerfahrten des Mittelalters. Nach Winchester zum Schrein des Hl. Swithun zogen seit dem 9. Jahrhundert die Gläubigen aus ganz England, bis sie nach dem Martyrium Beckets den Pilgrims' Way in umgekehrter Richtung beschritten, nach Canterbury. Dies war, zusammen mit dem Aufstieg Londons zur politischen Metropole, der zweite große Szenenwechsel in der Geschichte Winchesters.

Hinter der High Street beginnt die Domfreiheit. Ein Rasen mit Lindenalleen, zwischen den Grabsteinen machen Einheimische und Besucher Rast, ein Friedhof für die Lebenden. Nichts stört hier, nicht einmal die Kathedrale drängt sich auf. Winchester Cathedral (Farbt. XXI) hat keine so imponierende Westfassade wie Wells, keinen so dominierenden Turm wie Salisbury. Als ob die Spitze heruntergefallen sei und man den Turmstumpf nur provisorisch gegen den Regen überdacht hätte, vermutete der Reisende Defoe. Was der Kathedrale an Höhe fehlt, ersetzt sie durch Länge, bedingt durch ihre einstige Doppelexistenz als Dom und Benediktiner-Klosterkirche: Die Laien beteten im Hauptschiff, die Mönche im Ostteil. Mit hundertsiebzig Metern ist dies die

HAMPSHIRE

längste mittelalterliche Kirche in Europa. Was wir in Winchester sehen, ist die dritte, im Jahre 1079 begonnene Kathedrale. Die beiden angelsächsischen Münster lagen nebeneinander unmittelbar nördlich des jetzigen Hauptschiffs. Edred, Egbert, Rufus, Knut und Aethelwulf, die Gebeine der angelsächsischen Könige ruhen in farbenprächtigen Sargtruhen auf dem Lettner im Chor, nach Cromwells Vandalismus wahrscheinlich in beträchtlichem Durcheinander. Was Walkelin, der erste normannische Bischof von Winchester, begann, ist am reinsten – abgesehen von der Krypta und den Arkaden des Kapitelsaals neben der Kathedrale – im Querschiff zu sehen, dem vollständigsten Beispiel frühnormannischer Architektur in England. Die Emporen fast so hoch wie die Arkaden, Rundbögen mit Würfelkapitellen: So massiv bauen Eroberer, so grandios erobern nur Baumeister den Stein, die Wand und den Raum. Ähnlich monumentale, ähnlich lapidar gegliederte normannische Architektur macht die benachbarte Abteikirche von *Romsey* zu einem Juwel (Abb. 60, 69).* Nach 1394 erneuerte William of Wynford, Baumeister der Kathedrale von Wells, das normannische Hauptschiff von Winchester im Perpendicular-Stil mit spitzbogigen Arkaden und Fächergewölbe (Abb. 58).

Welche Schätze im Innern der Kathedrale: Pilgrims' Gate, das schmiedeeiserne Filigran des Türgitters zwischen Querschiff und Chor (11. Jh.); die Wandmalereien (um 1230) und die Glasmalereien (1909) von William Morris im nördlichen Querschiff; das Chorgestühl mit seinen figurenreichen Miserikordien (14. Jh.); vor allem aber das normannische Taufbecken aus schwarzem Tournai-Marmor** mit Szenen aus dem Leben des Hl. Nikolaus, ein Meisterwerk flämischer Künstler (Abb. 59). Winchesters Bischöfe haben fürstliche Renaissance-Grabmonumente in der Kathedrale, aber auch dem Arbeiter William Walker wurde ein Denkmal gesetzt: ›Walker the Diver‹ tauchte sechs Jahre lang im Grundwasser unter der Kathedrale und gab ihr neue Fundamente – eine der spektakulärsten Kathedralen-Rettungsaktionen unserer Zeit (1906–12). Die Dombibliothek dokumentiert den Glanz der School of Illumination, der Buchmalerei des Mittelalters (Abb. 62). Eine der kostbaren Handschriften, das Aethelwold-Benediktionale (um 975/80) mit seinen üppigen Akanthusrändern, ist heute im Britischen Museum in London. Zwei Jahrhunderte gehörten die Miniaturisten der Schule von Winchester zu den führenden Künstlern in England und in Europa. Ihr Höhepunkt kam, als Bischof Henry of Blois, streitbarster Kirchenfürst neben Becket, Mitte des 12. Jahrhunderts die Vulgata abschreiben ließ – eine Prachtausgabe der Bibel, an der sechs Mönche viele Jahre arbeiteten und die dennoch unvollendet blieb. Die Initialen der Winchester Bible zeigen die ganze Monumentalität dieser Miniaturen (Farbt. XX). Ihr teils hieratisch starrer, teils rhythmisch bewegter Figurenstil verrät byzantinischen Einfluß, wahrscheinlich vermittelt durch das normannisch-sizilianische Benediktinerkloster Monreale. Was für eine religiöse, was für eine künstlerische Ima-

---

*   Romsey Abbey (1120–1230) hat zwei angelsächsische Skulpturen von Rang: eine Kreuzigung und den sogenannten Romsey Rood (erste Hälfte des 11. Jh.).

**   Drei weitere Tournai-Taufen (von insgesamt zehn in ganz England) sind in Hampshire: East Meon, St. Mary Bourne und Southampton (St. Michael).

◁ Winchester College: Wappen des Gründers William of Wykeham

Winchester College: The Trusty Servant ▷

gination, die gesamte Schöpfungsgeschichte bis zum Jüngsten Gericht in einer einzigen Initiale zusammenzufassen, im Anfangsbuchstaben ›I‹ der Genesis, der sich über die ganze Seite erstreckt! Die Farben sind frisch wie am ersten Tag, als ob ihre Leuchtkraft wetteifern wolle mit den Erleuchtungen des Textes. Von solchem Glanz, wunderbar klar und strahlend, sind auch die Stimmen der Chorknaben von Winchester. Jeden Abend, seit Jahrhunderten, singen sie hier den Even Song. Das ist der Augenblick, wo die Steine von Winchester nach etwas ganz anderem klingen, jenseits von Architektur und Geschichte.

Winchester College, von Flintsteinmauern umgeben, ist eine eigene Welt innerhalb des Kathedralenbezirks, voller Vergangenheit und Atmosphäre. Lebendige, keine lastende Tradition, die Schüler ritzen ihre Namen in die Säulen des Kreuzgangs, Graffiti von Generationen. Der Gründer dieser ältesten Public School Englands, William of Wykeham, hatte als Bischof und Lordkanzler zweier Könige gesehen, daß Krone und Kirche für ihre Regierungsgeschäfte qualifizierten Nachwuchs brauchten. Darum gründete er New College in Oxford und als Vorstufe dazu wenig später, 1382, Winchester College. Diese systematische Erziehung von der Public School zur Universität war neu und wurde zum pädagogischen Modell, dem rund sechzig Jahre später auch Heinrich VI. mit seiner Doppelgründung von Eton und King's College in Cambridge folgte. Public Schools waren überwiegend den Söhnen des Adels vorbehalten. Im 19. Jahrhundert wurden sie Privatschulen, jedermann zugänglich, der intelligent und zahlungskräftig genug war, sich zum ›christlichen Gentleman‹ ausbilden zu lassen. Auch heute noch, obgleich im Lehrangebot nicht besser als die staatliche Grammar School, gilt in England der Besuch solcher Eliteschulen wie Eton, Winchester, Harrow oder Rugby als Entrébillet in die höhere Gesellschaft. Winchester College war um 1400 die am großzügigsten geplante Schule jener Zeit in Europa, weiträumig angelegt um zwei Innenhöfe, ebenso wie Oxford College von dem Königlichen Steinmetz William of Wynford entworfen, der einen Ehrenplatz an der Tafel des Bischofs hatte. William of Wykehams Motto ›Manners makyth man‹ ist seinen Schülern bis heute auf den Leib geschneidert: Die ›Scholars‹ tragen schwarze Talare, die ›Commoners‹

HAMPSHIRE

Sportjackets, graue Hosen und flache Strohhüte. Die heute wie damals siebzig
Scholaren, ursprünglich Stipendiaten, wohnen im College und müssen inzwischen
genauso Schulgeld zahlen wie die Commoners, anfangs zehn, jetzt rund fünfhundert
Schüler, die in der Stadt logieren und schon immer ihren Unterhalt selbst bestreiten
mußten. Einer der berühmten ›Wykehamists‹ war Edward Young, Pfarrerssohn aus
dem Nachbardorf Upham, dessen Gedicht ›Night Thoughts‹ (1742–45) Epoche machte,
bewundert von Klopstock, von William Blake illustriert. Das Urbild vieler Wirtshausschilder und ganzer Generationen von Butlern, ›The Trusty Servant‹, hängt in Winchester College: eine emblematische Figur mit Werkzeug, Waffen, Schweinekopf und
Hirschfüßen – ein treuer Diener seines Herrn. Die jetzige Version in blau-roter Windsor-
Uniform (1809) geht auf ein Original des 14. Jahrhunderts zurück.

Als Keats im August 1819, kurz vor seinem Tod, in Winchester Erholung suchte,
wanderte er täglich am Ufer des Itchen entlang auf die umliegenden Hügel, deren reine
Luft ihm »sixpence a pint« wert war – viel für einen mittellosen Dichter wie Keats. Bei
diesen Spaziergängen kam er auch am Hospital of St. Cross vorbei (Farbt. XXII),
dem ältesten Armenhaus in England, 1136 gegründet von Bischof Henry of Blois.*
Noch heute verteilen die Brüder vom Heiligen Kreuz, Pensionäre mit Barrett und
aubergineroten Mänteln, die Wayfarer's Dole, einst Caritas für die Armen, heute im
Besichtigungspreis inbegriffen: »a horn of beer and a crust of bread«. Gegenüber
St. Cross auf dem St. Catherine's Hill, umgeben von den Wällen eines Hügellagers der
Eisenzeit, liegt ein Labyrinth, rätselhaft in den Rasen geschnitten, mit einer Seitenlänge
von fast sechsundzwanzig Metern. War es ein populäres Verirrspiel wie das Hecken-
labyrinth von Hampton Court? Oder ein ritueller Tanzplatz? Oder ein religiöses
Symbol wie die Fliesenlabyrinthe mittelalterlicher Kirchen? Wir haben den Ariadne-
faden verloren.**

Agamemnon im New Forest

Überall zwischen Farn und Stechginster grasen wilde Ponies, zartviolett blüht zwischen
Kiefern und Eichen Rhododendron. »Dieser New Forest ist einfach wunderbar. Ich
würde gerne ein Haus hier haben und die übrigen Leute vertreiben wie Wilhelm der
Eroberer«, schwärmte der Romantiker Robert Southey. Nach seiner Heirat 1839 ließ
er sich am Rande des New Forest nieder, in Burton bei Bournemouth, wo er seine
›Englischen Eklogen‹ schrieb. Der New Forest ist viel älter als William the Conqueror,

---

* Von Henry of Blois stammt auch der Bischofssitz Wolvesey Castle (Ruine) neben Winchester
 Cathedral, ebenso der festungsartige Bischofspalast in Bishop's Waltham östlich von
 Southampton.
** Ein ähnliches ›mizmaze‹ ist das Rasenlabyrinth in einer Lichtung im Wald von Breamore
 House.

der ihn mit drakonischen Forstgesetzen zum Königlichen Jagdrevier machte. Heute jagen in diesem Wald- und Heidegebiet die wilden Ponies nach Picknickresten. Der New Forest, immer noch überwiegend Eigentum der Krone, ist einer der großen Naturparks in England, ein Wandergebiet von 375 Quadratkilometern zwischen Southampton und dem Avon, dem Grenzfluß zu Dorset.

Lyndhurst, die Kleinstadt im Zentrum des New Forest, hat eine viktorianische Kirche von beträchtlichem Interesse: St. Michael. Die Kapitelle der schlanken Purbeck-Säulenschäfte sind Blättern und Früchten des New Forest nachgebildet. ›Das Neue Jerusalem‹ über dem Altar leuchtet in den Farben der Präraffaeliten, in dunklem Rot, Blau und Grün, dazwischen strahlendes Weiß. Edward Burne-Jones entwarf dieses Ostfenster 1862 für seinen Partner William Morris. Burne-Jones wurde figurenweise bezahlt: £ 1 für jeden musizierenden Engel in den Dreipässen, £ 3–5 für die größeren Engel und Heiligen. Der Mann, der dieses Meisterwerk nach Lyndhurst vermittelte, der am Frankfurter Städel ausgebildete Erfolgsmaler Frederic Baron Leighton, hat selbst ein eher konventionelles, klassizistisches Fresko auf die Wand unter dem Ostfenster gemalt, die Klugen und die Törichten Jungfrauen in Lebensgröße. Damals, 1864, hat dieses Monumentalgemälde gleichwohl Furore gemacht: Es war das erste Fresko in einer englischen Kirche nach der Reformation.

Englands Seeherrschaft wurzelt zu Lande, seine Flotte wuchs nicht zuletzt im New Forest. In *Bucklers Hard* an der Bucht von Beaulieu hatte der 2. Duke of Montagu 1724 eine Mustersiedlung gegründet, Montagu Town, wo der Zucker von den Westindischen Inseln angeliefert und verarbeitet werden sollte. Als das Geschäft platzte, wurde aus der Zuckerraffinerie eine Werft. England brauchte Handelsschiffe für die Kolonien und Kriegsschiffe gegen die Franzosen. Die Königliche Werft in Portsmouth, total überlastet, suchte eine geeignete Filiale, einen geschützten Hafen mit genügend Holz im Hinterland – Bucklers Hard. 1749, rechtzeitig vor Ausbruch des Siebenjährigen Krieges, begann Henry Adams, am idyllischen Beaulieu River jene Schiffe zu bauen, mit denen Nelson siegte, allen voran ›Agamemnon‹. Zeitweise waren bis zu viertausend Arbeiter in Bucklers Hard beschäftigt, die marktartige Straße zwischen den Ziegelsteinhäusern war nicht breit genug für die Holzmengen, die hier lagerten und trockneten. Zum Bau eines einzigen Schiffes benötigte man rund zweitausend Eichen – ein Umstand, der Nelsons Admiral Collingwood veranlaßte, bei seinen Landgängen die Taschen voller Eicheln zu haben und unermüdlich zu pflanzen. Weniger realistisch beurteilte Daniel Defoe die Lage, als er durch den New Forest ritt und hochgemut notierte, leicht könne England vom Rest der Welt beauftragt werden, »Tausende von Dreimastern mit achtzig bis hundert Kanonen zu bauen«, ohne daß der Nation die Eichen ausgingen. Aber die Eisenindustrie des Weald brauchte riesige Mengen von Holzkohle, und auch der Fachwerkbau verschlang ganze Wälder. Dem New Forest blieb völliger Kahlschlag erspart, als Mitte des 19. Jahrhunderts die großen Dampfschiffe aus Eisen vom Stapel liefen. Bucklers Hard schloß seine Werften. Übrig blieben die Bootsbauer für die Jachten, die vom Beaulieu River in den Solent segeln, um die Isle of Wight oder gleich um die ganze

155

HAMPSHIRE

Welt wie Francis Chichester, dessen ›Gipsy Moth‹ hier vor Anker lag. Die Wohnung
des Schiffsbaumeisters Henry Adams ist zum Master Builder's House Hotel geworden,
die New Inn am anderen Ende der Siedlung zum Schiffahrtsmuseum, die Arbeiter-
kolonie zum Urlaubsort. Geblieben sind Ebbe und Flut und die Farben von Bucklers
Hard: die grünen Wälder, die weißen Segel und das Rot der Backsteinhäuser.

Das schöne Blech von Beaulieu

Ich kenne keine erfrischendere Wanderung im New Forest als den Weg von Bucklers
Hard am Fluß entlang durch die lichten Eichenwälder nach *Beaulieu*. Zwischen Dorf
und Mühlenteich liegt das Herrenhaus auf dem alten Abteigelände – Beaulieu, der
wahrhaft ›schöne Ort‹. Es war einmal, als Anno 1204 die Zisterzienser kamen und die
Wälder rodeten, eine Oase der Ruhe.* Heute liegt Beaulieu mit jährlich über einer
halben Million Besuchern an der Spitze der Top ten aller englischen Landsitze, weit vor
Warwick Castle und Blenheim Palace. Warum? In Beaulieu hat kein Inigo Jones
gebaut, kein Churchill wurde hier geboren, kein Holbein und kein Turner schmücken
die Wände. Beaulieus Kunstsammlung würde in Blenheim Palace höchstens in den
Nebenräumen ausgestellt, Beaulieus Herrenhaus würde man in Warwick Castle nicht
einmal als Torhaus beachten. Das alles sah Lord Montagu, als er 1951 sein Erbe antrat.
Zugleich erkannte er: Oldtimer sind attraktiver als Alte Meister, »die größte Miniatureisenbahn der Welt« würde mehr Leute interessieren als eine weltberühmte Miniaturen-
sammlung. Auch hatte Lord Montagu lange genug Werbung für englische Schokolade
gemacht, um zu wissen, wie man einen englischen Landsitz an den Mann bringt. Wo
kein Tizian war, mußte ein Tivoli her. Wo Capability Brown keinen Landschaftspark
angelegt hatte, baute Lord Montagu eine Schwebebahn durchs Gelände, mit Haltestelle
bei der Abteiruine. Was nützt das unsichtbare Schloßgespenst von 1538 – hier sehen Sie
den Rolls Royce Silver Ghost von 1909. Ein alter Bankettsaal ist gut, ein Bankett im
mittelalterlichen Stil ist besser, mit saurem, aber eigenem Beaulieu-Wein. Wer die
Klosterruine besichtigt, muß auf die Mönche nicht verzichten: Im Schaukasten wachen
zwei Brüder vom Orden Madame Tussauds, und das Tonband spielt dazu Gregoriani-
sches. Das ist der happy sound of Beaulieu, Lord Rummels pleasure grounds. Konsumieren geht vor Studieren, mit einer Ausnahme: Lord Montagus National Motor Museum –
über zweihundert Oldtimer und berühmte Rennwagen vom Aston Martin bis zum
›Golden Arrow‹. Berauscht von soviel schönem Blech, kaufen wir in der Duty Free
Shop-artigen Abfertigungshalle von Beaulieu Graham Hills ›Lotus‹ als Schlüsselan-
hänger.

---

* Die Abteikirche mit Chorumgang und Kapellenkranz entsprach dem Grundriß von Clair-
vaux III. Das Refektorium ist heute Pfarrkirche. Das Torhaus der Abtei baute Thomas
Wriothesley nach 1538 zum Palace House aus.

Isle of Wight

Sommer, der Solent in seiner ganzen glitzernden Pracht. Die schmale Meerenge zwischen Hampshire und der Isle of Wight ist voller Segel. Im Dunst vor Southsea dösen Palmerstons Inselforts. Sperrfeuer, wenn alle halbe Stunde die Hovercraft nach Ryde vorüberdonnert, Victoria, die Ruh' ist hin. Gemächlicher kreuzt die Fähre zwischen Lymington und Yarmouth am anderen Ende des Solent, wo Heinrichs Hurst Castle auf einer langen Landzunge seit 1541 Wache schiebt, Fort Victoria gegenüber. Isle of Wight, bunt wie die Klippen der Alum Bay, Insel für Strategen und Geologen, für Luxussegler und Lungenkranke, Insel der Pop-Festivals im Freien, Gefängnis eines Königs, Wohnsitz einer Königin, Insel der seligen Viktorianer.

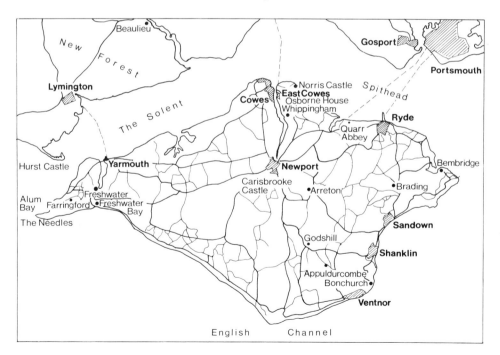

ISLE OF WIGHT

The Kaiser macht sich unbeliebt

Die Isle of Wight, das Vectis der Römer, hing bis zur mittleren Steinzeit mit dem Festland zusammen, als der Solent noch ein Fluß und keine Meerenge war. Diesem geologischen Bruch verdankt die Insel ihre Hauptattraktion: Die Regatta von Cowes, alle zwei Jahre auch der Kampf um den Admiral's Cup. Anfang August trifft sich hier alles, was Segelschiff oder auch nur Segelschuhe hat, längst nicht mehr nur »the enjoying classes«, die genießende Klasse, wie der Historiker G. M. Trevelyan diese High Society nannte. Wenn die Cowes Week, der Höhepunkt der Jachtsaison, vorüber ist, versinkt Cowes für den Rest des Jahres in den Schlaf aller Kleinstädte. Das Mekka der Segler hat seine Kaaba an der Spitze der Victoria Parade: Cowes Castle, Küstenfort Heinrichs VIII., umgebaut zum Klubhaus des exklusivsten Seglervereins im Commonwealth, der Royal Yacht Squadron (1812). Den Solent unter vollen Segeln, dies wahrhaft königliche Bild der ›Royal Yacht Squadron Regatta‹ hat William Turner im Auftrag des Architekten John Nash gemalt, als er im Sommer 1827 sein Gast in East Cowes Castle war. Wo Nashs Landschloß stand, breitet sich eine Bungalowsiedlung.

Ein Jahr nach dem Tausch Helgolands gegen Sansibar, 1891, wählten die Segelaristokraten der Royal Yacht Squadron ein neues Mitglied: Kaiser Wilhelm II. Schon zwei Jahre später gewann ›the Kaiser‹ den Queen's Cup mit der englischen Jacht ›Thistle‹, die er gekauft und in ›Meteor‹ umgetauft hatte. Sommer für Sommer lag fortan in der Bucht von Cowes des Kaisers weiße Jacht ›Hohenzollern‹ neben der kleineren, schwarzen ›Osborne‹ seines Onkels, des Prinzen von Wales. Aber die Hoheiten sagten sich nicht nur Nettigkeiten unter ihren Schiffermützen, und der Klatsch in Cowes hatte eine gute Brise. The Kaiser nannte seinen Onkel, den späteren Edward VII., »an old peacock«, während der »alte Pfau« seinen weitaus eitleren Konkurrenten »the boss of Cowes« titulierte. Denn der schneidige Neffe aus Deutschland versuchte ganz offensichtlich, das Kommando der Regattawoche an sich zu reißen. »Die Regatta war einmal ein gemütlicher Urlaub für mich«, klagte der Prince of Wales, »aber seit der Kaiser das Kommando führt, ist es nichts als eine Plage«. Auch Queen Victoria, Wilhelms Großmutter, rümpfte die Nase über diese ehrgeizigen Familienbesuche. Einmal ließ the Kaiser ein Bankett zu seinen Ehren in Osborne House platzen, nur weil er darauf bestand, die Regatta auch bei totaler Flaute zu Ende zu führen, egal wie spät es würde. Der Preuße, bei aller Anglophilie, ließ die feine englische Art vermissen. Zudem machte Admiral Tirpitz in Berlin eine Flottenpolitik, die dem Kaiser in Cowes immer mehr den Wind aus den Segeln nahm. Der Weltkrieg brach aus, und G. B. Shaw resümierte: »Der Kaiser ist ein naiver Vorstadtsnob, was ganz natürlich ist, denn er ist ja der Sohn einer Engländerin.« Immerhin verdanken wir Wilhelm II. die Kieler Woche, die er nach dem Vorbild der Cowes Week ins Leben rief.

Hätte der Kaiser bei seinen Segelvisiten ein besseres Quartier finden können als *Norris Castle,* Cowes gegenüber auf der anderen Seite des Medina? Ein Schloß im mittelalterlichen Stil, georgianisch komfortabel, mit Türmen, Zinnen und einer Prise englischer Rheinromantik, nur durch einen Wiesenhang vom Wasser getrennt, aber auf wohltuende Distanz zu Osborne House, der Sommerresidenz seiner im übrigen sehr geschätzten Großmutter Victoria; und dann dieser Blick über den Solent, überwältigender noch als von der Kommandobrücke seiner Jacht: the Kaiser hätte am liebsten auch Norris Castle gekauft und umgetauft in Burg Hohenzollern. Die Dusche Seiner Majestät, vom Herzog von Bedford auf Bitten seines Gastes installiert, war eine der ersten in England, immer noch in Betrieb in ›The Kaiser's Bathroom‹. Nichts paßt zu diesem pittoresken Schloß besser als das unbeschreibliche Durcheinander von Waffen und Kostümen, Gehäkeltem und Gestricktem, all dem viktorianischen Urväterhausrat Jonne Lacons, der jetzigen Besitzerin. James Wyatt hatte Norris Castle um 1800 gebaut, ebenso die Stallungen und Wirtschaftsgebäude mit ihrer festungsartigen Mauer. Das alles gefiel Lord Henry Seymour so gut, daß er schon damals seinen Besitz zur Besichtigung freigab.

Osborne oder Wie viktorianisch war Victoria?

1840, drei Jahre nach ihrer Thronbesteigung, heiratete die einundzwanzigjährige Königin Victoria Prinz Albert von Sachsen-Coburg. Windsor Castle, Buckingham Palace und der Royal Pavilion in Brighton standen ihnen zur Verfügung, aber sie suchten ein Privathaus, »quiet and retired«. 1845, als Friedrich Engels ›Die Lage der arbeitenden Klassen in England‹ veröffentlichte, hatte die Wohnungsnot der Königsfamilie ein Ende: man erwarb *Osborne House* (Abb. 74). Der Prinzgemahl, den der Blick auf den Solent an die Bucht von Neapel erinnerte, entwarf zusammen mit dem Londoner Architekten und Bodenspekulanten Thomas Cubitt eine italienische Villa mit zwei Campanile, Loggia und Terrassengarten. Das neue Osborne House wurde im selben Jahr fertig wie Paxtons ›Kristallpalast‹, jene monumentale Glas-Eisen-Konstruktion für die erste Weltausstellung in London 1851. Dieser öffentlichen Demonstration eines epochalen Stils entsprach im Kleinen und Privaten Victorias Osborne House: der personifizierte viktorianische Geschmack.

England war auf dem Höhepunkt seiner wirtschaftlichen Expansion und industriellen Fertigkeit. Mit geschwellter Brust stehen die Möbel im Salon, mit geschwungenen Linien, üppigen Schnörkeln, überladenen Ornamenten. Jedes Ding will größer, prächtiger sein als das nächste, daher die galoppierende Schmucksucht des Designs, die konkurrierende Stil- und Materialverschwendung. Man konnte alles, man hatte alles, und man zeigte alles. Queen Victorias Privatgemächer sind so voll wie die Vitrinen des viktorianischen Bürgertums, voll von Vasen, Bildern und den Souvenirs des Empire – ein Bric-à-brac-Geschmack. Überall steht und liegt irgend etwas herum, freie Stellen sind so verpönt wie gerade Linien oder glatte Flächen. Der kostbare Nippes der Kaminsimse und Kredenzen, die ganze Inneneinrichtung ist ein Kampf gegen den

159

ISLE OF WIGHT

Horror vacui, als hätten die Viktorianer Angst gehabt vor einer winzigen leeren Stelle im Raum. Das gußeiserne Zeitalter legte Blattgold auf und falschen Marmor unter, es imitierte und imponierte, es kostümierte und kolorierte, schnitzte und schnörkelte noch einmal aus Herzenslust, bevor die wahren Puritaner kamen, die Verfechter des Funktionalismus. Vor der Eröffnung der Weltausstellung von 1851 schrieb Königin Victoria in ihr Tagebuch: »Man hat sich solche Mühe gegeben, und die Erzeugnisse unseres Volkes zeigen solch einen guten Geschmack.«

Der viktorianische Naturalismus und die Lust zum Aufbewahren trieben seltsame Blüten: Unter Glas wie unter Käseglocken liegen die Glieder der Königskinder, Prinz Alfreds Hand und Prinzessin Victorias Fuß als Marmorkopien. Wenn der Prinzgemahl badete, in einer Messingwanne mit Mahagonirand, dann sah Albert über sich an der Wand seine Kinder, fotografiert in Theaterkostümen. Auch Goethe war in seinem Badezimmer: eine Götz von Berlichingen-Szene, gemalt von Prinz Albert. Der ›Erste Gentleman Europas‹, Victorias bester Privatsekretär, war Präsident der Society of Arts, sammelte spätgotische Kunst sowie Franz Xaver Winterhalter und förderte mancherlei Sozialreformen. Seine Vorliebe für die Nazarener teilte der Maler William Dyce, der sich ihnen in Rom angeschlossen hatte, in Deutschland die spätromantische Historienmalerei studierte und die Freskomalerei in England wiederbelebte. Im Treppenhaus von Osborne sehen wir sein Fresko ›Neptun übergibt die Herrschaft des Meeres an Britannia‹ (1847) – Zeitgeschichte als patriotischer Mythos.

Die Viktorianer plünderten die Stile so hemmungslos wie ihre Kolonien. Im Jahre 1876 war Königin Victoria Kaiserin von Indien geworden. Indische Butler bedienten sie in Osborne House, indische Maharadschas besuchten sie. Die Porträts dieser exotischen Diener und Fürsten schmückten den Durbar-Flügel, dessen indische Stuck-Dekorationen zum großen Teil von Kiplings Vater entworfen wurden. Im Park steht ein Schweizerhäuschen, als Spielzimmer für die neun Königskinder importiert. Nach dem frühen Tod des Prinzgemahls (1861) ließ Queen Victoria seine Räume unverändert, und als sie selbst 1901 hier starb, einundachtzigjährig, blieben auch ihre Gemächer unangetastet – Zeugnisse einer Epoche, der Victoria den Namen gab, Lieblingsresidenz einer Königin, deren dreiundsechzigjährige Regentschaft die längste war in der englischen Geschichte.

In *Whippingham*, eine Meile südlich von Osborne auf einem Hügel über dem Medina, liegt die Kirche der Königsfamilie, entworfen vom Prinzgemahl (1854–61; Abb. 72). Eine Trouvaille nach soviel Viktorianischem: *Quarr Abbey* an der Hauptstraße nach Ryde – ein Meisterwerk expressionistischer Architektur. Der Mönch Dom Paul Bellot entwarf diese Klosterkirche 1911/12 für französische Benediktiner, die nach der Jahrhundertwende das Gelände der alten Zisterzienserabtei neu besiedelten.

Zum Tee bei Lord Tennyson

John Ruskin, Kunstkritiker, Sozialphilosoph und Sozialist, im selben Jahr 1819 geboren wie Königin Victoria und entschiedener Gegner des viktorianischen Geschmacks, Ruskin ist selbst nie in *Bembridge* gewesen. Daß sich in diesem Dorf im Osten der Isle of Wight heute eine umfangreiche Ruskin-Sammlung befindet, verdanken wir dem Gründer der dortigen Public School, J. H. Whitehouse.* Er sammelte seit der Jahrhundertwende alles, was von und über Ruskin erschien, seine Manuskripte, Tagebücher und Hunderte von Briefen (Ruskin schrieb täglich etwa zwanzig), vor allem aber rund tausend Bilder Ruskins und seiner Zeitgenossen, seines Lehrers Copley Fielding und seines großen Vorbilds William Turner. Erst vor den dichtbehängten Wänden dieser Schulgalerie wurde mir bewußt, in welchem Ausmaß und mit welcher Sensibilität Ruskin selbst zeitlebens aquarelliert und gezeichnet hatte: Landschaften, Architekturdetails, die Steine von Venedig und die Gebirge der Schweiz.

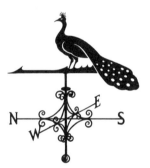

Bonchurch: Wetterfahne des ›Peacock Vane‹

Der Weg von Bembridge zur Alum Bay am anderen Ende der Insel ist eine Klippen- und Strandszenerie von großem Reiz, eine Ferienküste mit viktorianischen Erinnerungen. Nicht alle Orte sind so überlaufen wie *Shanklin* in der Bucht von Sandown. Ein Brunnen mit Versen des Amerikaners Longfellow, Pickwick's Pub und Oliver's Kitchen werben mit prominenten Gästen von einst, und noch der Friseur neben der Pension, wo Keats 1819 wohnte, nennt sich poetisch-prosaisch ›Keats Ladies Hair Stylist‹. Alt-Shanklins Strohdachhäuser mit den geschnitzten Giebelrändern, diese typisch viktorianischen Cottages ornées sind über die ganze Insel verbreitet. Erdrutsche haben hier zu einer charakteristischen Küstenform geführt, dem Undercliff, einer breiten Felsterrasse unterhalb der Klippen. Ventnor gilt als das ›englische Madeira‹, aber intimer, romantischer ist der Vorort *Bonchurch*. In der Villa East Dene verbrachte Swinburne seine Kindheit, auf dem Friedhof von St. Boniface liegt er begraben.

---

* Ruskins Haus Brantwood in Coniston im Lake District, wo er von 1872 bis zu seinem Tod 1900 lebte, ist als Gedenkstätte eingerichtet.

ISLE OF WIGHT

Der populärste viktorianische Dichter auf der Isle of Wight war Lord Tennyson (Abb. 120) – so populär, daß er die Insel 1867 verlassen mußte auf der Flucht vor Autogramm- und Souvenirjägern. ›King Alfred‹ residierte seit 1853 in der Villa *Farringford* hoch über der Bucht von Freshwater (Abb. 75). »A miracle of beauty« nannte Tennyson diesen Blick, den immer noch kein Hochhaus und nicht einmal ein Bungalow verstellt. Farringford selbst ist inzwischen Hotel geworden, sehr vornehm und ein bißchen langweilig. Vor der Villa mit ihren Zinnen und neugotischen Spitzbogenfenstern steht die Wellingtonia, die Tennysons Besucher Garibaldi 1864 pflanzte. Im Salon sang Jenny Lind, die ›schwedische Nachtigall‹, der ›Mikado‹-Komponist Arthur Sullivan spielte hier, und auch Prinzgemahl Albert kam von Osborne zum literarischen Tee nach Farringford. In der Vitrine in Tennysons Bibliothek, heute Fernsehraum, liegen Pfeifen, Nachtmütze und schwarzer Umhang des Poeten. Mit wallendem Mantel und breitrandigem Hut ging er bei jedem Wetter den Hügel hinauf, der heute Tennyson Down heißt, bis zum Gipfel, wo seine Verehrer ihm ein Keltisches Kreuz aus cornischem Granit errichtet haben.

Diese Klippenwanderung – strahlend, stürmisch, überwältigend – führt im Westen zu den bizarren Kalkfelsen der Needles und zu den vielfarbigen Felsformationen der Alum Bay, jenem exemplarisch aufgeblätterten Stück Erdgeschichte, in der entgegengesetzten Richtung hinunter zur *Freshwater Bay* (Abb. 71). Wer dort in den sechziger Jahren des 19. Jahrhunderts spazierenging, mußte damit rechnen, daß ihm hinter dem nächsten Busch eine Frau entgegentrat mit den Worten: »Ich bin Mrs. Cameron, darf ich Sie fotografieren?« Julia Margaret Cameron, eine Dame der besten Gesellschaft, hatte als Achtundvierzigjährige die Kamera entdeckt. Sie baute den Kohlenschuppen ihres Hauses zur Dunkelkammer um, den verglasten Hühnerstall zum Atelier. Die Schauspielerin Ellen Terry (Abb. 100) und der Maler G. F. Watts, die 1864 in Freshwater Bay ihre Flitterwochen verbrachten, waren unter den ersten, die sie porträtierte. Fortan war kein Tourist und kein Besucher ihres Feundes Tennyson vor ihrer Kamera sicher, nicht Charles Darwin, als er in Freshwater Sommerferien machte, nicht Kronprinz Friedrich von Preußen. Virginia Woolf, deren Mutter die Nichte Julia Margaret Camerons war, hat die Situation anschaulich beschrieben: »Der Geruch von Chemikalien mischte sich mit dem Duft der wilden Rosen draußen neben der Straße. Sie scherte sich nicht um die Leiden der Modelle noch um deren gesellschaftlichen Rang. Der Zimmermann und der Kronprinz von Preußen mußten beide gleichermaßen bewegungslos wie erstarrt sitzen; in den Posen, die sie wählte, in der Verkleidung, die sie arrangierte; so lange, wie sie es wünschte.« Ihr Stubenmädchen Mary saß der Cameron unzählige Male als ›Insel-Madonna‹, und der Gepäckträger der Yarmouth Pier wurde in der Rolle King Arthurs unsterblich, als sie 1874 Tennysons ›Idyllen des Königs‹ mit Fotos illustrierte. Die meisten dieser weichen, malerischen Porträts, ein Who is Who der viktorianischen Gesellschaft, entstanden in ihrem Haus Dimbola in Freshwater Bay, wo sie von 1860 bis 1875 lebte. Das helle Haus am Hügel, nach den ceylonesischen Tee- und Kaffeeplantagen der Camerons benannt, ist heute eine Pension. Vor Jahren,

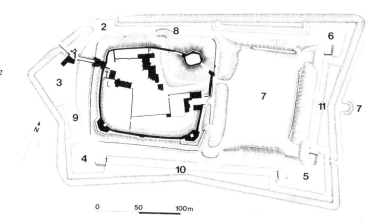

Carisbrooke Castle: Grundriß.

1 *Tor*
2 *Nordwestbollwerk*
3 *Westbollwerk*
4 *Südbollwerk*
5 *Ostbollwerk*
6 *Nordbollwerk*
7 *Außenwerk*
8 *Nordwestmauer*
9 *Südwestmauer*
10 *Südostmauer*
11 *Nordostmauer*

erzählt mir ihr Besitzer, als nur Experten Julia Margaret Cameron kannten, hat er eines ihrer im Haus entdeckten Fotoalben für einen lächerlichen Preis verkauft. Inzwischen erreichen die privaten Liebhabereien der viktorianischen Lady Rekordumsätze auf dem internationalen Kunstmarkt.

Neben den kleineren Herrenhäusern von Nunwell (bei Brading) und Arreton, neben der barocken Architekturkulisse von Appuldurcombe (um 1710) ist *Carisbrooke Castle* der historische Wallfahrtsort der Isle of Wight. Die ausgedehnte Burg mit ihrem normannischen Bergfried und den elisabethanischen Bastionen, die weite Sicht über die Felder und Dörfer der Insel, all das genoß einer überhaupt nicht: König Charles I. Seit November 1647 hielt ihn hier die Parlamentspartei gefangen. Anfangs durfte er sich frei auf der Insel bewegen, bis sein erster Fluchtversuch scheiterte. Als einzige Zerstreuung legte man dem König nun einen Bowlingplatz innerhalb der Burgmauern an. Auch sein zweiter Fluchtversuch scheiterte kläglich: Als er aus dem Fenster steigen wollte, blieb er zwischen den Gittern stecken. Ende 1648 verließ Charles I. die Isle of Wight: Cromwell hielt das Schafott von Whitehall für sicherer als die Burg von Carisbrooke.

Dorset

Hinter den grünen Hügeln, mit rotem Rock und schwarzer Reitkappe, taucht
›Huntsman‹ auf, der Jäger mit der treffsicheren Ale-Reklame: ›Hardy Beer from
Hardy's Country«. In Dorset ist ein Dichter in jedermanns Munde, auch wenn ihn
nicht mehr jedermann liest. Stärker noch als Theodor Storm für Norddeutschland ist
Thomas Hardy ein Synonym für Dorset – und Dorset ein Inbegriff von England, wo es
am ländlich-lieblichsten ist, ein Landschaftspark fast völlig ohne Industrie. Nicht
zuletzt darauf beruht Hardys anhaltende Popularität bei einem konservativen Publikum, daß er im Zeitalter der Industriellen Revolution die Kraft der Natur beschwor,
das dörfliche Leben seiner Heimat beschrieb, wenngleich nicht ohne pessimistische
Untertöne. Da liebt Gabriel Oak, der Schäfer Eiche, die Bäuerin Bathseba Everdene
in dem Roman ›Far from the Madding Crowd‹. Fern der verwirrenden Masse: ein
Titel aus viktorianischem Nach-Geschmack, entlehnt der romantischen ›Elegie, geschrieben auf einem Dorfkirchhof‹ von Thomas Gray.

Fern vom Massenverkehr ist Dorset geblieben: nicht mehr im Einzugsbereich
Londons und für Touristen meist nur Durchgangsland nach Cornwall. Bournemouth
und Poole sind Dorsets einzige Städte mit mehr als 100 000 Einwohnern, knapp 15 000
hat Dorchester, die Grafschaftshauptstadt. Der Rest: beschauliche Kleinstädte und Dörfer, in denen Kirche und Kneipe, Pfarrhaus, Herrenhaus und Bauernhäuser noch unverändert zusammenstehen wie in Hardys Romanen. Provinz als Lebensform, wo auch
der Fremde sich zu Hause fühlt. Wo neben dem Heimatdichter in der Heide auch der
Abenteurer aus der Wüste, T. E. Lawrence, Heimat findet. Lawrence von Arabien in
Dorset: eine Provinz mit Anflügen von Internationalität. ›Worldwide Butterflies Ltd.‹,
Englands einzige, weltweit exportierende Schmetterlingsfarm, liegt im Dorfe Over
Compton bei Sherborne, und Dorsets Steinbrüche trugen bei zum Bau der mittel-
alterlichen Kathedralen in der Normandie und des UN-Gebäudes in New York.

Gartenstädte am Meer

Die kleine Hafenstadt *Christchurch* wäre längst mit dem Seebad Bournemouth zu-
sammengewachsen, läge nicht die Mündung von Avon und Stour dazwischen. Namen

und Bedeutung im Mittelalter verdankt Christchurch seiner Kirche, die 1150 die Augustiner bei ihrer Klostergründung vorfanden und zur jetzigen Kathedralengröße ausbauten. Das Gittergeflecht des Treppenturms, das Schuppenmuster und die Säulen mit ihren wie im Tanzschritt sich überschneidenden Bögen: Normannische Architektur ist selten so leicht, so lebendig wie an der Außenwand des Nordschiffs von Christchurch Priory (Abb. 86). Die Retabel im Chor, den Baum Jesse darstellend, ragt bis zum Ansatz des Perpendicular-Gewölbes empor, ein monumentales Beispiel der Decorated-Skulptur (ca. 1350). Unter dem Westturm das weiße Marmordenkmal für Shelley (1854): der Dichter (Abb. 114) und seine Frau als Pietà mit Segelboot, Hinweis auf seinen Tod im Mittelmeer 1822. Darunter Verse aus Shelleys Gedicht ›Adonai‹, das er ein Jahr zuvor auf den Tod seines Freundes Keats geschrieben hatte:

> »He has outsoard the shadow of our night,
> Envy and calumny, and hate and pain,
> And that unrest which men miscall delight,
> Can touch him not and torture not again.«

Shelleys Asche ist bei der Cestius-Pyramide in Rom beigesetzt, sein Herz in *Bournemouth* auf dem Friedhof von St. Peter. Dort liegt die ganze turbulente Literatenfamilie Shelley begraben: seine Frau Mary, deren Roman ›Frankenstein‹ in der Schauerromantik ihrer Zeit ›German horror‹ verbreitete; ihr Vater William Godwin, ehemaliger Geistlicher, anarchistischer Pamphletist und Autor des Schauerromans ›Caleb Williams‹ (1794); und ihre Mutter Mary Wollstonecraft Godwin, die in ihrem Buch ›Vindication of the Rights of Women‹ (1792) das Recht der Frau auf Selbstbestimmung forderte und in ihrem Leben verwirklichte.

Die toten Seelen von Bournemouth: Vor Jahrzehnten saßen sie noch auf allen Parkbänken der Stadt, die englischen Rentner, die hier nach einem Leben im Regen zum Schluß noch etwas südliche Sonne erwarteten. Heute trifft sich hier die Jugend aus aller Welt, besucht die Sprachschulen, die Vergnügungspier und den Badestrand unterhalb der Klippen. Die Hügel werden von tiefen Tälern durchschnitten, den ›chines‹ mit ihren Kiefern und Rhododendren. Bournemouth ist eine Gartenstadt am Meer, prädestiniert zum Kur- und Badeort. Aber erst um 1810 entwickelte sich Bournemouth zur Stadt, wie wir sie heute sehen: viktorianische Villen im Riviera-Stil, die William Morris 1883 »einfach scheußlich« fand, nur für »dumme, neureiche Verdauungsmaschinen« geeignet. Aber seine Zeitgenossen kamen ja nicht der Architektur, sondern des Klimas wegen, und einige brachten ins mediterrane Bournemouth einen Hauch von Morbidezza. Der lungenkranke Aubrey Beardsley, Zeichner schöner Dekadenz, trat hier im Winter 1896/97 zum Katholizismus über, kurz vor seinem frühen Tod. Auch Paul Verlaine, vorübergehend konvertiert nach zweijähriger Gefängnishaft, kam unmittelbar danach hierher, um sein zerrüttetes Leben zu retten, war 1875/76 Lehrer am St. Aloysius College, dann hatte er die Blumen des Banalen in Bournemouth gründlich satt. Drei Jahre lang, von 1884 bis 1887, suchte der schottische Schriftsteller

DORSET

Robert Louis Stevenson in Bournemouth Heilung von seiner Tuberkulose. In dem inzwischen zerstörten Haus ›Skerryvore‹ in der Alum Chine Road, wo ein Garten an ihn erinnert, vollendete er seine neben der ›Schatzinsel‹ bekannteste Geschichte, ›Dr. Jekyll and Mr. Hyde‹: ein Fall von Bewußtseinsspaltung mittels Droge.

Auf den Klippen über dem Strand eine Villa, die zum Museum wurde: Sir Russell-Cotes, ein viktorianischer Kunstfreund, sammelte hier Bilder und Ostasiatica und richtete seinem Freund, dem Shakespeare-Darsteller Henry Irving, einen Gedächtnisraum ein. Schafe und Schweine gibt es in vielerlei künstlerischen Formen, in Öl oder Marzipan – im Rothesay Museum gibt es sie auch aus buntem Marmorstaub. Schöpfer dieser im 18. und 19. Jahrhundert populären ›Sandbilder‹: Georg Zobel, ein Bayer in London. Dort schmückte er um 1800 als ›Royal Table Decorator‹ die Tafel Georges III. mit täglich neuen Arabesken aus Marmorstaub, die dem König so gut gefielen, daß er sie fixiert als ›Marmotinto‹ an die Wand hängen wollte. Georg III. gab Georg dem Bayern ein Atelier in Windsor Castle, besuchte ihn regelmäßig und vergaß ebenso regelmäßig, die Tür zu schließen. Nichts schlimmer für Sand Art als Durchzug; Zobel sah sein Lebenswerk verwehen und kündigte.

Jahrhundertelang war der Handelshafen *Poole,* nicht Bournemouth Zentrum der Poole Bay. In seiner Ausdehnung nur von Sidney übertroffen, ist dieser binnenseeartige Naturhafen mit seinen weitverzweigten Buchten heute bei Seglern so beliebt wie einst bei Piraten, Schmugglern und den Neufundlandfahrern, die Poole im 18. Jahrhundert zum Fisch-Großmarkt machten. Das Zollhaus, ein paar alte Speicher und georgianische Häuser am Hafen, mehr ist aus dieser Blütezeit kaum übriggeblieben. Scaplen's Court (High St), ein Kaufmannshaus aus dem 15. Jahrhundert, dient heute als Heimatmuseum, ebenso das Rathaus von 1761 (Market St). Dort wird die Geschichte der Poole Pottery dokumentiert, eine örtliche Keramik-Industrie, deren gegenwärtige Produktion am Ostkai zu besichtigen ist. Hätte Sir Baden-Powell, Nationalheld des Burenkriegs, für sein erstes Boy Scout-Treffen 1907 einen romantischeren Ort finden können als das vorgelagerte Brownsea Island: Insel, Wald und Meer, dazu noch eine Burg von Heinrich VIII. – Pfadfinderherz, was willst du mehr? Zu überblicken ist Pooles Pracht am besten von den Canford Cliffs, wenn die Blumen blühn in *Compton Acres.* Früher, vor 1914, war hier nichts als Heide, heute ist es ein Freilichtmuseum seltener Pflanzen und Skulpturen, ein Garten aus sieben Gärten. Es sind Terrassen der Überraschungen, immer neuer optisch-botanischer Eindrücke, von der Symmetrie des Italienischen zur Symbolik des Japanischen Gartens, der mit seinen Tierplastiken, Tempeln und Pagoden als einer der originalgetreuesten Japanischen Gärten in Europa gilt.

Wimborne Minster, die benachbarte Kleinstadt am Stour, hat sich mit begreiflichem Stolz nach ihrem Münster benannt. Es ist eine Stil-Schule des Sehens: normannische Rundpfeiler und Arkaden im Hauptschiff, Early English-Lanzettfenster im Chor, ein Perpendicular-Obergaden, die Krypta im Decorated-Stil. Im Chor, eingelassen in Purbeck-Marmor, findet der Brass-Sammler eine Rarität: das Halbfigurenbild King

Ethelreds, der 871 von den Dänen erschlagen wurde – die einzige Brass-Figur eines englischen Königs (ca. 1440). In Wimborne Minster gab es lange vor der ersten Stadtbücherei eine öffentliche Bibliothek: The Chained Library über der Sakristei, die Privatbibliothek eines Presbyters, die er 1686 jedermann zugänglich machte – selbst die schwersten Folianten diebstahlsicher angekettet. Was las dort der gebildete Laie damals? Eine Polyglott-Ausgabe der Bibel in neun Sprachen, Plato und Plutarch, Erasmus und Richard Hooker, Raleighs ›Weltgeschichte‹ und den Bestseller des anglikanischen Geistlichen Robert Burton, ›Die Anatomie der Melancholie‹ (1621).

In der Bibliothek ihres Pfarrers hätten die Bürger von Wimborne schon damals einen theologischen Ratgeber nicht mehr gefunden: die ›Ancrene Riwle‹ aus *Tarrant Crawford*, einem Dorf wenige Kilometer stouraufwärts. Diese ›Anachoretinnen-Regel‹, um 1200 für drei Nonnen aus vornehmem Hause geschrieben, in französischen und lateinischen Übersetzungen weit verbreitet, ist ein Höhepunkt der mittelenglischen Prosaliteratur vor Chaucer. »Eine Schwester benehme sich nicht wie eine Henne, die gackert, wenn sie ein Ei gelegt hat«, lasen da die frommen Damen, und als wahrhaft englische Ausnahme von der Regel der Besitzlosigkeit: »Ihr sollt keine Tiere halten außer einer Katze!« Als Autor dieses ebenso derben wie chevaleresken Nonnenführers gilt Bischof Richard Poore. Er hatte den Bau der Kathedrale von Salisbury begonnen und in Tarrant Crawford um 1230 eine Zisterzienserinnenabtei gegründet, die sich zu einem der reichsten Nonnenklöster des Mittelalters entwickelte. Von dieser Abtei ist nur ihr literarischer Grundstein geblieben, Zeugnis der fruchtbaren südenglischen Klosterkultur.

Stadtsanierung Anno 1780

Milton Abbey – es gibt wohl keine Abtei, deren Geschichte mit einem exzentrischeren Landlord verbunden wäre. Im Querschiff der Klosterkirche sehen wir ihn, wie er selbst sich sehen wollte: Joseph Damer, Lord Milton, ein idealer Gatte und Edelmann, den Blick über seine tote Frau Caroline hinweg auf sein eigenes und aller Dinge Ende gerichtet (Abb. 81). Ein rührend persönliches und zugleich repräsentatives Trauermal, Renaissance-Pathos mit neugotischem Sentiment, entworfen vom ersten Designer seiner Zeit, Robert Adam (nach 1775), ausgeführt von Agostino Carlini, der Kleider, Haut und Haare Lady Miltons so weich modellierte, als sei es kein Stein und keine Tote. Hier, in seiner Kirche, hat Lord Milton eine denkmalweiße Weste. Auch draußen, auf seinen einstigen Gütern, sieht alles vorbildlich aus. Liegt der See nicht idyllisch im Tal? Aber dort lag jahrhundertelang ein Städtchen, dessen Abbruch schon in vollem Gange war, als sein Zerstörer sich in Marmor meißeln ließ und seine Pächter zwang, in die Mustersiedlung *Milton Abbas* umzuziehen, einen Kilometer vom Herrenhaus entfernt.

DORSET

Milton Abbas: ein Fall von Sanierung und Zwangsumsiedlung Anno 1780. Und das
kam so. In seinem Herrenhaus, der um- und ausgebauten Abtei, fühlte Lord Milton sich
doppelt belästigt. Das alte Middleton – ein Städtchen mit über hundert Häusern, vier
Kneipen, eigener Brauerei und Schule – versperrte ihm die Aussicht, die Dorfjugend
lärmte um sein Haus, klaute sein Obst und warf ihm Steine in den Kamin. Kurz: Lord
Milton haßte die Kanallje und hielt sie sich vom Ballje. Er prozessierte seine Pächter
aus ihren alten Häusern und versprach ihnen neue, bessere; den vorletzten, einen
Rechtsanwalt, vertrieb er, indem er eine Schleuse öffnete; das Haus des letzten, Green
Walk Cottage, ließ er stehen, am Waldrand bei der Kirche. Die Schule verlegte er
weit weg nach Blandford Forum. Heute, Ironie der Verhältnisse, ist sein eigenes
Herrenhaus eine Knabenschule.

Lord Milton zerstörte eine Stadt und baute eine Ruine, am anderen Ufer des Sees,
ganz nach dem pittoresken Geschmack der Zeit und seines Landschaftsarchitekten
Capability Brown. Von ihm stammt auch der erste Entwurf des Modelldorfs Milton
Abbas mit seinen Strohdachhäusern, die 1780 nach den Plänen William Chambers'
gebaut wurden. Gewiß, der Lord hatte nicht entschädigungslos enteignet. Aber was
heute wie Einfamilienhäuser aussieht – vorne Rasen, hinten Wald – wurde von manchmal vier Familien bewohnt, und das konnten damals gut dreißig Personen sein. Lord
Milton selbst lebte im Schloß, das sein Architekt Chambers später »this vast ugly
house in Dorset« nannte – ein massiger, häßlicher Bau im neoklassizistischen Stil. Als
Innenarchitekt entschädige den Hausherrn, nachdem Chambers 1774 resigniert hatte,
sein Nachfolger James Wyatt mit Stuckdecken im Adam-Design. Lord Milton ließ von
der alten Abtei allein die Abbot's Hall (1498) unzerstört. Chor und Querschiff der
unvollendeten Abteikirche (15. Jh.) lassen die Pracht dieses Benediktinerklosters
ahnen. König Aethelstan hatte es um 935 gegründet, als Dank für seinen Sieg über die
Dänen.

Die Steine von Purbeck

Auch wer noch nie auf der Halbinsel von Purbeck war, aber einen Blick für mittelalterliche Kirchen und ihr Baumaterial hat, kennt den schwarzen Purbeck-Marmor: ein
polierter, muschelreicher Sandstein, kein echter Marmor. Er wurde für die Kathedralen
von Exeter, Salisbury und Durham zu Säulenschäften verarbeitet. Er wird noch heute
gebrochen – etwa in der Gegend von Kingston – und kommt als Zier- und Grabstein zu
letzten Ehren. Wer über die mit Heide und Wald bedeckten Hügel von Purbeck wan-
dert, findet zwischen dem barocken Herrenhaus von Encombe und dem Landsitz Creech
Grange (18. Jh.) Spuren einer weit älteren Steinindustrie. Bei den Klippen von *Kimmeridge* haben schon die Römer den dunkelbraunen, bituminösen Schiefer zu Schmuck
verarbeitet (Dorchester Museum). Den Abfall, die aus den Ringen gestanzten Mittel-
stücke, die man hier manchmal findet, hielten auch Experten lange für Geldstücke,

71 ISLE OF WIGHT Blick von Tennyson Down auf die Freshwater Bay ▷

72 WHIPPPINGHAM Queen Victorias Kirche, 1854–61

73 The Victoria, Pub in SALISBURY

75 ISLE OF WIGHT Lord Tennysons Villa FARRINGFORD

74 ISLE OF WIGHT Queen Victorias Sommerresidenz OSBORNE, 1851

76 Initiale des SHERBORNE Missale, um 1400

77 SHERBORNE ABBEY Normannisches Portal, um 1170 78 SHERBORNE ABBEY Detail des Portals

SHERBORNE ABBEY Gotisches Fächergewölbe, um 1450   80 SHERBORNE ABBEY Chorgestühl, 15. Jh.

MILTON ABBAS Klosterkirche, Grabmonument von Robert Adam, um 1775

82 SHERBORNE CASTLE   Raleighs Sommerresidenz, 1594

84 BERE REGIS   Stichbalkendecke der Pfarrkirche, 15. Jh.
83 SHERBORNE CASTLE   Prozessionsbild mit Elizabeth I., um 1600

85 MAIDEN CASTLE Hügelfestung der Eisenzeit

86 CHRISTCHURCH Normannische Blendarkaden der Klosterkirche

Das Weiße Pferd von CHERHILL, 1780

OLD SARUM Prähistorische Hügelfestung mit normannischen Siedlungsspuren

89 John Constable: Die Kathedrale von SALISBURY, 1823

90 MALMESBURY Normannische Skulpturen in der Abteikirche, um 1160

1 John Hoppner: William Beckford

2 Beckfords Landschloß FONTHILL ABBEY, 1796–1812

94 LONGLEAT Landschloß in Capability Browns Landschaftsgarten, um 1760

◁ 93 STOURHEAD Urbild des Englischen Gartens, um 1740

95 WILTON HOUSE Landschloß des Earl of Pembroke, um 1632

WILTON HOUSE Der Doppelwürfelsaal von Inigo Jones, um 1650, mit Gemälden von Anthonis van Dyck

97 Der prähistorische Steinkreis von STONEHENGE

98 John Constable: STONEHENGE, 1836

›Kimmeridge Coal Money‹. Zur weiteren Nutzung dieser Steinbrüche, nicht der schönen Aussicht wegen, ließ sich hier ein Unternehmer des 17. Jahrhunderts das Herrenhaus von Smedmore bauen.

Der kurioseste Stein von Purbeck indes, der vierzig Tonnen schwere ›Große Globus‹ (1887) auf den Klippen von Durlston Head, ist nicht aus Purbeck-, sondern aus Portland-Stein, von der benachbarten Konkurrenz. Dies war nur eines von vielen steinernen Andenken, die der Landrat George Burt den Einwohnern seines Geburtsortes *Swanage* und dessen Badegästen als Architektur-Puzzle hinterließ. Keine andere englische Stadt besitzt so viele Erinnerungen an Alt-England wie dieses Lapidarium in Dorset, ›Old-London-by-the-Sea‹. Als Neffe und Partner John Mowlems und seiner Steinmetzfirma baute Burt in Swanage wieder auf, was die Viktorianer in London abrissen: dorische Säulen vom Zollhaus der Waterloo Bridge, Wellingtons Glockenturm und die Barock-Fassade der Mercers' Hall von Cheapside (1670), die seit 1882 dem Rathaus von Swanage unproportionalen Glanz gibt. Schräg gegenüber in der High Street hatte Burt auf dem Grundstück seines eigenen ›Purbeck House‹ weitere Londoniana gesammelt: einen Torbogen vom Hyde Park, gußeiserne Säulen und Balustraden von Billingsgate Market – und drei Granitblöcke der London Bridge, die seine eigene Firma Mowlem & Co. 1831 errichtet, 1968 abgerissen und als Souvenir-en-bloc für einen Ölmillionär in Arizona wieder aufgebaut hatte. George Burt und Swanage: eine Mischung aus Denkmalpflege, Souvenirlust und Surrealismus an der See. Denn was tun ionische Säulen der Regent Street vor dem Grosvenor Hotel in Swanage?

Die Steine von Purbeck: Dazu gehören auch die Versteinerungen bei *Lulworth*. Zwischen der fast kreisrunden Bucht von Lulworth und der Mupe Bay erstreckt sich, über rund einen Kilometer, auf halber Höhe der Klippen der Fossil Forest – ein ertrunkener, versteinerter Wald. Vor Millionen Jahren wucherten hier, für Kenner sichtbar, Riesenfarnpalmen und andere tropische Gewächse.

Spektakulärer als die Burgruine von East Lulworth (17. Jh.) ist *Corfe Castle*, meilenweit sichtbar in der Mitte der Halbinsel Purbeck (Farbt. XXIV). Ein Dorf, älter als seine Burg, und eine Burg, deren Geschichte ein Teil der Geschichte Englands ist. Seit Wilhelm der Eroberer den normannischen Bergfried erbaute, wurde Corfe Castle – ähnlich der Burg von Dover – mit Wällen und Bastionen umgeben, die nach wochenlangen Belagerungen erst durch einen Verrat 1646 von den Parlamentstruppen eingenommen und gesprengt werden konnten. Wo der Besucher Eintritt zahlte, am Martyr's Gate, ließ die Burgherrin Elfrida Anno 978 König Edward, ihren Schwiegersohn, ermorden. Nach diesem ›Jagdunfall‹, in mittelalterlicher Konsequenz, wurde Elfrida Nonne und ihr Sohn König. Aber Aethelred der Unberatene, wie sein Beiname schon sagt, machte England nur Schererereien – und zwei bessere Königssöhne, Edmund Ironside und Eduard den Bekenner. King John, kaum weniger unrühmlich Johann Ohneland genannt, weil er das Festland fast völlig den Franzosen räumen mußte, bestimmte Corfe Castle zu seiner Lieblingsresidenz. An diesem ebenso sicheren wie abgelegenen Ort

DORSET

verwahrte der König, dem die Barone 1215 die Magna Charta abtrotzten, was ihm teuer war: seine Kronjuwelen und Staatsgefangenen, darunter die schottischen Königstöchter und – was lag näher – seine eigene Frau. Corfe selbst, schiefergedeckt, das graue Dorf im grünen Hügelland von Purbeck, war im 13. Jahrhundert Steinindustriezentrum der Halbinsel.

Auch *Wareham* hat schon bessere Zeiten gesehen, bevor die gegenüberliegende Stadt Poole ihr als Handelshafen den Rang ablief. Von angelsächsischen Erdwällen umgeben, hatte Wareham im Mittelalter sieben Kirchen. Drei sind erhalten, zwei besuchenswert. Lady St. Mary hat, neben dem leeren Steinsarg Eduards des Märtyrers, ein seltenes sechseckiges normannisches Taufbecken aus Blei, mit den zwölf Aposteln unter zwölf Bögen. St. Martin ist nicht die ältere, aber mit dem charakteristischen long-and-short-work, dem Steinfachwerk im Chor, die weit besser erhaltene angelsächsische Kirche von Wareham. In arabischem Gewand, den Kopf auf dem Kamelsattel, die Faust am Kris, in der Haltung mittelalterlicher Kreuzritter, doppelt fremd also in angelsächsischer Umgebung, liegt ein Mann hier auf dem Sarkophag, in dem er niemals lag: Lawrence von Arabien, ein Hollywood-Monument (1935, von Eric Kennington). Aber ein Schauspieler, selbst in der abenteuerlichsten Verkleidung, ist dieser Mann nie gewesen.

Unfall in der Heide

Heidelandschaft und militärisches Übungsgelände, ein Panzermuseum und ein Schriftstellerhaus. Auf dieser kurzen Strecke zwischen den Extremen, die für ihn keine waren, auf dem Rückweg von Bovington Camp in sein Landhaus *Clouds Hill,* verunglückte am 13. Mai 1935 mit seinem Motorrad der sechsundvierzigjährige T. E. Lawrence. Wer war dieser Mann, dem König Georg V. sofort seinen Leibarzt schickte, zu dessen Beerdigung auf dem Dorffriedhof von Moreton der König des Irak erschien und auf dessen Sarg stand: »To T. E. L., who should sleep among kings«? Der unter Königen ruhen sollte, hatte zuletzt unter einfachen Soldaten gedient. Oberst Lawrence, höchstdekorierter Agent der britischen Regierung im Nahen Osten, hatte sich selbst degradiert, weil er sich um die Frucht seines Kampfes, die Selbstbestimmung der Araber, durch die englische Orientpolitik betrogen sah. Seit er als Vertrauter Feisals den Araberaufstand gegen die Türken organisierte (1916–18), gilt T. E. Lawrence als der letzte Abenteurer des Britischen Empire, das ihm seinen letzten kolonieähnlichen Stützpunkt verdankte, das Mandat über Palästina. Aber Lawrence ist ein Raleigh Ohneland, ein Eroberer, der nicht mehr besitzen, nur noch beschreiben will. Anders als Kipling träumt Lawrence nicht mehr den britischen Großmachttraum. Hofmannsthal hat das gespürt, als er ihn nach der Lektüre der ›Sieben Säulen der Weisheit‹ (1926) den »wahren Typus des Helden« nannte, »von einer unvergleichlichen Eleganz und inneren Grazie – und dazu wunderbarerweise ein so großer Schriftsteller wie Sallust«.

186

Clouds Hill, hinter Rhododendronbüschen versteckt: ein kleines Landhaus ohne Nachbarn, das Lawrence von Arabien 1923 für sich und seinen Sekretär in Dorset baute, auf der Flucht vor falschem Ruhm. Der ehemalige offizielle Berater des britischen Kolonialministers Winston Churchill, unter dem Decknamen T. E. Shaw Soldat Nr. 338171 der RAF, entwarf in seinen letzten Dienstjahren Motorboote, hörte Mozart und übersetzte die ›Odyssee‹ in Prosa. Die Räume von Clouds Hill sind klein, spartanisch eingerichtet, »no pictures and no ornaments«. Auf dem Friedhof von *Moreton* sah ich einen verwelkten Lorbeerkranz auf einem schmalen Reihengrab, am Fußende ein aufgeschlagenes steinernes Buch mit den lateinischen Worten »Der Herr ist meine Erleuchtung«. Dies ist das Motto der Universität von Oxford, wo der Archäologiestudent T. E. Lawrence über den ›Einfluß der Kreuzzüge auf die mittelalterliche Kriegsbaukunst Europas‹ promoviert hatte.

T. E. Lawrence starb in Thomas Hardys Heide, wo sie am schönsten blüht, zwischen den Flüssen Frome und Piddle. Da steht auch, im Weiler *Higher Bockhampton*, am brombeerreichen Waldrand das Strohdachhaus, in dem Hardy 1840 als Steinmetzsohn geboren wurde. Hardy's Cottage, von zwei alten Damen behütet, riecht nach dem Mottenpulver der Verehrung. Ein Heimatdichter, aber ein überdimensionaler; in einer Umbruchzeit, deren Probleme er in Pastoralen und Schicksalssinfonien beschrieb – ›Far from the Madding Crowd‹ und ›Under the Greenwood Tree‹: charakteristische Titel seiner bis heute populären Romane, die in Hardy's Cottage entstanden. Mit ihren genauen Orts- und Landschaftsbeschreibungen sind sie seiner Gemeinde ein poetisch-verschlüsselter Reiseführer durch Wessex. Hardys altertümliche Bezeichnung meint nicht im historischen Sinn das gesamte Gebiet des angelsächsischen Königreichs Wessex, das unter King Alfred außer Dorset auch ganz Wiltshire und Hampshire umfaßte. Am wenigsten enttäuschend und jedermann verständlich dürfte eine Begegnung mit Hardy in jenem Wirtshaus an der Wareham Road kurz vor Dorchester verlaufen, das nach seiner Liebesgeschichte ›The Trumpet Major‹ heißt und ›Hardy's Ale‹ in numerierten alten Flaschen verkauft – annähernd so gut, wie Hardy es beschrieb: »Es war von der schönsten Farbe, die das Auge eines Bierkünstlers sich wünschen konnte; vollblumig und trotzdem feurig wie ein Vulkan; pikant und trotzdem ohne Schärfe; klar wie ein Sonnenuntergang im Herbst, ohne Unebenheit im Geschmack, aber, letztendlich, recht zu Kopfe steigend.«

Ein paar Häuser weiter, im selbstgebauten Max Gate (1885), starb der gelernte Architekt Thomas Hardy 1928. Begrabt mein Herz auf dem Friedhof von *Stinsford* (A 35), hatte er verfügt, und dort lesen wir in Granit, seine Asche sei in der Poet's Corner in Westminster beigesetzt. »Kiss me, Hardy«, Nelsons berühmte letzte Worte in der Schlacht von Trafalgar indes galten einem anderen Thomas Hardy aus Dorset: dem gleichnamigen Kapitän seines Flaggschiffs ›Victory‹.

DORSET

Land Art bei Dorchester

Wer ohne literarische Umwege direkt auf der A 35 von Bournemouth nach Dorchester fährt, sollte zumindest in Bere Regis und Athelhampton halten. In der Pfarrkirche von *Bere Regis* blicken die zwölf Apostel in Kostümen des 15. Jahrhunderts, fast lebensgroße Eichenfiguren, von den Stichbalken zu beiden Seiten des offenen Dachstuhls auf den Besucher herunter (Abb. 84). Eine gravitätische Parade, eine grandiose Dachkonstruktion, auf deren bemalten Bossen der Erzbischof von Canterbury, Kardinal Morton, sein Wappen hinterlassen hat. Er stiftete nicht nur dieses Dach, sondern auch die Ehe zwischen Elizabeth von York und Heinrich VII. aus dem Hause Lancaster, die 1485 die dreißigjährigen Rosenkriege beenden half. Aus derselben Zeit, um 1500, stammt der Dachstuhl des großen Saals von *Athelhampton*. Dazu die gefältelte Holz-

Athelhampton: Wappentier

täfelung und der hohe, lichte Erker mit seinem heraldischen Glas: ein spätmittelalterlicher Raum von unverwechselbarem Charakter. Athelhampton, der ursprünglich weit größere Landsitz eines Londoner Bürgermeisters, ist ein Höhepunkt der Profanarchitektur des Perpendicular in Dorset. Die typischen gitterartigen Fensterreihen geben dem Wohntrakt sein Gepräge. Der Besitzer, ein Parlamentsmitglied, läßt in den ehemaligen Stallungen Tee servieren und Antiquitäten verkaufen, zur Erhaltung seines Hauses und der elisabethanischen Gärten.

Unter den Römern hieß sie Durnovaria, in Hardys Romanen Casterbridge: die Grafschaftshauptstadt *Dorchester*. The Walks, die im 18. Jahrhundert auf den eingeebneten römischen Mauern angelegten Alleen, führen um die Stadt. Bemerkenswerter als die

Hauptkirche St. Peter, vor der Dorsets Mundartdichter William Barnes in Bronze steht, fand ich St. George: eine edwardianische Kirche mit einem normannischen Tympanon über dem Südportal und zwei Fenstern von William Morris (1903/13) im Querschiff. Dorchesters Heimatmuseum, belebend altmodisch und überquellend von verschiedenartigen Sammlungen, hat einen Hauptsaal, der selbst schon ein Museumsstück ist: eine viktorianische Ausstellungshalle mit gußeisernen Säulen, Bögen, Empore und Glasdach (1883). Hier ist Hardys Arbeitszimmer von ›Max Gate‹ als Schaufenster rekonstruiert, poetischer Urväterhausrat wie die Fossilienvitrinen nebenan. Hier hat auch Dorsets viktorianischer Bildhauer und Designer Alfred Stevens, nach der Kündigung seines Raumes in der Tate Gallery, sein Altenteil gefunden – im Provinzmuseum immer noch ein Olymp. Was im benachbarten Maiden Castle an Werkzeugen, Hausrat, Schmuck und Grabbeigaben gefunden wurde, zeigt die archäologische Sammlung. Die Römer in Dorset: Am südlichen Stadtausgang von Dorchester haben sie die neolithische Kultstätte Maumbury Rings zum Amphitheater umgebaut, ein kleines Kolosseum aus Kalkstein und Gras für immerhin zehntausend Zuschauer. Im Mittelalter Turnierplatz, Bastion im Bürgerkrieg, bis ins 18. Jahrhundert Hinrichtungsstätte und heute Kinderspielplatz – so ändern sich die Zeiten.

Land Art in Dorset, zwei Kilometer südwestlich von Dorchester: Richard Long aus Bristol oder der Amerikaner Mike Heizer, die im schottischen Hochmoor und in der Wüste von Nevada ihre Furchen zogen, sie hätten sich viel Arbeit sparen können, wenn sie – konsequente Konzeptkünstler – die gewaltigen Erdwälle und Gräben von *Maiden Castle* (Abb. 85) zum Kunstwerk erklärt hätten. Wenn Heizer in den sechziger Jahren zur Ausführung seiner ›earthworks‹ den unberührten, ›religiösen‹ Raum suchte: Maiden Castle war beides, prähistorische ›earthwork‹-Befestigung und Kultstätte bis zur Römerzeit. Was die Siedler der Windmill Hill-Kultur 3000 v. Chr. begannen, setzten die Steinzeitfarmer und die keltischen Einwanderer der Eisenzeit fort: Sie befestigten den Platz für Mensch und Vieh. Aber als zwischen den Feldern und Weiden im Jahre 44 n. Chr. Vespasians Legionäre anrückten, hatten die Bauern von Maiden Castle keine Chance. Ihre Gebeine fand man Ende des 19. Jahrhunderts außerhalb des Lagers, dessen vierfache Wälle noch heute bis zu siebenundzwanzig Meter hoch sind und damals mit Steinen und Palisaden verschanzt waren. Die überlebenden Durotriges wurden in Durnovaria angesiedelt, die Römer errichteten im 4. Jahrhundert noch einen kleinen Tempel in Maiden Castle, dann kam das dunkle Mittelalter. Jetzt stehen wir hier, Passanten der Vergangenheit, deren Magie wir spüren inmitten grasender Schafe. Die Geschichte ist zur Landschaftsskulptur geworden – nicht erstarrt, sondern in wellenförmiger Bewegung.

Unter Englands prähistorischen Hügellagern ist das achthundert Meter lange Oval von Maiden Castle das bedeutendste. Aber auch die kreisförmige Hügelfestung Badbury Rings bei Shapwick (8 km nordwestlich Wimborne) oder Hambledon Hill-Fort bei Child Okeford (10 km nördlich Blandford) sind eindrucksvolle Zeugen der frühen Besiedlung Dorsets. Maiden Castle liegt ungefähr in der Mitte des South Dorset

DORSET

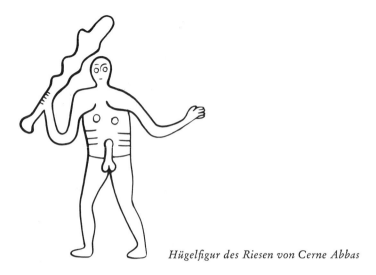

Hügelfigur des Riesen von Cerne Abbas

Ridgeway, eines Hügelkamms zwischen Long Bredy und Broadmayne, der mit vierhundertachtunddreißig größtenteils untergepflügten Hünengräbern der Jungsteinzeit diesem Teil der Downs sein Gepräge gibt. Aber was ist das schon, sagen die Leute der North Downs, gegen unseren Riesen von *Cerne Abbas!* Meilenweit sichtbar, am besten von der A 352 aus, steht ein nackter Mann kalkweiß im Grünen, nicht nur die Keule hoch erhoben. Auf allen Gliedern klettern ihm Touristen herum, als sei er Gulliver und sie die Zwerge. Naive Land Art: eine in das Gras geschnittene Hügelfigur, vielleicht ein prähistorischer Priapus, vielleicht ein römischer Herkules des 2. Jahrhunderts. Von den Zehen bis zur Keulenspitze sechzig Meter lang, erfüllt der Cerne Giant mit seinem stolz gereckten Glied dieselbe Fruchtbarkeitsfunktion wie die ›stehenden Steine‹, die Menhire. Einheimische Mädchen, die sich einen kräftigen Mann, und Frauen, die sich Nachwuchs wünschten, fühlten sich jahrhundertelang von diesem Riesen magisch angezogen – heidnische Relikte, die offenbar die Benediktinermönche am Fuße des Hügels nicht störten, solange Hochzeit und Kindtaufe in ihrer Kirche stattfanden. Auch dieses Kloster des 10. Jahrhunderts wurde nach 1538 aufgelöst, aber dem Riesen von Cerne kein Glied gekrümmt. – Auf dem Weg zur Küste begegnet uns nordwestlich von Weymouth eine andere, jüngere Hügelfigur: König George III. in Kalk auf dem Weißen Pferd von Osmington (1815).

Küste der Steinbrüche und Versteinerungen

An der Seepromenade von *Weymouth* sehen wir ihn wieder, George III. in vollem Krönungsornat, flankiert von Löwe und Einhorn. Die »dankbaren Einwohner« haben ihn mit diesem Monument 1809 zum fünfzigsten Regierungsjubiläum geehrt. Denn George III. war ihr erster königlicher Badegast und machte Weymouth so populär wie sein Sohn George IV. Brighton. Er schlief im ›Gloucester‹ an der Esplanade, und als erste königliche Hoheit ging er 1789 vom jüngst kreierten Badewagen aus schwimmen. Nun muß er, von seinem Sockel herab, dauernd auf die Uhr gucken, die die nicht mehr ganz so dankbaren Einwohner von Weymouth 1887 der Königin Victoria zum Goldenen Regierungsjubiläum aufstellten – nur eine Uhr, keine Statue, denn Victoria favorisierte ja die Isle of Wight. Die jetzige Königin verbringt ihre Ferien in keinem englischen Seebad, sondern im schottischen Hochland auf ihrem Schloß Balmoral. Der bunte viktorianische Uhrenturm, die dezente georgianische Architektur, in der Altstadt ein paar Tudorhäuser (Trinity St) und ein kleiner Hafen: das ist der Charme von Weymouth. Constable hat die weite Bucht 1816 gemalt, als er seine Flitterwochen hier verbrachte, und James Thornhill, der erste erfolgreiche englische Historienmaler, wurde in Weymouth geboren. Bekannter als sein Altarbild (1721) in St. Mary sind seine Kuppelfresken für St. Paul's in London, wo er Weymouth als Nachfolger Wrens zwölf Jahre im Parlament vertrat. Als Hofmaler arbeitete er in Hampton Court, Blenheim Palace und Windsor Castle, 1720 wurde er zum Ritter geschlagen und konnte sich sogar einen eigenen Landsitz leisten, Thornhill House im Blackmore-Tal im nördlichen Dorset. Hätte der junge Hogarth eine bessere Partie machen können als Jane, die Tochter seines Lehrers Thornhill?

Den ursprünglich weißen Sandstein der St. Paul's Cathedral und vieler Londoner Kirchen bezog ihr Baumeister Christopher Wren von der *Isle of Portland*. Diese neun Kilometer lange Halbinsel erreicht man von Weymouth aus über einen Damm, vorbei am Marinestützpunkt. »Gibraltar von Wessex« nannte Hardy diese Felsnase. Portland ist ein einziger Steinbruch, seit Charles I. hier ein königliches Monopol errichtete und Inigo Jones 1619 für den Bankettsaal von Whitehall per Schiff den Portland-Stein bezog. Noch die UNO in New York verdankt diesem Stein zumindest ihre massive Fassade. Im Unterschied zu Purbeck, der Konkurrenz-Halbinsel, hat Portland wenig mehr zu bieten als eine steinige, aber schöne Aussicht: vom Pennsylvania Castle Hotel aus, einer zinnenbewehrten Villa, die James Wyatt 1800 dem Gouverneur von Portland und Enkel des Gründers von Pennsylvania baute; oder von Portland Castle aus, der Hafen- und Küstenfestung, die sich Heinrich VIII. im Jahre 1539 in stabiler alter Währung 4964 Pfund, 19 Shilling und 10¼ Pence kosten ließ.

Zwischen Portland und Lyme Regis regieren die Sirenen von *Chesil Beach*. Es ist ein auf- und abschwellendes, mahlendes, knirschendes Geräusch von Millionen Kieselsteinen, ein ständiges Gewisper und Gezischel, als sei dies die Nachrichtenbörse für alle Klabautermänner des Englischen Kanals. Chesil Beach ist eine rund neun Meter hohe, bis zu zweihundert Meter breite und fast dreißig Kilometer lange Kiesbank, die an Europas Küsten nichts Vergleichbares hat. Seeleute meiden die Gegend, Ornithologen halten sich an die harmlosere, vogelreiche Lagune hinter Chesil Beach. Es waren solche Steine, ihre unerschöpflichen Formen und die größeren Strukturen der Landschaft, die

DORSET

den Künstler Paul Nash immer wieder anzogen, als er – Maler einer magischen Dingwelt – 1935 seinen Dorset-Reiseführer schrieb.

»Lieblich und abgelegen«, wie Jane Austen kurz nach 1800 schwärmte, waren die Badeorte *Charmouth* und *Lyme Regis* schon Ende des 19. Jahrhunderts nicht mehr, als die Viktorianer – allen voran Tennyson – nach Lyme Regis pilgerten, an die Stelle, wo Louisa Musgrove ins Wasser gefallen war. Dies geschah an der alten Steinmole The Cobb, im zwölften Kapitel, als Jane Austens Liebesgeschichte ›Persuasion‹ (1818; deutsch ›Anne Elliot‹) ihren Höhepunkt erreichte. Herbst und Winter 1895 verbrachte James Whistler in Lyme Regis und malte, vom nahen Tod seiner krebskranken Frau überschattet, ein schwermütig-schönes Mädchenporträt, ›Die kleine Rose von Lyme Regis‹, heute im Museum von Boston. Die Romantik von Lyme Regis, reduziert auf eine ansichtskartenschöne Bucht und ein Städtchen mit Regency-Atmosphäre in allen Gassen: das lockt die Besucher heute scharenweise hierher. Am Strand blicken alle gebannt zu Boden, nicht aufs Meer, und manche hämmern an den Klippen, als gelte es, Prometheus loszuschlagen. Wer im Dorado der Fossiliensammler noch Versteinerungen entdecken will außerhalb der Souvenirläden, kommt am besten gleich nach den Winterstürmen und vor der Touristenflut. Und wer auch dann im blauen Lias nur eine Colaflasche findet, mag sich damit trösten, daß selbst hundertfünfzig Jahre vor ihm König Friedrich August II. von Sachsen in Lyme Regis kaufen mußte, was er suchte: einen versteinerten Ichthyosaurus. Den erstand er bei einer europäischen Expertin, der Einheimischen Mary Anning, die hier 1811 als Zwölfjährige das erste Fossil eines Fischsauriers freigelegt hatte, heute im Britischen Museum zu bewundern. Unter den kleineren Fossilien im Heimatmuseum von Lyme Regis entdeckte ich ein Stück Parkett des alten Ballsaals mit der Aufschrift: »Danced on by Jane Austen«.

Die großen Klöster

Forde Abbey: ein Kloster als fürstliche Residenz in einem Park am Westrand der Dorset Downs (Farbt. XXVI). Die Pracht und die Herrlichkeit, mit der Thomas Chard, der letzte Abt, sich in seinem Landschloß einrichtete zum höheren Ruhme Gottes – mußte das nicht, für Heinrich VIII., zum Himmel schreien nach Reformation? Thomas Chard war im Kreuzgang noch mit den letzten Kapitellen beschäftigt, da traf auch ihn 1539 die profane Vertreibung aus dem Paradies. Im reifen Stil des Perpendicular, mit Erker-Maßwerk über dem Portal, steht sein Eingangsturm da. Die Abbot's Hall – ein Rittersaal. In der Krypta wird Tee gereicht, unter dem Dormitorium (beide 13. Jh.). Dies und die Kapelle, früher der Kapitelsaal (12. Jh.), sind die ältesten noch erhaltenen Teile der Abtei, die Zisterzienser von Waverley 1141 hier gründeten. Den Salon über Abt Chards Kreuzgang hat Cromwells Generalstaatsanwalt

Sir Edmund Prideaux eingerichtet, als er Forde Abbey 1649 kaufte und erweiterte. Die wandfüllenden Prunkstücke des Hauses, die Mortlake-Gobelins im Salon, haben Weber aus Brüssel unter Charles I. nach den Kartons Raphaels (Victoria & Albert Museum) angefertigt. Die Bordüren hat wahrscheinlich Rubens entworfen, der den monumentalen Renaissanceszenen aus der Apostelgeschichte mit Säulen, Putten und Früchtegirlanden einen barocken Rahmen gab. In diesem Gobelin-Saal hat der Sozialethiker Jeremy Bentham, der Forde Abbey 1814 für drei Jahre mietete, seine Lehre vom Utilitarismus weiterentwickelt. Seine Quintessenz – gut ist, was nützlich ist für das größte Glück der größten Menge – bestätigt sich zumindest in Forde Abbey, wenn an Sommertagen die Besucher in Haus und Park sich drängen.

Sherborne und Shaftesbury: das klingt wie Peter und Paul, William and Mary, Oxford und Cambridge. Die beiden einzigen Städte im Norden Dorsets – die eine an Somerset, die andere an Wiltshire angrenzend – sind Kleinstädte mit großer, gemeinsamer Vergangenheit. Südenglands mittelalterliche Klosterkultur hat hier zwei ihrer Angelpunkte, deren Reichtum in Sherborne noch sichtbar, in Shaftesbury nur noch rekonstruierbar ist.

Abteikirche und Schule, Armenhaus (1437–48) und Häuserreihe am Kirchenanger: ein schöneres, vollständigeres mittelalterliches Ensemble als das von *Sherborne* habe ich nirgendwo sonst in Dorset gesehen. Im Jahre 705 war Sherborne Bischofssitz von Wessex geworden, der 1075 nach Old Sarum (Salisbury) verlegt wurde. Der erste der siebenundzwanzig angelsächsischen Bischöfe Sherbornes, Aldhelm, Abt von Malmesbury, machte nicht nur Kirchengeschichte, sondern auch Kurzgedichte in lateinischen Hexametern oder in der Landessprache über Alltagsdinge und einfache Naturbeobachtungen. Auch stellte Bischof Aldhelm sich sonntags morgens ins Freie und sang so bewegend, daß er mehr Gottesdienstbesucher anlockte als die klangvollste Glocke. Mit diesem sächsischen Sänger und Gelehrten begann, über Bonifatius, der Einfluß englischer Klosterkultur auf dem Kontinent. Unter den illuminierten Büchern des Mittelalters nimmt das Sherborne Missale (um 1400) einen glänzenden Platz ein (Abb. 76). Vom Original, das der Herzog von Northumberland in Alnwick Castle aufbewahrt, ist dem Museum in Sherborne nur ein Faksimile geblieben. Die Klosterschule, aus der solche Kunstwerke kamen, ist heute eine renommierte Public School. Ihre um einen weiten Hof gruppierten, größtenteils mittelalterlichen Gebäude grenzen an die Nordmauern der Kathedrale, die 998 Abteikirche der Benediktiner und nach der Reformation Pfarrkirche geworden war.

Wie Forde Abbey, so leuchtet auch *Sherborne Abbey* im goldbraunen Ton des Ham Hill-Steins, der zwanzig Kilometer entfernt in Somerset gebrochen wurde. An der grob gemauerten Außenwand des ehemaligen angelsächsischen Westwerks vorbei, betreten wir die Abteikirche durch das spätnormannische Südportal (ca. 1170): ein wunderbar weit geschwungener, doppelt gezackter Rundbogen mit je zwei Säulen und Dämonen-Kapitellen (Abb. 77, 78). Das Fächergewölbe: ein Höhepunkt der englischen Gotik (Abb. 79). Wie leicht Steinmassen sein können, häkeldeckenleicht. Die gefächer-

193

DORSET

ten, gekreuzten Rippen: spinnwebzart. Die Gewölbetrichter beginnen ungewöhnlich hoch und wölben sich eher flach als spitzbogig. Dies verstärkt den Eindruck der Höhe, den der Tiefe betont die durchlaufende Scheitelrippe. Nach dem Kreuzgang der einstigen Benediktinerabtei von Gloucester (ca. 1360) ist das Fächergewölbe von Sherborne (ca. 1450) das erste größere dieser Art in England, an Eleganz und Weite nur übertroffen von der King's College Chapel in Cambridge einige Jahrzehnte später. Auf einem der wappen- und laubverzierten Schlußsteine kämmt sich eine Meerjungfrau das Haar, unten im Chorgestühl auf einer Misericordie (15. Jh.; s. a. Abb. 80) verprügelt ein Vater seinen Sohn. Die Bauphasen von Sherborne Abbey sind auch im Innern deutlich abzulesen: die angelsächsische Türfassung im Nordschiff, die normannische Vierung, die Lady Chapel mit Early English-Bogen, der Rest im Perpendicular-Stil. Im nördlichen Seitenschiff erinnert ein Brass an das vermutliche Grab des elisabethanischen Dichters Thomas Wyatt, das so wenig erhalten ist wie die Gräber der angelsächsischen Könige Aethelbald und Aethelbert, die ihr Bruder Alfred der Große in Sherborne Abbey beerdigte. Im barocken Triumphtor aber tritt John Digby, Earl of Bristol, dem Tod gegenüber, neben ihm auf niedrigen Sockeln seine beiden Frauen, die ihr entflammtes Herz in Händen halten (1698, von John van Nost).

So fürstlich konnte nur sterben, wer auch fürstlich lebte. *Sherborne Castle,* in einem Park-Paradies außerhalb der Stadt (Abb. 82, 83), ist noch heute die Residenz der Digbys, deren jetziger Schloßherr Sherborne im Parlament vertritt. Wird er abgewählt, Elizabeth II. kann ihm sein Schloß nicht nehmen, wie das die erste Elizabeth mit seinem prominenteren Vorgänger tat. Als Raleigh (Abb. 108) in Ungnade fiel, knöpfte sie ihm 1603 wieder ab, was sie ihrem Favoriten 1592 überlassen hatte: Sherborne Castle. Dies war indes Old Castle, die ehemalige Burg Bischof Rogers von Salisbury (1107–35). Aber Raleigh wollte moderner wohnen, er brach die Renovierung des einst imposanten normannischen Palastes ab und baute 1594 auf der gegenüberliegenden Seite des Yeo-Tals ein neues Haus, Sherborne Lodge. Damit erwies er sich architektonisch als Avantgardist, denn das ›lodge-house‹ kam unter James I. als Jagd- oder Wochenendschlößchen groß in Mode. Raleighs Sommerresidenz – ein einfaches Rechteck, um 1600 durch vier Ecktürme erweitert – übernahm nach seinem Sturz 1617 Sir John Digby, englischer Botschafter in Spanien. Digby fügte, stilistisch bruchlos, vier Flügel mit Balustraden und vier weitere Ecktürme hinzu. Auf symmetrischem H-Grundriß mit einer bizarren Galerie von Kaminen, steht Sherborne Castle seitdem in einem Landschaftspark, den nur Capability Brown (Abb. 111) so pittoresk anlegen konnte (1756/1776–79). Klassischer Stilwechsel: Raleighs elisabethanischer Regelgarten verschwand in den Fluten des serpentinenförmig angestauten Yeo; gegenüber die Schloßruine, hinlänglich schön ruiniert ohne Browns Zutun; davor die Zedern, die noch Raleigh pflanzte. Alexander Pope, Dichter und Gärtner, häufiger Gast der Digbys, war begeistert, verbrachte ganze Stunden in den Bäumen und schrieb an seinem ›Essay on Man‹. Ein Lehrgedicht mit dem verständlichen Ergebnis: Wir leben in der besten aller Welten. In Sherborne Castle ganz gewiß.

Zum süßen Leben in Südwestengland zählt ›clotted cream‹, die Spezialität beim Nachmittagstee von Dorset bis Cornwall. Erfüllen wir uns endlich in ›The Three Wishes‹ in Sherborne drei naheliegende Wünsche: scones, jam and cream on top – ein zartes Hefegebäck mit Erdbeer- oder Brombeermarmelade und honigdicker Sahne obendrauf.

Nach *Shaftesbury*, durch parkartiges Weideland und die Obstplantagen des Blackmore-Tals. Shaftesbury, hoch auf einem Sandsteinhügel gelegen, ist landschaftlich gesehen ein Ereignis, historisch betrachtet ein Ort zum Melancholischwerden. Die Stadt auf dem Hügel, die in der Versenkung verschwand, ein leerer Thron. Einst Brennpunkt des klösterlichen Lebens, heute nur noch Kreuzung der A 30 und der A 350. Ein überwältigender Aussichtspunkt mit einer überwältigenden Vergangenheit, aber von dieser Vergangenheit ist fast nichts mehr zu sehen. Nicht einmal Ruinen, nur Fundamente und einige Fragmente sind übriggeblieben von Shaftesburys Benediktinerinnenabtei

Shaftesbury: Mittelalterliche Fußbodenkacheln der Abtei

(Park Walk). Alfred der Große gründete sie im letzten Viertel des 9. Jahrhunderts für seine Tochter, Äbtissin Elgiva. Ihre Heiligsprechung und die Grablegung des Königs und Märtyrers Edward im Jahr 979 machten Shaftesbury zu einem blühenden Wallfahrtsort. In jener Zeit besaßen der Abt von Glastonbury und die Äbtissin von Shaftesbury zusammen mehr Land als der englische König. Von den zwölf mittelalterlichen Kirchen der Hügelstadt ist eine einzige übriggeblieben, die Perpendicular-Kirche St. Peter. Neben ihr führt Gold Hill, eine katzenkopfgepflasterte Straße, den einst wahrhaft goldenen Hügel hinunter, ein romantischer Abgesang (Farbt. XXV).

In der Lounge des Grosvenor Hotels in Shaftesbury steht eine monströse Historienkommode, das ›Chevy Chase Sideboard‹ ein Jagd- und Schlachtgemälde in massiver Eiche. Die Ritter von der geschnitzten Gestalt, die da die historische Schlacht von Otterburn (1388) als Zimmerschlacht nachspielen, sind der Schotte Douglas mit seinen Mannen und Percy Hotspur, den wir aus Shakespeares ›Henry IV.‹ kennen. ›Chevy Chase‹, die nationale Grenzkampf-Ballade des 15. Jahrhunderts, deren vierzeilige Strophenform für die historisch-heroisierende deutsche Ballade von Gleim bis Fontane vorbildlich wurde, hat einen Holzschnitzer aus Northumberland, Gerrard Robinson, zu diesem Kommodenmonument inspiriert (1857–63). Ein Stück viktorianisches Mittelalter, englisches Oberammergau.

Wenn Goethe und Schiller im Genierausch des Sturm und Drang von Shaftesbury schwärmten, dann meinten sie nicht die Stadt, sondern den Philosophen. St. Giles House, Familiensitz der Grafen von Shaftesbury, liegt zwischen Shaftesbury und Bournemouth. In der Dorfkirche von *Wimborne St. Giles* erinnert die Allegorie einer Trauernden an Anthony Earl of Shaftesbury, den Naturphilosophen und Virtuosen des Sittlichen, der sagte: »Trachtet zuerst nach dem Schönen, und das Gute wird euch von selbst zufallen.« Zu wenig, um damit durchs Leben, aber genug, um durch Dorset zu kommen.

Wiltshire

Auf meiner Landkarte war mitten in Wiltshire ein großer weißer Fleck: Salisbury Plain. In meiner Erinnerung dehnt der Fleck sich aus zu einer grün gewellten Unendlichkeit, durchfahren an einem Sommerabend, der kein Ende nimmt, weil diese Ebene kein Ende nimmt. Weit breiten sich die Felder aus in der Dünung der Hügel. Kaum Menschen, kaum Bäume. Zwischen Sonne und Raps galoppiert ein weißer Fleck in den Abend: das Weiße Pferd von Westbury, eine der Hügelfiguren im Kalk der Salisbury Plains*. Über eine halbe Million Schafe weideten noch um 1900 auf der Hochebene von Salisbury, die drei Fünftel Wiltshires bedeckt. Grey Wethers, ›graue Hammel‹, nennt man die Sandsteinfindlinge der Marlborough Downs; die Terrassen der Hügel heißen Shepherd steps, ›Schäferstufen‹, so sehr gehörten jahrhundertelang Schafherden zum Bild dieser Landschaft. Heute wird Getreide angebaut, und vom Larkhill ertönen nicht die Lerchen, sondern die Salven der Königlichen Artillerieschule.

Stonehenge: Kalender der Hängenden Steine

Die kahlen, einsamen Kalkhöhen von Wiltshire waren einmal bevorzugtes Wohngebiet. Die Steinzeitsiedler fühlten sich auf der trockenen, waldfreien Hochebene sicherer als in den sumpfigen Tälern. Keine Grafschaft Englands ist so reich an prähistorischen Zeugnissen wie Wiltshire, und keines dieser Denkmäler ist so bekannt wie *Stonehenge* (Abb. 97). Der monumentale Steinkreis in der Ebene von Salisbury wirkt aus der Ferne eher unscheinbar, wie Kegel auf einem Bowlingrasen. Der magische Kreis liegt heute im spitzen Winkel zweier Autostraßen, und so gehört zum neuen Ritual von Stonehenge auch ein neuer Prozessionsweg: der betonierte Fußgängertunnel.

Stonehenge ist das Bruchstück einer großen, rätselhaften Konfession. Zwei hufeisenförmige Steinsetzungen, von zwei konzentrischen Steinkreisen umgeben, bilden den

---

* Im Unterschied zum Weißen Pferd von Uffington am Rande der Berkshire Downs, dessen Datierung zwischen 600 v. Chr. und dem 1. Jahrhundert n. Chr. schwankt, stammen die populären Pferde-Hügelfiguren von Wiltshire aus dem 18. und 19. Jahrhundert, z. B. bei Cherhill (Abb. 87), Pewsey, Alton Barnes.

WILTSHIRE

Stonehenge: Kupferstich von 1575

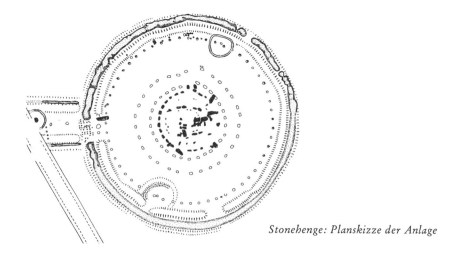

Stonehenge: Planskizze der Anlage

198

Stonehenge: Montage der Kapsteine. Der Kapstein (Oberschwelle) wird per Schlitten herangeschafft. Durch Hebel, die abwechselnd an seinen Enden untergeschoben werden, wird er auf eine Balkenlage gehoben, die, jeweils über Kreuz, um die aufrechtstehenden Sarsens (Monolithen) aufgeschichtet wird. Mit jeder neuen Balkenschicht gelangt der Kapstein weiter nach oben, bis er mit einem letzten Hebeldruck auf die Monolithen gehoben wird, an die er zuvor angepaßt wurde.

Kern dieses Kromlechs, in dessen Mitte der sogenannte Altarstein liegt. Der äußere Ring mit einem Durchmesser von dreißig Metern bestand aus dreißig Steinpfeilern, die paarweise angeordnet und mit Decksteinen verbunden waren. Siebzehn dieser Trilithen (Denkmal aus drei Steinen) stehen noch, sechs ihrer Deckplatten sind in der ursprünglichen Lage. Sie waren es, die Stonehenge den Namen gaben: hanging stones, hängende Steine. Den inneren Ring bildeten sechzig kleinere, unbehauene Steine ohne Oberschwellen. In diesem Kreis öffnete sich nach Nordosten das grandiose Hufeisen der fünf Trilithen, von denen drei mit ihren Oberschwellen noch stehen, wiederum gesäumt von einem kleineren Hufeisen aus ursprünglich neunzehn Monolithen. Die ›Sarsens‹ genannten Sandsteinfindlinge des äußeren Kreises und des größeren Hufeisens stammen von den Marlborough Downs. Die beiden anderen Steinsetzungen bestehen aus ›Blausteinen‹ (Dolerit), einer Basaltart, als deren Herkunftsort der dreihundert Kilometer entfernte Prescelly-Berg in Pembrokeshire (Wales) nachgewiesen wurde. So erstaunlich wie der Transport dieser bis zu tausend Zentner schweren Steine ist ihre Bearbeitung. Die Oberschwellen, mit Hilfe einer Holzrampe auf die Steinpfeiler gelegt, sind ihnen so

WILTSHIRE

Henry Moore: ›Cyclops‹, 45 x 29 cm. Aus der Folge der Stonehenge-Steindrucke, 1971–73

genau angepaßt wie Fachwerkbalken*: Nut und Zapfen wurden zuvor herausgemeißelt, die Rundung der einzelnen Decksteine folgt der Krümmung des Gesamtkreises. Wie ausgeprägt das Gefühl für Harmonie und perspektivische Wirkung bei den Baumeistern von Stonehenge war, bezeugen auch die rechteckig behauenen Sarsens, die sich nach oben hin verjüngen in einer konvexen Krümmung ähnlich der Entasis griechischer Säulen. Nicht umsonst war es ein Architekt, Inigo Jones, der 1655 die architektonische Schönheit dieses Steinkreises als erster genau aufzeichnete. Wie mittelalterliche Dome, so hat auch Stonehenge seine verschiedenen Bauperioden. Aus der späten Jungsteinzeit (um 1900 v. Chr.) stammen Erdwall und Graben, der vor der Öffnung an der Straße stehende Heel Stone (Fersenstein) und die sechsundfünfzig teils mit Grabresten gefüllten Löcher rings um das Innere des Erdwalls, die ›Aubrey Holes‹, benannt nach ihrem Entdecker im 17. Jahrhundert, dem Altertumsforscher und Schriftsteller John Aubrey. Im zweiten Bauabschnitt in der frühen Bronzezeit (um 1700 v. Chr.) entstand ein Doppelkreis von ›Blausteinen‹, die in der dritten Phase (um 1400 v. Chr.) durch die Sandsteinfindlinge ersetzt wurden.

Wenn alljährlich am 21. Juni die Neo-Druiden zur Sonnwendfeier nach Stonehenge kommen, dann treffen sie sich hier zur richtigen Zeit im Namen falscher Propheten. Mit Druiden, den keltischen Priestern, hat Stonehenge nichts zu tun, wohl aber mit Sonnenbeobachtung und Sonnenverehrung, mit einem differenzierten Kalendersystem zur Errechnung der Saat- und Erntezeiten. Vom Altarstein aus gesehen, geht die Sonne am Tag der Sommersonnenwende genau über dem Heel Stone auf. Dieser Achse folgt der breite, kaum noch sichtbare Prozessionsweg, der von der Straße gekreuzt wird und bis zum Ufer des Avon verläuft. Für die Wintersonnenwende hat man, in entgegengesetzter Richtung, jenen zentralen Trilithen ermittelt, durch dessen einst vollständigen Bogen die Sonne unterging wie durch das Tor zur Unterwelt. Daß Stonehenge auch eine Stätte des Totenkults war, bezeugen die rund dreihundertfünfzig größtenteils untergepflügten Hügelgräber ringsum. Ihren kostbaren Grabbeigaben verdanken die Archäologen ein genaueres Bild der Wessex-Kultur (1600–1400 v. Chr.). Den megalithischen Steinkreis als heroisches Totenmal hat der Reproduktionskult des 20. Jahrhunderts nicht ausgelassen: Bei Maryhill in Washington steht eine Replik von Stonehenge für die Gefallenen des Ersten Weltkriegs.

Stonehenge zog die Künstler seit der Romantik immer wieder in seinen Bann, nicht als Kult- und Kalenderstätte, sondern als archaisches Zeichen, in die Ebene gesetzt wie ein Naturereignis. So hat William Turner es gesehen, im Gewitter und mit einer Schafherde im Vordergrund (1828). Urweltlich elementar, als Drama des Lichts und der Wolken hat John Constable 1836 Stonehenge aquarelliert, die Steine von einem doppelten Regenbogen getroffen wie von Meteoriten (Abb. 98). Zu dieser mythischen Vi-

---

* Unweit Stonehenge stand sein wahrscheinlich älteres Gegenstück aus Holz, Woodhenge (südlich von Durrington).

sion schrieb Constable: »Das rätselhafte Denkmal von Stonehenge steht auf einer kahlen, grenzenlosen Heide; mit den Ereignissen der Vergangenheit so wenig verbunden wie mit der Gegenwart, versetzt es uns zurück in das Dunkel eines völlig unbekannten Zeitalters jenseits aller geschichtlichen Kunde.« So mag auch Henry Moore Stonehenge bei seinem ersten Besuch in einer Mondnacht im Sommer 1921 erlebt haben. Fünfzig Jahre später, jenseits der Stimmungslandschaft, nähert sich Moore in einer Folge von fünfzehn Steindrucken diesen zyklopischen Skulpturen, ihrer Materie, ihren immateriellen Zwischenräumen aus Licht, Schatten und Mysterium. Es sind vieldeutige Formen, Steinzeichen einer fremden, beunruhigenden Anschauung.

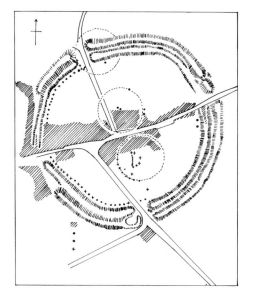

Avebury:
Planskizze der prähistorischen Steinkreis-Anlage

Rund fünfunddreißig Kilometer nördlich von Stonehenge liegt der megalithische Steinkreis von *Avebury* (Farbt. XXVIII), der nach dem Urteil Aubreys »Stonehenge um soviel übertrifft wie eine Kathedrale eine Pfarrkirche«. Ich betrat Avebury an einem nebligen Morgen. Auf dem Dorfanger zwischen den Häusern tauchten überall große, graue Schemen auf, die versteinerten Götter von Avebury. Erst im 18. Jahrhundert wurden sie zum Steinbruch des Dorfes, das inmitten der Kultstätte entstand. Älter, weit umfangreicher und weniger bekannt als Stonehenge, bestand der Steinkreis von Avebury ursprünglich aus siebenhundert roh behauenen Riesensteinen, in deren Mitte zwei weitere Kreise lagen. Ein Erdwall samt innerem Graben mit einem Umfang von über einem Kilometer umschließt die Anlage. Die beiden Durchgangsstraßen benutzen noch heute die alten Eingänge. Vom Avebury Circle in südöstlicher Richtung führt eine eindrucksvolle Allee über Hügel und Weiden, ein Prozessionsweg mit rund zweihundert paarweise angeordneten Monolithen zu dem drei Kilometer entfernten Sanktuarium Overton Hill. In den Gruben der dortigen Zeremonienkreise fand man unter anderem Lava aus der Eifel – Hinweis auf das Bechervolk, das in der Spätsteinzeit aus Holland und dem Gebiet der Rheinmündung nach England kam.

In der Umgebung von Avebury konzentriert sich die Prähistorie wie nirgendwo sonst in Südengland. Hier liegt der klassische Fundort, der der frühesten Ackerbau-Kultur den Namen gab: *Windmill Hill*, ein Lager des Neolithikums. Einer der großen Beerdigungsplätze dieser Zeit war das lange Kammergrab von *West Kennett* südlich des rätselhaften *Silbury Hill*. Diese »größte Pyramide Europas« an der A 4 ist ein künstlicher Erdhügel von vierzig Metern Höhe und einem Durchmesser von über hundertachtzig Metern. Wer sonst, betrachtet man die Jahrhunderte des englischen Regens, soll in diesem gigantischen Hügelgrab der späten Jungsteinzeit begraben sein als Sil, der Sonnenkönig selber? Die Archäologen haben der Legende bisher nicht mehr entgegenzusetzen als die Vermutung, Silbury Hill sei eine monumentale Sonnenuhr gewesen, ein Kalenderbau ähnlich Stonehenge.[*] Andere Forscher sehen in dem theorienträchtigen Hügel die Konturen einer pan-europäischen Mutter-Gottheit.

Salisbury: Dom auf dem Dorfanger

»Laßt uns fröhlich hinabsteigen in die Ebene, wo das Tal Korn im Überfluß hat, wo die Felder schön sind, und wo wir frei werden von Unterdrückung.« Anno 1220, eine ganze Stadt zieht um, eine vollendete Kathedrale wird stehengelassen und drei Meilen weiter eine neue gebaut: Bischof Richard Poore verläßt *Old Sarum* (Abb. 88) und gründet Salisbury. In der prähistorischen Hügelfestung Old Sarum hatte der Klerus seit langem Krach mit der königlichen Garnison, man wohnte zu dicht nebeneinander. Auch hatte man zuviel Wind hier oben und zuwenig Wasser. Wer Old Sarum heute betritt, findet hinter dem doppelten Erdwall die Ruinen der normannischen Burg und die Fundamente der alten Kathedrale. In den Mauern des neuen Dombezirks in Salisbury wurden die Steine von Old Sarum wieder verwendet. Am Fuß des verlassenen Hügels weiden Kühe, auf dem weitläufigen Rasen wird Cricket gespielt, und in der Ebene breitet sich das Neue Sarum aus, überragt vom Turm der Kathedrale.

Mit seinen ›Chequers‹, den um Gartenhöfe angelegten Häuservierteln, war *Salisbury* eine beispielhaft geplante Stadt des 13. Jahrhunderts. Alles ist organisch verbunden, maßvoll aufeinander bezogen, maßvoll modernisiert. Man fühlt sich wohl, denn

---

[*] Die Ausgrabungsfunde all dieser prähistorischen Stätten sind in den Museen von Avebury, Salisbury und Devizes zu sehen.

203

WILTSHIRE

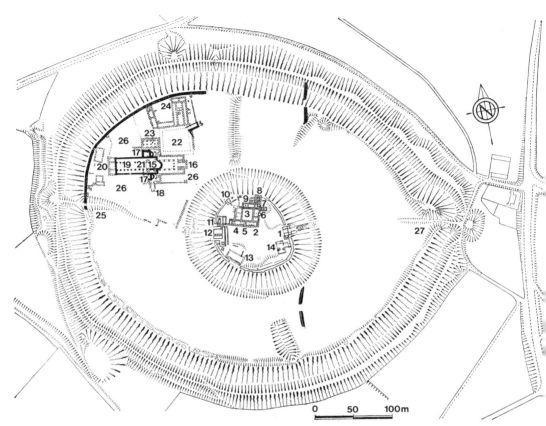

Old Sarum: Ruinen der normannischen Burg (1–14) und Fundamente der alten Kathedrale (15–24). 1 Torhaus 2 Brunnen 3 Großer Turm 4 Küche 5 Kapelle 6 Krypta 7 Zimmer 8 Turm 9 Langes Zimmer 10 Mauerzimmer 11 Hintertor 12 Hinterer Turm 13 Saal 14 Backhaus 15 Chor 16 Östliche Kapelle 17 Querschiffe 18 Südliche Vorhalle 19 Hauptschiff 20 Westliche Türme (?) 21 Kanzel 22 Kreuzgang 23 Kapitelhaus-Gewölbe 24 Bischofspalast 25 Westtor 26 Friedhöfe 27 Osttor

solche Städte sind selten geworden. Ein gotisches Marktkreuz, ein breiter Marktplatz, und im New Canal ein Kino, hinter dessen Neo-Tudorfassade eine Halle des 15. Jahrhunderts mit offenem Dachstuhl erhalten ist, das Haus des Tuchhändlers und Bürgermeisters John Halle.* Bis ins 18. Jahrhundert war Salisbury Zentrum eines florierenden Wollexports. Auch hinter dem Restaurant ›Bay Tree‹ in der High Street steckt ein viel

---

* A. W. N. Pugin, der Halles Haus 1834 restaurierte, baute sich selbst ein Jahr später ein Haus zwischen Salisbury und Alderbury (A 36), St. Marie's Grange.

älteres Wirtshaus, The George Inn (14. Jh.), in dem Samuel Pepys am 11. Juni 1668 übernachtete: »a silk bed and a very good diet«, die Rechnung »exorbitant«. Von der Crane Street biegen wir ab in die Avon-Wiesen, und da sehen wir plötzlich John Constables Bild aus der Tate Gallery vor uns: ›Salisbury Cathedral from the Meadows‹. Wenn jetzt von links der Pferdewagen käme, fände er die Furt durch den Avon an derselben Stelle wie 1829. Die Holzbrücke im Vordergrund ist längst erneuert, aber immer noch aus Holz. Das Gebüsch der Uferwiesen ist zu Grünanlagen geschrumpft. Statt dessen sind die Bäume vor der Kathedrale so gewachsen, daß sie Hauptschiff und Westfront fast verdecken – ein Umstand, der Constable sicher gefreut hätte, denn reine Architektur zu malen langweilte ihn. Wenn er dennoch immer wieder und aus immer neuen Perspektiven Salisbury Cathedral malte, vom Garten des Bischofspalastes aus (Abb. 89) oder mit dem berühmten Regenbogen, dann nur deshalb, weil diese Kathedrale so herrlich am Fluß und in den Wiesen liegt wie keine zweite in England (Farbt. XXIX). Constables Freund und Mäzen war der Bischof von Salisbury, John Fisher, und dessen gleichnamiger Neffe, der Erzdiakon. Nur die dunklen Wolken über seiner Kirche gefielen dem Bischof nicht (»I wish to have a more serene sky«), und so malte ihm Constable jene Version mit sonnigem Himmel, die heute in der Frick Collection in New York hängt.

»Life is but a walking shadow«: an dem ›Macbeth‹-Vers auf der Sonnenuhr von Malmesbury House (um 1750) vorüber, betreten wir die Domfreiheit von Salisbury, unvergleichlich in ihrer Atmosphäre und architektonischen Vielfalt. Häuser aus dem 14. bis 18. Jahrhundert, die Wohnungen des Dekans, der Chorherren und Lehrer der Domschule, stehen im Geviert um die Kathedrale. Allen voran und dennoch bescheiden: Mompesson House (1701), ein Queen Anne-Haus mit vollendeten Proportionen

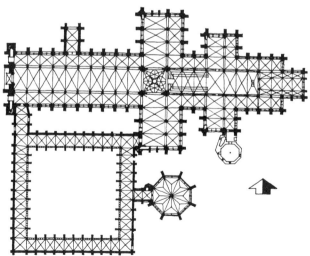

*Salisbury:
Grundriß der Kathedrale
mit Kreuzgang und
achteckigem Kapitelhaus*

und elegantem Innendekor. Kein mittelalterlich enges Häusergewirr, aus dem die Kathedrale dramatisch auftaucht, sondern ein weiter Rasen, auf dem sie sich gelassen ausbreitet. Der Dom auf dem Dorfanger: eine ganz ländliche, englische Szene. Spezifisch englisch auch der Grundriß der Kathedrale von Salisbury, die im selben Jahr 1220 begonnen wurde wie die von Amiens: doppelte Querschiffe und rechteckiger Chorschluß mit Marienkapelle, ein Raumteil neben den anderen gestellt, nicht machtvoll gesteigert zu einheitlicher Vertikalwirkung wie in der französischen Gotik. Nur der Vierungsturm von Salisbury strebt schlank und schön in die Höhe, mit einer Anmut und schwebenden Leichtigkeit, die sein Gewicht vergessen lassen. Im Innern der Kathedrale biegen sich die schlanken Purbeck-Säulenschäfte unter der Last der 6400 Tonnen dieses höchsten englischen Kirchturms (123 Meter). Seit Christopher Wren bei seiner Inspektion von 1668 den sumpfigen Baugrund und die Neigung des Turms kritisierte, hat man ihn – nach dem Vorbild von Wells – mit Strebepfeilern in der Vierung und mit Stahlbändern stabilisiert.

Die graue Noblesse des Chilmark-Steins und die Dreiergruppen der Lanzettfenster ringsum tragen zur einheitlichen Wirkung der Kathedrale bei, die – mit Ausnahme des Turms (1330) – in sechzig Jahren vollendet war: Early English, englische Frühgotik in reiner Form. Das Hauptschiff, so hoch wie breit, so klar wie kühl, wird bis hinauf in den Obergaden durch eine Fülle schlanker Säulenschäfte aus schwarz poliertem Pur-

Salisbury:
Brass für Bischof Wyville (1375)

beck-Marmor gegliedert – in der ganzen Kathedrale 8760 Säulen, für jede Stunde des Jahres eine. Auf einem hölzernen Sarkophag ruht ein steinerner Ritter: William Longespée, Sohn Heinrichs II., die früheste englische Grabskulptur eines Ritters in Waffen. Sein Kettenhemd war ursprünglich vergoldet, sein Umhang rot bemalt, blau mit goldenen Löwen sein Schild. Die Macht der Bischöfe von Salisbury im Mittelalter demonstriert der Brass Bischof Wyvilles, der sieben befestigte Herrenhäuser besaß und sich auf seiner Grabplatte 1375 in einem durchaus nicht nur symbolischen Burgturm verewigte. Der Kreuzgang, den Salisbury als nichtklösterliche Kathedrale nie brauchte, und das achteckige Kapitelhaus entstanden um 1275 nach dem Vorbild von Westminster Abbey. Wandfüllende Maßwerkfenster, Fächergewölbe und ein schlanker Mittelpfeiler geben diesem Kapitelsaal Hoheit und Harmonie.

Auf der Suche nach dem verlorenen Palast von *Clarendon*. Östlich von Salisbury, nach einer Wanderung durch einsame Buchen- und Eichenwälder, fanden wir nur noch ein verrostetes Schild unter Brennesseln: ›Ancient Monument‹. Dieser Lieblingslandsitz der Plantagenets hat durch einen Vertrag Geschichte gemacht: die Konstitution von Clarendon (1164), die Erzbischof Becket zurückwies und die seinen Konflikt mit Heinrich II. unausweichlich machte. Die reichen Fußbodenkacheln, die der erste außerklösterliche Brennofen in Clarendon produzierte, sind im Museum von Salisbury und im Britischen Museum zu sehen.

Wilton House: Museum und Salon

Nichts hat man gesehen, notierte Daniel Defoe auf seiner Reise durch England, wenn man *Wilton House* nicht gesehen hat, »es ist ein reines Museum«. Wer würde hinter der schlichten, schmucklosen Fassade dieses Landschlosses vor den Toren von Salisbury die prachtvollsten Innenräume der Epoche vermuten, entworfen von Inigo Jones? Solche Kontraste waren für Jones ebensosehr eine Frage des Stils wie der guten Haltung. Die Architektur, das ist der Mensch: »Ein verständiger Mann bewahrt, wenn er sich in der Öffentlichkeit befindet, äußerlich ein gesetztes Gebaren, in seinem Innern jedoch brennt das Feuer der Phantasie, und manchmal bricht sie durch, wie es oft die Natur selbst in unbändigem Drange tut.« Das Gelände von Wilton House, eine ehemalige Benediktinerinnenabtei, war ein Geschenk Heinrichs VIII. an den Politiker und General William Herbert, der die Schwester seiner letzten Frau Catherine Parr geheiratet hatte. Von Herberts Tudorhaus blieb nach einem Brand um 1647 nur der Turm in der Mitte der Ostfassade erhalten und das sogenannte Holbein-Portal, das ursprünglich den Eingang zur Großen Halle bildete und jetzt im Park steht. Um 1632 wurde die Südfassade abgerissen und von dem flämischen Gartenkünstler Isaac de Caus, einem Mitarbeiter von Inigo Jones, wiederaufgebaut: einstöckig, mit Attikageschoß, Balustrade und Eckpavillons (Abb. 95). Hinter dieser ursprünglich doppelt so

207

WILTSHIRE

*Wilton House:
Türentwurf von Inigo Jones*

lang geplanten, klassisch schlichten Gartenfassade entfaltet sich der barocke Glanz der sieben Staatsgemächer, entworfen von Inigo Jones, vollendet von seinem Schüler John Webb (um 1653).

Proportion und Pracht, Maß und Monumentalität, Raum und Bilder verbinden sich im Double Cube Room zu gesteigerter Wirkung (Abb. 96). Dieser Doppelwürfel-Saal – so hoch wie breit und doppelt so lang (30 x 30 x 60 Fuß) – hat Wände aus Fichtenholz, weiß lackiert, in verschiedenen Goldschattierungen mit Blumen- und Früchtegirlanden dekoriert und üppig bekrönt von mythologischen Deckengemälden. Auch wenn Inigo Jones sie nicht selbst gemalt hat, merkt man dem ganzen Raum doch an, daß Jones am Anfang seiner Karriere Bühnenbildner am Hof war, beliebt wegen seiner verschwenderischen Barockkostüme und Architekturkulissen. Die vergoldeten Möbel William Kents, ein Jahrhundert später für den Doppelwürfel-Saal entworfen, fügen sich mit korpulenter Eleganz bruchlos in das Ambiente. Alle Bilder, mit Ausnahme einer einzigen Schülerarbeit, stammen von Van Dyck (ca. 1632–35). Sie wurden nicht etwa für diesen Raum gemalt, sondern der Raum wurde eigens für die Bilder entworfen. Van Dycks größtes Gruppenporträt, die Familie seines Auftraggebers, des 4. Earl of Pembroke, wird flankiert von zwei häufigen Gästen des Hauses, König Charles I. und seiner Frau Henrietta Maria. Das zauberhafte Bildnis ihrer drei Kinder hängt über dem Kamin. Halb so groß wie der Doppelwürfel-Saal ist sein Pendant, The Single Cube (30 x 30 x 30 Fuß). Das Deckengemälde, ganz auf dem Höhepunkt des literarischen Geschmacks der Zeit, zitiert Szenen aus Philip Sidneys Prosaromanze ›Arcadia‹, dem Bestseller der höfischen Gesellschaft bis ins 17. Jahrhundert. ›The Countesse of Pembrokes Arcadia‹, so der genaue Titel, diesen galanten Staatsroman schrieb Sir Philip Sidney um 1590 in Wilton House, das seine Schwester Mary, verheiratet mit Henry Lord Pembroke, zum literarischen Salon auf dem Lande machte. »Zu ihrer Zeit«, bemerkte John Aubrey, »war Wilton House wie ein College, so viele gebildete und geniale Leute kamen hierher«: John Donne, Ben Johnson, vielleicht auch

Shakespeare, der die erste Folio-Ausgabe seiner Dramen Lord Pembrokes Söhnen William und Philip widmete. Dies Wilton House mit seiner bis heute sichtbaren, funkelnden Vergangenheit wählte Stanley Kubrick als bevorzugten Schauplatz seines verblüffend authentischen Historienfilms ›Barry Lyndon‹ (1976), der auf Thackerays Erstlingsroman ›The Luck of Barry Lyndon‹ (1844) basiert. Neben Rembrandts Bildnis seiner Mutter Porträtbüsten Roubiliacs und zahlreichen anderen Alten Meistern (Hugo van der Goes, Lucas van Leyden, Lorenzo Lotto, Rubens, Terborch, Reynolds u. a.) sind die fünfundfünfzig Gouachen der Spanischen Reitschule eine besondere Rarität, gemalt 1755 von Baron D'Eisenberg, dem Reitlehrer Kaiser Franz I. James Wyatt, der bei der Restaurierung der Kathedrale von Salisbury deren Campanile abriß, ›Wyatt der Zerstörer‹ hat auch Wilton House ›modernisiert‹, unter anderem mit einem doppelstöckigen neugotischen Kreuzgang rund um den Innenhof (1801–10). Über den Nadder führt jene Palladianische Brücke (1737), deren vollkommener Rhythmus von Bögen und Säulen schon die Zeitgenossen so entzückte, daß sie wiederholt nachgebaut wurde, zum Beispiel in Prior Park bei Bath.

Wilton am River Wylye, Wiltshires einstige Hauptstadt, hat eine bedeutende Teppichmanufaktur, die von der einheimischen Wolle und der Einwanderung hugenottischer und flämischer Weber im 17. Jahrhundert profitierte. Wer viktorianische Architektur ›einfach scheußlich‹ findet, hat in Wilton Gelegenheit, extreme oder fehlende Anschauung auf einen gerechteren Begriff zu bringen. Die Kirche St. Mary and St. Nicholas fällt schon von der Straße aus durch ihren Campanile auf. Auch der Rundbogenstil erinnert eher an einen romanischen Dom aus Italien als an eine englische Pfarrkirche des 19. Jahrhunderts. Die Mosaiken von Chor und Apsis, die Cosmatenarbeit der gedrehten Säulen, die mittelalterliche Glasmalerei: Stilkopien und Originaldetails sind handwerklich geschickt und wirkungsvoll verbunden. Thomas Henry Wyatt entwarf diese Basilika im Jahre 1843, ein Musterbeispiel der Wiederbelebung frühchristlicher Bauformen, wie sie kurz zuvor vor allem in Deutschland praktiziert wurden.

Der Nadder und das Tal von Wardour verbinden Wilton House und *Wardour Castle*. Die Burg wurde 1393 um einen sechseckigen Innenhof angelegt, ein ebenso schöner wie ungewöhnlicher Grundriß, der mehr dem neuen Bedürfnis nach Komfort als militärischen Notwendigkeiten entsprach. Dennoch spielte Wardour Castle im Bürgerkrieg eine bravouröse Rolle. Seitdem liegt sie in Ruinen, und dies so romantisch, umgeben von Zedern, Zypressen, Wald und See, daß die Besitzer ihre Burg im 18. Jahrhundert nicht restaurierten, sondern als pittoreskes Element im Landschaftspark betrachteten und sich eine Meile weiter von James Paine, einem populären Landhausarchitekten, ein Schloß im palladianischen Stil bauen ließen (1769–76). Glanzvoll wie die von italienischen Stukkateuren ausgeschmückte Kapelle ist das Treppenhaus des neuen Wardour Castle: eine Freitreppe, die von einer korinthischen Säulengalerie empfangen und einer pantheonartigen Kuppel bekrönt wird (Abb. 99). Nach dem letzten Krieg wurde Wardour Castle ein exklusives Mädcheninternat. In der Schulordnung äußert der Genius loci die Erwartung, »daß Anmut und Erhabenheit des Hauses und seiner Umgebung eine

WILTSHIRE

spontane Beziehung zur Schönheit hervorrufen sollten, ein Gefühl für Geschmack in einem Zeitalter, das zu reinem Funktionalismus neigt«.

Der Turmbau von Fonthill

Wenige Kilometer nördlich von Wardour Castle hatte sich um 1800 William Beckford, »Englands reichster Sohn« (Byron), ein Landschloß gebaut, das seine Zeitgenossen wie Zwerge und Bettler erscheinen ließ: *Fonthill Abbey* (Abb. 92). Es war der Palast seiner Phantasie, das Mausoleum seiner Einsamkeit. Es war ein Folly und kein Haus, ein großes Architekturtheater, ein Traum. So entstand es, und so zerstob es.

Vom Pub ›Beckford Arms‹ in Fonthill Gifford führt eine Straße um Beckfords Anwesen herum. Er liebte die Tiere, die Jagd verabscheute er, und um Jagdmeuten fernzuhalten, umgab Beckford den Wald von Fonthill mit einer über drei Meter hohen

Fonthill Abbey: Südostansicht, von John Britton, 1823

und elf Kilometer langen Mauer; die verfallenen, überwachsenen Reste säumen die Straße. Ein leeres Pförtnerhaus aus Ziegelstein, Great Western Avenue, die schnurgerade Auffahrt und am Ende ein weiter Rasenplatz: hier lag Fonthill Abbey. Von dem gigantischen Palast blieben nur Teile des Ostflügels übrig, eine Galerie und ein Turm. Zwischen den Zinnen das sirrende Summen eines Bienenschwarms. Am Waldrand blühen Rhododendren, auf grauen Sockeln stehen drei Urnen: hier lebte William Beckford (Abb. 91).

Wer war William Beckford? Im Todesjahr Georges II., 1760, wurde er geboren, Erbe eines unermeßlichen Vermögens, das seine Familie durch Sklavenhandel und Zuckerplantagen auf Jamaika angehäuft hatte. Der junge Mozart gibt dem Fünfjährigen Klavierstunden, sein Zeichenlehrer ist der Aquarellist Alexander Cozens. Als Beckfords Vater 1770 stirbt, wird William Pitt der Ältere sein Vormund, jener Pitt, der Englands koloniale Hegemonie gegen Frankreich durchsetzt. Im väterlichen Landschloß Fonthill Splendens feiert Beckford seine Volljährigkeit, das legendäre Weihnachtsfest von 1781: Graf Loutherbourgh aus Fulda, Bühnenmaler des Drury Lane Theatre, verwandelt die Räume mit seinem ›Eidophysikon‹, einem beweglichen Panorama aus transparenten Bildern, die von farbigem Licht beleuchtet werden, eine Multimedia-Szenenfolge, begleitet vom Gesang der berühmtesten Kastraten Europas. Unmittelbar danach schreibt Beckford das Buch, das Byron seine Bibel nennt und das die Schwarze Romantik bis hin zu Mallarmé und Huysmans beeinflußt: ›Vathek‹, ein orientalischer Faust-Roman, die schaurige Kehrseite des britischen Empire. Eine glänzende gesellschaftliche, literarische und politische Karriere, alles liegt vor ihm, da wird Beckfords homosexuelle Beziehung zu dem um acht Jahre jüngeren William Courtenay in einer infamen Hetzkampagne publik gemacht. William Beckford, ausgestoßen von der englischen Gesellschaft für die restlichen sechzig Jahre seines Lebens, flieht ins Ausland und dann in den Turmbau von Fonthill.

»Manche Leute trinken, um ihr Unglück zu vergessen. Ich trinke nicht, ich baue.« William Beckford ließ sich von James Wyatt eine neogotische Phantasmagorie entwerfen – anstelle des palladianischen Schlosses seines Vaters, das er abriß, und in Konkurrenz zu Horace Walpoles Strawberry Hill, das er verächtlich »eine gotische Mausefalle« nannte. Wyatts Plan: ein kreuzförmiger Bau mit überlangen Armen, der Zentralturm vierundachtzig Meter hoch, das Hauptschiff fast so lang wie Westminster Abbey. »Es war«, bekannte Beckford, »ein verrücktes und diabolisches Unternehmen ... und scheint mehr als alles andere das Ergebnis eines Paktes und einer Wette mit dem Teufel. Niemals wurde soviel Ziegelstein verbraucht außer in Babylon.« Seit 1796 zog sich der Bau hin. ›Don Cloaca‹, wie Beckford seinen Architekten nannte, der so berühmt wie trunksüchtig war, der überbeschäftigte Wyatt vernachlässigte die Aufsicht, zweimal stürzte der halbfertige Turm ein, dann wurde Tag und Nacht gearbeitet, im Fackelschein, zeitweise mit fünfhundert Arbeitern: Fonthill Abbey war eine Legende noch vor der Vollendung (1812), ein maßloser Palast, Beckfords Nonsuch Palace. Im Zentrum das sechsstöckige Oktogon mit über vierundzwanzig Meter hohen

211

WILTSHIRE

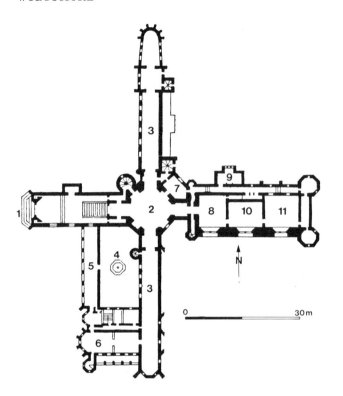

Fonthill Abbey: Grundriß.

1 Eingang
2 Oktogon
3 Galerien
4 Brunnenhof
5 Kreuzgang
6 Salon
7 Porzellan
8 Bankettsaal
9 Frühstückssalon
10, 11 Gesellschaftsräume

Arkaden, davon ausgehend in atemberaubender Perspektive die ›Galerie König Edwards‹ mit vergoldeten Kassettendecken und die fächergewölbte ›Galerie des Heiligen Michael‹, im Osttransept Beckfords Gemälde- und Schatzkabinette, bespannt mit Silberdamast. Persische Teppiche, Dekorationen in Purpur, Gold und Scharlachrot – ein orientalisches Farbschema, das wenig später in Brighton der Royal Pavilion des Prinzregenten aufgriff, dem Beckford die Besichtigung von Fonthill verweigerte. Die Gesellschaft, die ihn einst geächtet hatte, wies er nun von sich, ein Exzentriker aus verlorener Ehre. Nur die Künstler, fasziniert von Fonthill, bewirtete er großzügig: William Turner, John Martin und Constable, der von diesem »Märchenland« schwärmte: »Stell' dir Salisbury Cathedral vor oder irgendein schönes gotisches Gebäude, prachtvoll ausgestattet mit Karmin und Gold, alten Gemälden und Statuen in fast jeder Nische...« Beckford seinerseits, ein Verächter des Protestantismus, fand die Kathedrale von Salisbury »ärmlich, fad, ohne Geheimnis, ohne kirchlichen Prunk; nur der Turm taugt etwas«.

In dem riesigen Bankettsaal tafelte Beckford fast allein. Scharen von Dienern ausgenommen, waren seine einzige Gesellschaft ein Straßburger Arzt, ein französischer

Heraldik-Spezialist, sein italienischer Vertrauter Gregorio Franchi und der Schweizer Zwerg Perro, der den wenigen Gästen das zehn Meter hohe Eichenportal zu öffnen hatte. Beckford in Fonthill Abbey, maßlos aus Melancholie, einsam wie Vathek im »Palast des unterirdischen Feuers«. Er schrieb: »Ich leide nicht wenig unter der scheußlichen Langeweile und der Einsamkeit dieses Grabes von einer Abtei, aber das Schlimmste ist, daß man in diesem Grab nicht die Ruhe findet, die andere Gräber geben.« Statt dessen holte er sich Rheumatismus, denn obwohl ständig sechzig Kamine brannten, auch im Sommer, war Fonthill Abbey grabeskalt, unpraktisch, unbequem durch und durch. Als die Zuckerpreise fielen, als 1807 der Sklavenhandel abgeschafft wurde, sanken Beckfords Einkünfte immer rapider. 1822 kam Fonthill Abbey bei Christie's unter den Hammer. Ein Schießpulver-Millionär bot £ 330 000, Beckford war erleichtert: »Ich bin das Heilige Grab los!« Drei Jahre später stürzte der babylonische Turm zusammen.* Beckford bedauerte, nicht dabeigewesen zu sein.

In Bath lebte und sammelte William Beckford noch zwanzig Jahre. Heute sind seine Kunstschätze in alle Welt zerstreut, von Hampton Court bis ins New Yorker Metropolitan Museum. Allein die Londoner National Gallery besitzt wenigstens zwei Dutzend Meisterwerke aus Beckfords Sammlung, darunter Raffaels ›Heilige Katharina‹. Beckfords Palast, wie Heinrichs VIII. Nonsuch Palace, war zu gigantisch, um in gefälliger Ruinenromantik zu überleben. Der Turmbau von Fonthill wurde zum Steinbruch der Umgebung, aus den grau-grünen Chilmark-Steinen des Palastes wurden Bauernhäuser.

Stourhead oder Das wiedergewonnene Paradies

Wren's Shop, ein Bungalow mit Namen Wren's Place und ein Gedenkstein in Fonthills Nachbardorf *East Knoyle* weisen darauf hin, daß der Architekt Christopher Wren 1632 hier geboren wurde. Sein Vater, Pfarrer und Rektor von East Knoyle, hat selbst den Chor seiner Kirche mit Stuckreliefs dekoriert, Jakobs Traum und die Auferstehung Christi – Bilder, die im Bürgerkrieg als politische Provokation verstanden wurden und im Prozeß von 1647 zum Todesurteil gegen Wrens Vater beitrugen. Auch Christopher Wren war als Generalinspektor der Königlichen Bauverwaltung Partei, nämlich auf Seiten der Tories. Als 1714 mit George I. die Whigs an die Regierung kamen, verlor Wren sein Amt als Hofarchitekt. Wrens barockem Stil trat die strengere, klassische Architektur des Neopalladianismus entgegen, wie sie Inigo Jones in England eingeführt hatte. Nach dem Vorbild der Villen, die Andrea Palladio im 16. Jahrhundert in und um Vicenza für venezianische Adelige gebaut hatte, entwarf Colen Campbell 1721 für den Londoner Bankier und Bürgermeister Henry Hoare das Landhaus *Stourhead* in Stourton.

---

* Eine Kopie von Fonthill ist der noch stehende Turm von Hadlow Castle bei Tonbridge in Kent (1838–40).

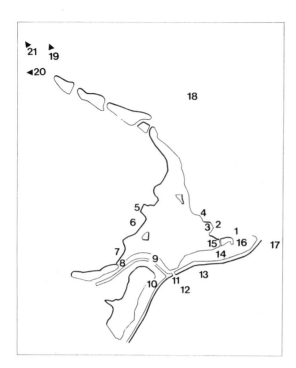

Stourhead: Gartenkarte mit Gebäudeschlüssel.

1 *Sitzplatz am Eingang*
2 *Tempel der Flora*
3 *Paradies-Quelle*
4 *Bootshaus*
5 *Grotte*
6 *Gotisches Haus*
7 *Pantheon*
8 *Eisenbrücke*
9 *Damm*
10 *Wasserfall*
11 *Felsenbrücke*
12 *Lage der Eremitage*
13 *Tempel des Apollon*
14 *Grotten-Unterführung*
15 *Steinbrücke*
16 *Gotisches Hochkreuz*
17 *Kirche*
18 *Obelisk*
19 *St. Peters-Brunnen*
20 *Kloster*
21 *Alfreds-Turm*

Zur komfortablen Eleganz des Hauses tragen vor allem die Seidenholz-Möbel des jüngeren Chippendale bei, der zwischen 1795 und 1820 im Auftrag der Hoares auch Kandelaber, Weinkühler und Blumenständer entwarf. Neben dem in England naturalisierten flämischen Bildhauer Michael Rysbrack waren auch zwei deutsche Künstler dem Haus durch Aufträge verbunden: Angelika Kauffmann und Anton Raphael Mengs. Berühmter als die Bilder ist der Garten von Stourhead (Farbt. XXVII, Abb. 93): ein vollendetes Landschaftsgemälde, das vollkommenste Beispiel des malerischen Landschaftsparks in England neben dem etwa gleichzeitigen Garten von Stowe (Buckinghamshire). Stourhead Garden liegt, durchaus ungewöhnlich, abseits des Hauses, ein Garten Eden ganz für sich, aber ganz entgegen seiner ursprünglichen Bestimmung voll von Besuchern. Wir gehen um einen See mit unregelmäßigem Uferverlauf, und diese ›Linie der Schönheit‹ führt uns zu immer neuen, überraschenden Ausblicken auf Tempel, Grotten und Brücken. Damit folgen wir, zwanglos und natürlich, der kunstvollen Absicht William Kents, des Schöpfers des Englischen Gartens. Nach seinen Grundregeln komponierte der Bankier Henry Hoare, genannt Heinrich der Prächtige, kurz nach 1740 den Park seines Hauses – und nach dem Motto des Horaz: »Beatus ille qui procul negotiis«, glücklich, wer fern von Geschäften lebt.

Es sind, hinüber und herüber, Blicke wie Bilder: am anderen Ufer, von Buchen und Rhododendren umgeben, das römische Pantheon als Gartentempel, in der Rotunde Rysbracks Flora- und Herakles-Statuen. Von dort der Blick zurück auf die fünfbogige Brücke, die alte Dorfkirche und den Tempel der Flora – »a charming Gaspard picture«, schwärmte Henry Hoare, der natürlich auch Poussin sammelte. Als er auf seiner italienischen Reise kein Original von Claude Lorrain erwerben konnte, ließ er sich Kopien malen. »Alle Gärtnerei ist Landschaftsmalerei«, schrieb Alexander Pope, und so hatte Hoare wahrscheinlich Lorrains Gemälde ›Aeneas auf Delos‹ aus der Londoner National Gallery vor Augen, als er die Szenerie von Stourhead entwarf. Ein Garten der Zitate, in dem wir auch Verse aus Vergils ›Aeneis‹ lesen, am Tempel der Flora und in der Grotte. In diesem feuchten Heiligtum ruht die ›Schlafende Nymphe‹, aus der Urne des Flußgottes entspringt der Stour. Heidnisches und Antikes, Poesie, Malerei und Naturphilosophie, Landschaft und Architektur verbinden sich im Garten von Stourhead zum Gesamtkunstwerk. Auf dem Apollo-Hügel steht der Sonnentempel, eine kuppelbekrönte Rotunde mit korinthischen Säulen, dem Rundtempel von Baalbek nachempfunden. Das gotische Hochkreuz, 1765 von Bristol nach Stourhead versetzt, und das rustikale Cottage neben dem Pantheon, diese Einbeziehung englischer Altertümer markiert das Ende des palladianischen und den Beginn des neugotischen Geschmacks.

Henry Hoare plante auch eine Eremitage à la mode. Der Bankier kokettierte mit dem Gedanken, sich in dieser Hütte selbst als Einsiedler auszustellen – ein lebendes Kunstwerk der Einsamkeit, der Gentleman als Gartenzwerg. ›Ornamental hermits‹, Zier-Eremiten waren im 18. Jahrhundert sehr beliebt und hochbezahlt, ein Spezialistenberuf für Sonderlinge, nach denen Gartenbesitzer in Zeitungsinseraten suchten: »Der Eremit sollte mindestens sieben Jahre in der Eremitage bleiben. Er wird mit einer Bibel, mit optischen Gläsern, einer Fußmatte, einem Betschemel, einem Stundenglas, mit Wasser und Nahrung vom Hause versehen werden. Er muß eine Kamelottrobe tragen und darf sich nie, unter keinen Umständen, das Haar, den Bart oder die Nägel schneiden, noch den Grundbesitz von Mr. Hamilton verlassen oder mit dessen Dienern sprechen.« Im Garten von Stourhead setzte sich keiner so harten Berufsbedingungen aus.

Wenn wir diesen Park heute in der vollen Pracht der Rhododendren- und Azaleenblüte bewundern, so hätte uns Henry Hoare vermutlich für geschmacklos gehalten. Erst die Viktorianer bevorzugten die kräftigen, bunten Gartenfarben, die das 18. Jahrhundert als ordinär empfand. Damals genoß man die bescheideneren Sensationen des Sublimen, die verschiedenen Grünschattierungen der verschiedenen Pflanzen, das zarte Grün des Frühlings und die natürlichen Farben des Herbstes, die Abstufungen von Licht und Schatten. Das wiedergewonnene Paradies: Den farbigen Abglanz dieser idealen Naturvorstellung des 18. Jahrhunderts genießen wir vielleicht stärker als andere Generationen im Garten von Stourhead, ein Stück Utopie. »Es ist, wenn man so durchzieht, wie ein Märchen, das einem vorgetragen wird, und hat ganz den Charakter der Elysischen Felder; in der sachtesten Mannigfaltigkeit fließt eins ins andere, keine Höhe zieht das Auge und das Verlangen auf einen Punkt, man streicht herum, ohne zu fragen, wo man ausgegangen ist und hinkommt.« So schilderte Goethe der Frau von Stein seine Eindrücke, als er 1778 den Park von Wörlitz bei Dessau besuchte, einen der ersten Englischen Gärten in Deutschland.

Die Löwen von Longleat

Nur wenige Meilen trennen Stourhead von *Longleat,* Arkadien vom Safari-Park. So selbstbewußt, wie Capability Brown 1757 den holländischen Regelgarten von Longleat in einen Landschaftspark umgestaltet hatte, so geschäftsbewußt verwandelte 1967 Lord Bath große Teile von Browns Landschaftspark in einen Tierpark mit Löwen, Tigern und anderen Exoten. Zur Foto-Safari unter englischen Eichen hatte als erster der Herzog von Bedford in Woburn Abbey geblasen. Mitte der fünfziger Jahre erklärte er Reptons Landschaftsgarten zum ›Königreich der wilden Tiere‹. Beide Herren, erfolgreiche Museumsdirektoren ihrer Landsitze, reüssierten erst richtig als Zoodirektoren. Honny soit qui mal y pense. Denn was nützt das historische Erbe, wenn die Erbschaftssteuer es auffrißt.

Heaven's Gate, Himmelstor heißt die Anhöhe über dem Park von Longleat. Zu unseren Füßen liegt Capability Browns Landschaft, aufgeschlagen wie sein Musterbuch: der serpentinenförmige See, das sanft gewellte Wiesental, einzelne Bäume und Baumgruppen. Sogar die Schafe scheinen sich nach seiner Regie grüppchenweise zu scharen und pittoresk über die Hügel zu verteilen. Keine Mauer, kein auffälliger Zaun, nicht ein-

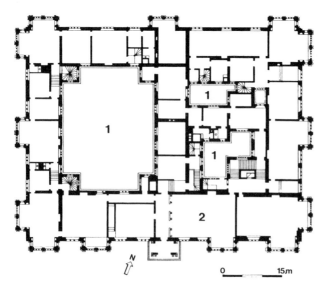

Longleat House: Grundriß.

1 Innenhöfe
2 Halle

WARDOUR CASTLE Georgianisches Treppenhaus, 1769–76

100 Julia Margaret Cameron: Ellen Terry, 1864   101 William Henry Fox Talbot, 1866

102 W. H. Fox Talbot: Die offene Tür, 1844–46   103 LACOCK ABBEY Halle im Stil des Gothic Revival, 1754/55

104 William I. (1027–87)

105 Anne Boleyn (ca. 1507–36)

106 Heinrich VIII. (1491–1547)

107 Philip Sidney (1554–1586)

108 Walter Raleigh (ca. 1557–1618)

109 Beau Nash (1674–1771)

110 Thomas Gainsborough (1727–88)

111 Capability Brown (1716–83)

112 John Nash (1752–1835)

113   S. T. Coleridge (1772–1834)   114   P. B. Shelley (1792–1822)   115   William Wordsworth (1770–1850)

116   D. G. Rossetti (1828–82)   117   William Morris (1854–96)   118   G. F. Watts (1817–1904)

119   Charles Dickens (1812–70)   120   Alfred Tennyson (1809–92)   121   T. S. Eliot (1888–1965)

122 Tür in SHARPHAM PARK

123 Kirchendecke in AXBRIDGE, 1636

124 AXBRIDGE Brass-Grabplatte, 1493

25 Hobbymaler im Dorf SELWORTHY

26 MONTACUTE HOUSE   Elisabethanisches Landschloß, begonnen 1588

127 WELLS Kathedrale, Säulenträger, um 1270   128 WELLS Kapitelsaal, um 1290–1315

129 WELLS Eine mittelalterliche Reihenhaussiedlung, 1348   130 WELLS Die Vierungsbögen der Kathedrale, 1338

131–133 Gestühlswangen in SPAXTON und BRENT KNOLL, 16. Jh.

134 Chorgitter in der Kirche von CARHAMPTON, 15./16. Jh.

Frederick H. Evans: A Sea of Steps. Treppen zum Kapitelsaal der Kathedrale von WELLS

136 Die Ruine der Abteikirche von GLASTONBURY, 1184

137 Badeleben im Kurort BATH, 1672

8 BATH   Georgianische Kolonnaden

139   BATH   Chor der Abteikirche, 16. Jh.

PRIOR PARK bei BATH   Palladianische Brücke, 1750

141 BRISTOL Portal von St. Mary Redcliffe, um 1325

142 AUST Brücke über den Severn, 1966

143 BATH Robert Adams Pulteney-Brücke über den Avon, 1770

144 BATH Der Royal Crescent, 1767–74

145–148 Wirtshausschilder   GODALMING – DEVIZES – BREAMORE – ACTON THURVILLE

mal eine Hecke trennt das Haus vom Park und den Park von den Wäldern, die das Schloß umgeben (Abb. 94). Auf diesem grünen Parkett entfaltet Longleat House das ganze Zeremoniell elisabethanischer Architektur (Farbt. XXX). Aber eingebettet in Natur, behält es seine freie, natürliche Zugänglichkeit, es erstarrt nicht im absolutistischen Regelgartenornat französischer Schlösser. Longleat House ist ein exemplarisches Landschloß der englischen Frührenaissance: ein rechteckiges Gebäude um zwei Innenhöfe, einheitliche Fassaden rundum und die großen, durch Quer- und Längsstäbe unterteilten Fensterflächen des Perpendicular, wie »Hardwick Hall, more glass than wall«. Ganz englisch auch die Betonung der Horizontalen, des rechten Winkels; nur wenig ragen die rechteckigen Erker aus der Wandfläche hervor. Die klassische Ordnung dorischer, ionischer und korinthischer Pilaster zwischen den Fenstern der drei Geschosse ist ein italienisches Motiv. Als Vorbild für die Symmetrie der Fassade gilt Somerset House in London. Dort war Sir John Thynne Adjutant des Lordprotektors Somerset, als er das aufgelöste Augustinerkloster von Longleat für £ 53 erwarb und dort nach 1567 standesgemäß ein Landschloß errichtete. Sein leitender Baumeister war Robert Smythson, der in Nottinghamshire ein weiteres Hauptwerk der elisabethanischen Architektur schuf, Wollaton Hall, im Fassadendekor weniger zurückhaltend als Longleat House.

Von der elisabethanischen Innenarchitektur blieb in Longleat nur die große Halle mit ihrer (um 1700 geschlossenen) Stichbalkendecke erhalten. Die übrigen Räume wurden kurz nach 1800 völlig umgestaltet und noch einmal in den sechziger Jahren des 19. Jahrhunderts durch italienische Kunsthandwerker im viktorianischen Geschmack dekoriert. Die Salons prunken mit Kassettendecken, flämischen Gobelins des 16. Jahrhunderts, Tapeten aus Genueser Samt und spanischem Leder. Neben John Woottons Jagdszenen fällt vor allem Graham Sutherlands Ganzfigurenporträt des jetzigen Hausherrn auf, des 6. Marquess of Bath (1971). Er besitzt die umfangreichste Privatsammlung von Churchilliana, dazu Souvenirs und Aquarelle von Adolf Hitler. Hinter dem Schloß liegt der kurioseste Winkel von Longleat House: Pet's Corner, der Friedhof dero erlauchter Lieblingstiere. Hier ruht der Pekinese Potiphar, das Windspiel Drake und der Terrier Jenny Wren, die Taube Homer und der Grünpapagei Jud Süss, begraben 1933. Die Vicomtesse Daphne Weymouth war zu Versen gerührt, als ihre Pekinesin Pansy starb, und setzte ihr dies Epitaph:

> Brave little huntress ever true And when I stand alone and grey
> Engraved upon my heart are you Outside the forest, Lord I pray
> No one can fill your special place That I may hear her little bark
> My Pansy with a sooty face . . . To lead me through the unknown dark.

Capability Brown war noch nicht ganz fertig in Longleat, da warteten schon zwei andere Landsitze in Wiltshire auf seine Verwandlungskünste. 1761 entwarf er den Park von Bowood House* bei Calne, einen seiner schönsten Landschaftsgärten. Ein Jahr

---

* Joseph Priestley, Bibliothekar von Bowood House, entdeckte dort 1774 bei seinen Experimenten u. a. das Quecksilberoxyd.

233

WILTSHIRE

zuvor engagierte ihn Paul Methuen zur Erweiterung seines elisabethanischen Herren-
hauses (1582) in *Corsham*, einem alten Dorf zwischen Chippenham und Bath. Browns
Fassade ist ebensowenig erhalten wie John Nashs prächtiger, aber unpraktischer neo-
gotischer Umbau (1800), der nach 1840 durch das jetzige Haus ersetzt wurde. Der
Glanz von Corsham Court ist seine Kunstsammlung. Über den Möbeln von Adam und
Chippendale hängen Gemälde von Fra Filippo Lippi, Elsheimer, Veronese, Tintoretto,
Sofonisba Anguisciola, Rubens, Van Dyck und vielen anderen. Die Qualität der
Methuen Collection wird in Wiltshire nur durch die Kunstsammlung des Earl of Radnor
in Longford Castle bei Salisbury erreicht.*

Lacock Abbey: Fox Talbot erfindet die Fotografie

Es gibt viele alte, viele schöne Dörfer in England. Wenn der National Trust gleich ein
ganzes Dorf besitzt und erhält, muß es schon ein besonders altes, besonders schönes
Dorf sein. Castle Combe in den Cotswolds ist ein solches Dorf und, historisch um vieles
interessanter, *Lacock* am Avon, nicht weit von Corsham Court. Kein Neubau, keine
Plakate, nicht einmal Fernsehantennen dürfen die steinplattengedeckten Häuser aus
dem 15. bis 18. Jahrhundert verändern. Dennoch ist Lacock kein Museumsdorf. Im
ehemaligen Armenhaus gegenüber der Kirche arbeiten die Töpfer Robert und Sheila
Fournier, und hinter dem verlockenden Namen ›At the Sign of the Angel‹ verbirgt sich
ein Feinschmecker-Restaurant. Am Dorfrand, in den Auen des Avon, liegt *Lacock
Abbey*, gegründet Anno 1229 von Ela, der Witwe des Ritters William Longespée, der
in der Kathedrale von Salisbury begraben ist. Auch Elas Augustinerinnenabtei entging
nicht der Reformation, der Umwandlung in ein Herrenhaus. Eine glänzende Renaissance
erlebte der Saal der Äbtissin. Der Modearchitekt Sanderson Miller, bis dahin nur durch
den Bau von Ready-made-Ruinen hervorgetreten, verwandelte die mittelalterliche
Halle 1754/55 in einen der frühesten, nobelsten Räume des Gothic Revival in England
(Abb. 103). In Nischen über die Wände verteilt, unter neugotischen Baldachinen stehen
Terrakottafiguren des sonst kaum bekannten Bildhauers Victor Alexander Sederbach.

In diesem Dorf, in der ehemaligen Abtei von Lacock, erfand William Henry Fox
Talbot (Abb. 101) die Fotografie. Den Ruhm, der erste gewesen zu sein, machte ihm
Daguerre streitig, der nur als erster und mit größerer Publizität 1839 in Paris ver-
öffentlichte, was Fox Talbot in der Abgeschiedenheit seines englischen Landsitzes zur
gleichen Zeit und unabhängig von dem französischen Maler entdeckt hatte: eine
Methode, »die Natur sich selbst abbilden zu lassen«. Fox Talbot hatte eine klassische
Erziehung in Harrow und im Trinity College in Cambridge hinter sich, er war der

---

* Longford Castle, ein elisabethanisches Schloß mit dreieckigem Grundriß, ist nur nach
schriftlicher Voranmeldung zu besichtigen.

Erbe von Lacock, dem Familiensitz der Talbots seit dem 16. Jahrhundert, er hatte Geld und Zeit. Er reiste und forschte. Fox Talbot übersetzte, nur aus Vergnügen, den ›Macbeth‹ in griechische Verse, er veröffentlichte ein assyrisches Lexikon und kam als einer der Entzifferer der babylonischen Keilschrift zu wissenschaftlichen Ehren. Im Oktober 1833 reiste er an den Comer See. Die Landschaft begeisterte den klassischen Touristen Fox Talbot so sehr, daß er sie mit Hilfe der Camera obscura möglichst genau zeichnen wollte: »Dies regte mich an, einmal über die unnachahmliche Schönheit der wiedergegebenen Bilder der Natur nachzudenken, die sich da auf dem Papier, in der Kamera, im Brennpunkt des Objektivs bildeten ... zauberhafte Bilder, vergängliche Erscheinungen, die sich ebenso schnell verflüchtigten, wie sie sich gebildet hatten ... Wunderbar, diese natürlichen Bilder einzufangen, zu fixieren und irgendwie dem Papier einzuprägen.«

Dies wurde Fox Talbots entscheidender Beitrag zur Entwicklung der Fotografie: das Negativ, von dem sich lichtbeständige Positivkopien herstellen ließen. Diesen am Ende beliebig oft reproduzierbaren Papierbildern, der ›Talbotypie‹, gehörte die Zukunft – nicht der ›Daguerreotypie‹, dem Unikat auf Metallplatten. Wie unscheinbar war diese Sensation: Neben dem mittleren Erkerfenster in der Südgalerie von Lacock Abbey hängt ein winziges Foto, das Fox Talbot im August 1835 von diesem Gitterfenster machte. Eine Innenraumaufnahme mit mehrstündiger Belichtung, die so präzis gelang, daß er stolz daneben schrieb, jede der rund zweihundert bleigefaßten Glastafeln könne man »durch ein Vergrößerungsglas zählen«. Das Original, im Science Museum in London verwahrt, ist das älteste bekannte Negativ aus der Frühzeit der Fotografie. Im Jahre 1841 ließ Fox Talbot sich die sogenannte ›Kalotypie‹ patentieren. Diese »Methode, die Bilder auf dem Papier sichtbar zu machen«, hielt er für die einzig zukunftsreiche und sich selbst für den eigentlichen Erfinder der Fotografie. Aber in der Öffentlichkeit triumphierte Daguerre, Fox Talbot blieb zeitlebens in seinem Schatten. Er verbitterte immer mehr, experimentierte weiter in seinem Labor in Lacock Abbey und in einem Atelier in Reading. Wenn er schon nicht den Ruhm hatte, wollte er wenigstens das Geld haben. Er belegte seine Patente mit hohen Lizenzen und beutete auch die Entdeckungen seiner Rivalen kommerziell rücksichtslos aus. Fox Talbots Bilder überstrahlen diese Schatten seiner Persönlichkeit: die feingliedrigen ›fotogenen Zeichnungen‹ von Moos und Spitzentüchern; jene ebenso genauen wie geisterhaften Negative der Bibliothek von Lacock oder der neugotischen Halle; fotografische Stilleben von Schachspielern, einer Picknickgruppe, einer offenen Tür (Abb. 102). Viele dieser Bilder erschienen 1844 in seinem Buch ›The Pencil of Nature‹ (Der Zeichenstift der Natur), dem ersten kommentierten Fotobuch. William Henry Fox Talbot starb 1877 auf seinem Landsitz, auf dem Dorffriedhof liegt er begraben. In der massiven Scheune aus dem 16. Jahrhundert am Eingang von Lacock Abbey eröffnete der National Trust 1975 das Fox Talbot-Fotomuseum. Was Fotografie ist, wer ihr Pionier in England war und wie er arbeitete, das wird in diesem Ausstellungs- und Forschungszentrum vorbildlich dokumentiert.

WILTSHIRE

Neben Lacock Abbey und der zerstörten Benediktinerinnenabtei von Amesbury war Malmesbury Abbey eine der drei großen mittelalterlichen Klöster in Wiltshire. *Malmesbury* am Rande der Cotswolds, auf einem Hügel über dem Avon: Der Geburtsort des Philosophen Thomas Hobbes ist eine Kleinstadt abseits der Reiserouten, mit einer Abteikirche, die noch als Fragment ihren einstigen Glanz bezeugt. Dem Abbruch der Benediktinerabtei nach der Reformation entging nur das Hauptschiff der normannischen Klosterkirche, die ein reicher Tuchhändler gekauft und der Gemeinde als Pfarrkirche geschenkt hatte. Das Südportal (ca. 1160–70), ein biblisches Triumphtor: ein weit geschwungener Rundbogen mit acht Archivolten, die ohne Unterbrechung durch Kapitelle ihre Geschichten erzählen und ihre Ornamente ausbreiten von einem Ende zum andern, vom Alten zum Neuen Testament. Wer durch dieses Portal eintritt, erblickt vor sich eine zweite, engere Pforte und im Tympanon Christus in der Glorie. In den beiden Lünetten des Portalvorbaus sitzen sich die Apostel gegenüber, sechs auf jeder Seite der Wand, über ihren Köpfen ein fliegender Engel: ein Höhepunkt normannischer Skulptur in England (Abb. 90). Der faltenreiche Schwung der Gewänder, die bewegten Blicke und Gesten, die Überlänge der Figuren, das alles verbindet sie zu einer eindrucksvollen Gruppe, deren Ergriffenheit auch den Betrachter ergreift. Im Innern der Kirche steht der leere Sarkophag des angelsächsischen Königs Aethelstan, der sich hier neben St. Aldhelm begraben ließ, dem Gründer der Abtei von Malmesbury und späteren Bischof von Sherborne. Zu legendärem Ruhm als englischer Ikarus brachte es der Mönch Elmer, der Anfang des 11. Jahrhunderts mit selbstgebastelten Flügeln vom Turm der Abteikirche abhob und sich trotz Wind und Gottvertrauen beide Beine brach. Der Chronist William of Malmesbury, dessen ›Gesta Regum Anglorum‹ eine anekdotenreiche Quelle für die Epoche nach 1066 sind, war hier Schüler und Lehrer, Mönch und Abt. Zu seiner Zeit hatte die Klosterbibliothek von Malmesbury europäischen Ruf. In der Schatzkammer über dem Portal der Kirche ist auf Wunsch die prachtvoll illuminierte Bibel von 1407 zu sehen, ein Werk flämischer Künstler.

William von Malmesbury zufolge war es Abt Aldhelm, der in *Bradford-on-Avon* eine ›ecclesiola‹ gründete. Ob diese kleine Kirche St. Lawrence war, ist ungewiß, aber unbestritten ist, daß wir hier eine der bedeutendsten, nahezu unverändert erhaltenen angelsächsischen Kirchen in England vor uns haben, gebaut um 700, aufgestockt um das Jahr 1000. Bis ins 19. Jahrhundert war die Existenz dieser Kirche unbekannt. Sie

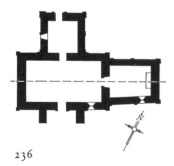

Bradford-on-Avon:
Grundriß der angelsächsischen Kirche St. Lawrence

wurde als Beinhaus und Armenschule benutzt, im Chor wohnte ein Gärtner, rundum waren Häuser und Ställe angebaut. Heute ist die Struktur von St. Lawrence klar erkennbar: ein einschiffiger Raum mit einem rechteckigen Chor, ursprünglich an beiden Seiten des Schiffs ein Portikus. Jeden dieser addierten, fast isolierten Raumteile betritt man durch ein ungewöhnlich enges Portal. Ebenso ungewöhnlich die Proportion der Räume: Schiff und Chor sind sehr schmal und sehr hoch, ihre Höhe übertrifft ihre Länge. Roh und ungefüge das Mauerwerk. Alles ist Konzentration, nichts überflüssig, in der Bescheidenheit liegt die Würde. Nur zwei Engel schweben hoch über dem Chorbogen, wahrscheinlich Fragmente einer Kreuzigungsgruppe wie in Romsey. So schlicht wie im Innern ist die Kirche von außen: ein umlaufender Blendbogenfries mit flachen Pilastern als einzigen, charakteristisch angelsächsischen Ornamenten; wenige vertikale und horizontale Mauerstreifen wie Balken eines Fachwerkbaus. Es ist eine primitive Architektur im besten Sinne, einfach und kraftvoll, nicht zu vergleichen mit den reichgeschmückten, etwa gleichzeitigen Kapellen von Aachen oder Oviedo in Asturien. So steht St. Lawrence als karges Kleinod in der alten Tuchhändlerstadt Bradford, der ›breiten Furt‹ am Avon.

Somerset

Sagen wir erst einmal: Cider, Cheddar, Mendip Snails – und nicht gleich: Wells, Glastonbury, Montacute. Somerset: da schmecke ich herben Apfelmost, würzigen Käse und die Schnecken von den Hügeln der Mendips. Da spüre ich die windigen Höhen und die steinernen Höhlen, Dunkery Beacon und Wookey Hole, die fischreichen Flüsse des Exmoors und die Badebuchten am Bristol Channel. Somerset: da lese ich Geschichten und Geschichte, ineinander verschlungen wie keltische Ornamente. Da sehe ich, ganz ohne Ale, King Arthur dreifach wieder: legendärer Gralshüter, römischer Feldherr, britischer König – was Dichter zusammengefügt haben, soll der Historiker nicht trennen. Who is who in Cadbury Castle? Und ist Cadbury Castle wirklich nur Somersets größtes Hügellager der Eisenzeit? Oder nicht doch der sagenhafte Königshof Camelot von Artus, dem Ritter von der unfaßbaren Gestalt?

Somerset, da höre ich Namen mit magischem und tragischem Klang: King Ina, der vom Ochsentreiber im Dorfe Somerton zum König von England aufstieg (689), zu sensibel war für die Macht, nach Rom pilgerte und wieder Bauer wurde; König Alfred, der hier mit Guthrum im Frieden von Wedmore (878) England aufteilte zwischen Sachsen und Dänen. In Somerset fielen 1642 im Bürgerkrieg zwischen Royalisten und Parlamentspartei die ersten Schüsse, und auch die letzte große Schlacht auf englischem Boden, 1685, fand in Somerset statt, wo der Griff des Herzogs von Monmouth nach der Krone im Sumpf des Sedgemoors endete. Aber nicht eigentlich Krieger, sondern Schafe bestimmten das Bild Somersets. Das Land ist arm an Burgen (Dunster, Nunney, Farleigh Hungerford) und reich an ›Wool Churches‹ mit prächtigen Perpendicular-Kirchtürmen, die noch im kleinsten Dorf von der Blütezeit des Wollhandels zeugen, als Somerset Ende des 14. Jahrhunderts ein Viertel der gesamten englischen Wolle produzierte.

Zur englischen Kultur hat die historische Grafschaft Somerset* beträchtlich beigetragen. Aus Wellow bei Bath, wo es Reste römischer Villen und das besterhaltene Hünengrab Somersets gibt (Stoney Littleton Long Barrow), stammt der Komponist John Bull, Hauptvertreter der Elisabethanischen Virginalisten, dem die Komposition

---

* einschließlich der 1974 gebildeten neuen Grafschaft Avon

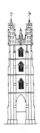  

*›Wool Churches‹
Perpendicular-Kirchtürme von
North Petherton, Dundry und
Bishop's Lydeard*

der englischen Nationalhymne zugeschrieben wird. Von Ilchester, in dessen Rathaus man den ältesten Amtsstab Englands bewundern kann, ging der Franziskaner Roger Bacon nach Oxford und Paris, wo er die Philosophie der Theologen durch naturwissenschaftliche Experimente erschütterte. Sein großer Nachfolger im Zeitalter der Aufklärung: John Locke, Begründer des englischen Empirismus, der sein Leben in *Wrington* begann, wo Hannah More ihr Leben endete: literarischer Blaustrumpf* in London, dann Sozialarbeiterin unter den Bleibergleuten der Mendips, für deren Kinder sie die ersten Sonntagsschulen einführte – eine emanzipierte Frau der Praxis, nicht der Parole nach, deren Wohngemeinschaft mit ihren vier Schwestern sogar Dr. Samuel Johnsons Fassungskraft überstieg: »What, five women living happily together?« Nun liegen alle fünf glücklich beieinander auf dem Friedhof von Wrington, und im Südportal der Pfarrkirche All Saints führen Hannah More und John Locke eine Ehe auf Gedenkbüstenbasis, wie sie nur Bildhauer stiften.

Die großen Söhne Somersets: dazu zählt – neben Admiral Robert Blake aus Bridgwater – auch jener Richard Perceval aus Nailsea Court, der im CIA von Elizabeth I. den Angriffsplan der Armada 1586 entdeckte, und Thomas Young aus Milverton, dem wir die Dreifarbentheorie des Sehens verdanken und die Entzifferung der Hieroglyphen des Rosetta-Steins im Britischen Museum.

Mord im Exmoor

Im Exmoor gibt es »more ponies than people«, genauer: 12 500 Einwohner auf einer Fläche von nahezu siebenhundert Quadratkilometern. Die rot- bis dunkelbraunen Exmoor-Ponies, an denen kein einziges weißes Haar sein darf, sollen sie als reinrassig gelten, waren vermutlich schon hier, bevor die ersten Siedler der Becher- und Bronzezeit ihre Steinkreise und Grabhügel errichteten. Diese prähistorischen Zeugnisse – bei Withypool oder südwestlich von Simonsbath – sind hier seltener als im Dartmoor, und mancher Menhir erweist sich als bloßer Reibestein fürs liebe Vieh.

---

* Bluestockings, Blaustrümpfe: spöttische Bezeichnung für den schöngeistigen Kreis im Londoner Haus der Lady Montagu seit etwa 1750, wo Benjamin Stillingfleet mit blauen Wollgarnstrümpfen erschien – statt der sonst üblichen schwarzen Seidenstrümpfe.

SOMERSET

Gar nicht schaurig ist's, übers Exmoor zu gehen. Der größte Teil dieses Hochplateaus ist Weideland, Schafe und Ponies kreuzen den Weg. Statt schroffer Granitfelsen wie im Dartmoor schwingen die Hügel hier sanft von Tal zu Tal, mit einem Teppich blühender Primeln und Bluebells im Frühjahr, ginstergelb und in der purpurnen Pracht der Heide im Herbst. Naturfreunde können im Exmoor, einem der zehn Nationalparks in England, rund achthundert verschiedene Pflanzen und zweihundertfünfundvierzig Vogelarten beobachten. Exmoor-Enthusiasten besonderer Couleur traf ich im Dörfchen *Selworthy,* abseits der A 39: eine Gruppe aquarellierender Rentner (Abb. 125), die während ihrer ›painting holidays‹ mit großem Elan auf kleinen Formaten festhielten, was die Gegend hergab: im Tal die weißgekalkten Strohdachhäuser, die mit langen Kaminfingern aufzeigen; am Hügel die Kirche All Saints, eine versteckte Perle des Perpendicular; im Hintergrund Dunkery Beacon, der höchste Punkt im Exmoor (520 m). Hier macht jeder Ferien, wie es ihm gefällt. Man kann am River Exe Lachs und Forellen angeln, man kann reiten oder wandern, jagen oder der Jagd im Auto folgen – ein ›Sport‹, der immer populärer wird, zumal das englische Wild fair genug ist, nicht außer Sichtweite seiner motorisierten Anhänger zu laufen. Fox oder Stag Hunting oder im Auto hinterherfahren: das ist, mehr oder weniger, eine soziale Frage. Die letzten englischen Hirsche in freier Wildbahn werden im Exmoor von Jagdgästen der Upper class geschossen. Die einheimischen Bauern, nicht minder hoch zu Roß, zeigen dann den Füchsen, wie schnell ihre Foxhounds rennen (Farbt. XXXI). Es ist fast alles noch wie auf den Bildern von Henry Alken. Für Jäger und Gejagte endet das Freilichttheater in schöner Gleichheit im Pub: Die einen kommen ausgestopft an die Wand, die andern an die Theke, wo – wie in der Black Venus Inn in Challacombe – lederne Haltegriffe von den Eichenbalken baumeln, für alle Fälle.

Erstaunliche Entdeckung in *Exford,* dem Jagd- und Wanderzentrum des Exmoors, in der unscheinbaren Methodistenkapelle des Dorfes: zwei meist übersehene Kirchenfenster von Burne-Jones, tiefleuchtend in Rot und Blau. Zwei Engel, schön und traurig, spielen Laute mitten im Exmoor.* »Wenn es nur dies hier zu sehen gäbe, die Reise würde sich lohnen«, hatte Lord Tennyson geäußert, allerdings ein paar Meilen weiter, zwischen Winsford und Hawkridge, angesichts der *Tarr Steps.* Das ist kein Volkstanz, sondern die längste Clapper Bridge nicht nur im brückenreichen Exmoor. Auf großen Steinplatten, über eine Länge von fünfundfünfzig Metern auf Steinpfeiler gelegt, drei Fuß über dem River Barle: so wechseln wir die Ufer, Wald auf der einen, Weiden auf der anderen Seite. Das geht schon so, schätzen Tarr Steps-Kenner, seit der Eisenzeit.

Den Flußtälern folgen, an der Grenze zwischen Somerset und Devon. Da finden wir, im Zeichen des schwarzen Hirschkopfs auf grünem Grund (Exmoor Nationalpark-Schild), Doone Valley und die Kirche von *Oare,* literarische Wallfahrtsstätten der

---

* Die Burne-Jones-Fenster, angefertigt für eine inzwischen zerstörte Kapelle im Londoner Stadtteil Marylebone, sind 1949 durch eine Schenkung nach Exford gekommen. Weitere Morris- bzw. Burne-Jones-Kirchenfenster in Somerset: Frome (Holy Trinity), Over Stowey (St. Peter and Paul), Huish Episcopi (St. Mary), Winscombe (St. James).

Nation. Sonderbares Halleluja auf einer Tafel im Lanzettfenster: »The sound of a shot rang through the church.« Was dann geschah – jeder Engländer weiß es, spätestens seit der Fernsehverfilmung. Lorna Doone, im blutigen Hochzeitskleid, bricht neben ihrem Geliebten John Ridd am Altar zusammen, und Carver Doone war der Täter. Populärer wohl noch als jener andere Mord im Dom ist dieser. Lokalen Räubergeschichten des 17. Jahrhunderts – für die Herkunft der Doone-Bande gibt es mindestens fünf historische Theorien – hat Richard Doderidge Blackmore seine schaurig-schöne Love-Story entnommen, die 1869 erschien. Einige Kapitel hat Blackmore in der Royal Oak Inn im nahen Withypool geschrieben.

Ein literarischer Wanderweg

Nur zwei Meilen nördlich von Oare fällt das Exmoor steil ab in den Bristol Channel, auf einer Länge von fast fünfzig Kilometern. Diese Küstenroute zwischen Combe Martin und Minehead ist ein literarischer Wanderweg par excellence. Im Badestädtchen *Lynmouth* (Devon) übernachten wir im Shelley's Cottage Hotel. Hier hat der Dichter (Abb. 114) 1812 mit seiner Frau Harriet einen Sommer verlebt und ›Queen Mab‹ vollendet. Das Blankversepos mit dem Feen-Titel wendet sich gegen Kirche, Krone und Kapital und ist später zur ›Bibel der Chartristen‹ geworden, der ersten sozialistischen Arbeiterbewegung in England. In der Umgebung von Lynmouth soll Shelley aufrührerische Pamphlete als Flaschenpost ins Meer geworfen haben. Das ›romantische‹ Lynmouth wurde in viktorianischer Zeit erst richtig beliebt, als englische Deutschland-Touristen Rhein- und Schwarzwald-Atmosphäre hier wiederfanden und pflegten: Tannenwald, Rhenish Tower und ›the Zahnradbahn‹, die hinaufklettert nach Lynton.

Auch Shelleys Freund Robert Southey, der Poeta Laureatus aus Bristol, schätzte die Exmoor-Küste. In *Porlock* hat er sich einen regnerischen Nachmittag in der Ship Inn vertrieben, »making my sonnett by the alehouse fire«, am Kamin also, bei Bier und Versen. »Thy wooded glens the traveller with delight / Recalls to memory.« Was ich mir an dieser Stelle mit Vergnügen in Erinnerung rufe, ist das vorzügliche Hors d'œuvre in der schiffsbalkenalten Inn: Williams Christ Birne mit einer Sauce aus Senf, Blue Vinney und Rotwein, genannt ›Capability Brown Pear‹ – welche Möglichkeiten, in der Tat! Wen wundert es, daß der Gartenkünstler Brown einem englischen Wirt nähersteht, selbst wenn der Verskünstler Southey einmal sein Gast war? Porlocks Kirche (13. Jh.) mit ihrem schiefen Schindelturm ist nach dem keltischen Bischof St. Dubricius benannt, der im 6. Jahrhundert vom walisischen Glamorgan als Missionar herüberkam, noch bevor Augustinus Anno 596 in Kent landete. So monumental die Alabaster-Grabfiguren von Lord und Lady Harington (ca. 1460) in der Kirche von Porlock, so lapidar der Grabspruch einfacher Eheleute draußen auf dem Friedhof: »Er starb zuerst, sie versuchte, einen Tag ohne ihn zu leben, mochte es nicht und starb.«* (Anm. s. S. 242).

SOMERSET

Zwischen Porlock und dem Valley of the Rocks bei Lynton, wo die Felsen Namen tragen wie White Lady oder Devil's Cheesewring (Des Teufels Käsepresse), diesen über vierhundert Meter hohen Klippenweg parallel der heutigen A 39 sind S.T. Coleridge (Abb. 113), William Wordsworth (Abb. 115) und seine Schwester Dorothy im Herbst 1797 gemeinsam gewandert. Ein romantisches Urerlebnis, dem wir Coleridges berühmten ›Rhyme of the Ancient Mariner‹ verdanken, die Ballade vom alten Seemann, der auf einem Gespensterschiff Buße tun muß für seinen Frevel am frommen Vogel Albatros. In *Watchet,* einem kleinen Fischer- und Seglerhafen, sah Coleridge seinen Seemann aufbrechen zu jener verhängnisvollen Fahrt, die im sicheren Hafen der Literaturgeschichte endete. Diese Wege zwischen Himmel, Erde und Wasser sind immer noch, außerhalb der Hauptsaison, aus solchem Zeug wie das zu Träumen:

> In Xanadu did Kubla Khan
> A stately pleasure-dome decree:
> Where Alph, the sacred river, ran
> Through caverns measureless to man
> Down to a sunless sea.**

Große Dichtung war immer auch ein Lokalereignis. Glauben wir also getrost Coleridges biografischen Spurensicherern, die uns genau sagen, wo Xanadu liegt und warum ›Kubla Khan‹ Fragment blieb: Auf der einsamen Ash Farm war's, wo Coleridge einen Opiumtraum hatte, den »a gentleman from Porlock« störte.

> Auf den Wellen trieb des stolzen
> Freudenschlosses Schatten grell,
> Wo die Rhythmen sich verschmolzen
> Von den Höhlen und dem Quell
> Ein Wunderwerk, wie man kein zweites weiss
> Durchsonntes Lustschloß mit Gewölb von Eis!

Der Coleridge-Freund verläßt diesen Ort und begibt sich weiter fort, nach *Minehead* zum Baden oder zur Betrachtung der Buchmalereien des Fitzjames-Missale (15. Jh.) in der Kirche St. Michael, die wie ein Leuchtturm über Stadt und Bucht liegt und jahrhundertelang auch so benutzt worden ist.

---

* Dieser auf Grabsteinen des 17. und 18. Jahrhunderts oft variierte Vers lautet in seiner ursprünglichen Fassung: »She first deceased him; he a little tried / To live without her, liked it not, and died.« Autor ist der 1568 in Boughton Malherbe (Kent) geborene Sir Henry Wotton, Schriftsteller und Diplomat, ein Beruf, den er so definierte: »an honest man sent to lie abroad for the good of his country«.

** In Xanadu schuf Kubla Khan / Ein Lustschloß, stolz und kuppelschwer: / Wo Alph, der Fluß des Heiles, rann / Durch Höhlen, die kein Mensch ermessen kann, / In sonnenloses Meer.

Von Minehead ist es nicht weit nach *Dunster* am Rande des Exmoors. Die Kirche St. George mit ihrem bemalten filigranartigen Chorgitter (1498), die im Ursprung normannische Burg der Luttrells mit der prachtvollen Stuckdecke (1681) im Speisesaal und dem Schlafgemach Charles II., der achteckige Garn-Markt (ca. 1589) am Eingang und die romantische Packhorse Bridge am Ende des Städtchens – ein Ort zum Bummeln und Bleiben. Dunsters architektonisch-kulinarische Rarität: der Dove Cote, ein mittel-alterlicher Taubenturm, seiner praktischen Drehleiter wegen gepriesen, mittels derer man mühelos die über fünfhundert Gelege erreichen und jede Woche bis zu zwei-hundert Jungtauben entnehmen konnte – genug, um Generationen von Gourmets in der benachbarten Benediktiner-Priorei und oben im Schloß mit Pigeon Pie, köstlicher Taubenpastete zu versorgen. Wir kommen hundert Jahre zu spät, die Vögel sind aus-geflogen.

Quantocks und Mendip Hills: Dichter und andere Höhlenbewohner

»Hier ist einfach alles: Meer, Wälder, wild wie es sich die Phantasie nur ausmalen kann, Bäche, kieselsteinklar wie in Cumberland, und so romantische Dörfer.« Die Quantock Hills, die Dorothy Wordsworth bei ihrer Ankunft 1797 – immerhin vom Lake District verwöhnt – so schwärmerisch beschrieb, haben sich seitdem kaum verändert. Diese rund zwanzig Kilometer lange Hügelkette erstreckt sich von Watchet an der Bridgwater Bay bis Taunton. »England's loveliest hills«: meine Skepsis derlei heimatstolzen Super-lativen gegenüber schwand, als wir bei Holford die A 39 verließen und die sanften Serpentinen hinauffuhren zum Hotel *Alfoxton Park*.

Ein zweistöckiges Landhaus mit toskanischem Säulenportal, georgianisch durch und durch, den Swimmingpool ausgenommen: Hier also haben William Wordsworth und seine Schwester gewohnt, mit dem Blick über den Bristol Channel nach Wales. Der Voll-pensionär, der sich heute das Vergnügen, im allzu fein renovierten »historic bedroom of Dorothy Wordsworth« zu schlafen, täglich £ 13 kosten läßt – sollen wir ihm sagen, was die Wordsworths 1797 jährlich an Miete bezahlt haben für das ganze Haus? Sagen wir es ihm lieber nicht.* Freilich wollten die Wordsworths auch nicht Golf und Tennis spielen oder Rotwild jagen, sondern nur wandern und dichten, gemeinsam mit Coleridge. Die Sammlung der ›Lyrical Ballads‹ ist hier entstanden, ein Schlüsselwerk der englischen Romantik, und die Verstragödie ›The Borderers‹, in der Wordsworth die Schreckensherrschaft der Jakobiner in Frankreich verurteilte. Dennoch, ihr wildes Wandern und Diskutieren muß die Nachbarn in panische Revolutionsangst versetzt haben – den Wordsworths wurde gekündigt, schon nach einem Jahr.

Ihr kurzer, heftiger Aufenthalt hat in Alfoxton Park keine Spuren hinterlassen, die sich vorzeigen ließen in Gedenkzimmer-Vitrinen. Die gibt es um so reichlicher in einer

---

* £ 23

um so schlichteren Umgebung, im einst strohgedeckten Coleridge's Cottage im nahen *Nether Stowey*. Der Vierundzwanzigjährige kam 1796 mit Frau und Kind nicht zum Ferienvergnügen hierher, sondern als Dichter und Bauer. Drei Jahre lang bestellte er frühmorgens seinen Garten und dann die Poesie – »so jogs the day, and I am happy«, schrieb er. »Ich hoffe, davon leben zu können mit einem oder zwei Schweinen, denn lieber möchte ich mich als Gärtner selbst versorgen als ein Milton sein – wenn ich nicht beides sein kann.« Diese Land- und Lyrikbewegung der englischen Romantiker wird schon seit 1907 in Coleridge's Cottage von Alt und Jung bewundert: die zeitgenössischen Porträts der Familie und Freunde; das Bücherbord aus dem Holz jener Buche bei der Woodlands Farm, wo Coleridge und Wordsworth sich trafen; die Zeichnung ›Heidelberg Castle‹ von ihrer gemeinsamen Rheinfahrt 1828; vier verschiedenfarbige Haarlocken des Dichters, sein Kavallerie-Degen und der Schreibtisch mit drei Federkielen. Selbst in Nether Stowey, an diesem »grünen und stillen Ort, inmitten der Hügel«, haben den Dichter ›Fears in Solitude‹ heimgesucht: die allgemeine Angst vor einer Napoleonischen Invasion. Das war 1798, und noch im selben Jahr reisten Coleridge und Wordsworth nach Deutschland, zum Studium der Philosophie. – Wenige Kilometer südwestlich von Nether Stowey, auf seinem Landsitz in Combe Florey, hat ein anderer Schriftsteller die letzten zehn Jahre seines Lebens verbracht: Evelyn Waugh, Autor der Romane ›Eine Handvoll Staub‹ (1934) und ›Tod in Hollywood‹ (1948).

An den südlichen Ausläufern der Quantocks liegt die Grafschaftshauptstadt *Taunton*, berühmt für ihren Cider, berüchtigt wegen des Bloody Assize, des Blutgerichts von Judge Jeffreys. Dieser oberste Henker nahm hier nach der Schlacht von Sedgemoor 1685 Rache an Tauntons Bürgern, die den protestantischen Gegenkönig Monmouth unterstützt hatten. Im Tudor House, heute Restaurant, hat der blutige Jeffreys gewohnt. Dort und im County Museum wird seine Schreckensherrschaft dokumentiert. Das Museum mit seiner interessanten naturkundlichen und archäologischen Sammlung liegt auf dem Gelände der fragmentarisch erhaltenen, ehemals bedeutenden normannischen Burg. Unübersehbar in seiner Höhe und der Gliederung seiner drei durchfensterten Geschosse: der 1862 erneuerte Perpendicular-Kirchturm von St. Mary Magdalene, eine exemplarische Wool Church.

›Wool Church‹ St. Mary Magdalene, Taunton

Den einstigen Wollreichtum von Somerset repräsentiert auch jener Tuchwalker mit seinem Handwerkszeug, dargestellt an einer reichgeschnitzten Kirchenbank von St. Margaret in *Spaxton* (Abb. 133). Solche ›bench-ends‹ (Gestühlswangen), meist aus dem 15. Jahrhundert, sind charakteristisch für viele Kirchen Somersets. Man könnte sich, beiläufig, darauf spezialisieren, so wie auf Taufbecken in Cornwall oder auf Chorgitter in Devon. Da gibt es – neben Darstellungen der Passionswerkzeuge, Blumen- und Figuren-motiven (Abb. 131) – geschnitzte Gestühlswangen mit Windmühle (Bishop's Lydeard), Hahnenkampf (Hatch Beauchamp), Nachtwächter (Bishop's Hull) oder mit Meerjung-frauen und nackten Drachenkämpfern (Crowcombe). Wer den Abstecher nach *Brent Knoll* nicht scheut, findet drei buchstäblich fabelhafte Kirchenbänke im Mittelschiff von St. Michael. Ein polemischer Comic Strip in Holz: Reineke Fuchs, als Abt verkleidet, predigt den Gänsen, die ihn zwei Bänke weiter aufhängen (Abb. 132). Kuriose Zugabe an der Wand: das Grabmonument John Somersets mit seinen beiden Frauen, deren eine – Brent Knolls modebewußten Kirchenvätern zufolge – den größten Hut trägt, der je ein englisches Grabmal zierte. Die weithin sichtbare Hügelfestung der Eisenzeit draußen in der Ebene zwischen den Seebädern Burnham und Weston-super-Mare, auch Brent Knoll Camp hat seine anekdotische Pointe. Hier soll der Teufel eine Schaufel voll Erde hingeworfen haben, als er die Schlucht von Cheddar Gorge grub.

Auch der Teufel kocht nur mit Wasser, und insofern stimmt die Geschichte, denn *Cheddar Gorge,* diese bis zu hundertdreißig Meter tiefe Klamm, entstand vor Millionen Jahren, als ein unterirdischer Fluß die Kalkfelsen der Mendips an dieser Stelle so ausgehöhlt hatte, daß sie einstürzten. Das hatte einen neuen, ständig steigenden Strom zur Folge: die Touristen. Wem es an diesem beauty spot zu voll wird, kann für 8 p die zweihundertsechsunddreißig Stufen der ›Jakobsleiter‹ auf die Höhen der Mendips klettern oder für 25 p unter Tage gehen. Gough's Cave, die 1877 entdeckte Tropfstein-höhle, ist ein voll ausgebautes und ausgebeutetes Naturereignis. Steinzeit, elektrisch beleuchtet und effektvoll getauft. ›Victoria Falls‹ heißen die erstarrten Wasserfälle der Stalagmiten und Stalaktiten, ›St. Paul's‹ oder – Höhepunkt der Grottenwallfahrt – ›Salomons Tempel‹. Anfang des Jahrhunderts hat man dort ein Skelett aus der Eiszeit gefunden – den Cheddar-Ureinwohner, der noch nicht ahnen konnte, daß es demnächst hier Käse geben würde. Höhlenmensch und Käsemensch weisen inzwischen als Wirts-hausschilder den Weg. Einladend winkt uns das Skelett ins Cave Man-Restaurant mit angeschlossenem Museum – eine mehr archäologisch-architektonisch als kulinarisch über-zeugende Kombination. Cheddar wird längst überall in der Welt hergestellt, nur nicht mehr in Cheddar. Dort überwiegt Abgepacktes und Abgeschmacktes für Souvenirjäger.

Wookey Hole, zwei Meilen nördlich von Wells, heißt eine andere, kaum weniger be-rühmte, aber weniger überlaufene Tropfsteinhöhle der Mendips, rund sechzigtausend Jahre alt. Hier, überwältigt von der Pracht, soll Anfang des 18. Jahrhunderts der Dich-ter Alexander Pope nicht etwa einen ›Raub der Stalaktiten‹ poetisch beschrieben, son-dern höchst prosaisch betrieben haben. Einen ganzen Tropfstein-Vorhang, heißt es, habe dieses Vorbild der Aufklärung mitgenommen für seine Garten-Grotte in Twickenham

245

SOMERSET

an der Themse. Die ›Höllenleiter‹ hinab, betreten wir einen der drei großen, vom River Axe geformten Räume, The Witch's Kitchen. Da sitzt die ›Hexe von Wookey Hole‹, ein verkalkter Naturscherz.

Wieviel dieses ganze Höhlenspektakel – unbeschadet aller archäologisch-naturwissenschaftlicher Bedeutung – als Tourismus-Artikel der Trivialästhetik verdankt, müssen die Manager einer anderen, nicht steinernen, sondern wächsernen Schaubude geahnt haben, als sie 1973 Tal und Höhlen kauften. Madame Tussaud's Wachsfigurenkabinett aus London hat seitdem in der alten Papiermühle von Wookey eine Filiale: einen Lagerraum für mehr als zweitausend Gußformen berühmter und minder berühmter Wachsfiguren aus über zweihundert Jahren – samt Kostümen und Zubehör, darunter auch das Schlagzeug von Ringo Starr. Neben Wookey's Wachsfigurenkabinett beherbergt die Papiermühle auch Lady Bangor's Fairground Collection, eine ergötzliche Sammlung von Jahrmarktfiguren und Rummelplatzheroen: Ben Hurs Schlachtordnung, nickende Esel, ein Kentaur mit dem Gesicht Lord Kitcheners sowie der Kopf eines Wales – groß genug, um alles zu verschlingen.

Das Gesamtkunstwerk Wookey Hole, dieser Triumph des Trivialen und der Natur, ist ein Anziehungspunkt nicht zuletzt für einheimische Künstler. Der Maler Peter Blake und seine Frau, die Plastikerin Jann Haworth, sind begeisterte Besucher von Wookey und selber Trivialkunst-Sammler. Sie wohnen nicht weit entfernt in dem ehemaligen Dorfbahnhof von Wellow, über dessen Gleise sie nicht nur Gras, sondern als echte Engländer gleich einen Garten wachsen lassen: Alice's Garden, eine Hommage à Lewis Carroll, ein Fleckchen Privatmythologie in der Tradition des ›crazy garden‹. Peter Blake, wie der Rolling Stone Mick Jagger in Dartford (Kent) geboren, war einer der führenden Künstler der englischen Pop Art. Nach seinem Rückzug von London aufs Land (1969) fand er mit poetischen ›Alice‹-Aquarellen, Shakespeare-Paraphrasen und Frauenakten zu einer neuen Klassizität. Ein säkularisierter Präraffaelit, gründete Peter Blake 1975 die ›Brotherhood of Ruralists‹: eine Gemeinschaft von sieben Künstlern, die zur Erhaltung der Countryside beitragen wollen, mit Kunstwerken, ländlichen Festen und einer Wiederbelebung künstlerisch-handwerklicher Arbeit in allen Bereichen des Alltags.

Höhlen rechts und Höhlen links, das Gasthaus in der Mitte: Zwischen Wookey und Cheddar findet, wer lange genug sucht, The Miners' Arms – vier Kilometer vom nächsten Ort, *Priddy,* entfernt. »Verlassen Sie sich nicht darauf, nach dem Weg zu fragen«, warnt der Wirt im Hausprospekt, »es ist unwahrscheinlich, daß Sie in dieser Gegend jemanden treffen.« Höchstens einmal einen Archäologen, denn das Mendip-Plateau um Priddy ist reich an Hünengräbern und Erdkreisen der Stein- und Bronzezeit (Priddy Nine Barrows, Priddy Circles, Ashen Hill). Betrieb war hier über zweitausend Jahre lang, bis kurz nach 1900 die letzten Bleibergwerke schlossen. Blei von den Mendips hat im Mittelalter die Dächer vieler Abteien und Kirchen gedeckt, und aus Mendip-Blei sind auch die noch heute sichtbaren Wasserleitungen der römischen Bäder in Bath. Zentrum der römischen Blei-Industrie in Somerset war *Charterhouse,* wo noch die Reste eines kleinen Amphitheaters zu sehen sind und grasüberwachsene Löcher in der Landschaft, die ehemaligen Gruben.

The Miners' Arms: ein einsames, unscheinbares Haus an der Kreuzung zweier Landstraßen. Name und Grubenlampe erinnern an seine fast dreihundertjährige Tradition als Pub für Bergleute. Seit 1961 kochen hier Mrs. and Mr. Leyton – so brillant, daß der ›Observer‹ über ihr Priddy Oggy (Schweinefilet in Teigmantel) berichtet hat. Ein Menü, an das ich mich in deutschen Restaurants wehmütig zurückerinnere: frische Mendip-Schnecken, Huhn in Cider mit Mendip-Pilzen, als Dessert Farmhouse Cheddar Cheese – oder Miners' Delight: Eis und Aprikosen mit heißer Sherry-Sauce und Sahne. Der Wirt braut sein eigenes, champagnerartiges Bier, The Miners' Arms Own Ale. Und wenn ihm seine Gäste gefallen, setzt sich Paul Leyton ans Piano und singt Oldies oder rezitiert eigene Gedichte und Limericks. Speisen Sie hier, wann immer Sie können – es gibt nichts Köstlicheres zwischen Lands End und London.

Die Kathedrale von Wells

Stürzen Sie nicht gleich in die Kathedrale. Die Stadt selbst verdient zunächst einen Blick, und mehr als einen. Schon die Einfahrt, von Bath kommend oder die Hügel der Mendips hinunter: welche Harmonie von Stadt und Landschaft! Hinter dem gotischen Bischofspalast grasen die Kühe. Die große Kathedralenstadt – eine Kleinstadt ganz und gar. *Wells* ist winzig, war es immer und wird es wohl bleiben. Die Grenzen des Wachstums: viertausend Einwohner im 13. Jahrhundert, neuntausend heute – da wirken die zweihundertsiebenundneunzig Fassadenfiguren der Kathedrale schon wie eine größere Menschenansammlung. Wells hat im Mittelalter, führend zwischen Glastonbury und Bath, Architektur- und Kirchengeschichte gemacht. Diese Geschichte ist ihre Gegenwart, an allen Gebäuden abzulesen, unzerstört wie selten irgendwo, dabei gänzlich unmuseal.

Wie Gott in Wells mag der Besucher sich fühlen, dem die Jahrhunderte wie ein Tag vergehen: Morning Coffee im 14. Jahrhundert, in The Old Priory, deren Brot und Pasteten »all home made« sind; Lunch im 16. Jahrhundert, im Star Hotel, einer Coaching Inn, die ihre Pferdeställe in Speisesäle verwandelt hat; Afternoon Tea im 17. Jahrhundert, im Crown Hotel am Markt, unter dessen drei Fachwerkgiebeln der Quäker William Penn vor seiner Verhaftung predigte; und zum Dinner wieder siebenhundert Jahre zurück, in The Ancient Gate House Hotel, wo die Stadtmauer mitten durchs Haus verläuft, mit einer normannischen Tür und angelsächsischen Fenstersteinen. Am Marktplatz, auf dem Bürgersteig vor der Häuserfront aus der Mitte des 15. Jahrhunderts, stoßen wir auf die alte Brass-Tradition einer Gedenktafel, die einem jungen Ruhmesdatum der Stadt gilt, der Weitsprung-Weltrekordlerin Mary Bignal Rand aus Wells, Olympiasiegerin 1964 in Tokio.

SOMERSET

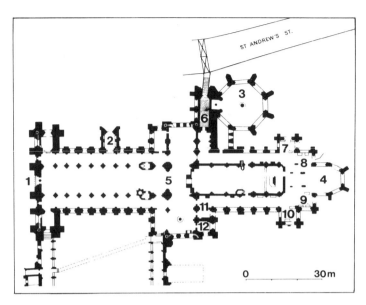

Wells: Grundriß der Kathedrale.
1 Westfassade
2 Nordportal
3 Kapitelsaal
4 Marienkapelle
5 Vierungsturm
6 Treppen von der Kathedrale in den Kapitelsaal
7 St. Johannes-Kapelle
8 St. Stephans-Kapelle
9 Kapelle Johannes des Täufers
10 St. Katharinen-Kapelle
11 St. Calixtus-Kapelle
12 St. Martins-Kapelle

Nur wenige Schritte weiter, durch das Torhaus Penniless Porch, wo früher Bettler die Kirchgänger um Almosen baten, und wir stehen vor der Kathedrale (Farbt. XXXIV). Vor einer trotz der wie abgebrochen wirkenden Türme wuchtig in die Höhe und fast fünfzig Meter in die Breite strebenden Wand aus grauem Sandstein – und zugleich vor einer großen Grünfläche, wo die Baumassen gleichsam ein- und ausatmen können. Das ist der Ruhm von Wells: die Westfassade, wie ein figurenreicher Flügelaltar aufgeklappt im Freien. Die beiden Türme sind nicht – wie in französischen Kathedralen – ans Ende der Seitenschiffe, sondern außerhalb neben sie gesetzt: eine Superbreitwand für den Auftritt der ursprünglich in glänzenden Farben bemalten Fassadenfiguren. Keine andere Kirche in England hat eine derartige Skulpturengalerie aus dem 13. Jahrhundert: Heilsgeschichte und großes Welttheater in eins, mit Königen und Tyrannen, Szenen aus dem Alten und Neuen Testament, mit Engeln und Aposteln und über allem, in den Giebelreihen zwischen den Türmen, Christus in der Glorie. Die ursprünglich rund vierhundert Figuren, lebens- und überlebensgroß, sind teilweise stark zerstört. Als ihre Vorbilder – in Wells durchweg unerreicht – galten den einheimischen Steinmetzen wohl vor allem die Portal-Skulpturen von Chartres und Reims.

Im Jahre 909 war Wells Bischofssitz geworden. Aber wir sehen hier nirgendwo Reste einer angelsächsischen Kirche, sondern die von Bischof Reginald um 1180 begonnene Kathedrale (1290–1340 vollendet). Innerhalb des ersten Bauabschnitts lassen sich zwei Stilphasen unterscheiden: der normannische Übergangsstil in den Querschiffen, den sechs östlichen Jochen des Hauptschiffs und den westlichen Jochen des Chors; Early English das restliche Hauptschiff, die Westfassade (ohne Türme) und das säulenreiche

Nordportal mit seinen Figurenkapitellen. In die zweite Bauphase und damit in die Zeit des Decorated fallen Chapter House, Lady Chapel, Ostabschluß des Chores und der Vierungsturm (1315–22, um 1440 umgebaut). Der südliche Turm der Westfront datiert nach 1386, der nördliche nach 1424. Schließlich der Kreuzgang: Perpendicular (15. Jh.).

Mitten in der Kirche ein Bogen, der den Bogen überspannt mit Berechnung, der Kopf steht auf der Spitze des anderen, und dazwischen in den Zwickeln zwei kreisrunde Augen, die uns steinern fixieren – diese invertierten Bögen von Wells: Christian Morgenstern könnte sie ausgedacht, Claes Oldenburg aufgezeichnet haben (Abb. 130). Aber diese monströse ›8‹ unter dem quadratischen Vierungsturm war weniger eine ästhetische Extravaganz – das natürlich auch – als vielmehr eine Hilfskonstruktion gegen drohende Einsturzgefahr (1338). Rundum überquellende Knospenkapitelle, im Mittelschiff und im südlichen Querschiff burleske Figurenkapitelle, die Geschichten in Stein erzählen: Zwei Männer stehlen Trauben, Bauern mit Spaten und Mistgabeln verfolgen sie um die ganze Säule herum und erwischen sie am Ende; ein Schuster bei der Arbeit, eine Dornauszieherin und ein Mann mit anhaltenden Zahnschmerzen. Einige Kirchenfenster sind aus unzähligen Fragmenten alter Glasmalereien (14. Jh.) zusammengesetzt – strahlende Abstraktionen der Jahrhunderte. In reichem Ornat blickt Bischof Bekynton (ca. 1452) auf eine zweite Grabskulptur herunter, sein eigenes Skelett, ein lebendiges Memento Mori im Chorumgang.

Es gibt wenige Treppen, die die Fußspuren der Jahrhunderte so eindrucksvoll bewegt, so schwingend in großem Rhythmus tragen wie die Treppe von Wells, ein Meer von Stufen (Abb. 135). Sie führt von der Kathedrale hinauf in den Kapitelsaal, vorbei an der Konsolenfigur eines Mönchs, der ganz ohne Atlaspathos eine schwere Deckensäule stützt (Abb. 127). Und es gibt wenige Räume, die so vollkommen sind wie der Kapitelsaal von Wells (ca. 1290–1315). Aufsteigt der Pfeiler und fächernd wölbt er sich mit zweiunddreißig Rippen über den achteckigen Raum, an dessen Wänden achtzehn Säulen aus Purbeck-Marmor den Strahl der einen, mittleren empfangen – »und jede nimmt und gibt zugleich / Und strömt und ruht«. Ein Raum wie ein Gedicht, Triumph der Geometrie, des absoluten und dennoch lebendigen, weil menschlichen Maßes. Das Fächergewölbe weist zurück auf die Kathedralen von Exeter und Lincoln – aber wieviel prächtiger, subtiler ist das von Wells (Abb. 128)! Die Kathedrale von Wells ist die erste englische Kirche, die den Spitzbogen als gotisches Motiv überall aufgreift, von den Arkaden bis zum Gewölbe. Mit ihrer Durchdringung romanischer Kuben- und gotischer Kurvenformen, mit ihrer reich abgestuften Verbindung von Klein- und Großräumen, mit ihren hallenartigen Bauteilen zumal (Lady Chapel, Retrochor) ist Wells Cathedral ein hervorragendes Beispiel der englischen Sondergotik – rund hundertfünfzig Jahre vor der deutschen. Ihre Betonung des Vertikal-Linearen und gleichzeitig der gelassenen Horizontalen ist so englisch wie die Intimität des Ganzen trotz seiner Größe.

Wenn im Triforium des nördlichen Seitenschiffs ein bunter Mann mit Händen und Füßen so kunstvoll die Glocke bearbeitet, daß sich drinnen über der Mondphasenuhr

249

SOMERSET

vier Reiter, draußen an der Nordwand zwei Ritter mit Hellebarden in tönende Bewegung setzen, dann weiß jedermann in Wells seit 1390, was die Stunde schlägt und daß Jack Blandifer sie schlägt, der berühmteste ›Quarter Jack‹ im Lande.

Wells Cathedral und ihre Umgebung, die Klerikergebäude und der Bischofspalast, haben sich vom Mittelalter bis heute weniger verändert als die meisten englischen Kathedralenstädte. Vicars' Close gleich neben der Kirche, durch eine Brücke mit ihr verbunden, ist eine der frühesten vollständig erhaltenen Reihenhaussiedlungen (1348), eine Straße mit zweiundvierzig einstöckigen Häusern (No. 22 restauriert mit ursprünglichem Grundriß), noch heute Kathedralenbediensteten und Theologiestudenten vorbehalten (Abb. 129). Heute wie damals bewacht das trutzige ›Bischofsauge‹, eines der drei übriggebliebenen Torhäuser, den Zugang vom Marktplatz zum Bischofspalast (13./14. Jh.). Fraglos konnte unsereins nicht immer so ungeschoren über die Zugbrücke in diese feste Burg der Kirchenfürsten eintreten. Den Burggraben mit seinen Schwänen hatte Bischof Ralph of Shrewsbury weniger aus pittoresken als politischen Motiven zwischen sich und das Stadtvolk gezogen. Bischof Burnell's Hall (ca. 1280), mächtig noch als Ruine, und seine Kapelle, prächtig im Schmuck ihrer Gewölbe-Schlußsteine und Fenster: daß die Bürger dahinter nicht zurückstehen mochten, beweist die Pfarrkirche St. Cuthbert (15. Jh.) mit ihrem überreich geschnitzten und bemalten Dachstuhl.

Zum Gral nach Glastonbury

Nichts von all dem erreichte indes im Mittelalter die Pracht und die Herrlichkeit von *Glastonbury* (Abb. 136). Diese Abteikirche war rund hundertachtzig Meter lang, sechzig Meter länger als die Kathedrale von Wells. Aber Wells ist nie Abtei gewesen und entging darum den Plünderungen Heinrichs VIII. – im Unterschied zum benachbarten Glastonbury. So ist Englands größte Abtei Englands berühmteste Ruine geworden, eine Kleinstadt historischer Superlative. Die neuen Gläubigen der alten Legenden, die Touristen, strömen hierher wie einst im Mittelalter die Pilger. In Glastonbury, Ort des Grals und Grab König Arthurs, blüht der Dorn vom Heiligen Land, der hier aus Joseph von Arimathias Wanderstab sproß und der bis heute jede Weihnacht der Königin nach London geschickt wird. Hier hat sich die älteste christliche Gemeinde in England ihre erste Kirche gebaut – aber die jüngste Kultbewegung, magisch angezogen von all dem, ist bei Glastonburys Bürgern gar nicht gern gesehen. »No Hippies allowed«, stand auf den Schildern vieler Restaurants, als wir die Stadt betraten. Ein Mythos des Mittelalters und ein Mythos der Moderne stoßen da aufeinander, ein seltsames Schauspiel, wenn sich alljährlich Hippies aus ganz England und vom Kontinent hier treffen, am Glastonbury Tor, einem konischen Hügel, der mit einer Kirchturmruine auf seinem Gipfel meilenweit die Marsch beherrscht, als sei er Englands Berg Tabor.

Dort soll Joseph von Arimathia während seiner britischen Mission den Gral vergraben haben, den Kelch des Letzten Abendmahls, in dem er das Blut des Gekreuzigten aufgefangen hatte. Und wirklich fließt noch heute am Fuß des Tor die Blood Spring, die Blutquelle. Mit dieser eucharistischen Legende verband sich die keltische Rittersage: König Artus scharte um den Heiligen Gral seine Tafelrunde, und dies war denn wohl der erste und exklusivste Herrenclub in England. Noch der viktorianische Dichter Tennyson beschreibt in seinen ›Idyllen des Königs‹ (1859–85), einer moralisch-allegorisierenden Deutung der Artus-Sage, Glastonbury als paradiesisches Eiland:

> To the island valley of Avilion,
> Where falls not hail, or rain, or any snow,
> Nor ever wind blows loudly; but it lies
> Deep-meadow'd, happy, fair with orchard lawns
> And bowery hollows, crowned with summer sea.

Nun war Glastonbury, die legendäre Isle of Avalon, in der Tat einmal eine Insel, umspült vom Wasser des Bristol Channel, der weit zwischen Mendip und Quantock Hills reichte. Reste dieser prähistorischen und eisenzeitlichen Pfahlbaudörfer, der Lake-Villages, zu denen auch Meare zählt, sind im Museum von Glastonbury zu sehen. Was nun Artus und erst recht Joseph von Arimathia angeht, so haben unfromme Historiker diese Geschichte längst als frommen Betrug der Mönche entlarvt, die für den Neubau ihres 1184 abgebrannten Klosters eine Finanzierungsquelle suchten und dabei – honny soit qui mal y pense – zur Pilgerattraktion nacheinander zwei heilige Gräber fanden. Wir, säkularisierte Pilger des 20. Jahrhunderts, stehen vor den Ruinen einer großen Geschichte und vor einem kleinen Schild im Gras, wo der Hochaltar der Abteikirche einst stand: Hier ruht König Artus und seine Gemahlin Guinevere. Mögen die ewigen Zweifler sich an die historisch verbürgten Prominentengräber der angelsächsischen Könige halten, an Edmund den Prächtigen, Edgar und Edmund Ironside.

Das Kloster von Glastonbury, wo St. Dunstan um 950 Abt der Benediktiner war und das Erasmus um 1510 besuchte: welche Größe muß diese Abtei gehabt haben, wenn noch

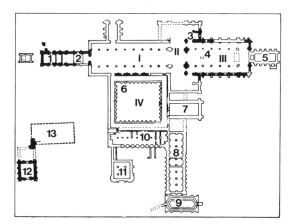

Glastonbury Abbey: Grundriß.
I Schiff   II Vierungsturm
III Chor 1213   IV Kreuzgang
1 Marienkapelle
2 Galiläa-Kapelle
3 Kapelle des Hl. Thomas Becket
4 König Artus' Schrein
5 Edgar-Kapelle
6 Lage des Glockenturms
7 Kapitelsaal
8 Dormitorium
9 Waschraum
10 Refektorium
11 Mönchsküche
12 Abtsküche
13 Abtshalle

SOMERSET

ihre Trümmer so triumphal auf uns wirken! Piranesi-Pathos auf einem Bowlingrasen.
Erst als Ruine scheint das Mittelschiff der Abteikirche St. Peter and Paul die ganze
Weite seines Raumes zu entfalten, die Höhe ist vollkommen. Die Arkaden sind hier
schon spitzbogig, während St. Mary's Chapel (1186) noch die Rundbögen des spätnormannischen Übergangsstils aufweist, mit Bogenüberschneidungen, Zickzackmuster
und zwei eleganten Ecktürmen. Die beiden Portale mit ihren Archivoltenfiguren –
Verkündigung und Geburt, Kindesmord und Kuhmelken – übertreffen an Feinheit den
Skulpturenschmuck der Kathedrale von Wells, trotz ihres immer ruinöseren Zustands.
Die Klostergebäude, bis auf die Grundmauern abgetragen, und ebenso die Kirche haben
ganze Generationen als Steinbruch genutzt. Mit sicherem Gespür für das Wesentliche
haben die Plünderer nur ein einziges Gebäude, das profane Allerheiligste der Mönche,
unversehrt stehengelassen: The Abbot's Kitchen (14. Jh.). Viereckig, mit achteckigem
Pyramidendach und Laterne, ist dies eine der besterhaltenen mittelalterlichen Küchen
Europas.

Wo in der ansonsten eher öden Kleinstadt Glastonbury ließe sich stilvoller speisen als
im zinnenbekrönten ›George and Pilgrims‹ (ca. 1475), einem der wenigen übriggebliebenen Gasthäuser aus der Zeit vor der Reformation. Wen Gesichte und Geschichte
schrecken, übernachtet besser nicht in jenem Schlafzimmer, von dem aus Heinrich VIII.
in Nero-Manier 1539 den Brand der Abtei betrachtet haben soll. Vor seinen Häschern
hatte Glastonburys letzter Abt, Richard Whiting, im zwei Meilen entfernten *Sharpham
Park* bei Walton Zuflucht gesucht. Dies war der Landsitz der Äbte, davon zeugen noch
heraldische Plaketten und die schmiedeeisenverzierte Eichentür (Abb. 122); jetzt ist es
Privatbesitz eines Werbemannes. Seine Frau, eine Malerin, führt mich durch labyrin-
thisch-schöne Räume, in denen nichts mehr daran erinnert, daß dies das Geburtshaus
zweier Schriftsteller war: des elisabethanischen Hofdichters Sir Edward Dyer, von dem
wenig mehr als sein Ruhm überliefert ist, und des Romanciers Henry Fielding. Zu sehen
ist von Fielding nur, was er selbst gesehen haben muß, unverändert seit Jahrhunderten:
über Weide- und Ackerland hinweg Glastonbury Tor, der Ort des Grals und der Hin-
richtung Abt Whitings.

»In my end is my beginning«

Bei Yeovil, nur wenige Meilen voneinander entfernt, liegen drei bedeutende Landschlösser Somersets: Montacute House, Barrington Court und Brympton d'Evercy House. Die
Krone gebührt *Montacute* (Abb. 126), glänzend in honigfarbenem Ham Hill-Stein wie
das ganze Dorf. Der benachbarte Ham Hill, wo der für diesen Teil Somersets und das
angrenzende Dorset charakteristische Kalkstein gebrochen wird, beherrscht als Hügelfestung seit der Steinzeit weithin sichtbar die Landschaft. Ähnlich dominierend, dreigeschossig aufragend, haben die Phelips in Montacute ihr Haus gebaut, begonnen wahrscheinlich im Armada-Jahr 1588. Sie gehörten zu den Arrivierten des ausgehenden 16.

252

Montacute House: Grundriß. 1 Halle
2 Salon
3 Großer Speiseraum
4 Kleiner Speiseraum
5 Wohnzimmer
6 Anrichteraum
7 Küche
8 Gesindestube
9 Veranda
10 Gartenpavillons
11 Hof

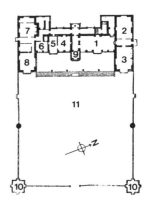

Jahrhunderts, die von den Klosterauflösungen Heinrichs VIII. profitierten, in diesem Falle der Cluniazenserabtei von Montacute. Neureiche also, aber mit ausgeprägtem Stilgefühl. Edward Phelips – Speaker im House of Commons unter James I., erster Redner im Guy Fawkes-Prozeß nach der Pulververschwörung von 1605 – Sir Edward ließ sich ein Landschloß bauen, so typisch elisabethanisch wie Longleat House oder Hardwick Hall: symmetrischer E-Grundriß, große Perpendicular-Fenster, flämisch geschweifte Giebel und Renaissance-Details bis hinauf zu den säulenförmigen Kaminen. Auf den Giebeln überall Hunde in Stein, darunter in den Fensternischen, die Long Gallery entlang, Helden in römischer Rüstung, die ›Neun Berühmtheiten‹: Josua, David, Judas Makkabäus, Hektor, Alexander, Cäsar, König Artus, Karl der Große und Gottfried von Bouillon. Sie blicken zum Gartenvorhof, dem ursprünglichen Eingang, und bezeugen den Sieg der Symmetrie aus dem Geist der Renaissance und dem Glanz des Ham Hill-Steins. Dieser buchstäblich Goldene Schnitt setzt sich fort im rabattenumrahmten Vorhof: Balustraden mit Obelisken hier wie dort, dazu zarte Laternen und an den Ecken zwei Pavillons, deren Dächer graziös geschwungen sind wie Schwanenhälse. Sie sind leer, das Zwischenstockwerk nur vorgetäuscht – dekorative Follies. Der geometrische Garten nördlich des Hauses zählt zu den besterhaltenen Gärten der elisabethanischen Zeit (Farbt. XXXIII). Als Dauerleihgabe der National Portrait Gallery sind seit 1976 rund hundert glanzvolle Porträts der Tudor- und Stuartzeit in Montacute House zu sehen.

Wenige Kilometer weiter, an der Grenze zu Dorset, liegt *East Coker,* ein winziges Dorf mit strohgedeckten Ham Hill-Häusern. Von hier, wo 1652 William Dampier geboren wurde, Weltumsegler und Erforscher Australiens, brachen Mitte des 17. Jahrhunderts die Vorfahren des Schriftstellers T. S. Eliot (Abb. 121) nach Amerika auf. Dreihundert Jahre später kehrte ihr Nachfahre nach East Coker zurück. »In my beginning is my end – In my end is my beginning.« Diese Anfangs- und Schlußzeilen seines autobiografischen Gedichtes ›East Coker‹ zitiert die ovale Gedenktafel in der Dorfkirche St. Michael, wo T. S. Eliots Asche am Ostersamstag 1965 beigesetzt wurde.

Avon

Die Grafschaft Avon verdankt ihren Namen einem Fluß, ihr Land zwei anderen Landschaften und ihre Existenz einer Gebietsreform. Englands jüngste, synthetische Grafschaft (1974) ist eine Verwaltungseinheit, kein historisches County wie ihre Nachbarn Somerset und Gloucestershire. Von beiden hat sie charakteristische landschaftlich-kulturelle Züge übernommen: Die großen ›wool churches‹ bezeugen hier wie im benachbarten Somerset den mittelalterlichen Wollreichtum, der sich bis Gloucestershire fortsetzte. Die ›drystone walls‹, locker geschichtete Mauern aus Kieselsandstein, von den Schäfern schon im Mittelalter zur Begrenzung ihrer Weiden errichtet, prägen in Gloucester wie im nördlichen Avon das Bild der Landschaft – im Unterschied zu den großflächigeren, von Hecken umgebenen Feldern Wiltshires.

So fügt sich die künstliche Grafschaft Avon überraschend natürlich in ihre Grenzen: von den Mendip Hills in nördlicher Richtung zum Tal von Berkeley, von der Severn-Mündung zu den Cotswold Hills im Osten – ein großer Grüngürtel um zwei alte historische Städte, Bristol und Bath, beide durch den River Avon verbunden. Avon und Severn sorgten hier schon in der Bronzezeit für ein lebhaftes Handelszentrum zwischen Irland und Wessex. Heute bilden M4 und M5 im prähistorischen Durchgangsland Avon ein neues, schnelles Verkehrskreuz bei Almondsbury, wo der angelsächsische König Almond – sollte er wirklich dort begraben sein – wohl wenig Ruhe findet.

Bristol oder Die Künste einer Kaufmannsstadt

Bristol Blue, das tiefdunkel leuchtende Blau, wird man weniger am Himmel über Bristol finden als in der Gläserabteilung des Städtischen Museums in der Queen's Road. Aber *Bristols* Ruf als Industriestadt, wo außer Schiffen, Schokolade und Tabak gelegentlich sogar eine Concorde produziert wird, sollte keinen Besucher abschrecken. Die Kunst dieser Stadt, vor allem die Kirchenarchitektur, ist Ausdruck ihrer wirtschaftlichen Macht, die Bristol im 18. Jahrhundert nächst London zur wichtigsten Stadt Englands werden ließ. Die Bedeutung dieses Handelshafens an der Südwestküste hatte schon Edward III. bezeugt, indem er Bristol 1373 als einer der wenigen Städte im Mittelalter den Status einer Grafschaft garantierte, den sie bis 1974 behielt. Bristol exportierte Wolle und importierte Wein, ›Bristol milk‹ wurde unter Englands Sherry-Trinkern zum Begriff. Auch bei den härteren Sachen, im Sklavenhandel des 18. Jhs. fanden Bristols Kaufleute die rentabelste Route: Ihre Schiffe transportierten Sklaven von Afrika nach Westindien und kamen von dort zurück mit Zucker, Rum und Tabak.

Von Bath dem Avon folgend: gäbe es ein schöneres Entrée für Bristol als St. Mary Redcliffe? Mit ihrem gotisch spitzen Turm, ihrem orientalisch prächtigen Nordportal (Abb. 141), mit den über tausendeinhundert vergoldeten Schlußsteinen im Gewölbe repräsentiert sie Ruhm und Reichtum ihrer Gemeinde, der Kaufherren, die hier in der Vorstadt, außerhalb der mittelalterlichen Stadtmauern, ihre Werften, Warenhäuser und Wohnungen hatten. Diese Pfarrkirche, nach den ›roten Klippen‹ am Südufer des Avon St. Mary Redcliffe genannt, pries Elizabeth I. bei ihrem Besuch 1574 als »the fairest, goodliest, and most famous parish church in England«. Nun steht die Königin als bemalte Holzstatue (16. Jh.) unter dem Turm von St. Mary, Szepter und Globus in Händen, Galionsfigur eines Schiffs und eines Weltreichs. Nicht weit von ihr hängt die Rippe eines Wales, Souvenir einer berühmten Reise: der Entdeckung des nordamerikanischen Festlandes, das der gebürtige Genuese John Cabot und sein Sohn Sebastian 1497 von Bristol aus erreichten – ein neuer See- und Handelsweg, der den »merchant adventurers« am Avon hochwillkommen war.

St. Mary Redcliffe: Händel spielte hier die Orgel, und Hogarth malte 1755/56 drei große Tafeln für den Hochaltar (heute in St. Nicholas). Aber diese Kirche bedarf nicht historischer Glanzlichter, sie ist selbst glänzend als Architektur. Zwischen hohen Arkaden und breiten Obergadenfenstern steigen die Dienste der Bündelpfeiler schlank, ohne Unterbrechung durch Kapitelle, vom Boden zur Decke, wo sie sich auffächern zu einem Netzgewölbe mit blühenden Bossen – Perpendicular in reichster, eigenwilligster Entfaltung. Die sternförmig gezackten Grabnischen im Südschiff (frühes 14. Jh.), die Kielbögen des filigranreichen Nordportals (ca. 1325): unverwechselbare Motive der Steinmetze von Bristol. Ihr Meisterwerk ist die sechseckige nördliche Vorhalle mit jenem moscheenartigen Portal, in dessen steinernem Laubwerk Tiere, Menschen und Engel sich märchenhaft begegnen. Dies war der angemessen poetische Rahmen für die Bristoler Doppelhochzeit des Jahres 1795, als die befreundeten Dichter S. T. Coleridge und Robert Southey, Sohn eines Seidenwarenhändlers aus der Wine Street, in St. Mary Redcliffe die Schwestern Sara und Edith Fricker heirateten.

Ein Vierteljahrhundert zuvor war das Kirchenarchiv über dem Nordportal für einen anderen Lyriker zur Quelle früher Inspiration und frühen Leids geworden: Thomas Chatterton, beseelt vom Geist der Gotik, schrieb Gedichte, die er als Werk eines Thomas Rowley aus dem 15. Jahrhundert ausgab, gefunden in St. Mary Redcliffe. Aber diese genialische Fiktion, anders als die erfolgreiche ›Ossian‹-Fälschung seines Zeitgenossen James Macpherson, wurde sogleich erkannt. Thomas Chatterton ging nach London, arm und enttäuscht, und setzte, kaum achtzehnjährig, seinem Leben ein Ende. Die englische Romantik verehrte ihn wie einen Märtyrer: »der unfaßbare

AVON

Knabe, die ruhelose Seele, die in ihrem Stolz zugrunde ging« (Wordsworth). Thomas Chattertons Geburtshaus, mit wenigen Erinnerungsstücken, steht in einem tristen Vorstadtgelände Bristols, St. Mary Redcliffe gegenüber.*

Der Redcliffe Way über den Avon führt zum Queen Square, im stark bombardierten Bristol eines der wenigen geschlossen erhaltenen Beispiele der Stadtplanung im frühen 18. Jahrhundert. In der Mitte des georgianischen Gevierts, von alten Platanen umgeben, Rysbracks Reiterstandbild Williams III. (1732–36). Auch die angrenzende King Street hat noch soviel von der Atmosphäre Alt-Bristols bewahrt, daß der einbeinige Long John Silver aus Stevensons ›Schatzinsel‹ seine Stammkneipe ›The Spy Glass‹, nach einigem Schwanken, zielstrebig ansteuern würde: Llandoger Trow (1669), ein dreigiebliges Fachwerkhaus, pittoresk genug für allerlei Seemannsgarn mit literarischen Folgen. Etwa auch die Begegnung Defoes mit seinem ›Robinson Crusoe‹-Gewährsmann, dem Seefahrer Alexander Selkirk, in Bristol. Llandoger Trow gegenüber verbirgt sich hinter viktorianischer Fassade eines der ältesten noch bespielten Theater Englands, Theatre Royal (1766), mit halbkreisförmigem Zuschauerraum und teilweise original erhaltener Bühnenmechanerie. Die Altersheime des 17. Jahrhunderts, allein zwei davon in der King Street (St. Nicholas' Almshouses, 1652; Merchant Venturers' Almshouses, 1696–99), bezeugen architektonisch eindrucksvoll die Sozialleistungen der einstmals reichen Kaufmannsstadt.

Bristols alter Stadtkern, schlimm zerstört im Krieg, wahllos saniert im Frieden, hat interessante Einzelgebäude, aber ihre Addition gibt keine Summe, kein Stadtbild wie in Bath. Vor der Börse John Woods d. Ä. (1740–43) in der Corn Street stehen noch die vier Bronzepfeiler (Nails), auf denen früher die Geschäfte buchstäblich »auf den Nagel bezahlt« wurden. In derselben Straße hat Robert Smirke, Zeitgenosse Schinkels und führender Baumeister des Greek Revival in England, mit seinem klassizistischen Alten Rathaus (1822–27) das Vorbild geliefert für die säulenstrotzenden Banktempel der Umgebung. Wie Bristols Kaufleute in elisabethanischer Zeit lebten, zeigt Red Lodge (ca. 1590), das eichengetäfelte Stadthaus Sir John Youngs in der Park Row. Zwei prägende Figuren des 18. Jahrhunderts haben in Bristol ihre Spuren hinterlassen: der Parlamentarier Burke und der Prediger Wesley. Edmund Burke, der vergebens den Abfall der amerikanischen Kolonien aufzuhalten versuchte, der in brillanten Reden und Schriften gegen die Französische Revolution zu Felde zog, dieser klassisch gebildete Whig-Politiker vertrat Bristol 1774–80 im Parlament. Seine Statue behauptet sich im Verkehr des ansonsten gesichtslosen Platzes The Centre. ›Wesley's New Room‹, die älteste Methodistenkapelle der Welt (1739), steht im Norden Bristols (18 Broadmead): ein ursprünglich quadratischer Raum mit vier toskanischen Säulen, die eine achteckige Laterne tragen.

So schlicht Wesleys Kapelle, so überquellend an Formphantasie ist die Kathedrale von Bristol. Ihr Hallenchor gilt in der europäischen Architekturgeschichte als Avant-

---

* In Bristol wurde auch der Dramatiker Christopher Fry geboren, der u. a. das Becket-Stück ›König Kurzrock‹ schrieb (1961).

gardeleistung, kühn im Entwurf, vollendet in Raumgefühl und Dekorationsfülle. Als Augustinerabteikirche 1140 begonnen, erhielt sie erst 1542 durch Henry VIII. den Rang einer Kathedrale. Die Klostergründung erklärt, zum Teil wenigstens, das Bauprinzip: keine von den Seitenschiffen zum Mittelschiff dynamisch gesteigerte Raumentwicklung, sondern ein gleichhoher, durchgehend rhythmisierter Einheitsraum. Hallenkirche statt Basilika. Die hallenähnlichen Kirchen der Bettelorden und Zisterzienser, auch die Retrochöre englischer Kathedralen wie Salisbury oder Winchester standen Pate. Aber der Meister von Bristol, der 1298 – sicher auch im Wettstreit mit dem kurz zuvor begonnenen Kapitelsaal von Wells – mit dem Neubau des Chors begann, errichtete seine eigene Raumvision, unverwechselbar bis heute. Statt Triforium und Obergaden öffnen die bis zur Wölbung aufsteigenden Arkaden den Raum nach allen Seiten. Nur von wenigen Kämpfern unterbrochen, gehen die Dienste der Bündelpfeiler unmittelbar ins Gewölbe über. Dort verbinden sie sich mit Liernen, Neben- und Zwischenrippen, zu einem Sterngewölbe, das die trennenden Gurtbögen der Joche spielerisch überspringt. Das Dekorative hat sich verselbständigt, von seiner strukturellen Bindung gelöst. Und wo die Struktur, wie in den Schwibbögen des Seitenchors, als Gewölbeverstrebung offen zutage tritt, macht sie aus der statischen Not eine ästhetische Tugend. Paarweise spannen sich zwischen diese Brücken kleine Trichtergewölbe wie Fledermausflügel. Den nach innen gekehrten Strebepfeilern der Chorseitenschiffe entsprechen in ihrer strukturellen Phantasie die fliegenden Rippen des Vorraums der Berkeley-Kapelle (ca. 1305–10), die sich, durch keine Gewölbekappen verbunden, freitragend unter der flachen Steindecke verzweigen – ein Motiv, das erst rund fünfzig Jahre später Peter Parler im Prager Dom wieder verwendet. Im Südschiff der Kathedrale, wie in St. Mary Redcliffe, die bizarren, sternförmigen Grabnischen der Äbte von Bristol. Decorated im Chor (bis ca. 1330), Early English in der Älteren Marienkapelle (ca. 1210–20) – auch die erste, die normannische Bauperiode ist an einem wesentlichen Element noch abzulesen, dem Chapter House (ca. 1150–70). Dieser Kapitelsaal zeigt die ganze Virtuosität spätnormannischen Dekors: Ornament aus dem Geist der Geometrie. Im 15. Jh. wurde der Zentralturm gebaut und das Hauptschiff begonnen, dann dauerte es über 300 Jahre, wie beim Kölner Dom, bis die Kathedrale von Bristol durch den neugotischen Architekten G. E. Street vollendet wurde (1868–88).

Vom College Green vor der Kathedrale führt die Park Street, vorbei am Cabot-Aussichtsturm, hügelaufwärts zur Universität, der Stiftung eines Bristoler Tabakkönigs. Vor der Gigantomanie dieses Gebäudes (1925) gibt es zwei architektonische Ausweichempfehlungen: die Strohdachhäuser von Blaise Hamlet und die Hängebrücke von Clifton. Bei *Henbury* im Norden Bristols hat John Nash, Papst des Pittoresken (Abb. 112), 1811 im Auftrag eines Quäker-Bankiers ein Dorf für Pensionäre entworfen, Blaise Hamlet, das dem rustikalen Bedürfnis von heute noch genauso entspricht wie der pittoresken Mode um 1800. Zehn kleine Strohdachhäuschen, malerisch um einen Dorfanger gruppiert: Kunstdünger für die Seele. Blaise Hamlet wurde zum Prototyp des Cottage orné, des rustikal getrimmten Landhauses für pastorale Empfindungen.

AVON

Als Pendant zu dieser sentimentalen Architektur bietet sich eine pseudo-mittelalterliche Burg in der Nachbarschaft an: Blaise Castle (1766), Schau- und Show-Burg, eine Naturkulisse in Humphry Reptons malerischem Landschaftspark. Eben diese pittoreske Illusionswelt von Blaise Castle hatte Jane Austen vor Augen, als sie in ihrem Roman ›Northanger Abbey‹ (1818) die ›gotische‹ Mode ihrer Zeit persiflierte.

Clifton, gescheitert bei dem Versuch, ein zweites Bath zu werden, hat als Bristols Westend einige schöne Straßenzüge des frühen 19. Jahrhunderts, eine expressiv-moderne katholische Kathedrale (1973) und vor allem: die Hängebrücke. Clifton Suspension Bridge – soll man mehr die Schlucht bewundern oder die Brücke? Mehr den Avon, der sich hier tief durch die Kalkfelsen brach, oder den Architekten, der den Avon hoch überbrückte? Mit einer Spannweite von zweihundertvierzehn Metern zwischen den beiden Pylonen schwingt Brunels Brücke von Ufer zu Ufer, nicht eine der frühesten, aber sicher die schönste Hängebrücke in England (1836–64). »Der große Ingenieur war klein von Gestalt: ein Nervenriese. / Manischer Frühaufsteher. Fünfzig Zigarren am Tag«: So porträtiert Hans Magnus Enzensberger in einer seiner ›Balladen aus der Geschichte des Fortschritts‹ Isambard Kingdom Brunel, den Konstrukteur der Hängebrücke von Clifton. »Die Teeklipper auf dem Avon haben über die Toppen geflaggt. / Fanfaren und Böllerschüsse. *Die vorbedachte Vernunft* / hält sich die Ohren zu. Ein winziger schwarzer Punkt in einem Korb, / rast er am Drahtseil über die Schlucht. Einsamer Lemming, hoch oben!« Isambard Kingdom Brunel, der den Bau der legendären Great Western Railway von London nach Bristol leitete, war ein Ingenieur der Rekorde: 1838 entwarf er das erste Dampfschiff, ›Great Western‹, das den Atlantik regelmäßig in der Rekordzeit von fünfzehn Tagen überquerte, und 1843 baute er den ersten Ozeandampfer mit Schraubenantrieb (›Great Britain‹, zu besichtigen im Great Western Dock von Bristol). Erst hundert Jahre nach Brunels spektakulärer Avon-Überquerung gelang es, die ungleich breitere Mündung des Severn bei *Aust* zu überbrücken (1966; Abb. 142). Zwischen zwei hundertzwanzig Meter hohen Pylonen aufgehängt, führt die Severn-Autobahnbrücke in elegantem Schwung nach Wales, mit einer Hauptspannweite von neunhundertneunzig Metern. An derselben Stelle, einem »kleinen schmutzigen Dorf namens Aust«, traf der Reisende Daniel Defoe dreihundert Jahre zuvor nichts als »eine unangenehme, gefährliche, sehr unbequeme Fähre über den Severn« an. Da machte er vorsichtshalber kehrt und fuhr zu Lande weiter.

Badminton in der Eingangshalle

In einem kleinen Häuschen im Badestädtchen *Clevedon*, südwestlich von Bristol, Old Church Road No. 55, soll der junge Coleridge (Abb. 113) 1795 seine Flitterwochen mit Sara Fricker verbracht haben:

Low was our pretty cot. Our tallest rose
Peeped at the chamber window. We could hear
At silent noon, and eve, and early morn,
The sea's faint murmur. In the open air
Our myrtles blossomed; and across the porch
Thick jasmines twined. The little landscape round
Was green and woody, and refreshed the eye.
It was a spot which you might aptly call
The Valley of Seclusion.

Nicht zuletzt klatschsüchtiger Nachbarn wegen zogen sie aber schon bald wieder aus diesem »Tal der Abgeschiedenheit« zurück nach Bristol. 1850 kam ein anderer berühmter Lyriker auf seiner Hochzeitsreise nach Clevedon: Lord Tennyson (Abb. 120). Er besuchte einen Toten, oben auf den Klippen in St. Andrew. In der dunklen normannischen Kapelle erinnert nicht mehr als eine schlichte Gedenktafel an seinen jäh ertrunkenen Studienfreund Alfred Hallam. Aber die hundertdreißig ›In Memoriam‹-Gedichte der Totenklage Tennysons haben Herz und Bein seiner viktorianischen Zeitgenossen bewegt und sie hierher pilgern lassen in hellen Scharen. Auch William Turner war hier, vorher, der Sonnenuntergänge wegen. Was für eine romantische Gegend: eine Bucht aus Liebe, Tod und Sonnenuntergängen! Heimlicher Freund der guten alten »sentimental journey«, können Sie immer noch auf dem Poet's Walk oder Lover's Walk schöne Gedichte oder wenigstens schöne Spaziergänge machen.

Clevedon: Coleridge's Cottage

AVON

Clevedon Court, unweit der M 5 am Hang gelegen, spiegelt in reizvoller Asymmetrie die verschiedenen Tudor- und Jacobean-Umbauphasen seit etwa 1320. Drinnen dokumentiert Lord Elton, der Besitzer, auf Bildern, Porzellan und Souvenirs aller Art die Geschichte der Eisenbahn. Seine Schwester hat sich auf Nailsea-Glas des 19. Jahrhunderts kapriziert: Scherzgläser in den wunderlichsten Formen, Hüte, Pfeifen und Spazierstöcke aus Glas – ›charmsticks‹ gegen böse Geister. Clevedon Court hat ein eigenes Thackeray-Zimmer. Hier hat der Satiriker der High Society des 19. Jahrhunderts oft und gern feudal übernachtet, sich in die verheiratete Tochter des Hauses, Jane Octavia, verliebt und sie als ›Lady Castlewood‹ zumindest literarisch erobert in ›Henry Esmond‹. Neben einigen bemerkenswerten Zeichnungen entstanden auch Teile seines bekanntesten Romans, ›Vanity Fair‹ (Jahrmarkt der Eitelkeit, 1847/48), in Clevedon Court. Den Terrassengarten des 18. Jahrhunderts hinter dem Haus soll Charles Lamb nach einem Besuch 1824 vor Augen gehabt haben, als er seinen ›Blakesmoor‹-Essay schrieb. Blakesware Park in Widford (Hertfordshire) nimmt, zumindest mit naheliegenden phonetischen Gründen, dieselbe Ehre für sich in Anspruch – eine müßige, freilich nicht untypische Konkurrenz im Land der tausend Gärten. Lady Elton, die Hausherrin selbst, serviert den Tee in der alten Küche. Dort ist ›Elton Ware‹ ausgestellt, die um 1900 sogar von Tiffany in New York verkaufte Keramik Edmund Eltons, Töpfer von Clevedon Court. Mehr Sicherheit im spätviktorianischen Veloziped-Verkehr: auch das verdanken wir Sir Elton. Speziell für die Damen, damit ihre Röcke nicht länger in die Räder gerieten, erfand er den Clip; mehr für die Herren, damit sie sich ordentlich bremsten, die Elton Rim Brake, eine der ersten Felgenbremsen. Als Mitglied des Cyclists' Touring Club könnten Sie nun eigentlich mit dem Fahrrad weiterfahren nach Dodington.

Wo die Cotswolds mit langer grüner Schleppe die leicht gewellten, waldigen Hügel hintersteigen, Bristol und dem Tal von Berkeley entgegen, liegen die großen Landhäuser Avons. Man baute sein Haus in eine Parklandschaft, aber deshalb auf einen Landschaftspark verzichten? So hatte Capability Brown (Abb. 111) 1764 auch auf den Gütern der Codringtons sein Naturgemälde entworfen, mit Serpentinenwegen und einem Wasserfall unter einer gotischen Miniaturburg. In diesem Rahmen begann James Wyatt 1796 den Neubau des elisabethanischen *Dodington House.* Bevor er es vollenden konnte, vielfältig abgelenkt durch den Turmbau von Fonthill, verunglückte er 1813 tödlich in den Marlborough Downs auf einer Kutschenfahrt mit seinem Auftraggeber. Ein kolossaler Portikus mit sechs korinthischen Säulen beherrscht die Westfront von Dodington – ein ebenso klassisches wie praktisches Motiv, konnten doch so die Herrschaften bei Regenwetter trockenen Fußes aus ihrer Kutsche ins Haus treten. Die Eingangshalle ist mit rotem und weißem Painswick-Stein, schwarzem Marmor und Messing-Intarsien ausgelegt. Wyatts Kamin, antikisierend im Design, aus Gußeisen hergestellt, ist ein frühes Beispiel der Industriellen Revolution auch im englischen Landhaus. Deckenfriese und Türeinfassungen aus vergoldetem Stuck; massive Mahagoni-Doppeltüren, eingelegt mit Seidenholz; hohe Wandspiegel, die die Räume vergrößern und ihre Kostbarkeiten reflektieren: Das alles spiegelt besten Regency-Geschmack und den Reichtum einer Familie, die um 1700 auf den Westindischen Inseln ihr Vermögen begründete. Überraschend öffnet sich, durch die ganze Höhe der beiden Geschosse, das Treppenhaus, unvergleichlich in Grandeur und Grazie. Der breite Mittelaufgang teilt sich auf halbem Weg, und an beiden Seiten steigen in Gegenrichtung zwei schmalere Treppen hoch, freischwebend und mit zarten Profilen. Zwei Säulenpaare in beiden Geschossen, unten Arkaden, oben Galerie und Balkone, alles verbunden durch ein schmiedeeisernes Treppengeländer, das vom Abbruch des alten Fonthill Splendens 1808 nach Dodington kam. Für diese wahrscheinlich italienische Schmiedeeisenarbeit (ca. 1760) und für inzwischen wieder verkaufte Mortlake-Tapisserien hat James Wyatt sein wohl schönstes Treppenhaus entworfen, ursprünglich türkisgrün, nicht blau à la Wedgwood wie heute. Wyatts Kapelle, eine klassizistische Kreuzkuppelkirche, ist durch einen Wintergarten unmittelbar mit dem Haus verbunden. Das Kutschenmuseum in den ehemaligen Stallungen zählt ebenso zu den Attraktionen von Dodington wie der Abenteuerspielplatz – zeitgemäßer Publikumsmagnet eines historischen Hauses, dessen immense Kosten hauptsächlich von den Besuchereinnahmen gedeckt werden. Weil 1932 das notwendige Geld zur Renovierung fehlte, mußte der gesamte Nordflügel des Hauses abgerissen werden, wo einst die über sechzigköpfige Dienerschaft wohnte.

Federball spielt, Badminton kennt jedermann. Aber daß *Badminton* House, ein hochherrschaftlicher Landsitz in den Cotswolds, die Quelle dieses Volkssports ist, habe ich erst an Ort und Stelle erfahren, nämlich in der Eingangshalle. An einem wahrscheinlich windigen, sicher aber regnerischen Tag um 1850 erklärten einige Familienmitglieder des Herzogs von Beaufort ihre säulen- und stuckdekorierte Hall zum Spielfeld, spannten ein Netz quer durch den Raum und schmetterten den gefiederten Ball nach Punkten – und manchmal wohl auch nach den barocken Putten auf den Türgiebeln der Halle. Fortan hieß das Spiel – englischen Kolonialoffizieren in anderer Form aus Indien bekannt – Badminton. Die Abmessungen der ersten Turnierplätze entsprachen genau dem der Eingangshalle jenes Landsitzes im alten Gloucestershire. Daß die geräumige Halle zum Spielplatz wurde, war im übrigen so außergewöhnlich nicht. Schon die Langen Galerien elisabethanischer Herrenhäuser wurden bei Schlechtwetter zu Fechtübungen und Spielen aller Art benutzt.

Badminton House, wie das benachbarte Dodington seit dem 17. Jahrhundert im Besitz derselben Familie, ist ein Haus des alten Stils, der alten Gesellschaft geblieben. Wer im Gästebuch, einem europäischen Gotha, die frischen Eintragungen des jetzigen Königshauses sieht und von den regelmäßigen Besuchen früherer Herrscher hört, der spürt die Tradition einer Familie, zu deren Vorfahren unter anderem die Mutter Heinrichs VII. gehört, Margaret Beaufort. Der jetzige Hausherr, His Grace the Duke of Beaufort, hat dem Publikum seinen Besitz nur an wenigen Tagen des Jahres geöffnet, eher familiär als professionell. Keine Löwen sind zu besichtigen, sondern die Zwinger mit den Jagdhunden. In den Ställen stehen keine Oldtimer, sondern Pferde, wenn auch heute nur noch sechzig statt hundertzwanzig vor dem Krieg. Das dreitägige Pferde-

AVON

turnier von Badminton hat internationalen Ruf. Überall im Haus hängen Bilder von
Pferden und Hunden, von Jagdszenen und Reitgesellschaften. Das war die große
Passion, und wenn der 3. Herzog von Beaufort vom Pferd stieg oder von der Jagd
kam, dann wollte er die Schönheit des Pferdes, die Wonnen der Jagd noch einmal
genießen in Bildern. Darum schickte er einen begabten Diener seines Hauses zum Studium der Malerei nach Rom, richtete ihm um 1730 ein Atelier in Badminton ein und
ließ – nur für die Bilder dieses John Wootton – die Eingangshalle völlig neu gestalten.
Lebensgroß tritt uns Woottons grauer Berber entgegen, monumental wie ein Historien-
bild, gemalt mit der kühlen und leidenschaftlichen Genauigkeit dessen, der die Pferde
so gut kennt und liebt wie die Malerei. George Stubbs, eine Generation später, malte
die Anatomie des Pferdes, Wootton seine Apotheose. Auch Canaletto war in Badminton und malte im Auftrag des 4. Duke um 1748–50 zwei Ansichten des Hauses. Die
eine zeigt die palladianische Nordfassade mit den beiden Kuppeln und seitlichen Pavillons, wie William Kent sie kurz zuvor bei seinem Umbau des Hauses entworfen
hatte. Die andere Vedute, groß in ihrer Weiträumigkeit, miniaturesk in ihren Details,
beschreibt den unbeschreiblichen Blick vom Nordeingang zu William Kents drei Meilen
entferntem Pavillon Worcester Lodge (ca. 1746) – die englische Verwandlung einer
französischen Parkachse: grenzenlose Atmosphäre statt abgezirkelter Symmetrie, grauer
Cotswold-Stein und unabsehbar grüner Rasen. Im Großen Salon – neben den Canalettos – Porträts von Reynolds und Lawrence; im Speisesaal Tier- und Früchtestilleben,
aus Lindenholz geschnitzt von Grinling Gibbons (1683); und irgendwo zwischen all
den Kostbarkeiten die Wachsfigur des armen Bébé, Hofzwerg des Königs Stanislaus,
der ihn seinen Gästen gelegentlich, in einer großen Pastete versteckt, auftischte.

Badminton, Dodington, Dyrham: Avons Perlen an der Hügelkette der Cotswolds. Wo
um 1700 ein Regelgarten in Terrassen zum Haus hinunterführte, legte Humphry
Repton hundert Jahre später einen Landschaftsgarten an, von dessen höchstem Punkt
aus – weidende Kühe und Pferde im Vordergrund – *Dyrham Park* und die Ebene von
Bristol als vollkommen englische Claude Lorrain-Ansicht erscheint. Dyrham House
selbst dokumentiert den holländischen Geschmack der Zeit Williams und Marys, also
der letzten Dekade des 17. Jahrhunderts. Der Erbauer des Hauses, William Blathwayt,
sammelte als Staatssekretär Wilhelms von Oranien flämische Tapisserien und Leder-
tapeten, Delfter Porzellan und jene – damals zeitgenössischen – alten Niederländer,
die sein Freund Pepys so bewunderte, etwa die perspektivischen Interieurs Samuel
van Hoogstraetens. Auch in Dyrham hat Beckfords Fonthill-Ausverkauf seine Spuren
hinterlassen: die allegorischen Deckengemälde Andrea Casalis (ca. 1754) in der Großen
Halle und im Treppenhaus. Wie ein Genueser Palazzo, mit Rustika- und Attikageschoß,
wirkt die Eingangsfront von Dyrham Park. William Talman, Revisor im Königlichen
Bauamt unter Wren, hat sie 1698 entworfen, ein klassisches Beispiel des italienisch-
französischen Barockstils in England. Sein Greenhouse (1701), eine der ersten dem
Wohnhaus unmittelbar angeschlossenen englischen Orangerien, erinnert an Versailles.
Im Garten schreien schrill die Pfauen.

»Follow the famous to Bath«

»Bath liegt in einem lachenden Tale, rund umschlossen von beträchtlichen Anhöhen, die sich nur öffnen, um dem schönen Strom Avon den Durchzug zu gewähren.« Johanna Schopenhauer, Mutter des Philosophen, gehört zu den vielen und den vielen Berühmten, die Bath besucht, bewundert und beschrieben haben, Stück für Stück, wie Barockdichter ihre Geliebte: »Von wunderbar einziger Schönheit ist der Anblick der Stadt. Bald ward ihr das Tal zu eng, und sie erhob sich auf die nächsten Anhöhen, höher und immer höher türmte sie Paläste über Paläste, wetteifernd untereinander an Schönheit und allem Schmucke der neueren Architektur.« Enthusiasmus der ersten Begegnung? Enthusiasmus einer empfindsamen Reisenden um 1800? Auf der lärmenden M 4/A 4 von London kommend, überwältigt uns heute wie damals und wie zum erstenmal die ruhige Schönheit dieses Anblicks. Bath liegt in einem lachenden Tale.

Diese Stadt ist wohnlich wie keine zweite. Sie empfängt uns mit den offenen Armen ihrer Crescents, ihrer halbkreisförmigen Häuserreihen am Hang; sie umfängt uns mit der beschaulichen, bewohnbaren Geometrie runder und rechteckiger Plätze; und sie entläßt uns mit Bildern besserer Möglichkeiten in unsere verbauten Städte. Bath, eine kleine documenta urbana, ist ein Geschenk des georgianischen, komfortablen Jahrhunderts an die Besucher aus den sanierten Märkischen und anderen Vierteln. Keine englische, kaum eine europäische Stadt blieb als Ganzes so vollständig erhalten wie diese. Das heutige Bath mit rund 86000 Einwohnern endet dort, wo um 1800 die georgianische Stadtentwicklung aufhörte. Die nötigen Neubauten entstanden meist am Südufer des Avon, nie als Hochhäuser. Probleme bringt natürlich auch hier der Durchgangsverkehr und die vitale, nicht museale Erhaltung einer Stadt, in der 4658 Gebäude auf einer Denkmalschutzliste stehen. »Save Bath«, rettet Bath. Solche Bürgerinitiativen waren auch hier in letzter Zeit nötiger denn je, zumal das Mineralheilbad (Abb. 137) dieses traditionsreichsten englischen Kurorts 1976 wegen Unrentabilität vorerst geschlossen wurde.

Bath muß in einer Epoche des angeborenen guten Geschmacks entstanden sein, so über die Stadt verbreitet, nicht auf einzelne Glanzstücke beschränkt ist die Qualität ihrer Architektur. Bath, diese geplante Stadt in einem Landschaftsgarten, wirkt bei aller Rationalität organisch gewachsen, in großem Maßstab entworfen, aber maßvoll gebaut im einzelnen wie im ganzen. Dabei planten John Wood der Ältere und sein Sohn John Wood der Jüngere nichts Geringeres, nichts Prächtigeres als eine Stadt nach römischem Vorbild, mit einem ›Forum‹ für Versammlungen und einem ›Circus‹ für

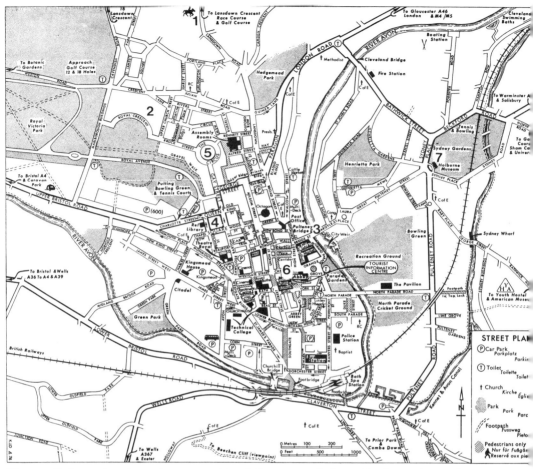

*Plan von Bath: 1 Lansdown Crescent   2 Royal Crescent   3 Pulteney-Brücke   4 Queen Square
5 The Circus   6 Abteikirche und Römische Bäder   7 Holburne-Museum*

Sportmöglichkeiten. 1715 war die englische Werkausgabe Palladios erschienen, aber die Renaissance des Römer-Bades Bath, dessen Ausgrabung Mitte des 18. Jahrhunderts begann und erst um 1880 ihren Höhepunkt erreichte, dieser Palladianismus der Woods erweist sich, wie schon vorher der von Inigo Jones, als englische Klassik durch und durch.

Die georgianischen Häuser, deren Prototypen uns in Bath überall begegnen, sind Häuser des gesunden Menschenverstandes. Sie erscheinen bei aller Eleganz einfach, prachtvoll in aller Bescheidenheit, monumental mit Maß. Nicht überwältigend, nicht abweisend: häuslich. Sie sind meist dreigeschossig, mit flach in die Fassade eingelassenen Fenstern und glattem, nicht steilgiebligem Dachabschluß. Säule, Fries, Architrav, überhaupt Ornamente werden regelmäßig, aber zurückhaltend benutzt (Abb. 138). Understatement in

264

Stein, Glanz der Nüchternheit. Welche Kraft der Proportionen, welche Sicherheit der Abstände, der Verbindung von Distanz und Intimität! Man sagt ›Sir‹ zu ihnen und dann ›you‹.

Bummeln in Bath: ein buchstäblich fortschreitendes, steigendes Vergnügen, von der Pulteney Bridge im Flußtal bis hinauf zum letzten, dem Lansdown Crescent. Mit Geschäften auf beiden Seiten, wie ein schmales, langgestrecktes Haus auf drei Bögen überspannt die Pulteney-Brücke den Avon, ein Ponte Vecchio in Bath, 1770 nach einem Entwurf von Robert Adam errichtet (Abb. 143). Queen Square heißt das erste und durchaus schon königliche Wohnviertel John Woods d.Ä. (1729–36). Alle Seiten des rechteckigen Platzes sind zu einer Raumeinheit, die Häuser zu einer Palastfassade zusammengefaßt, mit Rustikageschoß und Mittelrisalit, nach dem Vorbild von Covent Garden, dem ersten Londoner Square von Inigo Jones. Vorbei an Woods eigener Wohnung, dem barock gebogenen Eckhaus Gay Street No. 41 (1740), betreten wir The Circus, den vollkommenen Wohnkreis. Drei Straßen gehen strahlenförmig von ihm aus, drei übereinandergesetzte Säulenordnungen – toskanische, ionische, korinthische Zwillingssäulen – gliedern die Fassade, steigern ihren kreisenden Rhythmus und betonen zugleich die Ruhe des Horizontalen. Dieser Circus, von Wood d.Ä. geplant, in seinem Todesjahr 1754 von seinem Sohn begonnen und 1758 vollendet, dieser erste Circus in England wirkte auf die Zeitgenossen so, wie der Titelheld von Smolletts burleskem Briefroman ›Humphry Clinker‹ – der natürlich nach Bath reist – ihn beschreibt: »like Vespasians Amphitheatre turned outside in«, wie ein Kolosseum, dessen Außenwände nach innen gekehrt sind. Diesem Vorbild folgte nach 1767 auch der erste Circus in Deutschland, der Kasseler Königsplatz.

King's Circus und Royal Crescent: Jeder französische oder italienische Stadtplaner hätte diese beiden Höhepunkte von Bath axial verbunden. Wood führt uns auf der Brook Street wie beiläufig vor sein Hauptwerk, auf das er uns erst an der Ecke den Blick freigibt. Plötzlich, unvorbereitet: der Schock der Schönheit (Abb. 144): Dreißig Häuser, die wie ein einziges aussehen; eine lange, lange halbmondförmige Fassade (184 Meter) mit über hundert ionischen Säulen; eine Steinmasse in großer, gemessener Schwingung, die sich öffnet in den größeren Umkreis der Landschaft, den grünen Hügel hinunter über Bath und den Avon bis Beechen Cliff auf der anderen Seite. Wood d.J. imponiert uns nicht mit einem Palast für die Wenigen – er hat ein Reihenhaus gebaut, als sei es ein Palast für jedermann.

Dieser erste Crescent in England (1767–74) ist seitdem unzählige Male kopiert und variiert worden, nicht zuletzt in Bath selbst. In Lansdown Crescent (1789–92), dessen konvex-konkav-konvex geschwungene Fassade einen Borromini-Rhythmus aufgreift, hatte William Beckford (Abb. 91) von 1823, nach dem Verkauf von Fonthill Abbey, bis zu seinem Tode 1844 eine Wohnung (No. 20). Von hier zog sich der Garten des einsamen Exzentrikers eine Meile hinauf bis zu Lansdown Tower. Diesen neuen, klassizistischen Turm, nur noch halb so hoch wie der von Fonthill, hatte sich Beckford 1825 bauen lassen, als der Turm seines einstigen Palastes endgültig zusammenbrach.

265

AVON

Jeden Morgen ritt der legendäre Bürger von Bath mit fünf Dienern und einer Meute von Greyhounds durch die Stadt. Er lebte allein mit dem Zwerg von Fonthill, redigierte seine Tagebücher und sammelte bis zuletzt Kunstschätze und bibliophile Bücher. Zu Füßen seines Turmes, neben seinem Lieblingshund Tiny liegt William Beckford begraben, in einem von ihm selbst entworfenen Granit-Sarkophag.

Lange vor Lansdown Tower, 1762, hatte sich Ralph Allan auf dem gegenüberliegenden Bathwick Hill ein veritables Folly gebaut: Sham Castle, eine Mauer mit Türmen, Zinnen und nichts dahinter außer einem Golfplatz – schiere Kulissenarchitektur, die dem Postmeister von Bath von seiner Stadtwohnung aus wildromantische Burg-Illusion verschaffte. Indes verdanken wir Ralph Allan weit mehr als diese verrückteste Aussicht auf »Englands Florenz«. Er war der Mäzen der Woods, aus seinen Steinbrüchen in Combe Down bezogen sie ihr Baumaterial, den charakteristischen Bath stone. Dieser Oolith-Kalkstein mit seiner weichen, gelblich-grauen Tönung gibt der Stadt Glanz und Gepräge. Aus ihm lebt auch Ralph Allans nahes Landschloß Prior Park – und aus dem Entwurf Woods d. Ä. (1735 ff.). Hier empfing Allan seine Gäste, die Schriftsteller Pope, Richardson, Fielding und viele andere. Fielding, der in der Dorfkirche von Charlcombe 1734 heiratete, porträtierte seinen Freund Allan als ›Squire Allworthy‹ in dem Roman ›Tom Jones‹ (1749). Prior Park ist seit 1830 ein katholisches Knabeninternat. Mit oder ohne Erlaubnis: der Besucher sollte das Wiesental hinunterspazieren, wo sich mitten auf der Kuhweide über einen Teich die palladianische Brücke spannt (1750; Abb. 140), übriggeblieben aus dem Goldenen Zeitalter von Bath.

Royal Bath, Georgian City: Den Aufstieg der Provinzstadt zum englischen Karlsbad hat kein König und kein Architekt bewirkt, sondern eine verkrachte Existenz, die nichts als das Glücksspiel und die Spielregeln der Gesellschaft beherrschte, aber dies so meisterhaft, daß man ihn »King of Bath« nannte: Richard ›Beau‹ Nash (Abb. 109). Der platte Befund, daß hier die einzigen natürlichen heißen Mineralquellen Englands sprudelten und bei den Kurgästen eine hochgradig harntreibende und auch sonst heilsame Wirkung zeitigten, genügte ihm begreiflicherweise nicht. Die Leute sollten sich auch amüsieren, nach allen Regeln der Kunst und Etikette, nach seinen Regeln. Wenn ein Gentleman etwa in Reitstiefeln auf die Tanzfläche trat, sagte Beau Nash nur: »Sir, Sie haben Ihr Pferd vergessen!« So, mit Shakespeareschem Witz, organisierte er seit 1704 als Master of Ceremonies das gesellschaftliche Leben von Bath, das von Jahr zu Jahr eleganter und galanter wurde. Diesen »merkwürdigen Mann, welcher der höchsten Frivolität einen Anstrich von Größe zu geben wußte«, hat Johanna Schopenhauer unübertrefflich charakterisiert: eine »um ein glänzendes Nichts sich herumdrehende Existenz«, die »nur von der Gunst des Augenblicks lebte und diesem Augenblicke ein ungeheures, fast unvergängliches Denkmal setzte, indem eine der schönsten Städte Europas ihm ihre Existenz verdankt«. Was anders wären denn all die Kreise, Halbkreise und Karrees der Architekten von Bath als zu Stein erstarrte, elegante Bewegungen nach Beau Nashs Regeln des guten Geschmacks? Seine Statue findet man

im Kurhaus, eine Gedenktafel mit dem Rühmnamen ›Elegantiae Arbiter‹, Schieds-
richter der Eleganz, in der Abteikirche. Am angemessensten ehren wir ihn mit einem
Gedächtnisessen im Feinschmeckerrestaurant ›Popjoy's‹. In diesem Haus am Theatre
Royal hat Richard Nash seine letzten Lebensjahre verbracht, und als der siebenund-
achtzigjährige Beau 1761 starb, gelobte seine Mätresse, Juliana Popjoy, nie wieder in
einem Bett zu schlafen, beschloß ihre Tage als Kräutersammlerin und lebte in einem
großen hohlen Baum in Wiltshire.

Märchenhaft, aber historisch, nicht Legende, sondern Legion sind die Namen der
Prominenten von Bath. In jeder Saison hieß es hier mindestens einmal: A star is born
– als der zwölfjährige Thomas Lawrence mit Porträtzeichnungen brillierte, als die
Schauspielerin Sarah Siddons auf der Bühne triumphierte, und als der Organist
Herschel aus Hannover 1781 sogar einen neuen Planeten entdeckte, den Uranus, von
seiner Wohnung aus in der New King Street No. 19. Ein paar Straßen weiter und ein
paar Jahre früher, 1770 in The Circus No. 17, erwarb sich Gainsborough (Abb. 110),
der insgesamt fünfzehn Jahre in Bath und den Landhäusern der Umgebung verbrachte,
ersten Ruhm als Porträtist der feinen Gesellschaft. Amüsiert bis entrüstet erkannte
dieselbe Gesellschaft ihr Konterfei in der klassischen Komödie ›Die Lästerschule‹
(1777) von Sheridan, der einen großen Teil seiner Jugend als Dramatiker in Bath
verbrachte, bevor er nach London ging und Politiker wurde. Nach 1800 war es vor
allem Jane Austen, die in Romanen wie ›Persuasion‹ Bath und die neue, weniger
vornehme Gesellschaft schilderte. Denn inzwischen hatte George IV. Brighton zum
Modebad der Upper class gemacht.

»Follow the famous to Bath«, wirbt der Poststempel der Stadt noch heute. Wo in
England könnte man ergiebiger Prominenten-Archäologie betreiben, wo anschaulicher
ein ›Who is Who im 18. und 19. Jahrhundert‹ zusammenstellen als in dieser Stadt
– und wie könnte man Bath besser kennenlernen als von Haus zu Haus? »Die ganze
Stadt ist ein ungeheures Hôtel garni«, staunte Johanna Schopenhauer:

> North Parade No. 9: William Wordsworth 1841; No. 11: Oliver Goldsmith 1771,
> Edmund Burke 1797. South Parade No. 6: Walter Scott 1777. Westgate St No. 39:
> Josiah Wedgwood. Westgate Buildings, Chapel Court: Horace Walpole 1765; No. 8:
> Robert Southey 1774. Charles St No. 22: Edward Gibbon. Gay St No. 41: Fanny Burney
> (Grab: Walcot Cemetery, 1840). Sydney Place No. 4: Jane Austen 1801–05. Pulteney
> St No. 2: Edward Bulwer-Lytton 1867/72; No. 36: William Wilberforce 1802. Sawclose,
> Garrick's Head: Beau Nash 1705–61. Queen Square No. 24: Hier starb 1754 John Wood
> d. Ä. The Circus No. 5: William Thackeray; No. 7 u. 8: William Pitt d. Ä. 1753–63;
> No. 13: David Livingstone 1864; No. 23: Lady Montagu; No. 27: William Parry (geb.
> 1740 Summerhill Park). St. James' Square No. 35: Charles Dickens. Alfred St No. 2:
> Thomas Lawrence 1785–88. Newbridge Hill, Fairfield House (A 431): Exil-Wohnsitz
> von Kaiser Haile Selassie 1936–40.

Das alljährliche Musik- und Theaterfestival im Frühsommer und das anhaltend milde
Kur-Winterklima sorgen im übrigen für Prominentennachschub. Eine Art Gemein-

AVON

schaftsmausoleum berühmter und weniger berühmter Bath-Besucher ist die Abteikirche, übersät mit Gedenktafeln, Büsten und Urnen wie nur noch Westminster Abbey. Aber nicht auf diesen – mit Ausnahme der von Flaxman und Chantrey entworfenen – eher mittelmäßigen Monumenten beruht der Ruhm der ehemaligen Bischofskirche von Bath, in deren angelsächsischem Vorgängerbau König Edgar 973 gekrönt wurde. »Laterne des Westens«: Diesen leuchtenden Namen verdankt sie ihren vielen und großen Fenstern (Abb. 139). Glanzvoll auch das Fächergewölbe, »das prächtigste in England«, wie die königlichen Steinmetzen Robert und William Vertue ihrem Auftraggeber, Bischof Oliver King, versprachen – noch bevor sie in Westminster die Kapelle Heinrichs VII. und in Windsor die St. George's Chapel bauten. An der Westfassade dieser Spät-Perpendicular-Kirche (16. Jh.), über dem wuchtigen Eichenportal (1617), steigen auf steinernen Leitern bei Wind und Wetter Engel hinauf und hinunter – nicht Jakobs, sondern Bischof Kings Traum.

Angesichts der rund sechshundert Gedenksteine in der Abbey Church prägte ein einheimischer Badearzt das Epigramm: »Meine Damen und Herren, an den Gräbern sehen Sie eben: / Das Wasser von Bath führt nicht zu längerem Leben.« Fand doch selbst der legendäre Entdecker der Quellen, der königliche Schweinehirt Bladud, Vater King Lears, hier zwar Heilung von seiner Lepra, aber ein jähes Ende als britischer Ikarus. Die Römer waren es, die um 54 n. Chr. Aquae Sulis gründeten, der Minerva einen Tempel und sich selbst ein Thermalbad bauten, halb unter freiem Himmel, mit einem ausgeklügelten System von Kalt- und Warmwasserbecken, Bleileitungen und Hypokaustenheizung. Diese ›Roman Baths‹, besucht von Kaiser Augustus, Trajan und Hadrian, gehören zu den besterhaltenen, eindrucksvollen Zeugnissen der Römer in Großbritannien, von Hadrian's Wall einmal abgesehen.

Devon

In Kent und Sussex wurde England erobert, von Devon aus eroberte England ein Weltreich. In Devon betreten wir die Grafschaft, wo vor vierhundert Jahren triumphal begann, was heute endgültig verloren und vorüber ist: das Britische Empire. Ohne die Männer von Devon wäre England unter Elizabeth I. das geblieben, was es unter Elizabeth II. wieder ist (Abb. 159): eine liebenswerte Insel ohne weltpolitische Bedeutung. Von Devons Küste segelten sie los, im Rauch von Tabak und Kanonen kehrten sie zurück – Herren der Neuen Welt, Heroen unzähliger Schulbuchgeschichten. Francis Drake aus Devon (Abb. 158) besiegte die Armada, James Cook segelte von Devon aus als erster Engländer um die Welt, und wiederum zwei Admirale aus Devon – Walter Raleigh und sein Halbbruder Humphrey Gilbert – gründeten die ersten englischen Kolonien: Neufundland und ›Virginia‹, wie der galante Raleigh seine Eroberung nannte nach der alles andere als ›jungfräulichen Königin‹ Elizabeth I. Diese Piraten der Krone, merchants adventurers, Abenteurer und Kaufleute in einer Person: sie kamen aus Devon und aus einer Epoche, die Egon Friedell als »Flegeljahre des Kapitalismus« bezeichnete.

Auch der ›Apostel der Deutschen‹, in Friesland erschlagen, in Fulda begraben, auch Bonifatius stammt aus Devon, aus einem Dorf bei Exeter. Wenige Meilen weiter südlich, im Seebad Torquay, wurde die erfolgreichste Krimi-Autorin unserer Tage geboren, Agatha Christie. Und eine der beiden lebenden Skulpturen Gilbert & George kommt aus Devon: der Konzeptkünstler George Passmore, der zusammen mit dem Südtiroler Gilbert Proesch das exzentrischste Künstlerpaar der englischen Avantgarde bildet – melancholische Missionare einer ›Kunst für alle‹.

So vielfältig wie Devons Leute sind Devons Landschaften: zwei Küsten und zwei Moore, das Dartmoor und ein Teil des Exmoors. Die Nordküste mit ihren grauen Granitfelsen und der ›Englischen Schweiz‹ bei Lynton; die Südküste mit ihren roten Sandsteinklippen, der subtropischen Vegetation und den vielen tiefen Flußmündungen. Devons Klima ist milder als das von Somerset, Devons Klippen – Hartland Point (Farbt. XXXVI) ausgenommen – sind weniger schroff als die von Cornwall. In dieser größten südenglischen Grafschaft leben so viel Menschen wie in der Stadt Köln: knapp 800 000 Einwohner auf rund 6800 Quadratkilometern.

DEVON

Die steinernen Könige von Exeter

Wie fruchtbar die Pfarrhäuser für die Literaturgeschichte waren, erfahren wir einmal mehr auf dem Weg von der Grenze Dorsets nach Exeter in *Ottery St. Mary,* einem Dorf, halb nach dem Flüßchen Otter, halb nach seiner Kirche (Abb. 157) benannt. Hier wurde 1772 Samuel Taylor Coleridge geboren (Abb. 113), als der Kindersegen des Vikars und Dorfschullehrers John Coleridge das biblische Dutzend bereits erreicht hatte. Aber sein dreizehntes und letztes Kind wurde berühmt. Wir, Einzelkinder des Pillenzeitalters, stehen und staunen. Nach dem Tod des Vaters schickte seine Mutter den neunjährigen Samuel auf die Londoner Schule Christ's Hospital, damit er dort erzogen würde »unter anderen armen Kindern«. So schrieb die Witwe in einer Bittschrift, deren Kopie in der Kirche zu sehen ist, und so erlebte Charles Lamb seinen Mitschüler Coleridge, »the inspired charity-boy«. Er hatte zeitlebens, wie sein Vater, wenig Geld, aber seine Gedichte und theoretischen Schriften prägten die englische Romantik. Coleridges Geburtshaus, die Dorfschule neben der Kirche, wurde von einem viktorianischen Pfarrhaus verdrängt.

Stärker als alles Sichtbare hat mich ein anhaltendes Geräusch an Coleridges Kindheit erinnert: das Ticken der Uhr in St. Mary, auf deren bemaltem Holzgehäuse sich Sonne, Mond und Sterne ptolemäisch um die Erde drehen. Diese Uhr, so alt wie die in den Kirchen von Exeter, Wells und Wimborne Minster, zeigt noch die Zeit vor Galilei an. Sie stammt – wie der Hahn auf dem Kirchturm, die angeblich älteste Wetterfahne Englands – aus der ersten Hälfte des 14. Jahrhunderts, als Bischof Grandisson von Exeter ein Priesterkolleg in Ottery gründete und St. Mary vom Early English ins Decorated erweiterte, von der Dorfkirche zur Dorfkathedrale. Ihre Höhepunkte sind nur durchs Fernglas deutlich sichtbar: die Schlußstein-Figuren am Gewölbe des Chors und der Lady Chapel. Im Perpendicular-Seitenschiff (ca. 1520) hat sich ein Elefantenkopf als Säulenkapitell durchgesetzt. Die Chorgitter, aus Holz ziseliert (ca. 1350), zählen zu den ältesten in Devon, wo noch in fast zweihundert Kirchen solche ›rood screens‹ erhalten sind. Interessanter als John Haydons Grab in St. Mary ist der Landsitz dieses Londoner Rechtsanwalts: Cadhay Manor, ein Tudor-Herrenhaus nordwestlich des Dorfes.

In *Bicton* wiederum, zwischen den Badeorten Sidmouth und Exmouth, sind die Gärten interessanter als das Herrenhaus, das heute als Institut für Landwirtschaft und Gartenbau dient. Den Italienischen Garten dieses englischen Parks soll der Franzose Le Nôtre entworfen haben, der Meister geometrischer Gartenanlagen unter Louis XIV. Wahrhaft international wird das Gartenfest von Bicton durch die alten, seltenen Bäume: der chinesische Tauben- oder Taschentuchbaum, der mexikanische Wacholderbaum, der indische Bohnenbaum – Zeugen des Britischen Weltreichs, das wenigstens so noch weiterwächst. Es wäre kein englischer Garten, wenn wir nicht die Wahl hätten, ihn gemächlich im Austin von 1928 zu besichtigen oder mit der ›Bicton Woodland Railway‹, einer schmalspurigen Eisenbahn, die königsblau auf roten Rädern den Fichtenhain des Pflanzensammlers E. H. Wilson durchquert.

270

Zwei Kilometer südwestlich von Bicton Gardens steht noch, strohgedeckt, das Landhaus, in dem Sir Walter Raleigh (Abb. 108) um 1552 geboren wurde: *Hayes Barton.* Dieser »Outsider aus der Provinz«, wie J. B. Priestley ihn nannte, brachte Europa die Kartoffel und den Tabak, machte als Günstling Elizabeths I. Karriere und als Freund Edmund Spensers Sonette. Und er schrieb eine ›Weltgeschichte‹, dies aber erst während seiner dreizehnjährigen Haft im Tower unter James I., der ihn 1618 köpfen ließ des lieben Friedens wegen mit Spanien. Noch heute ist das Familienwappen der Raleighs an einer der dreiundsechzig reichgeschnitzten alten Bänke in der Kirche von *East Budleigh* zu sehen. Nur St. Mary in High Bickington nördlich von Barnstaple hat eine in Zahl und Qualität vergleichbare Sammlung solcher Gestühlswangen aus Devons dörflicher Renaissance.

Königlicher Empfang in *Exeter:* Unter ihren Steinbaldachinen an der Westfront der Kathedrale sitzen mit gekreuzten Beinen und gekräuselten Bärten King Aethelstan und Aethelbert, der angelsächsische Alfred und der normannische William, sitzen da seit dem 14. Jahrhundert in Gesellschaft der Propheten, Engel und Apostel, getroffen, aber nicht gestürzt von den Attacken der englischen Reformation, der deutschen Bomber und der anhaltenden Luftverschmutzung, graue, einst grellbemalte Sandsteinfiguren, deren schönste nicht die glatt restaurierten sind, sondern die mit dem vernarbten, vergehenden Gesicht (Abb. 162). Henry James hat diese »Opfer der Zeit« eindringlich beschrieben: »Im Zwielicht drehen sie ihre Köpfe seitwärts und beginnen zu murmeln wie eine Gesellschaft alter Bettler, die sich über ihre Schmerzen, Schwächen und Verluste unterhält, und die Trauer so schrecklich alt zu sein.«

Exeter hat den Luftangriff vom Mai 1942 überstanden, aber es hat viel verloren von seinem mittelalterlichen Stadtbild. Die Bomben haben Mosaikpflaster von Isca Dumnoniorum freigelegt, der westlichsten Stadt der Römer. Ein Teil der alten Wallanlagen ist in Southernhay, einer Straße mit georgianischem Charme, und ebenso in Northernhay zu sehen, einem Park am Hauptbahnhof. Hier sind auch die Rougemont Grounds, auf deren ›rotem Berg‹ die Ruine der normannischen Burg mit ›Aethelstans Turm‹ steht, die Shakespeare in ›Richard III.‹ (IV, 2) erwähnt. Das angrenzende Royal Albert Museum besitzt gute englische Aquarelle, aber keine Arbeiten Nicholas Hilliards, der um 1547 in Exeter geboren wurde als Sohn eines Goldschmieds, selber Goldschmied wurde und als Schöpfer zauberhafter Miniaturen (Abb. 108 und vordere Umschlagklappe) zum ersten namhaften englischen Maler am Hof Elizabeths I. und ihres Nachfolgers James I. aufstieg. St. Wilfrid's School erinnert an Bonifatius, der zwölf Kilometer nordwestlich in Crediton geboren und wohl in der Klosterschule von Exeter erzogen wurde. Von dem noch erhaltenen Altstadtwinkel am Staple Hill in der Nähe der Exe-Brücken führt die Fore Street mit ihren Antiquitätenläden in die High Street. Wenn man auf dem geschäftigen Bürgersteig gegen Granitsäulen stößt, hat man die Guildhall erreicht, das mittelalterliche Zunft- und Rathaus mit seinem Vorbau von 1592.

The Close, das Kathedralenviertel, hat am geschlossensten Gebäude und Charakter der alten Grafschaftshauptstadt Exeter bewahrt. Stolz tragen die Löwen von ›Mol's

271

Coffee House‹, das unmittelbar an die kleine Kirche St. Martin gebaut ist, die Zahl 1569 im Wappen der erker- und fensterreichen Fassade. Der geschweifte Giebel indes ist eine viktorianische Zutat, und auch Kaffee gibt es hier nicht mehr. Statt dessen ein paar Schritte weiter Ale in der Ship Inn (Abb. 161), deren schiffsbalkengemütliche Atmosphäre Francis Drake 1587 in einem Brief an einen Freund pries: »Next to mine own shippe I do most love that old ›Shippe‹ in Exon.« Ähnlich guter historischer Verbindungen rühmt sich das White Hart (South St), wo Cromwell im Bürgerkrieg seine Pferde mit Futter und sich selbst mit Sherry vom Faß versorgte. Umgeben von Häusern aus Fachwerk und rotem Kalkstein, in seine Bibel vertieft, sitzt ›Hooker der Kluge‹ aus Exeter, der anglikanische Theologe des 16. Jahrhunderts, als Vor- und Standbild auf dem Rasen der Kathedrale.

Die Kathedrale von Exeter (Abb. 163) wurde im selben Jahr begonnen, in dem die von Salisbury vollendet war, 1275. Wie jene ist auch Exeter Cathedral aus einem Guß, und nur die beiden wuchtigen Ecktürme, als Querschiff in den gotischen Neubau einbezogen, sind von ihrem normannischen Vorgänger übriggeblieben. Innen, welche Vielfalt der Formen, welcher Überfluß! Mit sechzehn Schäften breiten sich die Bündelpfeiler aus, eine Allee in Stein. Darüber, palmwedelgleich, das Gewölbe aus dreißig Fächern. Wo sie sich treffen, am Scheitelpunkt der Decke, zieht eine dichte Reihe von Schlußsteinen das Auge vom Westportal in die Tiefe des Chores, nur halb gebremst auf halbem Weg von einem steinernen Lettner (1320). Dies schöne, absolute Gefühl für Raum und Rhythmus ging hier offenbar schon im Barock verloren, als man Blick und Lettner mit einer Orgel verbaute. Korrespondenz der Formen, noch das stilistisch Konträre entspricht sich: das Perpendicular-Westfenster und die Flamboyant-Rosette des Ostfensters, das Maßwerk des 14. und das Glas des 20. Jahrhunderts. Auf einer Konsole macht ein Akrobat zur Musik eines Engels Kopfstand vor der Madonna auf der Konsole ge-

Exeter: Grundriß der Kathedrale

1 Bischof Grandissons Grabkapelle
2 Edmunds-Kapelle
3 Kreuzgang
4 Sylke-Grabkapelle
5 Pauls-Kapelle
6 Andreas-Kapelle
7 Georgs-Kapelle
8 Kapelle Johannes des
  Evangelisten
9 Marienkapelle
10 Gabriels-Kapelle
11 Bischof Oldhams Grabkapelle
12 Jakobs-Kapelle
13 Kapelle Johannes des Täufers
14 Kapitelsaal
15 Bibliothek

genüber. Diese Kathedrale lebt bis in die letzten Schlußsteine, wo Samson den Löwen erschlägt und ein Ritter den Thomas Becket. Die Größe des Raumes bedrängt den Einzelnen nicht, und sie verdrängt nicht die Einzelheiten. Im viktorianischen Chorgestühl sind die frühesten englischen Miserikordien bewahrt (ca. 1230–70): ein Elefant mit den Hufen einer Kuh, eine Lohengrin-Szene und ein König, der im siedenden Wasserkessel seine Strafe absitzt. Aus Eiche, ohne jeden Nagel, ragt der Bischofsthron (ca. 1317) im Chor über achtzehn Meter in die Höhe, mit einer Fülle geschnitzter Tier- und Menschenköpfe. Unter Baldachin und Marmor-Mitra ruhen die Bischöfe von Exeter, aber auch die Schlittenfahne des Antarktisforschers Scott aus Devonport bei Plymouth sieht man in dieser Kathedrale, einen kanadischen Indianer auf Flaxmans Grabmal eines Generals, und von Chantrey lebensgroß den toten Maler James Northcote mit Pinsel und Palette. Altenglische Versdichtung ist uns im wesentlichen nur in vier großen Handschriften überliefert; eine davon, den Codex Exoniensis (10. Jh.), besitzt seit Jahrhunderten die Dombibliothek der jungen Universitätsstadt Exeter.

Keats und die Toten von Torquay

An der langen Bucht der Exe-Mündung, in einem Park mit Rotwild und Falkenzucht, liegt *Powderham Castle*, vom 14. Jahrhundert bis heute Stammsitz der Courtenays, deren französischer Vorfahre mit Eleonore von Aquitanien, der Frau Heinrichs II., nach England kam. In diesem idyllischen Landschloß begann einer der großen Homosexuellen-Skandale hundert Jahre vor Oscar Wilde, als William Beckford (Abb. 91) im Sommer 1779 Powderham Castle besuchte und den elfjährigen William Courtenay kennenlernte – eine Verbindung, die für beide im persönlichen und gesellschaftlichen Desaster endete (vgl. S. 210 ff.). Kein Courtenay hat soviel Bildung und Geschmack gehabt wie dieser. Ihm verdanken wir den Musiksaal mit seiner Kuppel, entworfen von James Wyatt, und die vergoldeten Regency-Möbel von William Marsh und Thomas Tatham. Das Bildnis des Dorian Gray von Powderham Castle zeigt einen elegant gekleideten, schon etwas korpulenten Jüngling. 1792 von Richard Cosway gemalt, dem letzten großen englischen Miniaturisten aus Devon.

Teignmouth, an der Mündung des Teign: ein Küstenstädtchen mit Regency-Häusern, ein Familienbad der kleinen, liebenswerten Art. Schön ist die Schiffsfahrt flußaufwärts, das Schwimmen im Meer, die Klippenwanderung zu den roten Sandsteinfelsen, die ihrer phantastischen Formen wegen ›Pfarrer und Küster‹ heißen. »Hier könnte ich den ganzen Sommer bleiben«, beginnt ein Gedicht, das John Keats seinem Freund, dem Maler Haydon, aus Teignmouth schrieb. Keats kam im Frühjahr und noch einmal im Herbst 1818 von London hierher. Er genoß die Seeluft, schrieb ein Gedicht auf die ›Devon Maid‹, deren schöne Hügel und Devon Cream er liebte, und begann sein von den Präraffaeliten bewundertes Versepos ›Isabella‹. Keats war dreiundzwanzig, hatte eben eine Apothekerlaufbahn abgebrochen, nun will er nur noch Dichter sein. Der

273

DEVON

Zustand seines kranken Bruders Tom in Teignmouth verschlechtert sich, das Wetter offenbar auch, und Keats flucht in Kaskaden über ganz Devon: »It is a splashy, rainy, misty, snowy, haily, floody, muddy, shipshop county.« Noch im selben Jahr stirbt sein Bruder an Tuberkulose. Wenig später beginnt Keats selbst, der Romantiker unsterblicher Schönheit, Blut zu spucken und stirbt, sechsundzwanzigjährig, in Rom. Im Jahr seines Teignmouth-Aufenthaltes, 1818, war ›Endymion‹ erschienen, der mit den Versen beginnt: »A thing of beauty is a joy for ever: / Its loveliness increases; it will never / Pass into nothingness . . .« Eine Gedenktafel in Teignmouth (Northumberland Place) erinnert an den unglücklichen Keats – und seine Gedichte.

Rot leuchten Klippen und Strand der Badebuchten in der Tor Bay. Hier wachsen Palmen und subtropische Pflanzen, die Hotels heißen »Riviera«, »San Remo« oder »Palm Court«. Hier, wenn irgendwo, muß die vielgepriesene »Englische Riviera« sein. *Torquay* am Nordende der Tor Bay ist der elegantere, Paignton der volkstümlichere Badeort, und Brixham am Südende ist geblieben was es war: ein Fischerhafen. Diese Bucht hat Schriftsteller und Staatsmänner angezogen, Segler schätzen dies Stückchen Mittelmeer im Englischen Kanal, Kurgäste und Rentner machen noch im Winter im Schutz der Hügel eine milde Golfpartie. In Torquay, einem Zentrum für Sprachferien, lernt man Englisch schwimmend. Die Relikte der ersten Badegäste dieser Bucht, im Museum in der Babbacombe Road, stammen schon aus der Altsteinzeit, deren Jäger in der Tropfsteinhöhle Kent's Cavern ein halbwegs sonniges und für Archäologen höchst ergiebiges Leben führten. Kent's Cavern (Ilsham Rd) gilt als einer der frühesten Siedlungsplätze in England. Was sich dort in einer über drei Meter hohen Schicht an prähistorischem Leben abgelagert hatte, paläolithische Flintwerkzeuge und Fossilien längst ausgestorbener Tiere, diese Funde von 1823 wollten die Zeitgenossen nicht für möglich halten, bis Darwins Evolutionstheorie erschien.

Torquay ist auf sieben Hügeln erbaut. Eine natürliche Gartenstadt – ein Jahrhundert vor Ebenezer Howard und seinem bahnbrechenden Buch ›Garden Cities of Tomorrow‹. Die Villen von Babbacombe oder die Terrassen von Meadfoot zeigen den architektonischen, die Aussichtspunkte von Babbacombe Down oder Anstey's Cove den landschaftlichen Reiz dieser grünen Stadt am Meer. In einem Sanatorium in Torquay und nicht im Londoner Exil wollte der irische Dramatiker Sean O'Casey sterben, und auch Edward Bulwer-Lytton, der viktorianische Großschriftsteller, verlebte seine letzten Tage in Torquay. Der Generalssohn, Parlamentarier und Kolonialminister Bulwer-Lytton, Autor der bis heute populären ›Last Days of Pompeii‹, war oft in Deutschland, schrieb einen Roman über ›Die Pilger auf dem Rhein‹ und widmete seinen von Goethes ›Wilhelm Meister‹ beeinflußten Roman ›Ernest Maltravers‹ sogar »dem deutschen Volke«. Natürlich wird jeder echte Krimi-Leser in Torquay das Haus suchen, in dem 1890 »The Queen of the Crime« oder, wie sie selbst sich lieber nannte, »The Duchess of Death« geboren wurde: Agatha Christie. Dame Agatha, 1971 von Queen Elizabeth auch förmlich geadelt, hat ihre Morde selten im Orientexpress, meist in englischen Landhäusern angesiedelt, wo der kontinental-komische Hercule Poirot und später Britannia

274

persönlich, Miß Marple, noch die schwierigsten Fälle lösten. Ihre Detektivromane, wohlkalkuliert und wohltemperiert, erreichten mit 350 Millionen Exemplaren höhere Auflagen als Shakespeare oder Dickens. Als Agatha Christie am 12. Januar 1976 starb, lief ihr erfolgreichstes Kriminalstück, ›Die Mausefalle‹, im Londoner St. Martin's Theatre zum 9611. Mal, ununterbrochen seit vierundzwanzig Jahren. Vermutlich läuft es noch immer.

Auf halber Höhe über Stadt und Bucht von Torquay liegt St. John, mit mehrfarbigem Devon-Marmor und neo-normannischem Zickzackmuster von dem viktorianischen Architekten George Edmund Street erbaut (1861–71). Zu Streets ersten Assistenten gehörte auch William Morris (Abb. 117), von dessen Firma die beiden großen West- und Ostfenster stammen, nach den Entwürfen von Burne-Jones: das Westfenster in tiefem Rot-Blau mit den neun Ordnungen der Engel, das Ostfenster in Weiß und Aubergine mit Christus, Engeln und Heiligen – eine melancholisch-morbide Gemeinde. Burne-Jones malte auch die beiden Fresken an der Nord- und Südwand des Chors, die Heilige Familie und die Heiligen Drei Könige. Die Prämonstratensermönche von Torquay schätzten offenbar das Baden. Tor Abbey (1196) liegt so nah am Strand wie selten ein Kloster. Westlich des noch erhaltenen Torhauses (ca. 1320) steht die eindrucksvolle Klosterscheune, ›Spanish Barn‹ genannt, weil hier nach 1588 rund vierhundert Armada-Gefangene eingelagert waren. Genau ein Jahrhundert nach Drake, 1688, landete in der Bucht von Torquay William III. von Oranien. Die parlamentarische Opposition in England hatte ihn gegen die Politik seines Schwiegervaters James II. zu Hilfe gerufen, zusammen mit seiner Frau Mary wurde er König, und als Führer der europäischen Koalition gegen Ludwig XIV. im Spanischen Erbfolgekrieg gewann er unter anderem Gibraltar für Großbritannien. Im Hafen von *Brixham*, zwischen zwei Kanonen, steht das Denkmal dieses protestantischen Königs, der die Stuart-Herrschaft beendete. Wenn wir vom Hafen zur Landspitze Berry Head wandern, so ist dies der Weg, auf dem ganz Brixham im August 1815 hinauspilgerte, um vor der Küste eine andere, weit größere Herrschaft enden zu sehen: die Napoleons. Mit sechs Kutschen und fünfundvierzig Pferden an Bord der ›Bellerophon‹ hatte der Verlierer von Waterloo auf ein faires Exil in England gehofft. Daraus wurde nichts. Zu seiner und aller Schaulustigen Enttäuschung mußte Napoleon auf offener See umsteigen auf die ›Northumberland‹, Richtung St. Helena. Die Einwohner von Brixham haben dem großen Korsen, fair enough und besser als ein Denkmal, mit einem französischen Restaurant die kulinarischen Ehren erwiesen: ›Randall's‹ am Hafen, ein Gedächtnismahl wert.

Am englischen Rhein

Wer von Brixham nach *Dartmouth* nicht über Totnes fahren will, setzt mit der Fähre von Kingswear aus über. Auf den Klippen der viereckige Turm der Burgruine, gegen-

DEVON

über am Westufer Dartmouth Castle (1481–94), überragt vom Turm der St. Patrox-Kirche – die Szenerie ist romantisch wie nur je eine Flußmündung. Leicht auszumalen die heroische Landschaft von einst: die Eisenkette, die diesen Naturhafen von Ufer zu Ufer sperren konnte; die Kreuzritter, die sich hier mit einer Flotte von einhundertvierundsechzig Schiffen im Jahre 1147 sammelten und noch einmal 1190; und die vierhundert Kriegsschiffe der Alliierten im Juni 1944, die in Warfleet Creek den ›D-Day‹ erwarteten. Aber zwischendurch und meistenteils war Dartmouth ein idyllisches Küstenstädtchen, im Mittelalter am Weinhandel mit Bordeaux interessiert und heute an Touristen. An diesem Bild ändert auch nichts Aston Webbs monumentales, nördlich über der Stadt gelegenes Royal Naval College (1899–1905), das Eton der englischen Marine.

Wir schlendern den ›Butterwalk‹ entlang, Kolonnaden mit Granitsäulen, die holzgeschnitztes Fachwerk tragen (1635–40). Am Quay das Royal Castle Hotel, eine alte Kutscherkneipe, deren Galeonen-Bar sich rühmt, aus den Balken gestrandeter Armada-Schiffe errichtet zu sein. 1588 war, zweifellos, das Geburtsjahr einer ganzen Armada rauchgeschwärzter Kneipen an der englischen Kanalküste. Vom Hafen den Hügel hinauf, in Higher Street und den umliegenden Gassen, stehen mit überhängenden Geschossen einige der schönsten Fachwerkhäuser von Dartmouth. An den berühmten Sohn der Stadt erinnert Newcomen Lodge in Ridge Hill, aus Teilen eines Hauses in Lower Street erbaut, in dem Thomas Newcomen lebte. Er erfand, sechzig Jahre vor James Watt, 1705 die Dampfmaschine. Ein Exemplar ist am Butterwalk zu bewundern. Der Schmied Thomas Newcomen seinerseits bewunderte wahrscheinlich schon die Eichentür von St. Saviour mit ihren schmiedeeisernen Ornamenten: Zwei Leoparden bewachen den Lebensbaum – ein Meisterwerk des 14. Jahrhunderts, 1631 restauriert. Das zweite Prunkstück der Kirche ist aus Stein, die reich skulpturierte Kanzel (um 1500), das dritte ganz aus Holz: das Chorgitter mit Resten alter Bemalung, Filigran-Maßwerk und Laubwerk-Fries, in dessen Blättern Vögel Trauben picken und von Monstern gefressen werden. Zwischen seinen beiden Frauen steht, mit Helm und Harnisch gewappnet zum letzten Gefecht, der Bürgermeister von Dartmouth, John Hawley – ein monumentaler Brass aus dem Jahre 1408.

Wer im ›Royal Castle‹ in Queen Victorias Himmelbett geschlafen hat, wird mit doppeltem Hochgefühl von Dartmouth flußaufwärts nach *Totnes* fahren. Diese knapp zweistündige Schiffspartie auf dem Dart, den Königin Victoria den »englischen Rhein« nannte, führt an bewaldeten Hügeln entlang, vorbei am Anchor Rock, auf dem Sir Raleigh Pfeife rauchend mitten im Strom die Aussicht genoß. Das Städtchen Totnes besteht eigentlich nur aus einer einzigen langen Straße, die immer steiler, enger und malerischer wird – und aus einer nationalen Legende. Daran erinnert Brut's Stone in der Fore Street, unscheinbarer, aber weit anspruchsvoller als der prachtvolle Lettner (ca. 1460) in St. Mary. Hier in Totnes soll Brutus, Enkel des Aeneas, gelandet sein und ›Britannien‹ als dessen erster König seinen Namen gegeben haben. So jedenfalls überliefert es der normannische Bischof und Chronist Geoffrey of Monmouth in seiner

276

*Dartmouth:
John Hawley zwischen
seinen beiden Frauen,
Brass von 1408 in der
Kirche St. Saviour*

DEVON

›Historia Regum Britanniae‹ (1136), weniger eine Geschichts- als eine Geschichtenquelle von immensem literarischen Einfluß. Auf sie gehen alle späteren Bearbeitungen der Sagenstoffe von King Lear, König Artus und seinem Zauberer Merlin zurück. Von jenem legendären Grundstein des Reiches aus verkünden die Stadtväter von Totnes ihren Bürgern noch heute jeden neuen König von England.

Dartington, drei Kilometer nordwestlich von Totnes, ist ein Dorf mit einem Herrenhaus und mehr als das: ein Gesamtkunstwerk auf ländlicher Basis. Seit 1925, als der Philanthrop Leonard Elmhirst und seine Frau Dorothy Dartington Hall kauften, hat sich hier ein einzigartiges Experimentierzentrum entwickelt, wo nach wissenschaftlichen, ökonomischen und sozialen Gesichtspunkten zeitgemäßes Landleben erforscht und praktiziert wird – ohne Ideologie, aus dem Geist der Vernunft und des Vergnügens. Garten-, Forst- und Farmwesen, Weberei und Töpferei, Musik-, Ballett- und Gemeinschaftsschulen – alles hat hier seinen Platz, nach eigenen Gesetzen und mit dem gemeinsamen Ziel, auf dem weiten Feld von Kunst und Leben zur Lebenskunst zu finden. Der Töpfer Bernard Leach, der Maler Mark Tobey, internationale Fachleute der verschiedensten Disziplinen waren und sind hier Lehrer. In einer mittelalterlichen Scheune und im Turnierhof des Herrenhauses wird Theater gespielt, in der Cott Inn gibt es Lachs und hausgemachten Cider, und Dartington-Glas ist ein Begriff. In den Terrassengärten oberhalb des Dart, dem dreihundertjährigen Eiben-Spalier der ›Zwölf Apostel‹ gegenüber, ruht groß und schön eine ›Liegende‹ (1947) von Henry Moore. Die eigenen Werkstätten haben Dartington Hall restauriert, und in der Nachbarschaft dieses elisabethanischen Landschlosses ist das Haus des Schuldirektors im Internationalen Stil der Dreißiger Jahre so wenig ein Gegensatz wie alles andere in Dartington.

Nur wenige Kilometer entfernt, am Rande des Dartmoors, liegt das Dorf *Dean Prior*. Hier lebte bis zu seinem Tode 1674 der Landpfarrer Robert Herrick, dreieinig mit Prudence, seiner Haushälterin, und Tracie, dem Hund. Der Vikar von Dean Prior entzückte seine Gemeinde weniger mit Predigten als mit Liebesgedichten auf Corinnas, Julias und Osterglocken – Pastoralen im doppelten Sinne. Aber ganz glücklich war dieser späte Meister des elisabethanischen Kunstliedes, der geborene Londoner aus dem Kreis um Ben Johnson, hier in der Provinz wohl nicht – »in this dull Devonshire«, im dumpfen Devon. Wir sehen ihn, porträtiert in seiner Pfarrkirche im Ostfenster, kniend, ein bißchen näher seinem Elysium ohne Nebel und Langeweile.

Wo bitte geht's zu Francis Drake?

Devons größte Stadt und Englands heroischster Hafen, *Plymouth*, ist auf Fels gebaut und auf Geschichte. Auf diesem schwankenden Fundament, fast fünfzig Meter über dem Wasser, liegt sie da wie ihr eigenes Denkmal, groß noch im Verlust dessen, was

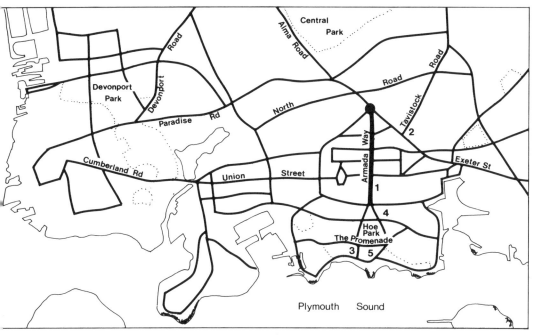

Plan von Plymouth: 1 Armada Way 2 Städtisches Kunstmuseum 3 The Hoe 4 St. Andrew's 5 Zitadelle

sie einst groß gemacht hat. Von Plymouth aus begann im 16. Jahrhundert Englands Aufstieg vom mittelalterlichen Kleinstaat zur europäischen Weltmacht. Von diesem Plymouth zeugen rund vierzig Städte im ehemals Britischen Empire, die bis heute Plymouth heißen. Den einheimischen Maler Robert Lenkiewicz, Parade No. 25, beflügelte 1972 die weltbewegende Heimatkunde seiner Stadt zu einem Fassadenbild, auf dem die Farben haushoch wogen wie die Figuren – ein historisches Kostümfest mit Elizabeth I., Drake, Raleigh und all den anderen. Aus dem Goldenen Zeitalter der Admirale, der königlichen Seeräuber und Landsucher, der Sklavenhändler und Pilgerväter: was blieb davon übrig? Ein paar Statuen, Straßennamen und Werbemarken: ›Mayflower Antiques‹, ›Mayflower Cakes‹, ›Pilgrim Taxi‹. Aber vor allem: Armada Way, die Triumphallee, die von der Stadtmitte schnurgerade nach Süden verläuft, an einem Bronzeabguß von Drakes Trommel vorbei, immer breiter wird und wie ein Parade-Teppich direkt ins Meer zu führen scheint. The Hoe heißt dieser Park am Hafen, kein anderer bietet eine schönere Aussicht auf sich selbst und seine Geschichte – und keine englischere Legende als die, daß hier am 31. Juli 1588 die Admirale Drake und Howard mit ihren Kapitänen Frobisher und Hawkins noch Bowling spielten, als die hundertdreißig Schiffe der spanischen Invasionsflotte schon in Sichtweite von Plymouth kreuzten. Bronzekühl, britische Weltmacht-Haltung auf Stand- und Spielbein verteilt, steht der Armada-Sieger Sir Francis Drake auf seinem Sockel (Edgar Boehm, 1884; Abb. 158), den Degen an der Seite und neben sich den Globus, den er als erster Engländer umrundete. Dies, im geheimen Auftrag Elizabeths I., war weniger als naturwissenschaftliche Expedition denn als wirtschaftspolitische Demonstration geplant, um Philipp II. von Spanien zu zeigen, wer Herr der Meere und des Handels sei. Mit Francis Drakes Schwert schlug Elizabeth II. – Kontinuität immerhin im Sportlichen – Francis Chichester zum Ritter, der 1966 von Plymouth aus in hundertsieben Tagen allein um die Welt segelte, im Alter von 65 Jahren, auf ›Gipsy Moth IV‹.

Als Sir Francis Drake im Herbst 1580 auf der ›Golden Hind‹, beladen mit dem erbeuteten Inka-Gold der Spanier, nach seiner fast dreijährigen Weltumseglung wieder im Hafen von Plymouth einlief, hielt man in der prächtigen, noch von keinem Weltkrieg ausgebombten Pfarrkirche St. Andrew (15. Jh.) den Dankgottesdienst. Vielleicht hat wenig später schon ein Drake-Fan jenes Graffiti beim ersten Fenster westlich des Südportals eingeritzt: The Drake Crest, Schiff und Weltkugel, ein Teil seines Wappens. Die

Plymouth:
Drakes Weltumseglung, Graffiti in St. Andrew

sechs starkfarbigen Fenster der 1957 renovierten Kirche stammen von John Piper – seltene und selten gute Beispiele zeitgenössischer englischer Glasmalerei. Eine Gedenktafel erinnert an den Quäker William Cookworthy, dem die von Böttger unabhängige, aber spätere Erfindung des Porzellans in England gelang. Beispiele aus seiner 1768 in Plymouth gegründeten Manufaktur zeigt das Cookworthy-Museum in Kingsbridge, seinem Geburtsort.

In St. Andrew hielten auch die Pilgerväter Gottesdienst, bevor sie nach langjähriger Unterdrückung durch James I. Plymouth und die Alte Welt verließen. Barbican-Kai, zwei Gedenksteine, zwei Welten: Wo die ›Mayflower‹ 1620 ablegte, landete 1919 das amerikanische Wasserflugzeug NC 4 nach der ersten Atlantiküberquerung. Plymouth, das ist ein historisches Kommen und Gehen, lauter erste und letzte Momente. Von hier segelte der Schwarze Prinz 1355 gegen Frankreich, im Hundertjährigen Krieg, hier landete 1501 Katharina von Aragonien, Heinrich Blaubarts erste Frau, und nur noch als toter Mann lief Robert Blake nach seinem Sieg über die Spanier 1657 in Plymouth ein. Als James Cook 1768 mit seiner ›Endeavour‹ aufbrach, um die Terra Australis Incognita, das unbekannte Südland zu entdecken, da blinkte ihm weit draußen vor Plymouth auf den Eddystone-Felsen Smeatons neuer, epochemachender Leuchtturm. Als Ernest Shackleton 1921 zu seiner letzten Antarktisexpedition auslief, war das Eddystone Lighthouse längst aufs Festland in den Ruhestand versetzt worden. Bis heute ist es ein beliebter Aussichtsturm des Hoe. Die angrenzende Zitadelle hat Charles II. mehr

149-152 Normannische Taufbecken MORWENSTOW – CANTERBURY – HARTLAND – BODMIN

153 SALTRAM HOUSE Spiegelgemälde, 18. Jh.

155 Angelika Kauffmann: Reynolds, 1767

154 Gainsborough: Lord Vernon, 1767

157 OTTERY ST. MARY Bischöfliche Dorfkirche, 13./14. Jh.

156 SALTRAM HOUSE Salon von R. Adam, um 17

158 Sir Francis Drake, 1884

159 Mike Gorman: Sic Transit Gloriana, 1975

160 Menhir im DARTMOOR

1 Drakes Pub in EXETER

162 EXETER Fassadenfigur der Kathedrale, 14. Jh.

3 Die Westfassade der Kathedrale von EXETER, 14. Jh.

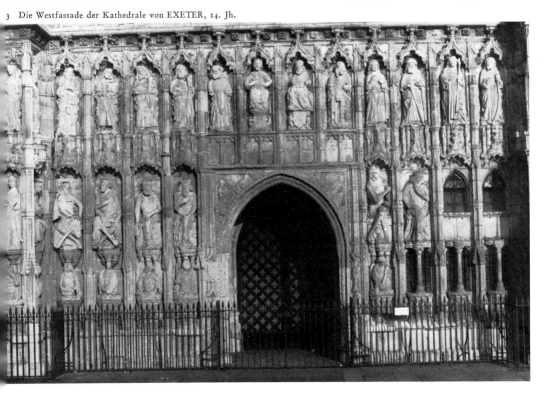

164 MORWENSTOW Normannische Dämonen   165 Der Dolmen LANYON QUOIT, um 2000 v. Chr.

166 Ben Nicholson: ST. IVES, 1940

167 Verlassene Zinnminen bei BOTALLACK

168 Das elisabethanische Herrenhaus TRERICE, um 1572

169 Mittelalterlicher Saal im Herrenhaus COTEHELE, 15. Jh. ▷

zur Einschüchterung seiner Bürger als gegen äußere Feinde 1666 errichtet. Durch das barocke Triumphtorhaus gelangen wir in die Altstadt am ursprünglichen Hafen Sutton Pool. Wenige Häuser der Tudorzeit sind erhalten, zwei zu besichtigen: die Klerikerwohnung Prysten House bei St. Andrew und das elisabethanische Bürgerhaus in New Street No. 32. Als Ruine des Zweiten Weltkriegs im Kreisverkehr der Exeter Street stehengeblieben: die King Charles-Gedächtniskirche von Plymouth. Auch das völlig neu wiederaufgebaute Stadtzentrum erinnert daran, daß dieser Marine- und Handelshafen eine der am schwersten bombardierten englischen Städte war. Die Halbinsel Stonehouse mit ihren georgianischen Häusern verbindet Plymouth mit Devonport, dem ›Hafen von Devon‹, dessen Docks William III. 1691 gründete.

Reynolds' Porträts und Drakes Landsitz

In Plymouth, der Stadt der Seehelden und Kaufleute, fühlten sich die Künstler offenbar nie recht zu Hause. Zwar hatte Reynolds vier Jahre lang ein Atelier in Devonport und absolvierte seine anschließende Italienreise 1749–52 als Einheimischer natürlich auf einem Segelschiff, via Lissabon und Gibraltar. Aber wenn Sir Joshua Reynolds später, als Gründungspräsident der Royal Academy, von London aus Devon besuchte, hielt er sich lieber zur Jagd und Geselligkeit in Saltram auf, einem Landsitz zwischen Plymouth und dem Vorort *Plympton,* wo er als Sohn eines Pfarrers und Lehrers aufgewachsen war. Sein Geburtshaus steht nicht mehr, wohl aber die Grammar School von 1658, die außer ihm auch sein späterer Akademieschüler und Biograf Northcote und der Historienmaler Haydon besuchten. Das Stadtmuseum von Plymouth zeigt – neben Porzellan, Schiffsmodellen und Scotts Skiern – die Erstausgabe der für den Klassizismus programmatischen ›Diskurse‹ über Kunst von Reynolds (1778), seine Palette und seinen Malstock, ein Selbstbildnis und Porträts seiner Familie.

Die schöneren Gemälde, zehn Reynolds insgesamt, sind im Landschloß von *Saltram* zu sehen, und welche Umgebung wiederum könnte malerischer sein! Das Haus liegt in einem Landschaftsgarten am Ostufer des Plym, der Hausherr lehnt lässig an einem Holzgatter, in Seidenhemd und Samtrock, die Jagdflinte im Arm: So hat Reynolds vor zweihundert Jahren seinen Freund und Gönner John Parker porträtiert, und so hat er auch dessen Familie gemalt, mit den dunklen Farbtönen Rembrandts und der Eleganz Van Dyckscher Kostüme. So, durch Malerei ein zweites Mal geadelt, liebten die Landlords und reichen Londoner ihr Porträt, und ihr erfolgreichster Porträtist wurde Reynolds. Er, der in seinen theoretischen Schriften die Historienmalerei über alles stellte, malte insgesamt rund zweitausend Porträts. In einem einzigen Jahr, 1759, porträtierte er einhundertfünfzig Personen. Noch heute hat jeder englische Landsitz, der auf sich hält, seinen Reynolds – nicht ohne Schülerhilfe und Qualitätsunterschiede. Den Hausherrn von Saltram hat Reynolds auch bei der Zusammenstellung seiner Galerie Alter Meister beraten, und er hat ihn mit zeitgenössischen Künstlern bekannt-

DEVON

gemacht. Von dem Amerikaner Gilbert Stuart etwa, der sich damals in London die englische Porträtkunst aneignete, bevor er zum Porträtisten der ersten amerikanischen Präsidenten wurde, sehen wir in der Bibliothek von Saltram House allein neun Porträts. Noch höher schätzte John Parker – beziehungsweise Reynolds – Angelika Kauffmann, die von 1766 bis 1781 in London tätig war und mit elf mythologisch-historischen Gemälden in Saltram vertreten ist. Im Treppenhaus betrachtet uns Reynolds mit mildem Blick, porträtiert von Angelika Kauffmann (Abb. 155). Sie bewunderte seine Malerei, aber seinen Heiratsantrag lehnte sie ab. Der Italiener Antonio Zucchi, der schlechtere Maler, war offenbar der bessere Mann für sie. Von ihm sehen wir im Salon von Saltram Deckenmedaillons und im Speisesaal mythologische Landschaften, gemalt nur als dekorative Füllungen für die Stuckrahmen und die Innenraumentwürfe von Robert Adam (1768 ff.).

Adam, Vater des englischen Neoklassizismus, gab diesem Haus einen Reichtum, den seine frühgeorgianisch-schlichte Fassade nicht vermuten läßt – ein Kontrast, den die Zeit liebte (Abb. 156). Robert Adams Stil der unauffälligen Eleganz entsprach einer Gesellschaft, deren Geschmack jenen Grad der Kultiviertheit erreicht hatte, wo sich Geld am dezentesten als Girlande ausdrückt. Adams Stukkaturen sind flach, fast linear, wie pompejanische Wandmalerei, »eine Vielfalt von zart abgestuften Profilen«, wie er es in seinem Architekturbuch beschrieb. Den großen Teppich, abgestimmt auf das Muster der Decke, die Möbel, Wandspiegel und Kamineinfassungen, Weinkühler in der Form antiker Urnen, ja noch die Schlüssellochbeschläge hat Adam entworfen. Bis in die Nischen reicht die Anmut seines Dekors. Robert Adam ist der Innenarchitekt der Empfindsamkeit. Wenn Saltram House diese Räume seinen Besuchern an einem Tag im Monat zu besonderen ›candlelit evenings‹ öffnet, so ist dies keine Zugabe für Snobs, sondern für Kenner. Erst im Kerzenlicht der Kandelaber und Kristallüster strahlen diese bis heute nicht elektrifizierten Räume im ganzen Glanz, den Adam meinte. Die Chippendale-Möbel, der Boulle-Schreibtisch im Salon, die Küche von 1779 mit ihren sechshundert kupfernen Töpfen und Pfannen: all dies ist ein Fest für kundige oder neugierige Augen, ebenso die reiche Porzellansammlung – Worcester, Wedgwood, Derby, Meißen – im Mirror Room. Die Besonderheit dieses Spiegelzimmers aber sind Bilder, in deren farbigen Szenerien der Betrachter selbst erscheint – keine Werke des italienischen Avantgardekünstlers Pistoletto, sondern chinesische Spiegelgemälde aus der Mitte des 18. Jahrhunderts, in schwarzlackierten oder in vergoldeten Holzrahmen mit Chippendale-Rokoko-Ornamenten. Die Chinoiserien von Saltram House sind besonders gute und frühe Beispiele jener bis ins Regency reichenden Mode (Abb. 153). Zwischen bemalten chinesischen Seidentapeten des frühen 18. Jahrhunderts steht, wiederum von Chippendale, ein Mahagoni-Himmelbett und daneben ein chinesischer Nachttopf aus Porzellan, mit Lotusblumen bemalt und einem vergoldeten Löwen als Deckelknauf. Kann man preziöser aufs Töpfchen gehen?

Solche Feinheiten wird man in *Buckland Abbey*, dem Landsitz Drakes in der Nähe von Plymouth, nicht finden. Wir fahren Richtung Tavistock auf der A 386, wo Francis

Drake in seiner schwarzen Kutsche, gezogen von vier Pferden ohne Kopf, herumspukt. Warum? Weil sein Geburtshaus südlich Tavistock – ein Bauernhof in Crowndale, wo er sicher hin und wieder gern erschienen wäre – einfach abgerissen wurde. Auf winkligen Wegen erreichen wir die Zisterzienserabtei Buckland Abbey (1278), die unter Heinrich VIII. nur deshalb nicht abgerissen wurde, weil ein benachbarter Großgrundbesitzer auf das Anwesen spekulierte. Dessen Enkel, Sir Richard Grenville, machte aus der Kirche ein komfortables Landhaus. Eben renoviert, wurde es ihm 1581 inkognito abgekauft – von seinem ärgsten Rivalen bei Hofe und auf See, Francis Drake, der die Beute seiner Weltreise gut anlegen wollte. In der Tür des eichengetäfelten Drake's Drawing Room mustert uns der ehemalige Hausherr mit spöttisch-energischem Blick, porträtiert wahrscheinlich von seinem Zeitgenossen Marc Geeraerts. Über dem Kamin hängt Drakes Kampfgefährte Sir John Hawkins, gemalt von Hieronymus Custodis (1591). Dieser elegante Herr mit der weißen Halskrause hat zwiespältige Verdienste: Aus dem Arbeitskräftemangel in den neuen spanischen Kolonien schlug er Kapital als Englands erster Sklavenhändler, und als Flottenbeauftragter Elizabeths I. entwickelte er jene manövrierfähigeren Schiffe mit größerer Kanonenreichweite, die der Armada zum Verhängnis wurden. Die ›Revenge‹, die ›Golden Hind‹ und andere berühmte Schiffe sind modellgetreu im ersten Stock der alten Abtei gelandet, wo die Entwicklung der Seefahrt vom Segel- zum Dampfschiff gezeigt wird. Drakes Drum, seine wie ein Kronjuwel auf rotem Samt präsentierte Trommel, stammt möglicherweise erst aus der Zeit nach Drake. Selbst wenn er sie nun nicht gerührt hätte: Wessen patriotischer Sinn rührt sich nicht beim Anblick dieser National-Trommel, die der Legende zufolge immer dann Alarm schlägt, wenn England in Not ist. Da muß die Wirtschaftskrise der letzten Jahre einen anhaltenden Trommelwirbel ausgelöst haben in diesem friedlichen Flecken am Rande des Dartmoors.

Dartmoor: Reise auf dem Rücken eines Dinosauriers

Generationen durchnäßter Dartmoor-Wanderer werden bestätigen: Hier regnet es durchschnittlich an zweihundertachtzehn Tagen im Jahr, die restlichen Tage herrscht Nebel, mit gelegentlichen Aufheiterungen. Wäre es nicht so, das Dartmoor wäre nicht, was es ist: eine Gegend für Unverbesserliche, für Lebenslängliche und Enthusiasten. Die einen müssen, die anderen möchten hierhin. Eine fatale, paradoxe Landschaft. Als hätten die prähistorischen Steinkreise des Dartmoors immer noch magische Anziehungskraft. Ein Schauplatz für Spurensicherer, für wetterfeste Amateure mit biologischen, archäologischen oder gänzlich unlogischen Neigungen. Sie machen Ferien, wo England am verregnetsten ist. Sie wandern über Hügel, die offenbar doch nicht so kahl sind, wie sie scheinen. Angeln Forellen, wo die Flüsse noch klar sind. Reiten, wo alle Wege enden. Im Dartmoor ist es schön auch ohne Sonne, schaurig auch ohne das Bellen des Hundes von Baskerville, spannend auch ohne entsprungene Sträflinge.

DEVON

Ein Hochmoor mit Farn, Flechten und Heidekraut, mit krummen Birken und Krüppelkiefern. Was früher ›forest‹ genannt wurde, war königliches Jagdgelände, aber nie ein Forst. Überall blinkt und rinnt es von den Hängen der »mother of rivers«. Hier entspringen die Flüsse, die Devons Küstenstädten ihren Namen geben: der Teign, der Plym, der Dart. Wer sich verirrt, muß nur den Flüssen folgen. Eine patschnasse, knochentrockene Gegend: Devons Wasserreservoir ist Englands größtes Granitmassiv, 945 Quadratkilometer groß und durchschnittlich fünfhundert Meter hoch. Wo die meisten Quellen sind (Cranmere) und die höchsten Hügel (Yes Tor, High Willhays), übt die britische Armee den Ernstfall. Grau ragen die blanken Granitkuppen in den grauen Himmel. ›Tor‹ heißen diese an die Oberfläche getretenen, phantastisch geformten Felsblöcke. Ossian, Conan Doyle und Ronald Biggs: wo treffen die drei wohl zusammen? Um die neunte Stunde beim Vixen Tor. »Schön ist häßlich, häßlich schön: / Schwebt durch Dunst und Nebelhöhn!«

Keineswegs verhext und unwirtlich, höchst attraktiv muß das Dartmoor den frühen Siedlern jahrhundertelang erschienen sein. Viel Wasser, wenig Wald, Steine zum Häuserbau und Hügel zur Verteidigung: ideale Verhältnisse für prähistorische Begriffe. Warum hätten sie sonst am Beginn der Steinzeit die beliebten Tropfsteinhöhlen an der Riviera von Devon verlassen? Sie lebten in ›Pounds‹, von Steinwällen umgebenen Plätzen, in runden, strohgedeckten Hütten. Grimspound bei Manaton (B 3344) mit den Grundmauern von vierundzwanzig solcher Hütten ist eine der am besten erhaltenen Siedlungen der Bronzezeit. Man erkennt sogar noch die Aufteilung der Felder. In der Nähe, knapp zweihundert Meter nordwestlich von Great Tor, wurden auch die Fundamente eines mittelalterlichen Dorfes entdeckt. In kaum einem anderen Teil Englands läßt sich – zumindest in seinen Grundrissen – die Architektur des frühmittelalterlichen Bauernhauses besser studieren als im Dartmoor (z. B. Yeo und Yardworthy bei Chagford), teils auch an originalgetreu wiederaufgebauten Farmhäusern des 17./18. Jahrhunderts, etwa im Umkreis von *Widecombe-in-the-Moor* (Farbt. XXXVII). ›Three Boys‹ oder ›Nine Maidens‹: Das sind keine Namen von Kneipen, sondern von Gräbern der Bronzezeit bei Shovel Down (4 km südwestlich Chagford) und Okehampton. Um ›Spinster's Rock‹, den Fels der alten Jungfer, ein Megalithgrab der Jungsteinzeit, gackern heute die Hühner (3 km westlich Drewsteignton). Meist aber stehen diese Steine der Vorzeit stumm und rätselhaft im Moor, in magischen Kreisen, rituellen Doppelreihen oder allein auf verlorenem Posten. Steinkreis, Steinallee und Menhir: in Merrivale (4 km nordwestlich Princetown) haben wir alles zusammen (Abb. 160). »Man kommt sich vor wie auf dem Rücken eines Dinosauriers«, schrieb der in Cornwall lebende Schriftsteller Colin Wilson über diese »wie geträumte Landschaft«. Das Becher-Volk, das um 1900 v. Chr. auch ins Dartmoor kam, hinterließ dort kein Stonehenge, aber dennoch eindrucksvolle Kultstätten, unverwechselbar in ihrer Atmosphäre: den Steinkreis von Throwleigh, die Steinreihen von Watern Down (2 km nordöstlich Warren House Inn, B 3212) oder Green Hill Row, die mit über 700 Steinen längste dieser zeremoniellen Gräberstraßen (im Stall Moor, 7 km nordwestlich South Brent).

Die Kelten errichteten einige Hügelfestungen im Dartmoor, die Römer machten einen großen Bogen um die Gegend. Jahrhundertelang geschah nichts und dann etwas Sensationelles: Zinnrausch im Dartmoor! Seit der Mitte des 12. Jahrhunderts wurden hier die ergiebigsten Zinnminen Europas erschlossen. Neue Siedler kamen, ihre halbwilden Dartmoor-Ponies transportierten damals das Zinn und tragen heute die Touristen. Ihr erster Trampelpfad quer durchs Moor von Nordosten nach Südwesten wurde zur B 3212. Auch die romantischen Clapper Bridges, etwa über den East-Dart bei Postbridge, entstanden wohl im 13. Jahrhundert als Übergang für die Packpferde der Zinnminen. The Black Death, die Schwarze Pest, machte diesem ersten Zinn-Boom 1349 ein Ende. Der zweite begann im späten 15. Jahrhundert. Aber da waren die Gruben von Cornwall längst ergiebiger. Die letzte Zinnmine im Dartmoor wurde erst 1939 geschlossen: Vitifer bei der einsamen Warren House Inn. Dort finden Industrie-Archäologen Spuren des mittelalterlichen Zinn-Tagebaus. Sichtbarer als dies und die übers Moor verstreuten Formsteine und Reste von Schmelzofenhäusern ist die ›Kathedrale des Dartmoors‹ in Widecombe, Zeuge einstigen Zinnreichtums, und die Burgruine von *Lydford*. Hier lag die von Edward I. garantierte Gerichtsbarkeit der vier Stannary Towns, der Zinnstädte Tavistock, Plympton, Ashburton und Chagford. Lydford Castle (1195) und nicht Princetown war das erste Gefängnis im Dartmoor, berüchtigt für seine rüde Rechtspraxis: »First hang and draw, and then hear the cause, is Lydford Law.« Kühl rauscht und schweigt dazu The White Lady, der Wasserfall von Lydford Gorge.

Ein makabres Ferienzentrum angesichts der Lebenslänglichen hinter den vergitterten Granitmauern ist *Princetown*. Wohlklingend nach dem Prinzregenten benannt, dem das Dartmoor als Teil des Herzogtums Cornwall gehörte, hat sich das Gefängnis inzwischen zur Kleinstadt entwickelt. 1806 war es von Napoleonischen Kriegsgefangenen errichtet und belegt worden; erst seit 1850 ist es Zivilgefängnis. Bald wird der Wanderer, der ins Dartmoor kommt, daheim nicht mehr erzählen können, er habe die schweren Jungs hier sitzen gesehn, wie das Gesetz es befahl. Das Zuchthaus von Princetown macht zu, die Gegend ist schließlich seit 1951 Nationalpark und Erholungsgebiet. Entlaufen soll da keiner mehr, verlaufen darf man sich noch. Das Dartmoor unter Naturschutz, sein Zuchthaus unter Denkmalschutz: Als ›Ancient Monument‹ werden wir dann den Schauplatz vieler Tragödien und Kriminalromane besichtigen können.

Das Dartmoor ist kein Burgenland. Um so erstaunlicher, daß seine architektonisch herausragende Burg weder die mittelalterliche Burgruine von Okehampton noch die keltische Hügelfestung Cranbrook eine Meile südlich von Drewsteignton ist, sondern eine Burg des 20. Jahrhunderts: *Castle Drogo* (1910–30). Sie liegt fast dreihundert Meter über der waldreichen Schlucht des River Teign, auf einem Granitfelsen und selber ganz aus Granit. Bauherr war der Teehändler Julius Drewe, der seine Ahnenreihe auf Drogo zurückführte, einen normannischen Ritter aus dem Gefolge Wilhelms des Eroberers. Das verpflichtet, und so entwarf ihm Sir Edwin Lutyens eine Tudor-Festung im Internationalen Stil der dreißiger Jahre mit römisch-normannischen Bauelementen

im Innern. Castle Drogo ist eine paradoxe Verbindung von Konservatismus und Avantgarde – als hätte Gropius den Auftrag bekommen, eine mittelalterliche Burg zu bauen,
ohne seinen eigenen Stil zu verleugnen. Lutyens hat Castle Drogo auf asymmetrischem
Grundriß errichtet, aus glatten Baukörpern kubisch geschichtet, ohne Ornamente und
Profilierungen. Die Fenster sind flach der flachen Wand angepaßt, Gesimse nur angedeutet. Castle Drogo wirkt durch diesen Purismus frappierend modern und – ursprünglich noch größer geplant – durchaus gemäßigt in seiner ›folie des grandeurs‹, zu der
Lutyens neigte, darin ein Kind der Zeit Edwards VII. Als Architekt der repräsentativen
Monumentalbauten im Regierungsviertel von Neu-Delhi empfahl sich tatsächlich kein
besserer als der Baumeister von Castle Drogo.

John Ford heißt der Dramatiker, der aus dem Dartmoor kam. Als Sohn des Gutsherrn
von Ilsington wurde er 1586 in *Bagtor* geboren, zwei Kilometer südlich von Haytor
(Farbt. XXXV), aus dessen Granit London Bridge gebaut ist. Mit blutigen Psychothril-
lern hatte Ford Erfolg beim elisabethanischen Theaterpublikum Londons – und kürz-
lich an bundesrepublikanischen Bühnen, wo sein Mord- und Inzest-Drama ›Wie schade,
daß sie eine Hure ist‹ eine turbulente Renaissance erlebte. In der elisabethanischen Zeit
hat auch Fords viktorianischer Nachfahre und Dartmoor-Nachbar Charles Kingsley
einige seiner historischen Romane angesiedelt. Das Pfarrhaus von *Holne,* in dem er
1819 geboren wurde, steht noch strohgedeckt unten am Dart. Auch Kingsley wurde
Pfarrer, sogar eine Zeitlang Kaplan Queen Victorias. Seine Verdienste sind weniger
literarischer als sozialliberaler Art. Er schrieb kultur- und religionsgeschichtliche Romane in der Nachfolge Carlyles als Prediger eines ›Christlichen Sozialismus‹, seiner
heldisch-hehren Gesinnung wegen auch ›Muskel-Christentum‹ genannt. So wollen wir
Kingsleys Roman-Ruf ›Westward Ho!‹ (1855) in respektvollem Abstand folgen –
westwärts zwar, aber nicht nach Westward-Ho!, einem langweiligen Badeort in der
Bucht von Bideford, der nach Kingsleys populärem Roman einst so vielversprechend
getauft wurde. Dies ist das einzig Bemerkenswerte an Westward Ho!: Hier wurde einmal ein Ort nach einem Buch benannt und nicht, wie meistens, umgekehrt.

Nord-Devon: Strandräuberküste mit Dichtern

Der Tamar, der im Sund von Plymouth mündet, trennt Süd-Devon von Cornwall, so
wie der River Exe die Grenze zwischen Nord-Devon und Somerset bildet. Wer auf der
A 39 von der Westküste Cornwalls kommt und hinter Morwenstow Richtung *Welcombe* abbiegt, wird fast buchstäblich willkommen geheißen am Beginn von Nord-
Devons kontrastreicher Küste. Seewärts schroffe Klippen, landeinwärts sanft geschwungene Hügel. Eben noch gemächliche Bäche stürzen in hohen Wasserfällen über
die Klippen ins Meer. Strandräubergegend, früher wenigstens, mit Schafzucht im Hintergrund. In diesen äußersten Winkel Devons hat sich ein Schriftsteller zurückgezogen,
den Ezra Pound den »einsamen Wolf der englischen Literatur« nannte: Ronald Dun-

can. Weil er sich »viel lieber mit den Kormoranen als mit Kritikern unterhält«, weil er hier seinen eigenen Weizen ernten und unabhängig von den Moden des Literaturbetriebs schreiben kann, darum wohnt Duncan hier, Dichter und Bauer im englisch-praktischen Sinn. Der inzwischen über sechzigjährige Stückeschreiber wurde bekannt mit dem Versdrama ›This Way to the Tomb‹, vertont von Benjamin Britten. Für dessen Opern und Oratorien schrieb Duncan Libretti, und auf seiner Mead-Farm aus dem 16. Jahrhundert machte Britten fast jedes Jahr ein paar Wochen Ferien auf dem Bauernhof. Duncan selbst, in seinem Haus West Mill Valley oberhalb der Badebucht von Welcombe Mouth, schreibt seit über einem Jahrzehnt an dem Versdrama ›Man‹ – ein elementares Thema in einer elementaren Landschaft.

Hartland Point, die nordwestliche Spitze von Devon, fällt über hundert Meter steil ab ins Meer (Farbt. XXXVI). Das nächste Land westwärts über den Atlantik heißt Amerika. Vom Klippen-Hotel ›Hartland Quay‹ aus ist *Lundy* zu sehen, der rund fünf Kilometer lange Wellenbrecher am Eingang des Bristol Kanals. Diese Granitinsel mit ihren bizarren Felsen, die Namen haben wie ›Des Teufels Kalkofen‹: Was anders hätte sie jahrhundertelang sein können als eine Hochburg für Schmuggler und Piraten? Bis 1321 war die Familie de Marisco Herr der Insel und Marisco Castle ihr Hauptquartier. Noch Mitte des 18. Jahrhunderts, als Lundy einem Parlamentarier aus Bideford gehörte, betrieb jener ehrenwerte Kaufmann von hier aus schwungvolle Schmuggel- und Sklavengeschäfte. Seitdem ist Lundy – daher ihr Name – nur noch Nistplatz der Papageitaucher und anderer Seevögel, ein Ausflugsziel für Naturfreunde, die diese National Trust-Insel von Bideford oder Ilfracombe aus ansteuern. Rund vierzig Einwohner hat Lundy heute, drei Leuchttürme, zwei Kirchen und ein Hotel. Hier soll der Hummer schmecken.

Eine Landmarke weithin: Hartlands Perpendicular-Kirchturm, der höchste von Devon. Diese dem walisischen Missionar St. Nectan geweihte Kirche im Dörfchen *Stoke* hat zwei Kostbarkeiten: ein Chorgitter mit Maßwerk aus dem 15. Jahrhundert und ein normannisches Taufbecken, von dessen vier Ecken die Köpfe der Getauften herunterblicken auf die der Ungetauften am Fuß des Steins. – Seit Kingsley von *Clovelly,* wo er zur Schule ging, als seinem »dear old paradise« schwärmte, seit Dickens es in ›A Message from the Sea‹ beschrieb, schwärmen Besucher aus aller Welt in dieses dennoch nicht verschandelte, immer noch zwischen den Klippen versteckte Dorf. Längst ist es ein Fischerdorf ohne Fischer, ein ›show-village‹, in dem die Haustüren offenstehen, damit jedermann die blitzblanken Stuben sehen kann. Aber die lange, steile, katzenkopfsteinige Straße hinunter, die kein Auto befahren kann, an den weißgekalkten Häusern vorbei, von der alten New Inn oben bis zur älteren Royal Inn unten an der Pier: das hat nichts seinesgleichen. Ebenso der bewaldete Klippenwanderweg, Hobby Drive genannt, den der Besitzer von Clovelly Court in der wildromantischen Naturbegeisterung des frühen 19. Jahrhunderts anlegte. In der Hauptsaison indes sollte man besser gleich weiterfahren über die vierundzwanzig Bögen der Brücke von Bideford (1460) nach Barnstaple, der Kaufmannsstadt an der Fördemündung des Taw.

295

DEVON

Barnstaple, heute eine geschäftige Kleinstadt mit einer alten Börse (Queen Anne's Walk, 1708), hat zum Sieg über die Armada fünf Schiffe beigesteuert und zur europäischen Literatur einen Dramatiker: John Gay. Ecke High Street/Joy Street wurde er 1685 geboren, in St. Anne's Chapel (heute Heimatmuseum) ging er zur Schule und dann bei einem Londoner Seidenhändler in die Lehre. Aber John Gay schrieb lieber: Fabeln, die Parodie ›Trivia oder Die Kunst durch London zu spazieren‹ und jenes Singspiel, dessen Erfolg Bertolt Brecht zweihundert Jahre später noch steigerte: ›The Beggar's Opera‹ (1728), Vorlage seiner ›Dreigroschenoper‹. Peachum und Macheath, die Verbrecher als Bürger, die Bürger als Verbrecher: Schon Gays Publikum genoß den gesellschaftskritischen Kern dieses Schauspiels kulinarisch, als flott gesungene Travestie auf die italienische Oper.

In den Dünen von Braunton Schmetterlinge beobachten; in Saunton Golf spielen; baden am langen Strand von Woolacombe: »große Möglichkeiten«, wie ›Capability‹ Brown zu sagen pflegte. Bei schlechtem Wetter bietet St. Brannock, der keltische Heilige, in seiner Kirche in *Braunton* Gelegenheit, Devons umfangreichstes Kirchengestühl aus dem 16. Jahrhundert zu betrachten. In Kastanienholz geschnitzt, reitet der Heilige auf seiner Kuh, umgeben von reich ornamentierten Initialen und Passionswerkzeugen an rund fünfzig anderen Gestühlswangen. Weitere prächtige Beispiele von ›bench-ends‹ sind in den Dorfkirchen von High Bickington und Atherington (B 3217). Vom viktorianischen Badestädtchen Ilfracombe bis Lynmouth am Rande des Exmoors erstreckt sich die Bilderbuchküste Nord-Devons. Auf halbem Weg, in der alten Silberminenstadt *Combe Martin*, liegt das kurioseste Wirtshaus, das je ein Mr. Folly ersann: ›Pack of Cards‹, ein Haus wie eine Whistpartie, von seinem Besitzer angeblich nach einem großen Kartencoup 1752 gebaut. Vier Flügel mit je dreizehn Türen, rundum die Fenster ausgelegt wie zweiundfünfzig Blatt – ein stabiles Kartenhaus und schönes Gleichnis englischer Architektur: mit Kalkül geplant, gewonnen mit dem Trumpf Phantasie.

Cornwall

Hinter Plymouth den Tamar überqueren, Devon verlassen, England verlassen – auf der anderen Seite, in Saltash, beginnt Cornwall. Brunels Royal Albert Bridge (1859) ist der rechte Ort für solches Hochgefühl, das englische Cornwall-Touristen und cornische England-Separatisten einen Brückenaugenblick lang verbindet. Aber die Pubs drüben in Cornwall haben dieselben vertrackten Öffnungszeiten wie überall in England, und die Leute sprechen auch nicht mehr Cornisch, sondern längst Englisch – oder sagen wir: so ähnlich, so verquer wie der Slang von Liverpool.

Mit der Sprache, erkennbar noch in Orts- und Familiennamen, beginnt Cornwalls Eigenart, nicht mit der Landschaft, die zunächst nur eine Fortsetzung der Südküste Devons ist: nicht ganz so grün und mild, aber mit ähnlich verzweigten, fördeartigen Flußmündungen. Jenseits des Tamar überwiegen Namen keltischen, nicht angelsächsischen Ursprungs. Sir Walter Scott prägte den Merkvers für die typischen Vorsilben: »By Tre-, Pol- and Pen- / you shall know the Cornishman.« Trerice, Polperro und Penzance: Cornisch ist in seinen Wurzeln eher dem Walisischen und Bretonischen verwandt als dem Schottischen. So teilt Cornwall mit seinen keltischen Vettern im Norden auch nicht die gegenwärtig wieder verstärkte Unabhängigkeitsbewegung »los von London«. Die Römer haben in Cornwall nie recht Fuß gefaßt, und die Normannen brauchten zwei Jahre, um Cornwall zu erobern. Edward III. wußte, was er an dieser entlegenen, unbequemen Stiefelspitze seiner Insel hatte: unerschöpfliche Bodenschätze und am Ende treue Untertanen, wenn man sie gewähren ließ. Er erhob Cornwall über die anderen Grafschaften, indem er es 1337 zum Herzogtum machte. Seitdem ist der englische Thronfolger zugleich Duke of Cornwall – eine Verbindung, die besonders Charles I. im Bürgerkrieg zustatten kam, denn keine Grafschaft war royalistischer als Cornwall. Die Kopie seines Dankesbriefes von 1643 hängt noch heute in vielen Dorfkirchen zwischen Launceston und Land's End.

Treue Royalisten sind meist auch gläubige Christen. Die irisch-walisischen Missionare des 5. und 6. Jahrhunderts hatten in Cornwall Pionierarbeit geleistet. Aber als 1549 das Englische Gebetbuch eingeführt werden sollte, da rebellierten die cornischen Christen gegen den König – ›Western Rising‹, eine Art Gegenreformation, blutig und vergeblich, aus dem Geist kultureller Eigenständigkeit. Prähistorische Dolmen (Abb.

297

CORNWALL

165), keltische Kreuze und heilige Quellen überall. Hier ist das Leben härter und der Nebel dichter als andernorts, da braucht man die Götter nötiger, damit die Gespenster nicht überhandnehmen. Nirgendwo hatte der Methodistenprediger John Wesley mehr Erfolg als in Cornwall, wo er seit 1743 predigte, unter freiem Himmel, und Tausende bekehrte im verlassenen Bergwerk Gwennap Pit.

Cornwalls Klippen heißen nicht von ungefähr ›Höllenschlund‹, ›Des Teufels Bratpfanne‹ oder ›Des Teufels Blasebalg‹. Hier lief im März 1967 der Supertanker ›Torrey Canyon‹ auf ein Riff; sein Name wurde zum Symbol der Ölpest. Wo zwischen Lizard Point und Land's End die Halbinsel wie eine Beißzange ins Meer greift, da ist die als ›Schiffsgrab der Nationen‹ gefürchtete Küste Englands, ein Kap ohne Hoffnung, jahrhundertelang Domäne der Strandräuber und Schmuggler. Wir heute haben gut wandern auf den Klippenwegen des National Trust: vierhundertdreißig Kilometer von Saltash im Süden die Kanalküste entlang um Land's End herum bis hinauf nach Morwenstow am Atlantik – ein ›scenic road‹ ohnegleichen (Farbt. XLI). Nichts kann uns da überraschen, wenn wir die Goldene Regel kennen: In Cornwall gibt es täglich einen Schauer und sonntags zwei. Wie wenig Einwohner Cornwall hat, zeigt erst der Vergleich: 380 000 – so viel wie Recklinghausen.

Das Wirtshaus im Bodmin Moor

Gäbe es, wenn man von Devonport mit der Fähre nach Cornwall übersetzt, einen schöneren Empfang als *Antony House?* Ein Landsitz, dessen Schlichtheit seine Größe, dessen Glanz seine Unauffälligkeit ist. Ein unbekannter Architekt baute es 1711–21, ein Queen Anne-Haus, ein Musterbeispiel dieser so einfachen wie vollendeten Architektur. Die Proportionen sind perfekt, noch der Abstand der Fenster, ihr Dreierrhythmus, spiegelt Vernunft und Understatement. Drinnen, in den eichengetäfelten Räumen, entfaltet sich die Pracht des Wohnens, während draußen, in Humphry Reptons Landschaftspark, das durchaus nicht unterdrückte Irreguläre, Malerisch-Irrationale sich ausbreitet – ein Kontrast, den die Epoche liebte. Dem pompösen Jahrhundert, den Viktorianern, war das nicht genug, ein Portikus mit Säulen mußte her, zum Repräsentieren an der Eingangsfront. – Tamaraufwärts bei Calstock, wo die Eisenbahn auf einem Viadukt seiltänzerisch das Tal überquert, liegt hoch über dem Fluß das Gegenstück des geplanten Hauses von Antony: *Cotehele,* Wildwuchs in Granit, mittelalterlich verwinkelt, der Tudor-Landsitz (1485–1539) der Grafen von Edgcumbe, die bis 1965 hier wohnten. Der Rittersaal (Abb. 169) ist mit Waffen, Fahnen und Trophäen geschmückt wie im 15. Jh., in den Zimmern hängen flämische Gobelins und Tapisserien von Mortlake. Etwa gleichzeitig wie Cotehele House entstand weiter flußaufwärts in *Launceston* die spektakulärste Kirche westlich von Exeter: St. Mary Magdalene (1511–24). Rundum, Reihe über Reihe, sind die Granitquader wie Reliefs behauen, einzigartige Ornamentmauern mit gotischem Vierpaßmuster, heraldischen Rosen, Lilien und cornischem

Farn. In einer Nische der Ostwand die Figur der liegenden Maria Magdalena, flankiert von Engeln und Spielleuten mit mittelalterlichen Musikinstrumenten. Im Innern der Kirche erreicht die Ornamentik ihren Höhepunkt im Filigranschnitzwerk der Kanzel, eine der wenigen erhaltenen, in den Originalfarben restaurierten Holzkanzeln aus der Zeit vor der Reformation. Dies prächtige Forum hatte der Wanderprediger George Fox, Gründer der ›Society of Friends‹, der Quäker, nicht nötig, um in Launceston wirkungsvoll zu missionieren – so wirkungsvoll, daß er 1656 ein halbes Jahr im Gefängnis der normannischen Burg (Farbt. XXXVIII) saß.

Erst im 19. Jahrhundert löste das zentralere Bodmin das Hügelstädtchen Launceston als Landeshauptstadt ab. Der Weg »into Bodmin and out of the world«, wie die Einheimischen sagen, führt durchs *Bodmin Moor* – ein reizvolles Wandergebiet, halb so groß und halb so wild wie das Dartmoor. In einer Kneipe in *Bolventor* an der Hauptstraße mitten im Moor haben die Schmuggler jahrhundertelang ihre Geschäfte und die Reisenden Rast gemacht. Dann kehrte Daphne du Maurier hier ein, trank, sah und schrieb den Cornwall-Roman der dreißiger Jahre. ›Jamaica Inn‹, das Wirtshaus im Bodmin Moor, wurde zum Filmschauplatz, zum Treffpunkt der vereinigten Literatur- und Kneipenfreunde Englands. Vielleicht hat Perkin Warbeck, in *Bodmin* 1497 zum Gegenkönig Heinrichs VII. ausgerufen, hier wenigstens noch ein Bier gezischt auf seinem Weg nach London an den Galgen. Bodmins Bedeutung im Mittelalter, seinen ganzen Glanz versammelt ein einziger Stein: das Taufbecken in St. Petroc (Abb. 152). Vier Engelsköpfe an den Ecken, zwischen wilden Tieren der Lebensbaum, der sich zu unendlichen Ornamenten verästelt – dies ist einer der schönsten normannischen Taufsteine, von denen Cornwall noch über hundert besitzt (z. B. Altarnun, Roche, Launceston, St. Austell).

Lanhydrock südlich von Bodmin gehörte bis zur Auflösung der Klöster den Augustinern von St. Petroc. Ein Zinn- und Wollhändler aus Truro nahm die Gelegenheit wahr, kaufte das Grundstück und baute sich eines jener Häuser, von dem wir alle träumen: auf einem Hügel über dem River Fowey, von Wald und Park umgeben, mit einem Torhaus, wie es mittelalterliche Burgen hatten, und einem geometrischen Garten, in dem die Eiben wie immergrüne Butler gravitätisch in Bereitschaft stehen. Die Symmetrie des jakobianischen Hauses (1642) hat auch der viktorianische Wiederaufbau nach dem Brand von 1881 nicht zerstört. Nur der Nordflügel blieb damals verschont und darin der längste, hellste Raum, die Galerie mit ihrer stuckverzierten Decke. Blühten die Chrysanthemen auf den Tapeten von William Morris oder im Garten in den bronzenen Amphoren? Lanhydrock verbindet Innen und Außen wie selbstverständlich.

Wasser, Luft und Porzellanerde

Auf dem Küstenweg von Looe nach Fowey sah ich *Polperro* wieder, ein altes Fischerdorf, das ich zuerst in der Tate Gallery kennengelernt hatte, gemalt von Oskar Ko-

CORNWALL

koschka. Im Vordergrund die Möwe, die sich wie der Maler zur Vogelschau empor-
schwingt über die Bucht, das lichtdurchflutete Wasser, die Häuser auf den Klippen –
das alles war noch so elementar wie auf Kokoschkas Panorama. Indes in der engen
Ortschaft, wohlweislich außerhalb seines Bildes, in der Saison die Besucher zusammen-
strömen wie in einer Aalreuse, sehr zum Gewinn der ehemaligen Fischer und Schmuggler von Polperro. Der Emigrant Kokoschka bezog hier 1939 ein Blockhaus auf den
Klippen, »weil es dort billiger war als in dem überfüllten London und wir dort reine
Meeresluft atmen konnten«. Nur im Freien malen konnte er nicht, das war aus militärischen Gründen verboten. »So machte ich am Strand Skizzen mit Buntstiften«, unter
anderem für sein allegorisches Bild ›Die Krabbe‹.

In der Hafenstadt *Fowey* mündet der River Fowey, der am ›Braunen Willy‹ ent-
springt, dem höchsten Hügel des Bodmin Moors. Lang ins Land reicht die förderartige
Mündung, eine beliebte Seglerbucht und ein bedeutender Handelshafen im Mittelalter.
Cornische Seeleute, denen von Devon zumindest an Piraterie ebenbürtig, liefen von
Fowey noch zu Plünderfahrten an die Küsten der Normandie aus, als Edward IV.
längst Frieden mit Frankreich geschlossen hatte (1475). Place, der Stadtpalast der
Treffrys bei der Kirche über der Bucht, zeugt auch in seiner viktorianischen Rekon-
struktion (1813–45) noch von Foweys glanzvoller Vergangenheit. Der Schriftsteller
Arthur Quiller-Couch, in Bodmin geboren, ließ sich 1892 hier nieder. ›The Haven‹
hieß sein Haus, und als ›Troy Town‹ erscheint Fowey in seinen historischen Romanen
und Kurzgeschichten, die in Cornwall spielen. Sir Quiller-Couch, der R. L. Stevensons
Romanfragment ›St. Ives‹ zu Ende schrieb, hatte auch als Literaturprofessor großen
Erfolg. Seine Anthologie ›The Oxford Book of English Verse‹ erreichte viele Auflagen,
und 1937 wurde ›Q‹ sogar Bürgermeister von Fowey. Seinen unvollendeten Roman
›Castle d'Or‹ wiederum brachte Daphne du Maurier zu einem Abschluß: ›Das goldene
Schloß‹ (1962), eine moderne Tristan-und-Isolde-Version.

Die Autorin der ›Rebecca‹ und der ›Vögel‹, Vorlage für Hitchcocks Psycho-Thriller,
lebt seit den dreißiger Jahren im Nachbardorf *Menabilly*. Hier konnte sie den Traum
ihrer Kindheit verwirklichen: »Die Freiheit, zu schreiben, zu schlendern und zu wandern, die Freiheit, auf Hügel zu klettern, Boot zu fahren und allein zu sein.« Und die
Freiheit, in Cornwall fast ein magischer Zwang, sich König Artus, seiner Tafelrunde
und seinen Spurensammlern anzuschließen. Weist der Obelisk von Menabilly mit seiner
rätselhaften Inschrift auf Tristans Tod? Waren die Erdwälle von Castle Dore nördlich
von Fowey das alte Lancien, König Markes Palast? Und das poetische Mal Pas, wo
Tristan, als Pilger verkleidet, Isolde am Fluß erwartet? Daphne du Maurier kommt
auf ihrer literarisch-archäologischen Fährtensuche auch nach Malpas bei Truro. Da findet sie, am Ufer des Fal, nichts als die Erinnerung an ihre eigenen Flitterwochen wieder,
die sie hier auf einem Motorboot verbrachte. Das hieß ›Ygdrasil‹, ausgerechnet.

Hinter Fowey, bei *St. Austell*, beginnt eine fremdartige, phantastische Landschaft,
»this strange white world of pyramid and pool« (du Maurier). Schneealpen en miniature mitten in Cornwall, Puderzuckerpyramiden, und dazwischen tiefgrüne Gruben-

seen. Hier fand der Chemiker und Quäker William Cookworthy Mitte des 18. Jahrhunderts China clay, und mit dieser ersten englischen Porzellanerde gründete er eine Manufaktur in Plymouth. Die Eignung von Cornish clay für weißes, feines Porzellan erkannten rasch auch die großen Manufakturen Derby, Minton, Worcester. Seitdem wird in der Umgebung von St. Austell Kaolin und Petuntse abgebaut – Cornwalls größte Industrie nach der Stillegung der Zinn- und Kupferminen. Um eine Tonne Kaolin zu gewinnen, bleiben neun Tonnen Abfall zurück, die weißen Abraum-Halden. Bei einer Jahresproduktion von gegenwärtig rund einer Million Tonnen Kaolin läßt sich das Ausmaß dieser neuen, künstlichen Landschaft ahnen. Zu überblicken ist sie am besten von den Hensbarrow Downs bei St. Dennis.

Klosterinsel und Inselfestung

Cornwalls Mineralien, ihre faszinierenden Formen sind in reicher Auswahl im Museum von *Truro* zu sehen. Ein Provinzmuseum voller Entdeckungen: Geologie und Industriearchäologie des Landes, Cookworthys erstes noch fehlerhaftes Porzellan, Bilder des um 1800 erfolgreichsten cornischen Malers John Opie und Zeugnisse von Cornwalls Nationalsport, dem Ringkampf. Im Treppenhaus tritt uns mit Hellebarde und brennender Lunte der ›Cornische Riese‹ entgegen, Anthony Payne. Charles II. ließ ihn von seinem Hofmaler Kneller in ganzer Größe porträtieren, denn wo Payne mit seinen 2,24 Metern im Bürgerkrieg hinlangte, da hatten die Rundköpfe nichts zu lachen.

Hoch aus dem Häusergewirr Truros erhebt sich seine Kathedrale (1880–1910). Nach der Aufhebung des Bischofssitzes von St. Germans (1050) war Cornwall erst 1876 wieder ein eigenes Bistum geworden und Truro neuer Bischofssitz. J. L. Pearsons Kathedrale ist der ehrgeizige, nicht gänzlich mißglückte Versuch, an die große Kathedralen-Tradition des Mittelalters anzuknüpfen – ein heroischer Anachronismus an der Schwelle zum 20. Jahrhundert. Die spitzbogigen Arkaden und Emporen, der rechteckige Ostabschluß mit den Lanzettfenstern, die doppelten Querschiffe: diese Bauformen des Early English schaffen sich Raum für ihr eigenes Echo. Ein am Ende leerer Raum, denn Kunsthandwerk und Bauplastik der Jahrhundertwende haben zu dieser Kathedrale nichts Nennenswertes beigetragen. Ungewöhnlich für Cornwall: die spitzen Helme des Vierungsturms und der ›französischen‹ Doppelturmfassade, die ursprünglich so cornisch-grün leuchten sollten wie der kupfergedeckte Seitenturm des Querschiffs.

Mit dem Boot von Truro flußabwärts an die See. Den Hafen, den die Natur hier anlegte, brauchten die Fischer von *Falmouth* nur zu übernehmen. Die Handelsschiffe und später die Badegäste kamen fast von selbst. Diese Bucht war Heinrich VIII. zwei Festungen wert im Rahmen seiner Küstenverteidigung: *Pendennis Castle* (1546), auf dem höchsten Punkt des Vorgebirges, und gegenüber *St. Mawes Castle* (1543). Dies Ensemble ist einer jener gekrönten Aussichtspunkte, die wir uns in ihrem Wechselspiel

301

Blick auf St. Mawes Castle, gegenüber Pendennis Castle

von Natur und Geschichte ohne Burg oder wenigstens Burgruine kaum noch vorstellen können. Als die von Heinrich VIII. befürchtete französische Invasion ausblieb und statt dessen die spanische Armada Englands Küste bedrohte, sicherte seine Tochter Elizabeth I. den Artillerieturm von Pendennis mit Umwallungen und Eckbastionen. Erst nach fünfmonatiger Belagerung zu Wasser und zu Lande fiel diese königliche Festung 1646 im Bürgerkrieg in die Hände der Parlamentstruppen.

An den subtropischen Gärten von Penjerrick und Glendurgan vorbei, am Fluß in Helford im ›Riverside‹ Fisch essen, die hiesigen Austern probieren: kulinarischer Auftakt für eine Küstenwanderung rund um die Halbinsel *Lizard.* Am Klippenweg wachsen Brombeeren und Schlehen, Ginster, Farn und Heidekraut. Das Meer, auch der Felsen manchmal, ist »purpurn und grün wie ein Pfauenhals«. So, wandernd und dichtend auf König Arthurs Spuren, erlebte Lord Tennyson die cornische See. Zwischen dem Fischerdorf Cadgwith und den Klippenskulpturen von Kynance Cove gibt es den charakteristischen Serpentin, den mattgrünen Schlangenstein, der sich allzu glatt zu Aschenbechern und Souvenirs polieren läßt. In *Poldhu,* in der Nähe der malerischen Bucht

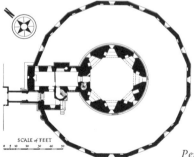

Pendennis Castle: Grundriß

von Mullion, erinnert ein Obelisk an die unsichtbare Sensation der Jahrhundertwende, Marconis Erfindung der drahtlosen Telegrafie. Von der inzwischen abgerissenen Telegrafenstation in Poldhu gelang dem Italiener 1901 die erste Funkverbindung über den Atlantik, nach St. Johns in Neufundland.

Cornwalls Küste hat keine schönere Silhouette als diese: Mount's Bay, die weit geschwungene Bucht bei Penzance, und dem Ufer vorgelagert *St. Michael's Mount* (Farbt. XLII). Angesichts dieses romantischen Eilands hätten andere die Sirenen gehört oder eine Loreley gesehen, aber den cornischen Fischern erschien hier im Nebel des Jahres 710 St. Michael. Ein streitbarer Heiliger, wie wir wissen, und so hatte die Insel von Anfang an zwei Gesichter: stille Einkehr, stürmische Attacke, Kloster und Festung, Piraten und Pilger. Im Atlantikwind knatterten die Kutten und die Gewehre. Die Mönche machten die Musik, aber die Militärs gaben den Ton an. Die strategische Bedeutung von St. Michael's Mount – im Hundertjährigen Krieg, im Rosen- und Bürgerkrieg – war immer größer als seine religiöse. So einleuchtend, geografisch und kirchenpolitisch, die Verbindung war, die König Edward der Bekenner stiftete, als er um 1050 St. Michael's Mount den Benediktinern von Mont St. Michel in der Normandie als Dependance überantwortete, so gering blieb der Einfluß der wenigen Mönche, die auf diesem Pulverfelsen ihre Kirche bauten.

Bei Ebbe gehen wir auf einem schmalen Damm von Marazion hinüber zu St. Michael's Mount. An der Mole unter dem Burgberg drängen sich die Fischerhäuser. Ist dies die Insel Ictis der antiken Geschichtsschreiber, der Exporthafen für Cornwalls Zinnhandel mit den Mittelmeerländern? Inseln wie diese haben viele Legenden. »Pilgrims«, sagt der Führer, der uns den steilen, steinigen Weg zur Höhe hinaufbegleitet, »Pilgrims, hier wurde der Riese Cormoran von Jack, dem tapferen Cornishman, getötet. Cormorans versteinertes Herz schlägt immer noch; wer seinen rechten Fuß auf diesen Stein setzt und seine rechte Hand aufs eigene Herz legt – der hört es schlagen!« Auf der Spitze des siebzig Meter hohen Berges wächst aus dem Granit des Felsens der Granit der Burg. Nicht zuletzt auf dieser Verbindung beruht die einheitliche ästhetische Wirkung von St. Michael's Mount, trotz seiner unterschiedlichen Funktionen und Bauperioden. Im 18. Jahrhundert war die Klosterfestung Sommerhaus der St. Aubyns geworden. Aber dauernd dort wohnen, so ausgesetzt dem Sturm, der See und den Seeräubern? Erst die Generation nach der Romantik hatte einen Blick für die Reize dieses maritimen Landhauslebens. Piers St. Aubyn baute St. Michael's Mount 1875 zum ständigen Wohnsitz aus, ohne die historische Silhouette zu zerstören. Den Chevy Chase Room, das einstige Refektorium der Mönche, schmückt ein Stuckfries mit Szenen von der Bären-, Hirsch- und Hasenjagd (1641). Ganz in Blau, mit weißen Gewölbeornamenten und Chippendale-Möbeln, präsentiert sich die ehemalige Lady Chapel: Salon und Boudoir im eleganten Stil der Rokoko-Gotik noch vor Strawberry Hill. Der cornische Künstler John Opie, Freund des Hauses, hat den ›Mount by Moonlight‹ sehr effektvoll gemalt. Den Knalleffekt aber verdanken wir einem Butler des Hauses, der aus reichlich vorhandenen Champagnerkorken Granitfelsen und Burg von St. Michael's

CORNWALL

Mount rekonstruierte. Ein Kunststück, ganz materialgetreu aus Resten seiner Arbeit: das Schloß des Dieners.

Ein Folly größeren Stils steht auf dem Festland im nahen *Penzance:* ein Ägyptisches Haus, unvermittelt zwischen den stockenglischen Häusern der Chapel Street (Farbt. XXXIX). Papyrosbündelsäulen flankieren das Portal, darüber zwei Karyatiden mit Palmenblattkapitell, bekrönt von den englischen Wappentieren Löwe und Einhorn samt flügelschwingendem Adler unter dem Dachgesims. Die Fassade mit ihren trapezförmigen Fenstern – ein Vorläufer des Art Deco – leuchtet in Grün, Braun und Ockergelb, von einem Rundstab umrahmt. Ein exotisches Straßentheater, inszeniert um 1830 von John Foulston, dem Stadtbaumeister von Plymouth. In Devonport hatte Foulston schon 1823 eine Bibliothek im ägyptischen Stil gebaut, und 1812 war am Picadilly in London der Prototyp dieser neuen Mode entstanden, P. F. Robinsons Ägyptische Halle. Das Egyptian Revival zwischen 1800 und 1840, dessen Quellen weit ins 18. Jahrhundert zurückreichen, hatte durch Napoleons Ägypten-Feldzug neue Impulse bekommen. Pyramide und Totenkult, die kolossalen Formen und die okkulten Mysterien zogen die Zeitgenossen mächtig an. Sie bauten Friedhofseingänge und Freimaurerlogen, Gerichtsgebäude und Gefängnisse im ägyptisierenden Stil. Dieser Stil war in der Epoche der Chinoiserien indes auch eine weitere, spielerische Form des Exotismus – ein Folly wie das Ägyptische Haus in Penzance.

Englands Ende

Die geschützte Bucht von Penzance, ähnlich dem Strand bei Torquay, preisen die Fremdenführer als ›Riviera‹. Aber mit einem Windstoß schickt die cornische Küste ihr italienisches Make-up zum Teufel und ist so herzlich rauh und spröde schön, wie wir sie lieben. Wir tauchen ein in grüne Straßentunnel, ins Labyrinth der hedges, der heckengesäumten Wege. Wir wollen nach Mousehole an die Küste und landen in der Perpendicular-Kirche von St. Buryan*. Dann wollen wir nicht mehr nach Mousehole, sondern nach St. Levan, da sind wir plötzlich doch in *Mousehole,* im ›Mauseloch‹. In diesem typisch cornischen Fischerdorf mit granitgrauen und schiefergedeckten Häusern lebte und starb 1777 Dolly Pentreath, verehrt als letzte Einheimische, die noch das alte Cornisch sprach. Von St. Levan aus sieht man zuweilen einen Fliegenden Holländer in voller Fahrt auf die Küste zu und über Land weitersegeln Richtung *Porthcurno.* Dort, hart am Wind, wird Theater gespielt in den Klippen hoch über der Brandung. Das Minack Cliff Theatre ist ein englisches Epidauros, weit jünger und kleiner, aber landschaftlich nicht weniger grandios gelegen als das antike Freilichttheater. Steil aufstei-

---

* Grabsteinvers für William Simpson Parish auf dem Friedhof: »Our life is but a winter's day / Some only breakfast and away, / Others to dinner stay and are full fed, / The oldest only sups and goes to bed, / Large is his debt who lingers out the day / Who goes the soonest has the least to pay.« (1867)

304

gend die Steinreihen der Sitze, in jeden eingraviert der Titel eines Schauspiels und das Jahr seiner Premiere in Minack Theatre. Ein Tribut an Shakespeare und die Elemente war 1932 die Eröffnungsvorstellung: ›Der Sturm‹.

Die Felder sind steinig und kahl auf der Halbinsel Penwith. In Cornwall wachsen nicht genug Bäume, um einen Sarg daraus zu machen, heißt es, und hier stimmt es. Das Land wird jetzt immer schmaler und hört am Ende ganz auf: *Land's End*, Englands westlichster Punkt. An diese Klippen drängt alles wie Lemminge, dabei ist weiter nichts zu sehen als ein paar Felsen, kaum schroffer oder schöner als anderswo. Für Engländer ist hier immer noch eine Welt zu Ende – da beginnt der Atlantik, das Nichts, Europa, wer weiß was noch. Land's End, stolze Spitze einstiger ›splendid isolation‹. Hier ist ein politischer Mythos zu besichtigen, dargeboten als elementares Naturschauspiel, in den Hauptrollen ›Der bewaffnete Ritter‹ und ›Die irische Lady‹, Englands prominenteste Klippen nächst denen von Dover. Darum klicken die Kameras hier öfter als andernorts, darum blicken die Besucher angestrengter durch ihr Fernglas und länger als sonst. Man will, zumal an solchen Plätzen, immer mehr sehen, als zu sehen ist. Nicht nur die Scilly-Inseln*, fünfundzwanzig Meilen entfernt, sondern ›The Lost Land of Lyonesse‹, jenes verlorene, versunkene Land, das die Legenden und neuerdings auch die Archäologen zwischen den Scilly-Inseln und Land's End vermuten. Wo Cornwalls Vineta liegt, rauschen heute die Ferngespräche der Nationen in den großen Atlantikkabeln, die irgendwo hier ans Ufer kommen. Land's End, Ort der trivialen und der letzten Dinge, der schönen Aussicht und der düsteren Symbole. »Funeral. Land's End and Life's End«, notierte Lord Tennyson melancholisch in seinem Tagebuch. Und Wilkie Collins schrieb, dies sei die Art von Landschaft, wo man den letzten Engländer finden könne, wenn die Welt unterginge. Er wird, vermute ich, etwas weiter landeinwärts anzutreffen sein, in Englands ›First and Last Pub‹.

Zu Cornwalls Patina tragen die prähistorischen Monumente zwischen Penzance, Land's End und St. Ives beträchtlich bei. Wie ein Hüttendorf der Eisenzeit aussah, von Bergleuten bewohnt bis zur Römerzeit, zeigen die Ausgrabungen von *Chysauster* nördlich Gulval: acht Häuser, deren Räume um einen ovalen Innenhof mit Gartenterrassen gruppiert waren. Besser erhalten ist die Eisenzeit-Siedlung Carn Euny westlich von Sancreed. Dolmen und rituelle Steinkreise gibt es auf dieser Halbinsel so viele, daß es sogar einem Cornwall-Liebhaber wie dem Schriftsteller Wolfgang Hildesheimer zuviel wurde: »ein Stück heruntergekommener Mythos, ein Kinderschreck«. Aber nicht ohne amüsante Überlieferung zuweilen: Als neun Mädchen am geheiligten englischen Sonntag tanzen gingen, da wurden sie – Prähistorie mit Moral – zur Strafe in Steine verwandelt, in den Steinkreis der ›Nine Maidens‹. Davon gibt es etliche, und wer einen gesehen hat, kennt alle. In *Zennor* ist außerdem noch eine Reihe von Hünengräbern

---

* Die fünf bewohnten Inseln der Scilly Islands, von Penzance aus zu erreichen, sind für Liebhaber von Flora und Fauna ein Paradies am Golfstrom. Besuchenswert: der subtropische Garten der Abtei von Tresco (Galionsfiguren-Sammlung). Viele Megalithgräber aus der Bronzezeit.

CORNWALL

erhalten, darunter der Zennor Quoit, der ›Wurfring von Zennor‹ mit seinem zwölf Tonnen schweren Kapstein.

Fish, tin and copper!

Das Bild Cornwalls zwischen Land's End und St. Ives prägen die neuen Menhire des Technischen Zeitalters, die schlanken Schlote der ›jinjies‹, der Maschinenhäuser, Zeugen der alten Zinn- und Kupferminen (Abb. 167). *Botallack,* dunkelgraue Wohnhäuser aus Granit; eine öde, ausgepowerte Gegend nördlich St. Just, seit dem 18. Jahrhundert eines der größten Bergwerkszentren Cornwalls. Überall ragen hier die Ruinen mit ihren Schornsteinstümpfen aus Geröll und Gras, dazwischen weiden Pferde und Schafe. Dies sind die Felder der Industriearchäologen.

Die Silhouetten der ›jinjies‹ heben sich so unverwechselbar vom Horizont ab wie die der Hopfenhäuser in Kent. Aus der Ferne wirken sie wie romanische Kapellen: Maschinenhäuser mit rechteckigem Grundriß und schmalen, oft rundbogigen Fenstern und Portalen, der Schornstein seitlich angebaut wie ein Glockenturm. Produktions- und Kultstätten werden sich als Ruinen ähnlich. Nicht von ungefähr entspricht der Ruinen- und Kirchhofsromantik des 18. Jahrhunderts die Industrieromantik unserer Tage, die Objekte wie diese als technische Denkmäler kultiviert oder als pittoreske Ruinen genießt. Die paradoxe Schönheit dieser Ruinen rührt, auf den ersten Blick, aus ihrer solitären Erscheinung inmitten einer kargen Landschaft, aus ihrer wildromantischen Lage auf den Klippen hoch über dem Atlantik, unter dessen Wellen sich die Bergwerks- stollen ausdehnten. Nun steht das Wasser in den Schächten, und durch die leeren Pum- penhäuser pfeift der Wind. Diese Zechen lärmen nicht mehr, die Schlote qualmen nicht mehr, ihre Ruinen erfüllen den heimlichen Destruktionswunsch derer, die sich aus verschmutzten Industrielandschaften in eine nachindustrielle Natur versetzt sehen. Hier, in der reinen Luft Cornwalls, zollen sie den ruinösen Ikonen des Fortschritts gerne den Tribut, der diesen Pionieren der Industrierevolution gebührt. Kahl oder von Efeu überwuchert, sind die ausgeschlachteten Maschinenhäuser in der Landschaft zu- rückgeblieben, Monumente verlassener Arbeit, Figuren einer großen Melancholie, ein- getreten in das Stadium ihrer letzten Nutzung: die Fabrikation der Träume. Einen hat Wolfgang Hildesheimer formuliert, dem diese Ruinen wie der »Entwurf eines Saturnikers im Traum von einer unbevölkerten Welt« erschienen.

»Fish, tin and copper!« heißt der cornische Trinkspruch. Aus Cornwalls Zinn und Kupfer schmiedeten schon die Siedler der Bronzezeit ihre Waffen. Herodots ›Cassiteri- des‹ oder ›Zinn-Inseln‹ sind, mit einiger Sicherheit, die Halbinsel Cornwall und die Isles of Scilly. Im 12. Jahrhundert gab Richard I. der cornischen Zinnindustrie eine Charta, die ihre Bedeutung unterstrich: Helston, Liskeard, Lostwithiel und Truro wur- den ›stannary towns‹, Zinnstädte mit eigener Gerichtsbarkeit und eigenem Parlament. Seit Mitte des 15. Jahrhunderts wurde das Zinn untertage abgebaut. Dieser beschwer-

Cornischer Zinn-Stempel aus Redruth (19. Jh.)

lichen, gefährlichen und oft wenig ertragreichen Arbeit unterzog sich der cornische Bergmann nicht gegen festen Lohn, sondern als freier Mann mit Gewinn- und Risikobeteiligung. Anfang des 19. Jahrhunderts begann der große Zinn-Boom, und Mitte des 19. Jahrhunderts war Cornwall auch der größte Kupferproduzent der Welt. Etwa sechshundertfünfzig Maschinenhäuser überzogen das Land, rund fünfzigtausend Bergleute fanden in den cornischen Gruben Arbeit. Nach 1860 indes wurde Kupfer am Viktoriasee, Zinn in Malaysia gefunden und – ebenso wie in Amerika und Australien – rentabler abgebaut. Eine Massenauswanderung begann, ein Drittel der Bergleute hatte bis Ende des Jahrhunderts Cornwall verlassen. Schon in den zwanziger Jahren waren nur noch zwei Dutzend Maschinenhäuser in Betrieb; heute sind es noch zwei, in St. Just und Camborne, profitabel weniger des Zinn- als des Wolfram-Abbaus wegen. In *Pool*, an der A 30 zwischen Camborne und Redruth, hat der National Trust ein vollständiges Maschinenhaus konserviert, die East Pool Whim von 1887. Sie ist ein verbessertes Modell jener Hochdruck-Dampfmaschine, die der Einheimische Richard Trevithick in der Nachfolge von James Watt entwickelte und mit deren Leistungsfähigkeit er die Zinnförderung in Cornwall entscheidend steigerte.

Künstler, Haie und Sardinen

Vielleicht ist die Faszination von *St. Ives* inzwischen wirklich aus der Ferne am größten, aus der Erinnerung oder in jenem distanzierten Moment, wenn man von Lelant kommt, auf der Straße zur Küste hinunter anhält und am Fuß der Bucht das Städtchen liegen sieht: ein nördliches Nizza, ein kühleres Antibes, kleiner und viel weniger mondän. Dies ist die Côte d'Azur der englischen Künstler. Ein Stück keltische Küste mit ägäischem Licht, wo Ben Nicholson seine transparentesten Stilleben malte (Abb. 166), Barbara Hepworth ihre archetypischen Skulpturen formte und Bernard Leach so klassisch seine Töpferscheibe drehte wie die Alten. Wer heute nach St. Ives kommt, kommt zu spät. Ben Nicholson, der über Achtzigjährige, längst fortgezogen; Bernard Leach, auch er weit über achtzig, fast erblindet; und Barbara Hepworth, als diese Zeilen geschrieben werden, 1976, bei einem Brand in ihrem Haus in St. Ives ums Leben gekommen. St. Ives is over? Dieser Ort wäre nie so stark gewesen, jene Künstler anzuziehen, wenn er nicht auch stark genug wäre, sie zu überleben. Sie sind ein Teil von St. Ives geworden und damit auch ein Teil von jener Kraft, die stets das Schöne will und stets Tourismus schafft. »Das Allzu-malerische hat sich auch dieses Ortes bemäch-

CORNWALL

tigt, es scheint den schlechten Bildern nachgebildet«, schrieb Wolfgang Hildesheimer, der vor dem Krieg kurzfristig selbst ein Atelier hier hatte.

St. Ives, begünstigt durch seine Lage im Schutz der Penwith-Hügel, ist längst aus den engen Nähten eines Fischerdorfes herausgeplatzt und als Badeort die Hänge hinaufgewachsen. Smeatons alte Mole, die winkligen Gassen am Hafen, der atlantikweite Blick über die Bucht: Das alles ist geblieben, nur unberührt geblieben ist es nicht. Die Schönheit dieser Gegend hatte wohl zuerst ein irischer Missionar des 5. Jahrhunderts erkannt, St. Ia, nach dem Ort und Kirche (15. Jh.) benannt sind. Vom Mittelalter bis weit ins 19. Jahrhundert lebte das Fischerdorf St. Ives von den Pilchards, den cornischen Sardinen, die allsommerlich in großen Schwärmen auftauchten. Als sie ausblieben, um die Jahrhundertwende, kamen die Künstler, dann die Urlauber, und die wollten keine kleinen Fische mehr fangen, sondern Haie jagen. Oder Wellenreiten im Atlantik, Surfing am Portmeor Beach.

Von einigen akademischen Malern des 19. Jahrhunderts abgesehen, war es James Whistler, der 1883 St. Ives für die Kunst entdeckte, zusammen mit seinem Schüler Walter Sickert, einem geborenen Münchner. Dann, im Winter 1887/88, kam der schwedische Maler Anders Zorn. Was für ein Licht, welche Klarheit der Formen – eine ›südliche‹ Offenbarung für die Künstler des Nordens. Ben Nicholson, Architekt abstrakter Stilleben und Landschaften, und die Bildhauerin Barbara Hepworth, seine Frau, zogen 1939 von London nach St. Ives. Dort trafen sie den russischen Konstruktivisten Naum Gabo, der die Kriegsjahre in Carbis Bay verbrachte. In der Sloop Inn am Hafen diskutierten sie die Theorien der englischen Avantgardegruppe ›Unit One‹, und draußen, in den Figurationen der Felsen, in der Kalligraphie der Gezeiten im Sand, fanden sie die naturgewachsenen Vorformen ihrer eigenen Abstraktionen. Die Schnüre ihrer Skulpturen, schrieb Barbara Hepworth, »entsprachen den Spannungen, die ich zwischen mir, dem Meer, dem Wind und den Hügeln empfand«. Noch ihre späten Skulpturengruppen, die ›Konversation mit magischen Steinen‹ oder die menhirhaftbizarre ›Family of Man‹, sind den Werken ihrer prähistorischen Ahnen formverwandt, Stein vom Steine Cornwalls. Ihr Haus und Atelier, Trewyn Studio, ist als Barbara Hepworth-Museum eingerichtet worden. Unterdes haben zwei ihrer Assistenten in St. Ives ein Restaurant eröffnet, ›The Outrigger‹, und zeigen, wie gut sie bei Dame Barbara Hepworth auch das Kochen gelernt haben.

Lange bevor die Avantgarde-Künstler kamen, hatte St. Ives sein Künstler-Original: Alfred Wallis, der große Naive von Cornwall. Von seinem neunten Lebensjahr an war Wallis zur See gefahren, ließ sich 1890 in St. Ives als Fischer nieder und eröffnete einen Seefahrertrödelladen. ›Old Iron‹ war auch als Knochenhändler und Eisverkäufer in St. Ives schon ein Begriff, da begann er 1925, siebzigjährig, ohne jede Ausbildung und höhere Absicht, seine letzte und größte Karriere, die seinen Namen bis in die Tate Gallery trug, in die Galerien der Avantgarde von Köln bis New York: Alfred Wallis malte, was er erlebt hatte zu Wasser und zu Lande. In seinem Cottage in der Back Road West No. 3 malte er Häuser, Häfen, Schiffe, immer wieder Schiffe, in starken

308

Farben, auf Karton, Pappdeckel oder was sonst gerade da war. Ben Nicholson und die anderen, theoriebeladen, bewunderten diesen einfachen Maler, der sein Leben so intensiv, so selbstverständlich mit der Kunst verband, als sei sie ein Segelschiff und er ein Junge von neun Jahren.

Auch der ›Lady Chatterley‹-Autor D. H. Lawrence suchte in Cornwall das einfache Leben, ›Rananim‹, die ideale Gesellschaft. Nachdem zum erstenmal einer seiner Romane, ›Der Regenbogen‹, verboten worden war, zog er 1916 mit seiner Frau Frieda von Richthofen in das Bergwerksdorf *Zennor* bei St. Ives. Aber die Einheimischen mißtrauten dem bärtigen Fremden, da er nichts tat außer schreiben, und weil er eine deutsche Frau hatte. Im Kriegsjahr 1917 zwang ihn die Polizei, Cornwall zu verlassen – so wie Coleridge und Wordsworth während der Französischen Revolution als ›verdächtige Schriftsteller‹ ihr Landhaus in Somerset nach einem Jahr wieder verlassen mußten. D. H. Lawrence hat diese Episode in seinem halbautobiografischen Roman ›Kangaroo‹ (1923) geschildert.

Die ›Cornische Renaissance‹ hat viele Namen. Dazu gehören die abstrakten Maler Patrick Heron und Bryan Wynter, die in Zennor lebten, und Peter Lanyon, der in St. Ives geborene und ansässige Nicholson-Schüler.[*] Eine künstlerische Institution indes wie keine zweite in St. Ives ist Bernard Leach und seine Töpferei. 1888 in Hongkong geboren, kam Leach nach elfjährigem Studium in Japan 1920 mit dem japanischen Töpfer Shoji Hamada nach St. Ives und gründet eine eigene Werkstatt. Ostasiatische Technik, englische Töpfertradition des Mittelalters und das handwerkliche Ethos von William Morris: dies verbindet Bernard Leach in seiner Töpferkunst, die Schüler aus aller Welt nach St. Ives geführt hat. Einer seiner früheren Mitarbeiter, Michael Cardew, hat sich längst eine eigene Töpferwerkstatt im ehemaligen Wenford Bridge Pub bei Bodmin eingerichtet. Als Summe seiner Erfahrungen schrieb Bernard Leach ›A Potter's Book‹ (1940, deutsch 1971), die Bibel der modernen Töpfer. Seit einigen Jahren leitet Janet, seine Frau, die Werkstatt an der Straße nach Land's End. Eine Schale, ein Becher oder eine formvollendete Kanne aus den handwerklichen Serien der Leach Pottery sind für jedermann erschwinglich. Die Künstler der ›Penwith Society of Arts in Cornwall‹, zu deren Gründungsmitgliedern 1949 neben Barbara Hepworth und Ben Nicholson auch Bernard Leach zählte, stellen ihre Arbeiten regelmäßig in einer alten Pilchard-Fabrik aus (Back Road West). Der Zustrom von Künstlern hält ungebrochen an. Aber wie in den Freiluft-Malerschulen von Newlyn und Mevagissey (Farbt. XL) im 19. Jahrhundert, so überwiegen auch in St. Ives heute längst die akademischen Künstler. Zu den wenigen Avantgarde-Ausnahmen zählt der deutsche Spurensammler Nikolaus Lang, der einen Teil des Jahres in St. Ives seiner Archäologie der Erinnerung nachgeht.

---

[*] Die Op Art-Künstlerin Bridget Riley hatte ein Atelier in St. Merryn, südlich der Padstow Bay.

CORNWALL

Mein Gott, Arthur!

Rund hundertsechzig Kilometer lang erstreckt sich Cornwalls Atlantikküste von Land's End bis Morwenstow an der Grenze von Devon. Es ist eine Küste der Klippenwanderer und Wellenreiter, mit stillen Badebuchten zwischen den Felsen. Hinter dem fünf Kilometer langen Strand von *Perranporth* mit seiner eher tristen Feriensiedlung aus Blockhütten und Wohnwagen liegt eine winzige Kapelle, jahrhundertelang bedeckt von den Dünen der Penhale Sands: St. Piran, die früheste bisher bekannte Kirche im Südwesten Englands. St. Piran, Schutzheiliger der cornischen Bergleute, Schüler des irischen Missionars St. Patrick, soll diese Kapelle im 6. Jahrhundert erbaut haben. Im Mittelalter vom Flugsand begraben, wurde St. Pirans verlorene Kirche erst 1835 wieder ausgegraben: ein einfaches, rechteckiges Oratorium, inzwischen von einem besonderen Schutzgebäude umgeben. Drei Kilometer östlich Perranporth, in *Rose,* finden wir ein vollständig erhaltenes mittelalterliches Freilichttheater, St. Piran's Round. In diesem ›plan-an-guare‹ wurde vor Jahren die Bibel-Trilogie ›Ordinalia‹ wiederaufgeführt, ein Beispiel alter cornischer Literatur.

Vorbei an dem elisabethanischen Landsitz Trerice (Abb. 168) bei Newquay, einem populären Seebad; vorbei an der Padstow Bay, wo man segeln kann oder Golf spielen hinter den Dünen; den River Camel bei Wadebridge auf einer siebzehnbogigen Brücke (ca. 1468) überqueren: Jetzt sind wir im Zentrum von King Arthur's Country. Um es gleich zu sagen: Artus und die Sache mit dem Gral ist ein Fall für Sherlock Holmes. Die Historiker haben diesen legendären König nie richtig identifiziert, die Archäologen haben seine Burg mit der Tafelrunde nie genau lokalisiert, und die Artus-Nachruhmverwalter haben ihn so erfolgreich kommerzialisiert, daß inzwischen auch die letzten Spuren beseitigt sind. Was bleibt, haben wieder einmal die Dichter gestiftet: die unwiderlegbaren Fakten der Phantasie, die unendliche Topografie einer Geschichte, die nirgendwo besser hätte stattfinden können als in Cornwall. Dies ist Mythenland, immer noch, Land der magischen Möglichkeiten.

Slaughterbridge: Klingt das nicht ganz so, als sei es hier gewesen? Wo Arthur in der Schlacht gegen seinen Neffen Mordred mit der Wunderwaffe Excalibur den letzten Schwertstreich tat? Oder starb Artus in *Camelford,* wo jetzt die A 39 durchbraust und tatsächlich ein Gedenkstein steht? Aber auf Arthurs sagenhaften Königshof Camelot erhebt nicht nur Camelford namentlich Anspruch, sondern auch Castle-an-Dinas oberhalb St. Columb Major und Cadbury Castle in Somerset. Dies werden wir so wenig klären wie den Verbleib des Schwertes Excalibur. Das soll Sir Bedevere, wie es bis heute Brauch ist mit Tatwaffen, anschließend in den Dozmare Pool geworfen haben, einen einsamen See im Bodmin Moor, wo seitdem »ewiger Wind weht«. Wenn es danach ginge, könnte König Arthurs Schwert freilich überall in Cornwall liegen. Im Artus-Dorf *Tintagel* werden Sie alles mögliche finden, aber nichts, was mit Artus noch das geringste zu tun hat. Nach King Arthur heißt hier alles: Aschenbecher, Brieföffner, Unterteller, Kaffeestube, Geschirrtücher – mein Gott, Arthur! Tintagels Hauptstraße ist eine wahre Schlachtordnung von Souvenirläden, Grals- und Ladenhütern aller Größen. Leibhaftige Mitglieder der ›Bruderschaft der Ritter König Arthurs‹ haben 1933 aus cornischem Granit ›King Arthur's Hall‹ errichtet: einen Raum für die Tafelrunde, mit Farbfenstern und Ölbildern.

Warum dieser ganze Jahrmarkt der Ritterlichkeit? Weil der Chronist Geoffrey of Monmouth 1136 in seiner ›Historia Regum Britanniae‹ die Burg von Tintagel zur Residenz König Arthurs erklärt hat. Im Jahre 542, weiß Geoffrey ebenso genau, ist Artus gestorben. Die Burgruine am Meer stammt aber aus dem 12. Jahrhundert, sagen die Archäologen und haben, um ihren guten Willen zu zeigen, aus der Zeit um 500 n. Chr. Reste eines frühkeltischen Klosters ausgegraben. Am Ende war hier das Rendezvous des britannischen Königs Uther Pendragon mit Ygrayne, der Frau des Herzogs von Cornwall? Und ein keltischer Mönch, nicht der Zauberer Merlin, hätte neun Monate später Jung-Arthur aus dem Meer gefischt wie weiland Moses aus dem Schilf? In Tintagel war alles möglich, da nichts mehr zu sehen ist außer einigen dürftigen Mauerresten – ideale Fundamente für die Paläste der Poesie. Chrétien de Troyes, Hartmann von Aue, Gottfried von Straßburg, Wolfram von Eschenbach und im 15. Jahrhundert Thomas Malory, sie alle schrieben ihre Artusromane und haben Tintagel nie gesehen. Als die Imagination nachließ, begann das Zeitalter der Besichtigung. 1848 erschien Lord Tennyson in Tintagel, notierte »schwarze Klippen, Höhlen, Sturm und Wind« in seinem Tagebuch und schrieb die Versdichtung ›Die Idyllen des Königs‹ – Ritter Arthur als viktorianischer Gentleman. Hinter dem Artus-Boom der Präraffaeliten mochte Tennysons Konkurrent Swinburne nicht zurückstehen. Seine Romanze ›Tristan von Lyonesse‹ trug zur poetischen Aura Tintagels als Hof König Markes ebenso bei wie zur touristischen Mobilisierung der Viktorianer. Wo Artus geboren und Tristan neben Isolde begraben wurde, dahin machte sich eine ganze Nation zur Besichtigung auf. Vom historischen König Arthur weiß man bis heute nicht einmal, ob er ein römischer Feldherr war oder ein keltischer Ritter, der um 516 n. Chr. in der Schlacht von Badon Hill die eindringenden Angeln und Sachsen besiegte. Den mythischen, tragischen Artus hat uns zuletzt in einer psychologisierend-umgangssprachlichen Version Terence Hanbury White mit seiner Roman-Tetralogie ›The Once and Future King‹ vorgestellt (1939, dt. Der König auf Camelot, 1976).

Viele der alten Häuser Tintagels wurden um die Jahrhundertwende abgerissen, um den neuen Bedürfnissen des Fremdenverkehrs zu genügen. Das Alte Postamt mit seiner Elefantenhaut, dem pittoresk gewellten Schieferdach, überlebte: ein kleines Herrenhaus des 14. Jahrhunderts, in dem der National Trust einen Raum wieder als viktorianische Dorfpost eingerichtet hat. Tintagel wird immer schöner, je weiter wir uns von ihm entfernen. Außerhalb des Dorfes, unmittelbar an der Küste, liegt die normannische Pfarrkirche St. Materiana. Der Klippenwanderweg von hier nach *Boscastle* sucht seinesgleichen. Dort, kurios genug in König Arthurs Nachbarschaft, gibt Napoleon seinem Schimmel Marengo die Sporen – auf dem Wirtshausschild der Napoleon Inn, genannt ›The Nap‹. Das Skelett dieses glorreichen Araberhengstes haben die eng-

311

CORNWALL

lischen Pferdenarren nicht den Franzosen überlassen, sondern im Londoner Armee-
museum ausgestellt.

Zwei Kirchen und ein Kauz

Auf der Höhe von Bude, in *Stratton,* findet der Klippenwanderer ein anderes historisches Wirtshaus: Tree Inn. Hier ging es im Bürgerkriegsjahr 1643 hoch her, denn dies
war Sir Bevil Grenvilles Hauptquartier kurz vor seinem Sieg über die Parlamentstruppen. Er fiel noch im selben Jahr und wurde in der Kirche von *Kilkhampton* begraben. Eine typisch cornische Kirche: lang und flach mit einem hohen Turm, jedes der
drei Schiffe mit einem Tonnengewölbe aus Eichenbalken. Ein wunderbar wohlpropor-
tionierter Raum, in dem die alte Orgel tatsächlich so schön klingt, als hätte – so die
Überlieferung – schon Purcell auf ihr gespielt, als sie noch in Westminster Abbey
installiert war. Rund hundertfünfzig reichgeschnitzte Kirchenbänke des 15. und 16.
Jahrhunderts schmücken diese Perpendicular-Kirche, deren Südeingang, ein vierfach
abgestuftes Gewändeportal, normannisch ist.

Morwenstow, in Cornwalls nördlichstem Zipfel. Zwischen den Klippen eine Kirche
ohne Dorf, umgeben von einem Friedhof und drei Häusern. Ein Wirtshaus mit klöster-
lichem Ursprung und Schmuggler-Tradition, das Pfarrhaus eines exzentrischen Predi-
gers und Poeten, in gemessener Entfernung ein Tudor-Herrenhaus – eine englische
Dreieinigkeit. Unter den steinernen Blicken von Drache und Delphin, Meerjungfrau
und Wal betreten wir die Kirche von Morwenstow (Abb. 164). Das normannische
Säulenportal ist der eine, die normannische Nordarkade der andere Höhepunkt von
St. John Baptist. In den Bogenzwickeln über den massigen Rundpfeilern hängen wie
magische Jagdtrophäen Antilopen- und Nilpferdköpfe aus Stein. Auch über den
zickzackgekerbten Bogen hinweg fixiert uns eine ganze Galerie von Köpfen, mon-
ströses Gelichter, Gesichter von Vögeln und Menschen. Dies war die richtige Umgebung für einen Mann wie Robert Stephen Hawker, Vikar von Morwenstow.

Hawker glaubte an Gott, größtenteils, aber auch an den bösen Blick und an Hexen-
kraft – kein Wunder in dieser gottverlassenen Gegend im Jahre 1834. Wenn Fremde
sich hierher verirrten, waren es Schiffbrüchige, und dann waren sie meist auch schon
tot. Reverend Hawker beerdigte sie alle, der Mannschaft der ›Caledonia‹ setzte er ihre
Galionsfigur aufs Grab, und aus den angeschwemmten Schiffsbalken baute er sich eine
Hütte auf den Klippen. Dort schrieb er Gedichte und Balladen über Gott und die
Welt, vor allem über seine cornische Welt. Wenn der Vikar von Morwenstow seine Gemeinde besuchte, auf dem Kopf einen randlosen Hut, unter der Soutane Fischerstiefel,
dann begleitete den Seelsorger zuweilen sein dressiertes Schwein Porgy. Das Dach
seines Pfarrhauses krönte er mit den modellgetreuen Türmen jener Kirchen, wo er
zuvor als Vikar gedient hatte – nun dienten ihm die Kirchtürme als Kamine. So wirkte
er über vierzig Jahre in Morwenstow und weit über Cornwall hinaus, Dichter und

Pfarrer, Individualist, Exzentriker und treuer Anglikaner. Kurz vor seinem Tod indes überlegte Robert Stephen Hawker es sich anders und konvertierte zum Katholizismus. Gäbe es eine ›Eccentric's Corner‹ in Westminster Abbey, ich wüßte, wo ich das Grab des Vikars von Morwenstow zu suchen hätte.

Literaturhinweise

Alcock, Leslie: *Camelot. Die Festung des Königs Artus? Ausgrabungen in Cadbury Castle 1966–1970.* Bergisch Gladbach 1974

Baedeker's Great Britain I: Southern England. East Anglia. Freiburg 1966

Belloc, Hilaire: *The Old Road (1904).* London 1943

Blair, P. H. *Roman Britain and Early England.* 1963

Brinitzer, Carl: *Wo die Queen regiert ...* München 1956

Collins, Wilkie: *Rambles Beyond Railways.* London 1861

Cook, Olive: *The English Country House. An Art and a Way of Life.* London 1974

Defoe, Daniel: *A Tour through England and Wales (1724–26).* Harmondsworth 1971

Dobai, Johannes: *Die Kunstliteratur des Klassizismus und der Romantik in England.* 2 Bde. Bern 1974

Englische Exzentriker. *Du* Nr. 249, Zürich 1961

Frey, Dagobert: *Englisches Wesen im Spiegel seiner Kunst.* Stuttgart u. Berlin 1942

Fürst Pückler reist nach England. Aus den Briefen eines Verstorbenen (1830). Hrsg. von H. Ch. Mettin. München 1965

Gowing, Lawrence: *Die englische Malerei von Hogarth bis zu den Präraffaeliten.* Genf 1972

Hyams, Edward: *The Changing Face of England.* Harmondsworth 1974

Hunt, John Dixon u. Peter Willis: *The Genius of the Place. The English Landscape Garden 1620–1820.* London 1975

James, Henry: *English Hours (1905).* London 1960

Leonhardt, Rudolf Walter: *77 mal England.* München 1967

Maurier, Daphne du: *Vanishing Cornwall.* Harmondsworth 1972

MERIAN: *Englands Süden.* Hamburg 1975

Nicolson, Nigel: *Great Houses of Britain.* London 1973

Patitz, Axel: *Südengland und die Kanalinseln.* Lübeck 1975

Pevsner, Nikolaus: *Das Englische in der englischen Kunst.* München 1974

ders.: *The Buildings of England.* London, 1951 ff.

ders.: *Architektur und Design. Von der Romantik zur Sachlichkeit.* München 1971

Piehler, H. A.: *England für jedermann.* Fellbach 1971

Priestley, J. B.: *The English.* Harmondsworth 1975

Richmond, I. A.: *Roman Britain.* 1963

Rossiter, Stuart (Hrsg.): *The Blue Guide to England.* London 1972

Standop, Edvald, u. Mertner, Edgar: *Englische Literaturgeschichte.* Heidelberg 1967

Thomas, Nicholas: *A Guide to Prehistoric England.* 1960

Abbildungsverzeichnis und Fotonachweis

Fotos ohne Angabe der Herkunft stammen vom Autor

Farbtafeln

Angaben zu den Farbabbildungen auf der Umschlagvorder- und Rückseite sowie der Innenklappe siehe Seite 4

I CANTERBURY The Weavers, 1561 (Foto: Spectrum Colour Library, London)

II CANTERBURY Kathedrale, Becket-Fenster, um 1200 (Foto: Woodmansterne, Watford)

III CANTERBURY Kathedrale von Südwesten, 14./15. Jh. (Foto: Colour Library International, New Malden, Surrey)

IV Hopfenhäuser in Kent (Foto: Harald R. Fabian)

V RYE Mermaid Inn, um 1500, Keller 13. Jh. (Foto: Spectrum Colour Library, London)

VI TUNBRIDGE WELLS The Pantiles, Promenade des frühen 17. Jh.

VII AYLESFORD Dorf in Kent (Foto: Colour Library International, New Malden, Surrey)

VIII CRANBROOK Häuser mit Holzverschalung, im Hintergrund Union Mill, 1814 (Foto: Colour Library International, New Malden, Surrey)

IX LOSELEY HOUSE, 1561–69

X EPSOM Derby Day, 2. Juni 1976

XI WILMINGTON The Long Man of Wilmington, 70 Meter große, in den Windover Hill geschnittene Hügelfigur (Foto: Colour Library International, New Malden, Surrey)

XII HERSTMONCEUX CASTLE, 15. Jh.

XIII BRIGHTON Royal Pavilion, Banqueting Hall, 1815–22 (Foto: A. F. Kersting, London)

XIV BRIGHTON Strand mit Palace Pier, 1898

XV SHEFFIELD PARK Garten von Humphry Repton, vor 1794

XVI BROADSTAIRS Strand, auf den Klippen im Hintergrund Bleak House, das Haus von Charles Dickens

XVII Begegnung in den Downs

XVIII BATTLE Pilgrims' Rest, mittelalterliches Wirtshaus

XIX SOMPTING St. Mary, Turm um 1000, Hauptschiff 12. Jh. und später (Foto: Spectrum Colour Library, London)

XX WINCHESTER Christus treibt den Teufel aus und errettet Seelen aus der Hölle, Psalm 1, Miniaturmalerei der Winchester-Bibel, 12. Jh. (Foto: The Dean and Chapter of Winchester)

XXI WINCHESTER Westfassade der Kathedrale, 11.–14. Jh.

XXII WINCHESTER Hospital of St.

ABBILDUNGSVERZEICHNIS

Cross, 1136, Englands ältestes Armenhaus

XXIII DURNDLE DOOR und MAN O'WAR, Dorset (Foto: Colour Library International, New Malden, Surrey)

XXIV CORFE Dorf mit Ruine der normannischen Burg (Foto: Colour Library International, New Malden, Surrey)

XXV SHAFTESBURY Gold Hill

XXVI FORDE ABBEY, 12./13. Jh. und 15./16. Jh.

XXVII STOURHEAD Garten mit Grotte, Tempel der Flora, Brücke, Bristol Cross und Kirche, um 1740

XXVIII AVEBURY CIRCLE Megalithischer Steinkreis

XXIX SALISBURY Kathedrale mit Vierungsturm, 1330

XXX LONGLEAT HOUSE, 2. Hälfte 16. Jh.

XXXI EXMOOR Fuchsjagd

XXXII ALLERFORD Packhorse Bridge

XXXIII MONTACUTE HOUSE Elisabethanischer Regelgarten

XXXIV WELLS Kathedrale, Westfassade, um 1230 beg.

XXXV DARTMOOR Haytor Rock (Foto: Colour Library International, New Malden, Surrey)

XXXVI HARTLAND POINT Küste, im Hintergrund die Insel Lundy

XXXVII WIDECOMBE-IN-THE-MOOR St. Pancraz, Kirche im Dartmoor (Foto: British Tourist Authority, London)

XXXVIII LAUNCESTON CASTLE, 11. Jh. (Foto: Colour Library International, New Malden, Surrey)

XXXIX PENZANCE Ägyptisches Haus, von John Foulston, um 1830

XL MEVAGISSEY, Hafen in Cornwall (Foto: Spectrum Colour Library, London)

XLI Küstenlandschaft in Cornwall (Foto: Spectrum Colour Library, London)

XLII ST. MICHAEL'S MOUNT, 15. u. 19. Jh. (Foto: Colour Library International, New Malden, Surrey)

XLIII HAMBLEDON The Bat and Ball, Wirtshaus an einem klassischen Cricket-Feld

Schwarzweiß-Abbildungen

1 BARFRESTON St. Nicholas, spätnormannisches Südportal, 2. H. 12. Jh.

2 CANTERBURY Kathedrale, Chor und Trinity Chapel, 1175–84 (Foto: A. F. Kersting, London)

3 CANTERBURY Edward Prince of Wales, der Schwarze Prinz, gest. 1376, gotische Grabskulptur in der Dreifaltigkeitskapelle der Kathedrale (Foto: National Portrait Gallery, London)

4 CANTERBURY Paulus und die Schlange, Fresko in der St. Anselm-Kapelle, um 1160 (Foto: A. F. Kersting, London)

5 CANTERBURY Kreuzgang der Kathedrale mit Wappensteinen, 1397–1411

6 CANTERBURY Christ Church Gate, Perpendicular-Torhaus, 1517

7/8 CANTERBURY Gaukler und Lächelnder Löwe, Kapitelle in der Krypta der Kathedrale, vor 1130 (Foto: Woodmansterne, Watford)

9 WICKHAMBREUX St. Andrew, Verkündigung, Ostfenster von Arild Rosenkrantz, 1896

10 TUDELEY All Saints, Ostfenster von Marc Chagall, 1967

11/12 SPELDHURST St. Mary the Virgin, Maria und der Evangelist Johannes, präraffaelitische Kirchenfenster von Edward Burne-Jones, 1875

13 STOKE D'ABERNON Brass Rubbing in St. Mary

14 SCOTNEY CASTLE, 14./17. Jh.

15 EYNSFORD Mosaikfußboden des römischen Landhauses von Lullingstone, 4. Jh. n. Chr. (Foto: Ministry of Public Building and Works)

16 FISHBOURNE Mosaikfußboden des römischen Palastes, 2. Jh. n. Chr.

17 WITHYAM St. Michael, Grabmonument Thomas Sackvilles, von Caius Gabriel Cibber, 1677

18 HEVER CASTLE, 13./15. Jh.

19 SISSINGHURST CASTLE, 16. Jh.

20 KNOLE Kamin im Ballsaal, 2. H. 16. Jh. (Foto: A. F. Kersting, London)

21 MEREWORTH CASTLE von Colen Campbell, 1722–25, Nordseite (Foto: A. F. Kersting, London)

22 EGHAM Royal Holloway College, von W. H. Crossland, 1879–87 (Foto: A. F. Kersting, London)

23 Tigbourne Court bei WITLEY, von Edwin Lutyens, 1899

24 COMPTON G. F. Watts-Grabkapelle, 1896–1901, im Vordergrund Terrakotta-Jugendstilgrab, beide entworfen von Mary Watts

25 COMPTON Engel unter dem Lebensbaum, Art Nouveau-Reliefs im Innern der Watts-Grabkapelle, von Mary Watts (Foto: Jeremy Marks)

26 CHALDON Hölle und Leiter der Erlösung, Detail der Wandmalerei von St. Peter and Paul, um 1200

27 EPSOM Derby-Besucher, 1976

28 EGHAM Wirtshausschild mit dem Derby-Sieger von 1770, gemalt von Mackenney, 1970

29 Géricault: Das Pferderennen von EPSOM, 1821 (Foto: Louvre, Paris)

30 Bemalte Paneele aus dem zerstörten NONSUCH PALACE Heinrichs VIII., um 1538, heute in Loseley Park (Foto: Courtauld Institute of Art, London)

31 ALBURY Ziegelstein-Schornsteine der Alten Apotheke

32 CLANDON PARK Schmiedeeisernes Gitter, frühes 18. Jh.

33 Alice Liddell, fotografiert von Lewis Carroll (Foto: C. J. Bucher, Luzern)

34 GUILDFORD Detail der Lewis Carroll-Gedenktafel mit Alice-Figuren (von Graily Hewitt, 1932) am Haus The Chestnuts, in dem der Dichter starb

35 John Constable: Chain Pier, BRIGHTON, um 1827 (Foto: Tate Gallery, London)

36 BRIGHTON Royal Pavilion, von John Nash, 1815–22 (Foto: A. F. Kersting, London)

37 James Gillray: The Lover's Dream, 1795. In diesem Jahr heiratete der Prinz von Wales, der spätere George IV., die reiche Karoline von Braunschweig (Foto: National Portrait Gallery, London)

38 PARHAM PARK Elisabethanische Long Gallery, 49 Meter lang, Eichenvertäfelung und Eichendielen 1577, Deckendekoration viktorianisch (Foto: Walter Gardiner)

39 Tony Ray-Jones: GLYNDEBOURNE 1967 (Foto: Photographic Collection, London)

40 CHICHESTER Miserikordie im Chorgestühl der Kathedrale, 14./19. Jh.

41 PARHAM PARK Armstuhl im Großen Salon, Nußbaum mit Petit Point-Stickerei, um 1670 (Foto: Parham Park)

42 PETWORTH HOUSE Musik-Stilleben von Grinling Gibbons im Carved Room, Lindenholz, 1692, Detail (Foto: Jeremy Whitaker)

43 J. M. W. Turner: The Lake, PETWORTH: Sunset, Fighting Bucks, ca. 1830–31 (Foto: Whitaker, National Trust)

44 NORTHIAM Brickwall, 1617/33

45 FALMER University of Sussex, von Basil Spence, 1960

317

ABBILDUNGSVERZEICHNIS

46 BODIAM CASTLE, 1385, restauriert 1919

47 CHICHESTER Auferweckung des La-zarus, Sandstein-Relief in der Kathedra-le, ca. 1125–50 (Foto: A. F. Kersting, London)

48 Kaminplatte des WEALD, Eisen, 17. Jh., Petworth House

49 DITCHLING Anne of Cleves' House, 16. Jh.

50 TITCHFIELD ABBEY Fußbodenka-cheln, um 1300

51 STRATTON PARK bei East Stratton: Portikus von George Dance d. J., 1803, Neubau von Gardiner & Knight, 1965

52 BURGHCLERE Sandham Memorial Chapel, Gemäldezyklus von Stanley Spencer, Öl auf Lwd., 1926–32

53 BURGHCLERE Im Waschraum, De-tail der Nordseite von S. Spencer

54 AVINGTON PARK Plantagenet-Rit-ter, Wandmalerei im Red Drawing Room, ca. 1810–15, vermutlich von fran-zösischen Künstlern

55 MOTTISFONT ABBEY Detail der Trompe l'œil-Ausmalung des Salons, von Rex Whistler, 1938/39

56 IDSWORTH Jagdszene, Fresken-De-tail in der Kapelle St. Hubert, um 1330

57 NETLEY ABBEY Zisterzienser-Klo-sterkirche, 1239 gegr.

58 WINCHESTER Fächergewölbe im Hauptschiff der Kathedrale, von William of Wynford, nach 1394

59 WINCHESTER Kathedrale, Szene aus dem Leben des Hl. Nikolaus, Taufbek-ken aus schwarzem Tournai-Marmor, frühes 12. Jh.

60 ROMSEY ABBEY Normannisches Hauptschiff, 1220–30

61 WINCHESTER Kopf eines Mädchens, römisch-keltische Bronzebüste aus Otter-bourne/Hants, 1./2. Jh. n. Chr. (Foto: David Leigh, City Museum, Winchester)

62 WINCHESTER Zwei Engel, Elfen-bein, Fragment, um 1000, vermutlich Deckel eines angelsächsischen Evangeli-ars, gefunden bei St. Cross, Winchester (Foto: wie 61)

63 SOUTHSEA Mr. Pickwick Inn

64 CHAWTON Jane Austen-Souvenir-puppe in ihrem Wohnhaus

65 PORTSMOUTH Lord Nelsons »Vic-tory« im Trockendock, im Vordergrund Galionsfigur des 19. Jh.

66 PORTCHESTER CASTLE Römische Festung des 3. Jh. mit normannischer Burg des frühen 12. Jh., Blick von Süd-osten (Foto: H. Tempest)

67 MADRON bei Penzance: St. Madern, Schiefergrabplatte für Thomas Fleming und seine Familie, 1631

68 BERRY POMEROY St. Mary, Grab-monument Sir Edward Seymours und seiner Familie, 1613

69 ROMSEY ABBEY Grabmonument John St. Barbes und seiner Frau, 1658

70 WINCHESTER Kathedrale, Grab des College-Professors Joseph Warton, klas-sizistisches Marmorrelief von John Flaxman, 1800

71 ISLE OF WIGHT Blick von Tenny-son Down auf die Freshwater Bay

72 ISLE OF WIGHT St. Mildred in WHIPPINGHAM, entworfen von Prinzgemahl Albert, 1854–61

73 SALISBURY The Victoria Inn

74 ISLE OF WIGHT Queen Victorias Sommerresidenz OSBORNE HOUSE, von Thomas Cubitt und Prinzgemahl Albert, 1851 (Foto: Ministry of Public Building and Works)

75 ISLE OF WIGHT Farringford, Wohn-sitz Lord Tennysons seit 1853, Villa im Stil des Gothic Revival

76 SHERBORNE Missale: Initiale, Mo-ses und Aaron vor Pharao, links der Schreiber John Whas, Mönch in Sher-borne Abbey, um 1400 (Foto: The Duke of Northumberland, Alnwick Castle)

77 SHERBORNE Klosterkirche, normannisches Südportal, um 1170
78 SHERBORNE Dämonen-Kapitelle, Detail von 77
79 SHERBORNE Klosterkirche, gotisches Fächergewölbe im Chor (um 1450) und Perpendicular-Ostfenster
80 SHERBORNE Mann mit Obstkorb, 15. Jh., Armlehne im Chorgestühl der Klosterkirche
81 MILTON ABBAS Milton Abbey, klassizistisches Grabmonument für Lady Milton, entworfen von Robert Adam, ausgeführt von Agostino Carlini, nach 1775
82 SHERBORNE CASTLE Sir Walter Raleighs Landsitz, 1594, erweitert 1600 und nach 1617
83 SHERBORNE CASTLE A Procession of Queen Elizabeth I., von Robert Peake d. Ä., um 1600 (Foto: W. Morris)
84 BERE REGIS St. John Baptist, Stichbalkendecke mit bemalten Bossen und lebensgroßen Apostelfiguren aus Eiche, 15. Jh. (Foto: A. F. Kersting, London)
85 MAIDEN CASTLE Steinzeitlager und Hügelfestung der Eisenzeit (Foto: Ministry of Public Building and Works)
86 CHRISTCHURCH Klosterkirche, normannische Blendarkaden an der Außenwand des Treppenturms, ca. 1125–30
87 CHERHILL The White Horse, Kalkstein-Hügelfigur in den Salisbury Plains, 40 Meter lang, 1780
88 OLD SARUM bei Salisbury: Prähistorische Hügelfestung mit den Fundamenten der normannischen Kathedrale und Burgruine (Foto: Walter Scott)
89 John Constable: SALISBURY Cathedral from the Bishop's Grounds, 1823 (Foto: Victoria & Albert Museum, London)
90 MALMESBURY Apostel und fliegender Engel, Lünette des Portalvorbaus der Abteikirche, ca. 1160–70

91 John Hoppner: William Beckford (Foto: Gisela Gischner, Hannover)
92 FONTHILL ABBEY Südwestansicht von William Beckfords Landschloß, 1796 bis 1812, Holzmodell seines Architekten James Wyatt (Foto: T. C. Leaman)
93 STOURHEAD Landschaftsgarten mit Brücke, Pantheon und Cottage, von Henry Hoare, um 1740
94 LONGLEAT HOUSE (nach 1567) mit Capability Browns Landschaftsgarten, 1757 beg.
95 WILTON HOUSE Südfassade von dem Inigo Jones-Schüler Isaac de Caus, um 1632, Ostfassade mit Tudor-Torhaus
96 WILTON HOUSE The Double Cube Room, von Inigo Jones, vollendet von John Webb um 1653, Gemälde von Van Dyck, Möbel von William Kent, Mitte 18. Jh. (Foto: A. F. Kersting, London)
97 STONEHENGE Prähistorischer Steinkreis, ca. 1900–1400 v. Chr.
98 John Constable: STONEHENGE, Aquarell, 1836 (Foto: Victoria & Albert Museum, London)
99 WARDOUR CASTLE Treppenhaus, von James Paine, 1769–76 (Foto: Country Life)
100 Julia Margaret Cameron: Porträtfoto der Schauspielerin Ellen Terry, 1864 (Foto: Gordon Fraser Gallery, London)
101 John Moffat: Porträtfoto von W. H. Fox Talbot, 1866 (Foto: C. J. Bucher)
102 W. H. Fox Talbot: Die offene Tür, Kalotypie aus der Sammlung ›The Pencil of Nature‹, 1844–46 (Foto: Fox Talbot-Fotomuseum, Lacock)
103 LACOCK ABBEY Neugotische Halle, von Sanderson Miller, 1754/55
104 William I., Porträtmünze, 1068, zugeschrieben dem königlichen Goldschmied Theodoric (Foto: National Portrait Gallery, London)
105 Anne Boleyn, von Holbein (Foto: Hever Castle)

ABBILDUNGSVERZEICHNIS

106 Henry VIII., von Holbein (Foto: Hever Castle)

107 Sir Philip Sidney (Foto: National Portrait Gallery)

108 Sir Walter Raleigh, Miniatur von Nicholas Hilliard, um 1585 (Foto: NPG)

109 Richard Beau Nash, nach William Hoare (Foto: NPG)

110 Thomas Gainsborough, Selbstbildnis, um 1759 (Foto: NPG)

111 Lancelot Brown, von Nathaniel Dance (Foto: NPG)

112 John Nash, Wachsmedaillon von Joseph Anton C. Couriguer, um 1820 (Foto: NPG)

113 Samuel Taylor Coleridge, von Peter Vandyke, 1795 (Foto: NPG)

114 Percy Bysshe Shelley, von Amelia Curran, 1819 (Foto: NPG)

115 William Wordsworth, von Benjamin Robert Haydon, 1842 (Foto: NPG)

116 Dante Gabriel Rossetti, von William Holman Hunt, 1859 (Foto: City Museum and Art Gallery, Birmingham)

117 William Morris, von George Frederic Watts, 1880 (Foto: NPG)

118 George Frederic Watts, Selbstbildnis, 1864 (Foto: Tate Gallery)

119 Charles Dickens, von Ary Scheffer, 1855 bis 1856 (Foto: NPG)

120 Alfred Lord Tennyson, Porträtfoto von J. M. Cameron, 1869 (Foto: NPG)

121 Thomas Stearns Eliot, Bronzebüste von Jacob Epstein, 1951 (Foto: NPG)

122 SHARPHAM PARK bei Walton: Tür der mittelalterlichen Residenz der Äbte von Glastonbury, später Geburtshaus von Henry Fielding

123 AXBRIDGE St. John the Baptist, Stuckdecke, 1636

124 AXBRIDGE St. John the Baptist, Brass-Grabplatte für Roger Harper und seine Frau, gest. 1493

125 SELWORTHY Strohdachhäuser mit Hobbymalern

126 MONTACUTE HOUSE, 1588 beg.

127 WELLS Kathedrale, Konsolenfigur eines Mönchs im Treppenhaus zum Kapitelsaal, um 1270

128 WELLS Kathedrale, Fächergewölbe und Zentralsäule im Kapitelsaal, ca. 1290 bis 1315

129 WELLS Vicars' Close, 1348

130 WELLS Kathedrale, die invertierten Bögen der Vierung, 1338

131 SPAXTON Gestühlswange in St. Margaret, 16. Jh.

132 BRENT KNOLL Gestühlswange in St. Michael: Reineke Fuchs, als Abt verkleidet, predigt den Gänsen, 16. Jh.

133 SPAXTON Gestühlswange in St. Margaret: Tuchwalker mit Werkzeugen, 16. Jh.

134 CARHAMPTON St. John the Baptist, in den Originalfarben restauriertes Chorgitter, 15./16. Jh. (Foto: A. F. Kersting, London)

135 Frederick H. Evans: A Sea of Steps, 1903, Treppen zum Kapitalsaal der Kathedrale von WELLS (Foto: Aperture, New York)

136 GLASTONBURY Ruine der Abteikirche St. Peter and Paul, 1184, Blick vom Chor durch die Pfeiler des Vierungsbogens zur St. Mary Chapel

137 BATH The King's and the Queen's Baths, Zeichnung von Thomas Johnson, 1672. Das größere King's Bath, im Mittelalter über dem römischen Brunnen angelegt, existiert noch heute (Foto: British Museum, London)

138 BATH Georgianische Kolonnaden vor der Abteikirche

139 BATH Perpendicular-Fenster und Fächergewölbe im Chor der Abteikirche, 16. Jh. (Foto: A. F. Kersting, London)

140 PRIOR PARK bei Bath Palladianische Brücke, 1750

141 BRISTOL St. Mary Redcliffe, Nordportal, um 1325

142 AUST Autobahnbrücke über den Severn, 1966

143 BATH Pulteney Bridge, von Robert Adam, 1770

144 BATH The Royal Crescent, von John Wood d. J., 1767–74

145–148 Wirtshausschilder in GODALMING (Sur), DEVIZES (Wilts), BREAMORE (Hants) und ACTON THURVILLE (Av)

149–152 Normannische Taufbecken in MORWENSTOW (St. John Baptist), CANTERBURY (St. Martin), HARTLAND (St. Nectan) und BODMIN (St. Petroc)

153 SALTRAM HOUSE Mirror Room, chinesisches Spiegelgemälde in vergoldetem Chippendale-Rokokorahmen, Mitte 18. Jh. (Foto: Saltram House / National Trust)

154 SOUTHAMPTON Thomas Gainsborough: Portrait of Lord Vernon, 1767 (Foto: Southampton Art Gallery)

155 SALTRAM HOUSE Angelika Kauffmann: Sir Joshua Reynolds, 1767 (Foto: Saltram House / National Trust)

156 SALTRAM HOUSE Salon, von Robert Adam, um 1768 (Foto: Saltram House / National Trust)

157 OTTERY ST. MARY St. Mary, um 1250 und nach 1337

158 PLYMOUTH Sir Francis Drake, Bronzestatue von Edgar Boehm, 1884

159 Mike Gorman: Sic Transit Gloria, Acryl auf Lwd., 1975. Hinter Elizabeth II. Marcus Geeraerts' Porträt von Elizabeth I. (Foto: Nicholas Treadwell Gallery, London)

160 DARTMOOR Menhir bei Merrivale, Princetown

161 EXETER The Ship Inn, Wirtshausschild von Drakes Kneipe

162 EXETER Angelsächsischer König, Skulptur an der Westfassade der Kathedrale, Sandstein, 14. Jh.

163 EXETER Kathedrale, Westfassade,

164 MORWENSTOW St. John Baptist, normannischer Rundpfeiler mit Zickzack-Ornamenten und Dämonen

165 LANYON QUOIT Megalithischer Dolmen bei Morvah, um 2000 v. Chr.

166 Ben Nicholson: 1940 (ST. IVES III), Öl auf Holz (Foto: Crane Kalman Gallery, London)

167 BOTALLACK Pumpenhäuser verlassener cornischer Zinnminen

168 TRERICE Landsitz bei St. Newlyn East, um 1572

169 COTEHELE Tudor-Landsitz bei Calstock, Großer Saal, spätes 15. Jh. (Foto: Cotehele / National Trust)

Abbildungen im Text
Die Ziffern beziehen sich auf die Seitenzahl

2 Vignetten-Figur aus den ›Canterbury Tales‹ (Ellesmere Ms): The Merchant

12 Lullingstone: Fußbodenmosaik der römischen Villa, Bellerophon auf Pegasus im Kampf gegen die Chimäre

13 Wappen von Sandwich, einem der Cinque Ports

16 Dickens-Romanfigur Mr. Pickwick

17 George Cruikshanks Illustration zu ›Oliver Twist‹

19 Stoke d'Abernon: Brasse des Sir John d'Abernon († 1277) und seines Sohnes († 1327)

22 Vignetten-Figuren aus den ›Canterbury Tales‹ (Ellesmere Ms.): The Second Nun und The Nun's Priest

23 William Morris: The Kelmscott Chaucer (1896)

24 Plan von Canterbury

26 Canterbury Cathedral: Grundriß

31 Biddenden Maids, Wirtshausschild

58 Anne Boleyns Wappen

59 Labyrinth von Glendurgan: Grundriß

60 Penshurst Place: Grundriß

ABBILDUNGSVERZEICHNIS

62 Mereworth Castle: Querschnitt von Colen Campbell
63 Chippendale-Stühle
64 Hepplewhite-Stühle
64 Sheraton-Stühle
90 Nonsuch Palace: Grundriß
93 Illustration John Tenniels zu Lewis Carrolls ›Alice im Wunderland‹
100 Plan von Brighton
102 Brighton: Palace Pier, Aufriß, Schmuckaufbauten aus Gußeisen und Toilettenhäuschen
110 Fishbourne: Römische Villa, Seepferd aus dem Delphin-Mosaik
115 Limmerick auf Rye, von Edward Lear
120 Jane Austen-Silhouette
137 Stratfield Saye House: Wellington- Silhouette
141 Silchester: Grundriß der römischen Stadt
143 Rockbourne: Römisches Landhaus, Grundriß
144 Portchester Castle: Grundriß der Römerfestung
148 Netley Abbey: Grundriß
151 Winchester: Umgebung der Kathedrale
153 Winchester College: Wappen William of Wykehams
153 Winchester College: The Trusty Servant
157 Karte der Isle of Wight
161 Bonchurch: Peacock Vane–Wetterfahne
163 Carisbrooke Castle: Grundriß
188 Athelhampton: Wappentier
190 Hügelfigur des Riesen von Cerne Abbas
195 Shaftesbury: Mittelalterliche Fußbodenkacheln der Abtei
198 Stonehenge: Kupferstich von 1575
198 Stonehenge: Planskizze der Anlage
199 Stonehenge: Montage der Kapsteine
200 Henry Moore: ›Cyclops‹, 45 x 29 cm. Aus der Folge der Stonehenge-Steindrucke, 1971–73
202 Avebury: Planskizze der Anlage

204 Old Sarum: Ruinen der normannischen Burg und Fundamente der alten Kathedrale
205 Salisbury: Grundriß der Kathedrale
206 Salisbury: Brass für Bischof Wyville (1375)
208 Wilton House: Türentwurf von Inigo Jones
210 Fonthill Abbey: Südostansicht von John Britton, 1823
212 Fonthill Abbey: Grundriß
214 Stourhead: Gartenkarte mit Gebäudeschlüssel
216 Longleat House: Grundriß
236 Bradford-on-Avon: Grundriß der angelsächsischen Kirche St. Lawrence
239 ›Wool Churches‹ aus Somerset
244 ›Wool Church‹ St. Mary Magdalene, Taunton
248 Wells: Grundriß der Kathedrale
251 Glastonbury Abbey: Grundriß
253 Montacute House: Grundriß
259 Clevedon: Coleridge's Cottage
263 Bath: Mann in georgianischem Kostüm auf einem heutigen Poststempel
264 Plan von Bath
272 Exeter: Grundriß der Kathedrale
277 Dartmouth: John Hawley zwischen seinen beiden Frauen, Brass von 1408 in der Kirche St. Saviour
279 Plan von Plymouth
280 Plymouth: Drakes Weltumseglung, Graffiti in St. Andrew
302 Blick auf St. Mawes Castle
302 Pendennis Castle: Grundriß
307 Cornischer Zinn-Stempel aus Redruth (19. Jh.)
331 Fährverbindungen zwischen Großbritannien und dem Kontinent
333 The Wife of Bath, Wirtshausschild in Wye (Kent)
333 Limmerick auf Hurst, von Edward Lear

Zeittafel

Um 2000 v. Chr. Megalith-
Dolmen Lanyon Quoit
1900–1400 v. Chr. Steinkreise
von Stonehenge und Avebury
Eisenzeit: Maiden Castle

43 n. Chr. – 407 Römische Provinz Britannia

2. Jh. n. Chr. Römischer Palast
in Fishbourne

2.–4. Jh. Römische Stadt Silchester

3. Jh. Römische Festung
Portchester Castle

4. Jh. Römische Landhäuser von
Lullingstone und Bignor

Seit dem 5. Jh. Eindringen der
Angeln und Sachsen

ca. 639–709 Aldhelm

7. Jh. St. Martins-Kirche in
Canterbury
Kirche von Bradford-on-Avon

7./8. Jh. Book of Durrow,
Book of Kells,
Evangeliar von Lindisfarne

Angel-Sachsen

827–839	Egbert	
839–858	Ethelwulf	
866–871	Ethelred I.	
871–899	Alfred d. Gr.	
899–925	Eduard d. Ä.	
925–940	Athelstan	
959–975	Edgar	975/80 Aethelwold-Benedik-tionale
978–1016	Ethelred II.	
1016	Edmund Ironside	
1018–1035	Knut d. Gr.	
1035–1040	Harald I.	1033–1109 Anselm von Canterbury
1041–1042	Hartheknut	
1042–1066	Eduard d. Bekenner	
1066	Harald II.	

1066   Normannen erobern
England

Normannen

1066–1087	Wilhelm d. Eroberer	2. H. 11. Jh. Teppich von Bayeux
1087–1100	Wilhelm II. Rufus	
1100–1135	Heinrich I.	
1135–1154	Stephan von Blois	

ZEITTAFEL

Haus Anjou-Plantagenet

1154–1189	Heinrich II.	1175–1270	›Early English‹
1189–1199	Richard I. Löwenherz	1175–84	Chor und Trinity Chapel der Kathedrale von Canterbury
1199–1216	Johann ohne Land	1184	Abteikirche St. Peter und Paul in Glastonbury
		um 1200	Becket-Fenster der Kathedrale von Canterbury
		um 1200	Wandmalerei von St. Peter und Paul in Chaldon
1215	Magna Charta		
1216–1272	Heinrich III.	1220–30	Normannisches Hauptschiff von Romsey Abbey
		1220–42	Fassade der Kathedrale von Wells

um 1270–1350 ›Decorated Style‹

12. Jh. Winchester-Bibel

1256–80 Chor der Kathedrale von Salisbury

1272–1307	Eduard I.	1327–69	Kathedrale von Exeter
1307–1327	Eduard II.	13.–15. Jh.	Hever Castle
1327–1377	Eduard III.	1385	Bodiam Castle
		ca. 1340	Penshurst Place
		1382	Winchester College

um 1350 bis ins 16. Jh. ›Perpendicular Style‹

1377–1399	Richard II.	14./17. Jh. Scotney Castle		ca. 1340–1400	Geoffrey Chaucer
		1391–1407 Langhaus der Kathedrale von Winchester			
		1397–1411 Kreuzgang der Kathedrale von Canterbury		um 1400	Missale von Sherborne

Haus Lancaster

1399–1413	Heinrich IV.
1413–1422	Heinrich V.
1422–1461	Heinrich VI.

Haus York

1461–1483	Eduard IV.
1483	Eduard V.
1483–1485	Richard III.

Haus Tudor

1485–1509	Heinrich VII.	spätes 15. Jh.	Tudor-Landsitz Cotehele	1497–1543	Hans Holbein d. J.

1509–1547 Heinrich VIII.	1517 Perpendicular-Torhaus Christ Church Gate in Canterbury	
	um 1583 Nonsuch Palace	
1547–1553 Eduard VI.	16. Jh. Sissinghurst Castle	1551 Thomas More: Utopia
1553–1558 Maria I. die Katholische		1547–1619 Nicholas Hilliard
		1554–86 Sir Philip Sidney
1558–1603 Elisabeth I.	›Elizabethan‹	1573–1652 Inigo Jones
	1520–30 Sutton Place	1564–93 Christopher Marlowe
	nach 1567 Longleat House	
	1577 Long Gallery von Parham Park	1564–1616 William Shakespeare
	1588 Montacute House	1579–1625 John Fletcher
	1594 (1600 / nach 1617) Sherborne Castle	1586–ca. 1640 John Ford

Haus Stuart

1603–1625 Jakob I.	›Jacobean‹	
1625–1649 Karl I.		1632 Anthonis van Dyck wird Hofmaler Karls I.
1649–1653 Republik (Commonwealth)		
1653–1658 Protektorat Oliver Cromwells		1632–1723 Christopher Wren
1658/59 Protektorat Richard Cromwells		
1660–1685 Karl II.	1677 Grabmonument Th. Sackvilles in Withyam	1667 John Milton: Paradise Lost
1685–1688 Jakob II.		
1688–1694 Wilhelm III. von Oranien u. Maria II.	›William and Mary‹	1661–1731 Daniel Defoe
		1667–1775 Jonathan Swift
1694–1702 Wilhelm III.		
1702–1714 Anna	›Queen Anne‹	
	Anfang 18. Jh. Englischer Garten	

Haus Hannover

1714–1727 Georg I.	›Georgian‹	
	1722–25 Mereworth Castle	1673–1729 Colen Campell
		1686–1748 William Kent
	um 1740 Landschaftsgarten von Stourhead	1688–1744 Alexander Pope
	18. Jh. ›Classical Revival‹	1697–1764 William Hogarth
	18. Jh. Saltram House	1707–54 Henry Fielding
1727–1760 Georg II.	1754/55 Neugotische Halle von Lacock Abbey	1716–71 Thomas Gray
		1716–83 Capability Brown
		1723–92 Joshua Reynolds
	1767–74 The Royal Crescent in Bath	1727–78 Thomas Gainsborough

ZEITTAFEL

		1769	Wardour Castle	1728–92	Robert Adam
				1718–79	Thomas Chippendale
				1786	George Hepple- white gest.
				1751–1806	Thomas Sheraton
				1737–94	Edward Gibbon
1760–1820	Georg III.	1796–1812	Fonthill Abbey	1752–70	Thomas Chatterton
		18./19. Jh.	›Gothic Revival‹	1752–1835	John Nash
				1752–1840	Fanny Burney
1810–1820	Regentschaftszeit		›Regency‹	1755–1826	John Flaxman
		1815–22	Royal Pavilion in Brighton	1757–1827	William Blake
				1760–1844	William Beckford
				1770–1850	William Wordsworth
				1772–1834	S. T. Coleridge
				1774–1843	Robert Southey
				1775–1817	Jane Austen
				1775–1851	William Turner
				1776–1837	John Constable
				1792–1822	P. B. Shelley
				1795–1821	John Keats
				1800–77	W. H. Fox Talbot
				1803–73	Edward Bulwer- Lytton
				1809–92	Lord Alfred Tennyson
				1811–63	William Thackeray
1820–1830	Georg IV.			1812–52	A. W. N. Pugin
				1812–70	Charles Dickens
1830–1837	Wilhelm IV.			1815–79	Julia Margaret Cameron
				1819–1900	John Ruskin
				1828–82	Dante Gabriel Rossetti
				1828–1919	George Meredith
				1831–1912	Richard Norman Shaw
				1831–1915	Philip Webb
				1832–98	Lewis Carroll
1837–1901	Viktoria		›Victorian‹	1833–98	Edward Burne-Jones
		1851	Osborne House	1834–96	William Morris
				1888	Gründung der Arts and Crafts Society
		1879–87	Royal Holloway College in Egham	1837–09	A. Ch. Swinburne
				1840–1928	Thomas Hardy

		1896–1901	Watts-Grabkapelle in Compton	1857–1924	Joseph Conrad
				1857–1941	Charles F. A. Voysey
1901–1910	Eduard VII.		›Edwardian‹	1859–1930	Arthur Conan Doyle
				1865–1936	Rudyard Kipling
1910–1936	Georg V.	1910–30	Castle Drogo	1869–1944	Edwin Lutyens
				1872–98	Aubrey Beardsley
				1882–1941	Virginia Woolf
				1888–1935	T. E. Lawrence
				1888–1965	T. S. Eliot
				1890/91–1976	Agatha Christie
				1894–1963	Aldous Huxley
				1894	J. B. Priestley geb.
				1894	Ben Nicholson geb.
				1898	Henry Moore geb.
				1903–66	Evelyn Waugh
				1903	Graham Sutherland geb.
		1926–32	Stanley Spencers Wandmalereien in Burghclere	1903–75	Barbara Hepworth
				1907–76	Basil Spence
				1928	Allan Sillitoe geb.
1936	Eduard VIII.			1931	Bridget Riley geb.
1936–1952	Georg VI.			1932	Peter Blake geb.
seit 1952	Elisabeth II.	1960	Universität von Sussex	1937	Allan Jones geb.

Raum für Ihre Reisenotizen

Anschriften neuer Freunde, Foto- und Filmvermerke, neuentdeckte gute Restaurants, etc.

Praktische Reisehinweise

»The English are different. The English are even more different than they think they are.«
J. B. Priestley

Süd-England von A–Z

Angeln Seefischangeln ist überall möglich und gebührenfrei. Spezielles shark fishing (Haifischjagd) in Cornwall. An einigen fischreichen Flüssen Südenglands gibt es Hotels mit eigenen Fischgründen, z. B. an Exe, Taw, Torridge und Tamer. Über erforderliche Fischereikarten informieren die örtlichen Touristenbüros. Angel-Ferien veranstaltet u. a. die Holiday Fellowship, 142 Greath North Way, London NW4.

Antiquitäten Gute Antiques in den meisten Dörfern und Kleinstädten. Genaue Adressen in ›The British Antiques Year Book‹. Deutschsprachige Literatur über englische Möbel ist rar (z. B. Holger Lipps, Heyne-Buch Nr. 4400). Detaillierter sind die Antiquitäten-Paperbacks der Dover Publications (New York) oder die Reihe ›English Furniture‹ von Faber & Faber (London).

Auskünfte Britische Zentrale für Fremdenverkehr, Neue Mainzer Str. 22, 6 Frankfurt, Tel. 06 11/25 20 22. British Tourist Authority, 64 St James St, London S.W. 1A 1NF, Tel. 01-6 29 91 91. South East England Tourist Board, 4–6 Monson Rd, Tunbridge Wells, Kent. – West Country Tourist Board, 37 Southernhay East, Exeter, Devon. – Isle of Wight Tourist Board, 21 High St, Newport, Isle of Wight.

Autofahren Links fahren, rechts überholen; rechts vor links im Kreisverkehr. *Geschwindigkeitsbegrenzung:* in Ortschaften 30 Meilen (48 km/h), auf Landstraßen 50 Meilen (80 km/h), auf Autobahnen 70 Meilen (112 km/h). *Benzin:* Normal (91 Oktan), Economy oder Premium (95–97), Super (101). 1 Gallone = 4,5 Liter. *Reifendruck:* 1 atü = 14 psi (pounds square inch), 1,2 atü = 17 psi, 2 atü = 28,5 psi usw. Mitglieder deutscher *Automobilclubs* können die Hilfe des R.A.C. oder A.A. in Anspruch nehmen: Royal Automobile Club, 83 Pall Mall, London S.W. 1; Automobile Association, Leicester Square, London W.C. 2.

Banken Geöffnet Montag bis Freitag 9.30–12.30 und 13.30–15.30 Uhr.

Besichtigungen *Museen* sind werktags meist von 10–17 Uhr geöffnet, sonntags in der Regel nur nachmittags. Adressen mit Kurzcharakteristik der Sammlungen in der jährlichen Broschüre ›Museums and Art Galleries in Great Britain and Ireland‹. Wer die *historischen Landsitze* besichtigen will, braucht schon der vertrackten Öffnungszeiten wegen die

SÜD-ENGLAND VON A-Z

jährliche Übersicht ›Historic Houses, Castles & Gardens‹ (beide Broschüren bei: ABC Historic Publications, Oldhill, London Rd, Dunstable, Bedfordshire). Der *Garten*liebhaber hält sich an das Spezialverzeichnis ›Gardens of England and Wales Open to the Public‹ (The National Gardens Scheme, 57 Lower Belgrave St, London SW1W OLR). Eine preisgünstige Pauschal-Eintrittskarte für alle dem National Trust und dem Department of the Environment unterstellten Herrenhäuser, Burgen und Schlösser ist das einen Monat gültige Open to View-Ticket (c/o ADAC, Baumgartner Str. 53, 8 München 70).

Brass Rubbing Das Durchreiben alter Messinggrabplatten in bestimmten Kirchen mit Ölkreide auf Spezialpapier (s. Abb. 13) bedarf meist der Erlaubnis des jeweiligen Pfarrers und einer geringen Gebühr. Informationen über Geschichte, Ikonographie und Technik, mit Ortshinweisen: Malcolm Cooks Broschüre ›Discovering Brasses and Brass Rubbing‹. Für Fortgeschrittene: ›The Craft and Design of Monumental Brasses‹ von Henry Trivick (1969). Nötiges Material: Phillips & Page Ltd., 50 Kensington Church St, London W. 8. Mitgliedschaft: The Monumental Brass Society (gegr. 1887), c/o Society of Antiquaries, Burlington House, Picadilly, London W. 1.

Diplomatische Vertretungen Königlich Britische Botschaft, Friedrich-Ebert-Allee 77, 53 Bonn. Britische Konsulate in Berlin, Bremen, Düsseldorf, Frankfurt, Hamburg, Hannover, München, Stuttgart. – In England: Botschaft der Bundesrepublik Deutschland, 23 Belgrave Square, London

S.W. 1. Konsulate: Dover, 134/5 Snargate St; Plymouth, Fa. D. Tamlyn & Co, 16 Parade; Southampton, Queen's Terrace.

Einreisebestimmungen Personalausweis genügt; Reisepaß erforderlich bei mehr als dreimonatigem Aufenthalt. Kinder unter 16 Jahren benötigen einen Kinderausweis.

Eisenbahn Für Nicht-Autofahrer empfiehlt sich der preiswerte Britrail Pass, der unbegrenztes Reisen auf dem gesamten Netz der Britischen Eisenbahnen erlaubt, 8, 15 oder 22 Tage lang (verbilligte Jugendpässe von 14–22 Jahren). Der auch für die Fähren zur Isle of Wight gültige Britrail Pass muß vor Fahrtantritt im Heimatland erworben werden (über jedes Reisebüro oder über das British Rail Office, Friedrich Ebert-Anlage 3, 6 Frankfurt).

Fähren Kürzeste (und billigste) Verbindung zwischen dem Kontinent und England: Calais–Dover bzw. Boulogne–Dover (Fahrzeit 1¹/₂ Std.). Längste Verbindung: Hamburg–Harwich (ca. 20 Std.). Andere Autofähren: Calais bzw. Boulogne–Folkestone (1³/₄ Std.), Zeebrügge–Dover (4 Std.), Ostende–Dover (3³/₄ Std.), Ostende–Folkestone (4 Std.), Dünkirchen–Dover (4³/₄ Std.), Le Havre–Southampton (8 Std.), Cherbourg–Southampton (5 Std.), Bremerhaven–Harwich (16 Std.). Schnellste Verbindungen: die Luftkissenboote (Hovercrafts) Calais–Dover, Boulogne–Dover, Calais–Ramsgate (30–40 Min.).

Feiertage Gesetzliche Feiertage sind: Karfreitag (Good Friday), Oster- und Pfingstsonntag und der anschließende Montag (Bank Holiday), ein weiterer

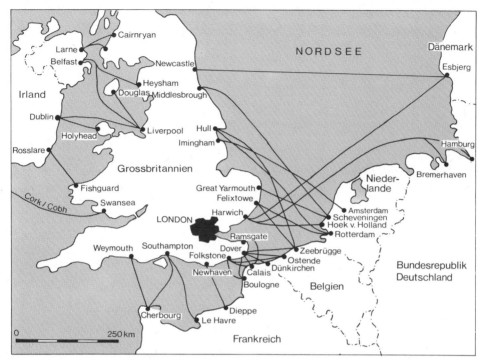

Fährverbindungen zwischen Großbritannien und dem Kontinent

Bank Holiday-Montag im August oder September, 1. und 2. Weihnachtstag (Christmas Day und Boxing Day).

Geschäftszeiten 9–17.30 Uhr, samstags wird meist gegen 16.00 Uhr geschlossen.

Gespenster Der selbstverständliche Umgang mit ihnen verrät weniger etwas über deren tatsächliche Existenz als, J. B. Priestley zufolge, etwas über die Eigenart des englischen Geistes, »der teilweise in der Dunkelheit existiert und Schatten des Unbewußten um sich sammelt«. Ghosts gehören zu den wenigen touristischen Gemeinplätzen, die man nicht platterdings besichtigen kann. Einer der auszieht, England oder dies Unbewußte kennenzulernen, sollte gewappnet sein und den echten Geist am rechten Ort korrekt ansprechen können. Erste Hilfe dazu bietet Leon Metcalfes Broschüre ›Discovering Ghosts‹. Weiterführende Adressen und historische Zusammenhänge in der neuesten Fachliteratur: Antony D. Hippisley Coxe: ›Haunted Britain‹ (London 1973), Marc Alexander: ›Haunted Castles‹ (1974), Andrew Green: ›Our Haunted Kingdom (1973).

Historic Houses Herrenhäuser, Landschlösser und Burgen, die das ganze Jahr über oder an bestimmten Tagen zur Be-

SÜD-ENGLAND VON A-Z

sichtigung geöffnet sind. 1976 waren es in ganz England rund 700, die Hälfte davon in Privatbesitz, die andern in der Obhut des National Trust (s.d), des Umweltministeriums und anderer Organisationen. Diese historischen Häuser – Familien-, Landes- und Kulturgeschichte in eins – haben an Zahl und Qualität in Europa kaum Vergleichbares. Frankreichs Schlösser z. B. sind in den meisten Fällen nicht mehr mit den ursprünglichen Möbeln, Gemälde- und Porzellansammlungen ausgestattet.

Jugendherbergen Über die rund 300 Jugendherbergen in England und Wales informiert die Youth Hostels Association (YHA): Trevelyan House, 8 St Stephen's Hill, St Albans, Hertfordshire; oder das Deutsche Jugendherbergswerk, Bülowstr. 26, 493 Detmold.

Landkarten Neben den detaillierten Generalkarten (Ordnance Survey, 12 inches = 1 mile) gute Auto- und Wanderkarten von Bartholomews & Sons Ltd.

Maße und Gewichte
1 inch (in.) = 2,54 cm
1 foot (ft.) = 12 inches = 30,48 cm
1 yard (yd.) = 3 feet = 91,4 cm
1 mile (mi.) = 1,61 km
1 pint (pt.) = 0,57 Liter
1 quart (qt.) = 2 pints = 1,14 l
1 gallon = 4 quarts = 4,55 l
1 ounce (oz.) = 28,35 g
1 pound (lb.) = 16 ounces = 453,6 g

National Trust Bewundernswürdigste, beneidenswerteste aller englischen Institutionen: The National Trust for Places of Historic Interest or Natural Beauty, gegründet 1894 von drei Engländern, um »Plätze von historischem Interesse oder natürlicher Schönheit« zu erhalten und der Allgemeinheit zugänglich zu machen. Diese folgenreichste, frühe Bürgerinitiative Englands ist eine nationale, aber keineswegs staatliche, sondern private Einrichtung, finanziert von rund 450 000 Mitgliedern, über 4 Millionen Besuchern jährlich und durch generöse Schenkungen. Der National Trust, inzwischen drittgrößter Grundbesitzer nächst der Krone und dem Staat, verwaltet in England rund 200 000 Hektar Land und nahezu 600 Kilometer unzerstörter Küstenlandschaft – mehr als ein Drittel der gesamten Küste von England, Wales und Nordirland. Dies größtenteils landwirtschaftlich genutzte, verpachtete Gebiet darf nicht ›wild‹ bebaut oder in seinem Pflanzen- und Baumbestand beeinträchtigt werden. Neben diesem Landschaftsschutz demonstriert der National Trust, auch ›Wachhund der Nation‹ genannt, was Denkmalschutz vermag: Er rettet historische Landsitze und Gärten, die ihre Besitzer aus eigenen Mitteln nicht mehr unterhalten können, vor dem Verfall und macht sie öffentlich zugänglich; er erhält prähistorische und römische ›Ancient Monuments‹ ebenso wie alte Scheunen oder Taubenschläge, mittelalterliche Burgen genauso wie Industriedenkmäler; ihm gehören ganze Dörfer und einzelne Häuser, die oft vermietet, aber fast immer zu bestimmten Zeiten zu besichtigen sind. Wer für einen Jahresbeitrag von gegenwärtig £ 5 Mitglied des National Trust wird, unterstützt nicht nur dieses Kuratorium, sondern kann alle Häuser und Gärten des Trust kostenlos besichtigen (National Trust, 42–44 Queen Anne's Gate, London SW 1).

Pubs In Englands Kneipen trinkt man nicht, wenn man Durst hat, sondern man hat Durst, wenn Trinkzeit ist. Die ›public houses‹, kurz Pubs, richten sich nach puritanischen Alkohol-Ausschankgesetzen mit regional leicht unterschiedlichen ›licensing hours‹: 11–14.30 und 18–23 Uhr (›last order please!‹). ›Egon Ronay's Pubs and Tourist Sights‹, ein mit Hotel- und Besichtigungshinweisen angereicherter Trink-Führer, verzeichnet von 75 000 englischen Pubs über 1000, darunter viele ›famous old inns‹ aus der Tudor- und Postkutschenzeit (c/o British Tourist Autority, s. o.).

Reiten Beliebte Reitferiengebiete: die Downs (Sussex), New Forest (Hampshire), Exmoor und Dartmoor (Devon). Im Mid-Forest Trekking Centre im New Forest wird auch Polo gelehrt. Nähere Informationen: s. Auskünfte.

Speisen und Getränke Somerset Maughams Bemerkung, wer in England gut essen wolle, müsse dreimal täglich frühstücken, ist ein Kompliment für das englische Frühstück. Im übrigen sind die Klagen über die englische Küche so ste-

THE WIFE OF BATH
4 UPPER BRIDGE STREET, WYE, ASHFORD, KENT
CLOSED SUNDAY and MONDAY   WYE 812540

There was an Old Person of Hurst,
Who drank when he was not athirst;
  When they said: »You'll grow fatter!«
  He answered: »What matter?«
That globular Person of Hurst.

reotyp wie die über das englische Wetter. Wer das übliche deutsche Hotel- und Restaurantessen kennt, sollte sich am wenigsten über die englische Küche beklagen. Ihr ganzer Fehler, schrieb der Englandreisende Theodor Fontane 1860, bestehe darin, »daß sie anders kocht, als wir zu essen gewohnt sind«. Wer nur fish & chips ißt, ist es selber schuld. *Fischspezialitäten:* Dover Sole (Seezunge, nicht nur in Dover), Whitstable Oysters (Austern in Nord-Kent), trout (Forelle) und salmon (Lachs) besonders in Devon, ›Kippers‹ (kleine geräucherte Heringe). *Fleischgerichte:* Roastbeef, Lammbraten mit Minzesauce, Schweinebraten mit Apfelsauce, Steak and Kidney-Pudding sind Nationalspeisen; in Wiltshire gibt es besonders guten Speck und Schinken, in Devon Pork Pie (Schweinefleischpastete mit Apfelscheiben, Zwiebeln und Cider im Backofen gebraten), nicht nur in Cornwall Cornish Pasty (mit Fleisch, Kartoffeln und Zwiebeln gefüllte Teigrolle). *Käse:* Cheddar (längst nicht mehr nur im Ursprungsland Somerset hergestellt), Blue Vinney (»the worst-smelling

SÜD-ENGLAND VON A-Z

cheese on earth« aus Dorset), Ilchester (Weichkäse mit Bier- und Kräutergeschmack, aus Somerset). *Getränke:* Der beste Cider (Apfelmost) kommt aus Devon und Somerset. Wer englischen Wein probieren will, findet eine Auswahl aus verschiedenen Grafschaften im Merrydown Wine Shop, Horam Manor, Heathfield, Sussex. Bei Bier ›from the wood‹ (vom Faß) unterscheidet man Ale (mild or bitter), das dunklere, stärkere Stout und Lager, das helle, meist kontinentale Flaschenbier. *Tischzeiten:* Lunch etwa 12–14.30, Dinner ca. 18–21 Uhr. Afternoon Tea ca. 3.30–5.30 Uhr. In den typischen Tea Rooms, wo es ab 11 Uhr auch ›morning coffee‹ gibt, empfiehlt sich besonders in Devon und Cornwall ›clotted cream‹: eingedickter Rahm, mit Erdbeermarmelade auf scones (ein weiches Gebäck, auf ›home made‹ achten!) – ein Genuß, für den ich jeden Kaffee & Kuchen stehenlasse! *Restaurant-Führer:* Neben Egon Ronay's Dunlop Guide hilft dem Gourmet vor allem The Good Food Guide mit alljährlich neuen, detaillierten Hinweisen (Consumers Association and Hodder & Stoughton).

Sport Um möglichst viele Sportarten möglichst preisgünstig kennenzulernen, empfiehlt sich das At Your Leisure-Tikket (Wie's beliebt) des Country Club International (CCI). Ein Billet von 20 DM für einen Monat oder 60 DM für ein Jahr garantiert eine Auswahl unter rund 400 Landhaus- und Freizeitclubs in England, wo man Golf, Tennis und Squash spielen oder angeln, segeln und segelfliegen kann. Auskunft: Britische Zentrale für Fremdenverkehr, s. o.

Sprachschulen Sprachkurse in Südengland, besonders in den Seebädern Brighton, Bournemouth und Torquay, vermitteln u. a.: Gesellschaft für praktisches Auslandswissen e. V., Hohenstaufenring 48–54, 5 Köln 1; King's School of English, Graf Adolf-Str. 88, 4 Düsseldorf; Association of Recognised English Language Schools, Dept. G, 43 Russell Square, London.

Unterkunft Immer noch am preiswertesten, zumal beim Umherreisen: Bed and Breakfast (B & B), Übernachtung mit Frühstück bei Privatleuten, durch entsprechende Schilder am Haus oder Straßenrand angezeigt; in den home counties (Kent, Surrey) nicht so verbreitet wie in den von London weiter entfernten Grafschaften. Empfehlenswert auf dem Lande: Farmhouse Accomodation, Übernachtung oder Ferien auf dem Bauernhof; Adressen in den jährlichen Broschüren des British Tourist Authority oder im Farm Holiday Guide (18 High St, Paisley PA 1 2 BX). Wer sich ein eigenes Ferienhaus mit Selbstversorgung mieten will (Self Catering Holidays), findet Adressen über Tayling's Holiday Cottages, 6–8 Queens House, Leicester Square, London WC2H 7DB. Hotels und Pensionen in großer Auswahl verzeichnet der von der Automobile Association herausgegebene jährliche AA Guide to Hotels and Restaurants in Great Britain and Ireland. Über dieselbe Adresse (P.O.Box 52, Basingstoke, Hampshire): AA Camping and Caravanning Handbook. Exklusive Ferien in Herrenhäusern und Burgen vermittelt die Buildings of England Group, 4 Kenwood Drive, Burwood Park, Walton-on-

Thames (Surrey) oder R. & J. Tours Ltd., 138 A, Picadilly, London.

Währung 1 engl. Pfund (£) = 100 Pence = rund 4 DM (Okt. 1976!). Britisches Geld darf bei der Einreise in unbegrenzter Höhe, bei der Ausreise bis £ 25 mitgeführt werden.

Wandern Südengland ist reich an vorzüglichen Wandergebieten: die Downs in Kent, Surrey und Sussex; der historische Pilgrims' Way zwischen Winchester und Canterbury; Dartmoor und Exmoor; Quantock und Mendip Hills in Somerset; dazu Klippenwanderungen an vielen Stellen der Kanal- und Westküste. Informationen: Ramblers' Association Services, 124 Finchley Rd, London MW 3. Die Holiday Fellowship organisiert Wanderferien mit Unterbringung in einem Holiday Centre: 142 Great Northway, London NW 4.

Wetter Was das englische Wetter betrifft, so gebe ich jedem gern recht, der es nach wie vor mit der Nebeltheorie hält und Teneriffa vorzieht. Das hat immerhin den Vorteil, daß man sich in England nie auf die Füße treten wird, auch wenn wirklich einmal Nebel ist. In einem Exmoor-Guide las ich die salomonische Wetter-Formel: »satisfactory for all concerned«, zufriedenstellend für alle Beteiligten, will sagen: Jäger bevorzugen gelegentlich einen kräftigen Schauer der Fährte wegen, Segler brauchen eine frische Brise, Angler lieben den sanften Sprühregen – wer nur Sonne sucht in England, ist ein »ordinary holiday-maker« und sollte lieber gleich nach Italien fahren.

Wörterbücher Neben den gängigen Taschenwörterbüchern empfiehlt sich für differenzierte Übersetzungen ›Der neue Muret-Sanders‹, Langenscheidts vierbändiges Enzyklopädisches Wörterbuch der englischen und deutschen Sprache.

Zeit Die Sommerzeit beginnt am Tag nach dem dritten Samstag im März (die Uhren werden eine Stunde vorgestellt, also zeitgleich mit dem Kontinent) und endet am Tag vor dem ersten Samstag im Oktober (die Uhren werden wieder eine Stunde zurückgestellt).

Veranstaltungen und Bräuche

Januar 17. 1.: ›Wassailing the Apple Trees‹ in Carhampton (Somerset): Jahrhundertealter Brauch, bei dem der größte Apfelbaum geschmückt, mit Cider begossen und durch Schüsse von bösen Geistern befreit wird.

Februar Shrove Tuesday (Fastnachtsdienstag): Pfannkuchen-Rennen in Bodiam (Sussex).

März Ostermontag: Dole Distribution in Biddenden (Kent): Verteilung von Brot und Käse an Bedürftige, gemäß dem Testament der Siamesischen Zwillinge Eliza und Mary Chulkhurst (15. Jh.).

April Portsmouth Festival: Theater, Musik, bildende Kunst, Film (Ende April bis Anfang Mai).

SÜD-ENGLAND VON A–Z / ORTSHINWEISE

Mai

30. 4.: Hobby Horse in Minehead (Somerset): Maiumzug mit einem grotesken künstlichen Pferd.

1. 5.: Hobby Horse-Maiumzug in Padstow (Cornwall).

8. 5.: Furry Dance, Pelztanz in Helston (Cornwall).

›Derby‹- und ›Oaks‹-Pferderennen in Epsom (Surrey), Ende Mai/ Anfang Juni.

Theaterfestival in Chichester (Sussex), bis September.

Brighton Festival: Theater, Musik, bildende Kunst.

Bath Festival: Musik und Theater (Ende Mai/Anfang Juni).

Greyhound-Rennen: The Regency Final, Brighton.

Juni

Canterbury Festival: Musik und Theater (Ende Juni).

Opernfestspiele in Glyndebourne (Sussex), bis Mitte August.

Dickens-Festival in Broadstairs (Kent): Ausstellungen, Konzerte und Mitgliedertreffen in Dickens-Kostümen.

21. 6.: Sunrise Ceremony, Sonnwendfeier des neuen, ›Most Ancient‹ Druiden-Ordens in Stonehenge (Wiltshire).

Sommerfestspiele der Freilichtbühne Minack Theatre bei Land's End (Cornwall), bis September.

Juli

3. Sonntag im Monat: Umzug zur Erinnerung an die Tolpuddle-Märtyrer, sechs Landarbeiter, die sich 1864 in diesem Dorf in Dorset zur ersten Gewerkschaft zusammenschlossen und zur Strafe nach Australien verbannt wurden.

Dolmetsch Music Festival in Haslemere (Surrey): Alte Kammermusik auf alten Instrumenten.

Goodwood Week: Pferderennen bei Chichester, Sussex (Ende Juli).

25. 7.: Knill's Procession am St. James-Tag in St. Ives (Cornwall): Zehn Mädchen in Weiß tanzen zu den Klängen des 100. Psalms um die Pyramide John Knills, Bürgermeister von St. Ives im 18. Jh., der diese Erinnerungszeremonie verfügte (alle fünf Jahre, das nächste Mal 1981).

August

Beginn der Jagd-Saison durch die Devon and Somerset Staghounds (1. August-Woche).

Cricket-Woche in Canterbury (1. August-Woche).

Cowes Week: Höhepunkt der Segelregatta-Saison der Isle of Wight (Anfang August).

National Town Criers' Championship: Nationale Stadtausrufer-Meistersch. in Hastings (Sussex).

Rennen und Verkauf der New Forest-Ponys in Brockenhurst (Hampshire).

Rye Festival in Sussex: Theater und Musik (Ende August/Anfang September).

Südenglische Kirchenmusik-Festspiele, mit Chor- und Orgelkonzerten, jährlich wechselnd in den Kathedralen von Chichester, Salisbury und Winchester.

September

Markt in Widecombe im Dartmoor (2. Dienstag).

25. 9.: Summercourt Fair, Jahrmarkt mit Ringkämpfen, dem traditionellen Sport in Cornwall (A 30/B 3058).

Oktober 7. 10.: Bellringers' Feast in Twyford (Hampshire): Fest der Glöckner.

18. 10.: Bier-Wetttrinken im Pub ›Beau Nash‹ in Tunbridge Wells (Kent) zur Feier des Geburtstages des Zeremonienmeisters aus Bath.

Exmoor-Ponymarkt in Brandon (letzter Montag) und Bampton (letzter Donnerstag im Monat).

Oldtimer-Rennen von London nach Brighton (Ende Oktober/Anfang November) zur Erinnerung an die Abschaffung des Gesetzes, daß ›pferdelosen Wagen‹ ein Mann mit roter Flagge zu Fuß vorauslaufen muß.

November 5. 11.: Guy Fawkes Day: Jahrestag der Pulververschwörung des Guy Fawkes, der 1605 versuchte, das Parlamentsgebäude samt König James I. in die Luft zu sprengen. Feuerwerk und Freudenfeuer in ganz England, besonders kräftig in Bridgwater (Somerset), Lewes und Rye (Sussex).

Ergänzende Ortshinweise und Öffnungszeiten

»Reisen sollte ich, reisen!
England sehen!«
Johanna Schopenhauer

Kent

Aylesford (bei Maidstone): Karmeliterkloster The Friars, 13. Jh.; in der Umgebung Reste einer römischen Villa u. prähistorische Gräber (Kits Coty House). (S. a. Farbt. VII.) Quai-Pottery, Werkstatt des Töpfers Colin Pearson (73 High St).

Bexleyheath (Groß-London, südl. Vorort): Red House, Red House Lane, William Morris-Haus von Webb; nur nach schriftl. Voranmeldung, jeden 1. Sa u. So im Monat, 2.30–4.30.

Birchington: The Powell-Cotton Museum, Quex Park: zoolog.-ethnografische Sammlung. 26. Mai – 29. Sept.: Mi, Do, So; sonst jeden Do. Im Park Waterloo Tower (1819).

Boughton Monchelsea Place (8 km südl. Maidstone): Elisabethanischer Landsitz (ca. 1567 bis 1575) mit Blick über Landschaftsgarten u. Weald.

Bromley (Groß-London, südl. Vorort): In 57 High St wurde H. G. Wells 1866 als Sohn eines Cricket-Profis geboren. Sundridge Park von Humphry Repton u. John Nash (ca. 1796–9), Reptons Park heute Golfplatz.

ORTSHINWEISE UND ÖFFNUNGSZEITEN

Brook (bei Ashford): St. Mary, frühnorm., vollständ. Westwerk, Fresken-Reste (13. Jh.).

Canterbury: The Roman Pavement, Butchery Lane: Fundamente einer röm. Villa mit Mosaikfußböden. Werktags 10–1, 2–6, So 2–6. The Westgate, St. Peter's St: Waffen-Museum in Stadthaustor des 14. Jhs. Werktags 10–1, 2–6.

Chartwell (3 km südl. Westerham): Churchills Landhaus. März–Nov. Mi u. Do 2–6, Sa u. So 11–6. NT.

Chiddingstone Castle: Neogotischer Landsitz mit Spezialsammlungen. April–Okt. tgl. außer Mo 2–5.30, Sa u. So 11.30–5.30.

Chilham Castle (8 km südwestl. Canterbury): Battle of Britain-Museum, Landschaftsgarten von Capability Brown. Ostern – Okt. Di, Mi, Do, Sa u. So 2–6.

Cobham Hall (6 km westl. Rochester): Elisabeth. Landsitz, Park mit Mausoleum von Wyatt. Ende Juli – Ende Aug. Mi, Do, So 2–6.

Dartford: In der Kirche Holy Trinity Gedenktafel für den Lokomotivpionier Richard Trevithick, der 1833 in D. starb; umfangreiche Brass-Sammlung. Im Bull & George (High St) nahm Jane Austen zweimal Logis.

Dover Castle: werktags 9.30–5.30, So 2–5.30.

Downe (Groß-London): Down House, Luxted Rd: Charles Darwins Landhaus (!) von 1842 bis zu seinem Tod 1882. Im Old Study schrieb er u. a. ›Über die Entstehung der Arten‹. Tgl. (außer Fr) 10–4.

Eynsford: Lullingstone Roman Villa, Mai–Sept. tgl. 9.30–7, So 2–7, Okt.–April tgl. 9.30–4, So 2–4.

Faversham: Abbey St mit restaurierten 16.–18. Jh.-Häusern, No. 80: ›The House of Thomas Arden‹ (1540), früherer Bürgermeister, 1550 ermordet, elisabethanisches Drama ›Arden of Feversham‹ (1592); St. Mary of Charity: Säulen-Fresken (ca. 1310), Miserikordien (14. Jh.), Brasse.

Godinton Park (2 km westl. Ashford): Jakobianischer Landsitz. Ostern, Juni–Sept. nur So 2–5.

Hever Castle (5 km südöstl. Edenbridge): 13. Jh.-Wasserburg, Italienischer Garten, Anne Boleyns Vaterhaus. April–Sept. Mi u. So 1–7.

Ightham Mote (9 km östl. Sevenoaks): 14. Jh.-Wasserburg. April–Okt. nur Fr 2–5.

Knole (Sevenoaks): 15. Jh. – Landschloß. März–Nov. Mi–Sa 10–12, 2–5. NT.

Leeds Castle (A 20, bei Maidstone): Mittelalterliche Wasserburg mit Park. Juli u. Aug., Di, Mi, Do, So 1–5.30.

Maidstone: Museum & Art Gallery (Chillington Manor), St. Faith's St: archäolog., kunst- und naturgeschichtl. Slgn., Kostüme, Keramik, Erinnerungen an den Schriftsteller Hazlitt. Okt.–März werktags 10–5, April–Sept. 10–6.
Tyrwhitt-Drake Museum of Carriages (ehem. erzbischöfl. Stall), Mill St: Kutschenmuseum. Werktags 10–1, 2–5.

Old Soar Manor (zw. Sevenoaks u. Maidstone): 13. Jh. – Ritterburg. April–Sept. tgl. 9.30–7, So 2–7.

Penshurst Place (10 km nordwestl. Tunbridge Wells): Elisabethanisches Landschloß mit Spielzeugmuseum. April–Sept. tgl. (außer Mo u. Fr) 2–6.

Richborough Castle: Museum der dortigen römischen Ausgrabungen. Mai–Sept. tgl. 9.30–7, Okt.–April 9.30–4, So 2–4.

Rochester: Public Museum, Eastgate House: Dickens-Erinnerungen, Archäologie, Waffen u. Kostüme. Tgl. (außer Fr) 2–5.30.

Rolvenden: Geburtsort der Neun-Tage-Königin Lady Jane Grey. Great Maytham Hall: Neogeorgianischer Landsitz, erbaut von Lutyens (1910). Mai–Sept. Mi u. Do, 2–4.

Sandwich: The Precinct Toy Collection, 38 Harnet St: Puppenhäuser, Spielzeug und Spiele von 1850 bis heute. Mai–Sept. Mo–Sa 10–5, So 2–5.

Scotney Castle (12 km südl. Tunbridge Wells, A 21): Pittoreske Wasserburg mit Park. April–Okt. Mi–So 2–6. NT.

Sevenoaks: The Vine, einer der ältesten Cricket-Plätze in England, 1734. H. G. Wells lebte 1894 in 23 Eardley Rd, beendete dort seinen Science Fiction-Roman ›Die Zeitmaschine‹.

Shoreham (8 km nördl. Sevenoaks, A 225): Idyllisches Dorf im Darent-Tal. In diesem ›Valley of Vision‹, im Water House bei der Brücke, lebte der romantische Landschaftsmaler Samuel Palmer 1826–35 und malte die Dörfer Kents als irdisches Paradies.

Sissinghurst Castle: Victoria Sackville-Wests berühmter Garten. Ostern–15. Okt., Mo–Fr 12–6.30, Sa u. So 10–6.30. NT.

Smallhythe Place (3 km südl. Tenderden: Ellen Terry-Museum, 16. Jh. – Fachwerkhaus, Landhaus der Shakespeare-Darstellerin Ellen Terry von 1903 bis zu ihrem Tode 1928. Erinnerungsstücke an sie u. andere berühmte Schauspieler. März–Okt. tgl. (außer Di u. Fr) 2–6. NT.

Tonbridge: Norman. Burg, Torhaus ca. 1300; Chequers Inn, 15. Jh. (High St); Portreeve's House, 16. Jh. (East St); Cricketschule des Cracks Frank Woolley.
Hadlow Castle (A 26, ca. 5 km): 52 m hoher Ziegelsteinturm, vom Schloßherrn Walter Barton May errichtet, um die Nordsee zu sehen (ca. 1840) – viktorian. Folly in der Nachfolge von Beckfords Fonthill Abbey.

Walmer Castle: Küstenfort Heinrichs VIII., 1540. Mai–Sept. tgl. (außer Mo) 9.30–7, Okt.–April werktags 9.30–4, So 2–4.

Surrey

Clandon Park (5 km östl. Guildford): Neopalladianischer Landsitz mit hervorragender Porzellan-Slg. u. Park von Cap. Brown. April–Mitte Okt. Di–Do, Sa u. So 2–6. NT.

Claremont (A 244, bei Esher): 18. Jh.-Landschloß von Cap. Brown u. H. Holland,

ORTSHINWEISE UND ÖFFNUNGSZEITEN

heute Mädcheninternat, mit einem der frühesten Landschaftsgärten (NT). Febr. bis Nov. jeden 1. Sa u. So im Monat, 2–5.

Compton (3 km südwestl. Guildford): The Watts Gallery, Gemälde-Slg. des in C. begrabenen viktorianischen Malers G. F. Watts. Tgl. (außer Do) 2–6, Mi u. Sa auch 11–1.

Farnham Castle (A 287): Seit 12. Jh. Sitz der Bischöfe von Winchester. Burg: Mi 2–4.30, Bergfried April–Sept. tgl. 9.30–7.

Hatchlands (A 246, 6 km nordöstl. Guildford): Landsitz Admiral Boscawens mit R. Adam-Dekor, April-Sept. Mi u. Sa 2–5.30, NT.

Limpsfield (A 25, östl. Reigate): Detillens, typ. 15. Jh.-Gutsherrenhaus des Weald. Mai-Sept. Mi u. Sa 2–5. Auf dem Friedhof von St. Peter Grab des Komponisten Frederick Delius.

Lingfield (5 km nördl. East Grinstead): Puttenden Manor, Fachwerk-Farmhaus des 15. Jhs. mit Puppen-Slg. Ca. 20 Tage jährl. geöffnet.

Loseley House (3 km südwestl. Guildford): Tudor-Landschloß mit Dekorationen von Heinrichs VIII. zerstörtem Nonsuch Palace. Juni–Sept. Mi–Sa 2–5.

Polesden Lacey (5 km nordwestl. Dorking): Landsitz mit edwardianischer Innenausstattung u. Gemälde-Slg. (Alte Niederländer) u. Park. März–Nov. tgl. 2–6, April–Okt. Di–Do, Sa u. So 2–6. NT.

Winkworth Arboretum (B 2130, 5 km südöstl. Godalming): Park mit seltenen Bäumen u. Sträuchern, »planted mainly for Autumn colour«. Ganzjährig, NT.

Wisley Garden (A 3, östl. Woking): Ständige Mustergartenschau der Royal Horticultural Society. Werktags 10–7, So 2–7.

Sussex

Arundel: Burg mit Kunst- u. Möbel-Slg. April–Mitte Juni Mo–Do 1–5, Mitte Juni bis Sept. Mo–Fr 12–5.
Potter's Museum of Curiosity, 6 High St: Viktorianisches Kuriositätenkabinett. Ostern–Okt. tgl. 10.30–5.30.

Bateman's (A 265, bei Burwash): Kiplings Landhaus. März–Okt. Mo–Do 11–12.30, 2–6, Sa u. So 2–6. NT.

Battle Abbey (10 km nördl. Hastings, B 2100): Abtei auf dem Schlachtfeld Wilhelms des Eroberers. Tgl. Sommer 10–6, Winter 10–4.

Bignor (Downs, westl. A 29): Römische Villa. April–Sept. 10–6.30, März u. Okt. 10–5 (außer Mo).

Bodiam Castle (bei Hawkhurst, östl. A 229): Eine der am besten erhaltenen mittelalterlichen Wasserburgen (1386–89). Tgl. 10–7. NT.

Boxgrove (8 km östl. Chichester, A 27): Benediktiner-Abteikirche mit bedeutendem EE-Chor, Deckenfresken (ca. 1550), De la Warr-Grabkapelle (ca. 1530).

Bramber (nördl. Worthing, A 283): House of Pipes: Pfeifenmuseum. Tgl. 10–8.30.

Brighton: The Royal Pavilion: Tgl. 10–5. Museum & Art Gallery, Church St: Gemälde von Dali, Magritte u. a., Möbel von Mackintosh, Porzellan- u. Keramik-Slg. Werktags 10–6, Sa 10–5, So 2–5.

Firle Place (6 km östl. Lewes, A 27): Landsitz in den Downs mit bedeutender Kunst- u. Möbel-Slg. Juni–Sept. Mi u. Do 2.15–5.30, So 3–6.

Fishbourne (bei Chichester): Römische Villa u. Museum. Juni–Aug. tgl. 10–7, Mai u. Sept. 10–6, März, April, Okt. u. Nov. 10–4.

Glynde Place (5 km östl. Lewes, A 27): Landsitz mit Kunst-Slg., neben Opernfestspielhaus Glyndebourne. Mai–5. Okt. Do, Sa u. So 2.15–5.30.

Goodwood House (5 km nordöstl. Chichester): Landschloß in den Downs mit reicher Kunst- u. Möbel-Slg. April–Okt. Mi u. So, Führung mit Lunch 11.15, Führung mit Tee ab 15 Uhr.

Great Dixter (bei Northiam, A 28): Fachwerk-Landsitz des 15. Jhs. mit Ergänzungen u. Garten von Lutyens (1910). April–Okt. tgl. (außer Mo) 2–5.

Herstmonceux Castle (A 27-Abzweigung nördl. Eastbourne): Wasserschloß des 15. Jhs. Park u. Royal Greenwich-Observatorium (Isaac Newton-Teleskop). April–Okt. Mo, Mi, Do 2–5.

Lewes: Barbican House, High St: Archäolog. Museum, prähistor., römische u. mittelalterl. Funde. Werktags 10–1, 2–5.30, So (April–Okt.) 2–5.30.
Anne of Cleves' House, Southover High St: Fachwerkhaus des 16. Jhs., Heimatmuseum. Öffnungszeiten s. o.

Michelham Priory (10 km nördl. Eastbourne, B 2108): Reste eines Augustinerklosters (1229) mit elisabethanischem Anbau, Torhaus (15. Jh.). Slg. von Musikinstrumenten, Sussex-Schmiedeeisen u. a. März–Okt. tgl. 11–5.30.

Parham Park (6 km südl. Pulborough, A 283): Tudor-Landschloß in den Downs mit reicher Kunst-Slg. u. Park. Ostern–5. Okt. Mi, Do, So 2–5.30.

Petworth House (A 272 / A 283): Landschloß des 17. Jhs. in den Downs mit bedeutender Kunst-Slg. u. Landschaftspark von Cap. Brown. April–Okt. Mi, Do, Sa 2–6. NT.

Robertsbridge (nördl. Hastings, A 21): Dorf mit guten Antiquitätengeschäften.

Rottingdean (bei Brighton): The Grange, 18. Jh.-Haus mit Kipling- u. Burne-Jones-Erinnerungen sowie einem Spielzeugmuseum, dem Günter Kunert 1975 eines seiner ›Englischen Gedichte‹ widmete. Werktags 10–6, So 2–5.

Rye: Lamb House, West St: Haus des Schriftstellers Henry James. März–Okt. Mi u. Sa 2–6. NT.

Sheffield Park Garden (zw. Lewes u. East Grinstead, A 275): Garten von H. Repton. Mai–Sept. Di–Sa 11–7, So 2–7. NT.

Shoreham-by-Sea (zw. Brighton u. Worthing): Kleine Hafenstadt mit zwei bedeutenden normannischen Kirchen, St. Mary de Haura u. St. Nicholas.

ORTSHINWEISE UND ÖFFNUNGSZEITEN

Singleton (10 km nördl. Chichester, A 286): Weald and Downland Open Air Museum. Freilichtmuseum mit Häusern des 14.–19. Jhs. Juni–Okt. Mi, Do, Sa, So 11–6.

Uppark (nordwestl. Chichester, B 2141): Exemplarisches Landhaus im Wren-Stil (1690) in den Downs; Möbel des 18. Jhs., Landschaftspark von H. Repton. H. G. Wells verbrachte einen Teil seiner Kindheit hier. Ostern–Sept. Mi, Do, So 2–6. NT.

Wiston House (bei Steyning, 22 km südwestl. Brighton): Elisabethanischer Landsitz in den Downs, seit 1973 Europäisches Diskussionszentrum, verbunden mit den Wilton Park-Konferenzen (seit 1946).

Hampshire

Avington Park (6 km nordöstl. Winchester): 18. Jh.-Landhaus, Räume mit Wandmalereien des 18. u. 19. Jhs. Mai–Sept. Sa u. So 2.30–5.30.

Beaulieu (22 km südl. Southampton): Zisterzienserabtei-Ruine. National Motor Museum, 1952 gegr., Slg. von über 300 Autos, Motor- u. Fahrrädern von 1895 bis heute. Tgl. 10–6.

Breamore House (A 338, 12 km südl. Salisbury): Spätelisabethanischer Landsitz (1583) mit Gemälde- u. Möbel-Slg., Gobelins von D. Teniers, Landwirtschafts- u. Kutschen-Museum. April–Sept. tgl. (außer Mo u. Fr) 2–5.30.
St. Mary: Angelsächsische Kirche (ca. 1000).

Buckler's Hard (4 km südl. Beaulieu): Maritime Museum, Slg. von Schiffsmodellen der Nelson-Flotte, die hier gebaut wurde. Tgl. Ostern–Mai 10–6, Juni–Sept. 10–9, Okt.–Ostern 10–4.30.

Chawton (bei Alton, A 31/32): Jane Austen's Home, Haus der Schriftstellerin 1809–17. Tgl. 11–4.30 (Nov.–März Mo u. Di geschlossen).

Furzey Gardens (Minstead, A 337, 5 km nördl. Lyndhurst): Renommierte Gartenanlage (seit 1922), tgl. 10–7.

Mottisfont Abbey (B 3057, 7 km nördl. Romsey): 1201 gegr. Augustinerkloster, seit der Reformation Herrenhaus. April–Sept. 2.30–6: Di–Sa nur Garten-, Mi u. Sa auch Hausbesichtigung. NT.

Netley Abbey (3 km südöstl. Southampton): Zisterzienserabtei-Ruine. Werktags 9.30 bis 6, So 2–6.

Portchester Castle (bei Portsmouth, 1 km südl. A 27): Römische Festung mit normannischer Burg u. Kirche. Werktags 9.30–6, So 2–6.

Portsmouth: City Museum & Art Gallery, Museum Rd: Engl. Möbel, Keramik u. Glas, Gemälde-Slg. u. Stadtgeschichte. Tgl. 10.30–5.30.
Charles Dickens-Museum, 393 Commercial Rd: Geburtshaus des Schriftstellers. Tgl. 10.30–5.30.
Southsea Castle, Clarence Esplanade: Küstenfestung Heinrichs VIII., militärgeschichtl. u. archäolog. Slg. Mai–Aug. tgl. 10.30–9, Sept.–April 10.30–5.30.

The Portsmouth Royal Naval Museum: Nelsons Flaggschiff ›Victory‹, Nelson-Erinnerungen, Schiffsmodelle u. Galionsfiguren. Werktags 10.30–5.30, So 1–5.
Fort Widley, Portsdown Hill Rd: Küstenfort Lord Palmerstons mit unterirdischen Kasematten u. Panoramablick. März–Sept. tgl. 2–6.

Rockbourne (5 km nordwestl. Fordingbridge, westl. A 338): Römischer Bauernhof mit Museum. Ostern–Sept. Mo–Fr 2–6, Sa u. So 11–6.

Selborne (B 3006, südöstl. Alton): Reizvolles Dorf mit Gilbert White-Museum, Wohnhaus des Klassikers der Naturbeobachtung im 18. Jh. April–Okt. tgl. (außer Fr) 10.30–12.30, 2–5, So 2–5, Nov.–März nur Sa u. So. 2–5.

Southampton: Art Gallery, Civic Centre: Neben franzos. Künstlern des 19. Jhs bes. engl. Malerei des 19. u. 20. Jhs. Werktags 10–7, So 2–5.
Tudor House Museum, St. Michael's Square: Stadthaus des 16. Jhs. mit stadtgeschichtl. Slg. Werktags 10–5, So 2.30–4.30.
God's House Tower Museum, Town Quay: Teil der Stadtbefestigung des 15. Jhs., Slg. römischer u. mittelalterl. Ausgrabungsfunde. Werktags 10–5, So 2.30 bis 4.30.
Photographic Gallery, Highfield: Fotogalerie der Universität.

Stratfield Saye House (A 33, zw. Basingstoke u. Reading): Landschloß des Herzogs von Wellington mit Country Park. Mitte April – Anfang Okt. tgl. (außer Fr) 11–5.30.

The Vyne (6 km nördl. Basingstoke): Tudor-Landsitz mit späteren Umbauten. April bis Sept. Mi 11–1, 2–6, Do, Sa u. So 2–6. NT.

Winchester: City Museum, The Square: Archäolog.-stadtgeschichtl. Slg. Werktags 10 bis 5, So 2–4.30.
The Westgate Museum, High St: Mittelalterl. Stadttor mit Waffen-Slg. Werktags 10–5, So 2–4.30.

Isle of Wight

Arreton Manor (5 km südwestl. Newport): 17. Jh.-Landhaus mit Spielzeug- u. Puppen-Slg. April–Okt. werktags 10–6, So 2.30–6.

Bembridge (B 3395): The Ruskin Gallery, Bembridge School: Slg. von Bildern u. Manuskripten Ruskins u. seiner Zeitgenossen. Nur nach Vereinbarung, Tel. 21 01.

Carisbrooke Castle (2 km südwestl. Newport): Normannische Burg, Gefängnis Charles' I., Heimatmuseum der Insel. Werktags 9.30–5.30, So 2–5.30.

Norris Castle (East Cowes): 18. Jh.-Schloß von J. Wyatt mit Dusche Kaiser Wilhelms II. Mitte Mai–Mitte Sept. Sa, So, Mo 11–5.

Nunwell Park (B 3055, 1 km westl. Brading): 18. Jh.-Landsitz mit Park. Frühjahr bis Sept. Mo–Do u. So 2–5.

ORTSHINWEISE UND ÖFFNUNGSZEITEN

Osborne House (2 km südöstl. East Cowes): Queen Victorias Lieblingsresidenz. Ostern bis Anf. Okt. Mo–Fr 11–5.

Sandown: Museum of Isle of Wight Geology, High St: Geologie der Insel, reiche Fossilien-Slg. April–Okt. Mo–Sa (außer Mi) 10–1, 2–5.30; Okt.–März 2–4.

Dorset

Abbotsbury (14 km nordwestl. Weymouth): Swannery, eine Kolonie von ca. 800 Schwänen, bestehend seit Gründung der Benediktinerabtei im 11. Jh.; Vogelparadies. Mai–Sept. werktags 10.30–4.30.

Athelhampton (8 km nordöstl. Dorchester, A 35): Landsitz des 15./16. Jhs. mit Gärten. April–Sept. Mi, Do, So 2–6.

Blandford Forum (A 350 / A 354): Marktstädtchen am Stour mit geschlossener georgianischer Architektur. Geburtsort des viktorianischen Bildhauers, Malers und Designers Alfred Stevens.

Bournemouth: Russell-Cotes Art Gallery & Museum, East Cliff: Slg. von Gemälden, Skulpturen, Keramik u. Ostasiatica; Irving-Raum. Werktags 10–6, So 2.30–5.
Rothesay Museum, Bath Rd: Frühitalienische Malerei, Porzellan, Victoriana, Waffen. Werktags 10–6, So 2.30–5.

Canford Manor (in Canford Magna, 3 km nordwestl. Bournemouth): Exemplarischer viktorianischer Landsitz, umgebaut vom Parlamentsarchitekten Barry. Heute Public School.

Clouds Hill (16 km östl. Dorchester): Landhaus von T. E. Lawrence. April–Sept. Mi, Do, So 2–6. Okt.–März 12–4. NT.

Compton Acres Gardens (Poole, Canford Cliffs): Skulpturenreiche Gartenanlage. April–Okt. tgl. 10.30–6.30.

Cranborne Manor (28 km nördl. Bournemouth, B 3078): Jagdschlößchen für James I., 1608–11, am Rande des histor. Jagdreviers Cranborne Chase. Nur Besichtigung der Gärten des 17. Jhs. April–Okt. 1. Sa u. So im Monat, 2–6.

Dorchester: Dorset County Museum, High West St: Heimatmuseum mit prähistor. u. römischen Funden, Erinnerungen an Dorsets Dichter Hardy u. Barnes. Werktags 10–1, 2–5.

Forde Abbey (6 km südöstl. Chard): Zisterzienserabtei des 12.–15. Jhs. mit Park. Mai–Sept. Mi u. So 2–6.

Hardy's Cottage (Higher Bockhampton, 5 km nordöstl. Dorchester): Geburtshaus des Schriftstellers Thomas Hardy. Nur nach Voranmeldung. NT.

Kingston Lacy (3 km nordwestl. Wimborne Minster, B 3082): Landsitz der Restaurationszeit von Sir Roger Pratt, dem Kavalierarchitekten (1663–65). Von Barry 1835–46 umgebaut für W. J. Bankes, den Freund Byrons u. bedeutenden Sammler italienischer Kunst. Privat.

Milton Abbey (11 km südwestl. Blandford Forum): Neugotisches Herrenhaus von Chambers u. Wyatt. Heute Schule, Besichtigung in den Ferien.

Parnham House (1 km südl. Beaminster): Herrenhaus des 16. Jhs., erweitert von Nash um 1800; Wohnsitz und Werkstatt des heute führenden englischen Möbeldesigners John Makepeace.

Poole: Brownsea Island, vorgelagerte Insel mit (im 19. Jh. umgebauter) Burg Heinrichs VIII., Aussichts- u. Badeplatz, Naturschutzgebiet. April–Sept. tgl. 10–8.

Purse Caundle Manor (6 km östl. Sherborne, A 30): Landsitz des 15. Jhs., ganzjährig Mi, Do, So 2–5.

Sherborne Castle: Landschloß Sir Walter Raleighs mit Landschaftspark Capability Browns. Ostern–Sept. Do, Sa, So 2–6.

Smedmore (bei Kimmeridge, 11 km südl. Wareham): Landsitz des 18. Jhs. auf den Klippen der Isle of Purbeck. Juni – Mitte Sept. Mi 2.30–5.30.

Waterston Manor (Lower Waterston, 2 km nordwestl. Puddletown A 35 / B 3142): Landsitz, 17. Jh., elisabeth. Giebelseite. Nur Gartenbesichtigung. April-Sept. So 2–6.

Wiltshire

Bowood Gardens (3 km westl. Calne, A 4): Landsitz des 17. Jhs., Landschaftspark von Cap. Brown, Gärten mit reicher Pflanzenslg. Ostern–Sept. So, Mi, Do 2–6.

Corsham Court (A 4-Abzweigung, 6 km westl. Chippenham): Elisabethanischer u. georgianischer Landsitz mit umfangreicher Kunst-Slg. Landschaftspark von Cap. Brown u. Repton. Ganzjährig So, April–Okt. zusätzlich Mi u. Do, Mitte Juli bis Mitte Sept. tgl. (außer Mo u. Fr) 11–12.30, 2–6.

Devizes (A 360 / A 361): Kleinstadt, in der der Maler Sir Thomas Lawrence seine Kindheit verbrachte. In der väterlichen Gastwirtschaft ›Black Bear‹ malte er seine ersten Porträts von Durchreisenden: »... ein hübscher Junge von zehn Jahren, der auf Grund seiner erstaunlichen zeichnerischen Begabung nicht nur das Wunderkind der Familie zu sein scheint, sondern unserer Epoche überhaupt« (Fanny Burney bei ihrem Besuch, 1779).

Great Chalfield Manor (4 km nordöstl. Bradford-on-Avon): Spätmittelalterliches Herrenhaus (15. Jh.). Mitte April–Mitte Okt. Mi 12–1, 2–5. NT.

Lacock Abbey (A 350, 5 km südl. Chippenham): Augustinerinnenkloster des 13. Jhs., seit 1540 Herrenhaus, Wohnsitz W. H. Fox Talbots. Juni–Sept. tgl. 2–6, April, Mai, Okt. tgl. (außer Mo u. Di) 2–6. NT.
Fox Talbot-Fotomuseum: Febr.–Okt. tgl. 11–6. NT.

Littlecote (A 4, 5 km westl. Hungerford): Tudor-Herrenhaus mit ungewöhnlichen holländischen Wandmalereien des 17. Jhs. April–Sept. Sa u. So 2–6.

Longleat House (6 km südwestl. Warminster): Klassisches Landschloß der engl. Frührenaissance, Landschaftsgarten von C. Brown u. Safari-Park. Ganzjährig tgl. 10–6.

ORTSHINWEISE UND ÖFFNUNGSZEITEN

Marlborough (A 4 / A 345): Reizvolle Kleinstadt; Marlborough College: renommierte Public School, in der u. a. William Morris Schüler war; in der Schulkapelle präraffaelitische Wandbilder von Spencer Stanhope (1872–9).

Milston (nördl. Amesbury): In diesem Weiler im Avon-Tal wurde 1672 der Schriftsteller Joseph Addison als Sohn des Dorfpfarrers geboren. In der Kirche Brief-Faksimile und Kupferstich seines (abgerissenen) Geburtshauses. Das neue Vikariat heißt ›Addison's House‹.

Salisbury: Malmesbury House, 15 The Close: Queen Anne-Haus mit Rokoko-Dekor, April–Sept. Mi u. Do 9.30–12.30, 2–5. Mompesson House, The Close: Queen Anne-Stadthaus mit georgianischem Dekor. Mai–Sept. Mi u. Sa, 2.30–6. NT. Salisbury & South Wiltshire Museum, St. Ann St: Prähistor.-stadtgeschichtl. Slg., Töpferei u. Kostüme. Werktags 10–5.

Swindon: Great Western Railway Museum, Faringdon Rd: Eisenbahn-Museum. Werktags 10–5, So 2–5.

Wardour Castle (6 km östl. Shaftesbury): Georgianischer Landsitz, heute Mädcheninternat. August Mo, Mi, Fr u. Sa 2.30–6.

Westwood Manor (2 km südwestl. Bradford-on-Avon): Herrenhaus des 15. Jhs. mit Erweiterungen des 16. u. 17. Jhs. April–Sept. Mi 2.30–6. NT.

Wilton House (A 30, 4 km westl. Salisbury): Landschloß mit Räumen von Inigo Jones (ca. 1650), das der Earl of Pembroke schon 1776 – als erstes stately home – dem Publikum zur Besichtigung öffnete; reiche Kunst- u. Möbel-Slg., ca. 7000 Zinnsoldaten. April–Sept. Di–Sa 11–6, So 2–6.

Somerset

Barrington Court (bei Ilminster): Elisabethanisches Landhaus mit Regelgarten. Nur Mi 10.15–12.15, 2–6 (Okt.–Ostern 2–4). NT.

Brympton d'Evercy (bei Yeovil): Landschloß mit Tudor-Westfassade u. 17. Jh.-Südfront. Landwirtschaftsmuseum. Mai–Sept. tgl. (außer Mo) 12–6.

Carhampton (A 39, bei Dunster): St. John Baptist, hervorragendes Chorgitter in restaurierter Originalbemalung des 15./16. Jhs. (s. Abb. 134).

Cleeve Abbey (A 39, zw. Dunster u. Williton): Zisterzienserkloster, gegr. 1198, ungewöhnlich gut erhalten, Refektorium 16. Jh., Torhaus 13. Jh. Werktags 9.30–4 bzw. 7 (Sommer), So 2–4 bzw. 7.

Croscombe (A 371, östl. Wells): St. Mary, 15./16. Jh.: fast vollständige jakobianische Kirchenausstattung (Kanzel, Bänke, Chorgitter).

Farleigh Hungerford (A 36/366, bei Bath): 14. Jh.-Burgruine, Burgkapelle mit mittelalterlichen Kirchenfensterfragmenten u. Waffen-Slg. Mai–Sept. tgl. 9.30–7, Okt. bis April 9.30–4, So 2–4.

Frome: Wollhandelsstadt des 18. Jhs. Antiquitätengeschäfte. Werkstatt des deutsch-englischen Töpfers Hans Coper (Cherry Tree Farm, Spring Gardens). Holy Trinity, Trinity St: Burne-Jones-Fenster (1880 ff.).

Glastonbury: Lake Village Museum (Abbot's Tribunal, 15. Jh.), High St: Prähistor. u. eisenzeitl. Funde des Pfahlbaudorfes Glastonbury; Replik des 1693 in North Newton gefundenen King Alfred's Jewel mit der angelsächsischen Inschrift ›Alfred had me made‹, ältestes erhaltenes Kronjuwel Englands (Original im Ashmolean Museum Oxford). Tgl. 10–1, 2.15–5.15.
St. John (15. Jh.), High St.

Lullington (A 36/361, bei Frome): Normannische Dorfkirche, reich ornamentiertes Taufbecken u. Nordportal.

Lytes Cary (A 37, bei Ilchester): 14./15. Jh.-Landhaus mit späteren Umbauten. März bis Okt. Mi u. Sa 2–6. NT.

Montacute House (bei Yeovil): Elisabethanisches Landschloß. April–Sept. tgl. (außer Mo u. Di) 12.30–6, März, Okt. u. Nov. Mi, Sa u. So 2–6. NT.

Muchelney: Schönes Dorf mit Resten einer Benediktinerabtei, gegr. 939. Priest's House (14./15. Jh.): nur nach schriftl. Anmeldung, NT.

Nether Stowey: Coleridge Cottage. Haus des Dichters S. T. Coleridge. April–Sept. tgl. (außer Fr u. Sa) 2–6. NT.

Nunney Castle (A 361, südwestl. Frome): Eindrucksvollste Burgruine Somersets, beg. 1373.

Shepton Mallet (A 37 / A 361): St. Peter and Paul, Perp.-Tonnengewölbe mit 350 Kassetten u. über 300 Bossen, eine der prächtigsten Holzdecken in Somerset.

Stanton Drew (A 39, bei Bath): Stone Circles, drei kreisförmige Steinreihen aus der Bronzezeit, bedeutendstes prähistor. Denkmal Somersets.

Street (A 39, 3 km südl. Glastonbury): Schuh-Museum, High St: Slg. histor. Schuhe u. Schuh-Dokumente. April–Okt. Mo–Sa 10–1, 2–4.45.

Wells: Museum (Chancellor's House, 18. Jh.), Cathedral Green: prähistor. Funde aus den Mendip-Höhlen, Mineralien- u. Münz-Slg. Werktags April–Sept. 10–6, Okt.–März 2–4, So Juli–Sept. 2.30–5.30.
Geburtsort von Tony Ray-Jones (1941–1972), Fotograf des ›English Way of Life‹ (Abb. 39).

Avon

Badminton (20 km nördl. Bath): Landsitz des 17./18. Jhs. mit Gemälde-Slg. Juni bis Anf. Sept. nur Mi 2.30–5. St. Michael: Kirche der Herzöge von Beaufort mit Grabmonumenten von Grinling Gibbons, J. M. Rysbrack u. a.

Bath: Antiquitätengeschäfte. Pferderennen in Lansdown (5 km nördl.).
Royal Crescent No. 1: Restaurierte georgianische Wohnung (1767). März–Okt. Di–Sa 11–5, So 2–5. Roman Baths and Museum, Pump Room: Reste des Römer-Bades, Ausgrabungsfunde, u. a. Bronzehaupt der Minerva, Steinkopf der Medusa. Sommer tgl. 9–6, Winter werktags 9–5, So 11–5.

ORTSHINWEISE UND ÖFFNUNGSZEITEN

Victoria Art Gallery, Bridge St: Gemälde, Aquarelle, Kunstgewerbe, Englisches u. Böhmisches Glas, Uhrensammlung. Werktags 10–6.

Museum of Costums, Assembly Rooms (von Wood d. J., 1769–71): Umfangreiche Kostümsammlung vom 16. Jh. bis heute, u. a. Lord Byrons Albanische Uniform u. ›patriotische Unterwäsche‹ aus dem 1. Weltkrieg. Sommer werktags 9.30–6, So 11–6, Winter werktags 10–5, So 11–5.

Museum of Bookbinding, Manvers St. Tgl. außer So 9–5.30 (im Sommer).

Holburne of Menstrie Museum, Great Pulteney St: Gegr. 1884 im ehem. Sydney Hotel (1796), berühmte Silber-Slg., Porzellan, Glas, Miniaturen, Gemälde (u. a. Porträts von Gainsborough, Ramsay, Raeburn).

Prior Park (3 km südöstl.): Palladianisches Landschloß von Wood d. Ä. Kapelle von 1844. Mai–Sept. Di 3–6, Mi 2–6.

Bristol: City Museum & Art Gallery, Queen's Rd: Engl. Archäologie, Natur- u. Industriegeschichte, Ägyptologische Abt., Bristol Blue Glas, gute Slg. alter u. neuer Kunst. Werktags 10–5.30.

St. Nicholas Church: Mittelalterl. Kirchenschätze, Altargemälde von Hogarth, Stadtgeschichte. Werktags 10–5.30.

Arnolfini Gallery, W'shed Canons Rd: Moderne Malerei, Grafik u. Fotografie.

Chatterton House, Redcliffe Way: Geburtshaus des Dichters Thomas Chatterton. Nach Vereinbarung (c/o City Museum).

Claverton Manor (3 km südöstl. Bath): The American Museum, 1961 gegr. amerikan. Museum. In diesem 19. Jh.-Landhaus, wo Churchill 1897 seine erste politische Rede hielt, wird die Besiedlung Amerikas dokumentiert: Indianerkultur; Möbel, Geschirr u. Handwerkszeug der Shaker, Quäker u. Pennsylvania-Deutschen; große Slg. von Quilts (Flickendecken); Galerie Naiver Kunst u. Replik von George Washingtons Mount Vernon Garden. April–Okt. tgl. (außer Mo) 2–5.

Clevedon Court (bei Clevedon, B 3130): Landsitz des 14. Jhs. mit Thackeray-Raum, Glas- u. Keramik-Slg. April–Sept. Mi, Do u. Sa 2.30–5.30. NT.

Dodington House (A 46, 15 km nördl. Bath): 18. Jh.-Landschloß von J. Wyatt, Landschaftspark von Cap. Brown, Kutschenmuseum. Mitte April–Sept. tgl. 11–5.30.

Dyrham Park (A 46, 12 km nördl. Bath): 17. Jh.-Landsitz. April–Sept. tgl. (außer Mo u. Di) 2–6, März, Okt., Nov. Sa u. So 2–6. NT.

Horton Court (bei Horton, 1 km westl. A 46): Cotswold-Herrenhaus mit 12. Jh.-Hall u. Renaissance-Wandelhalle im Garten. April–Okt. Mi u. Sa 2–6. NT.

Devon

Berry Pomeroy Castle (4 km östl. Totnes): Pittoreske Schloßruine (14.–16. Jh.), deren erster Besitzer Sir Edward Seymour war, Bruder Jane Seymours u. nach deren Tod im Kindbett Berater ihres Sohnes, des jungen Königs Edward VI. Grabmal der Seymours (1613, s. Abb. 68) u. hervorragendes Chorgitter in St. Mary.

Bicton Gardens (15 km südöstl. Exeter): Ausgedehnte historische Gartenanlagen. Mai tgl. 2–6, Juni–Sept. tgl. 10–6, 1.–15. Okt. 2–6.

Bovey Tracey (B 382, Südostrand des Dartmoors): Lowerdown Pottery, Töpferei von David Leach, dem ältesten Sohn von Bernard Leach.

Buckfast Abbey (1 km südl. Ashburton, A 38): 1137–1539 Zisterzienserabtei, 1882 von französ. Benediktinern übernommen, Klosterkirche 1907–38 in norman. und frühgot. Stil wiederaufgebaut (mit Altar- u. Taufbecken-Kopien aus deutschen Domen). Gegenüber Muschel-Museum mit viktorian. Kunstgewerbe.

Buckland Abbey (16 km nördl. Plymouth): Zisterzienserabtei (13. Jh.), Drake-Landsitz, Marine-Museum, Silber- u. Porzellan-Slg. Ostern–Sept. werktags 11–6, So 2–6. NT.

Cadhay Manor (A 30 / B 3176): Elisabethanischer Landsitz mit Park. Frühjahr u. Spätsommer So u. Mo, Mitte Juli bis Ende Aug. auch Mi u. Do, 2–6.

Castle Drogo (3 km nordöstl. Chagford): Moderne ›mittelalterliche‹ Burg von Lutyens (1910–30) am Rande des Dartmoors. Waldreiche Wanderwege. April–Okt. tgl. 11–1, 2–6. NT.

Chagford (Ost-Dartmoor): Ehem. Zinn-Stadt. St. Michael mit Renaissance-Grabmal (1575) u. Prozessionskreuz aus dem Aluminium des ersten Zeppelins, der 1916 über England abgeschossen wurde.

Cockington (zw. Torquay u. Paignton): Pittoreskes Dorf mit Perp.-Kirche, Herrenhaus (16./17. Jh.), alter Schmiede, strohgedeckter Drum Inn (von Lutyens, 1934).

Compton Castle (6 km westl. Torquay bei Marldon): Befestigtes Herrenhaus (14. bis 16. Jh.). Hier lebte Humphrey Gilbert, der 1583 Neufundland als erste engl. Kolonie gründete. April–Okt. Mo, Mi, Do 10.30–12.30, 2–5. NT.

Dartington Hall (3 km nordwestl. Totnes): Elisabethanisches Herrenhaus, Landwirtschafts-, Kunst- u. Handwerkszentrum. Voranmeldung empfehlenswert: Public Relations Officer, Dartington Hall, Totnes.

Exeter: Royal Albert Memorial Museum & Art Gallery, Queen St: Engl. Gemälde u. Aquarelle, Kostüm-, Porzellan- u. ethnografisch-naturgesch. Slg. Mo–Sa 10–5.30. Rougemont House Museum, Castle St: Heimatmuseum mit prähist. u. römischen Ausgrabungsfunden. Mo–Sa 10–5.30. Exeter Maritime Museum, The Quay: Schiffsmuseum am River Exe, auf dem man einige der über 50 historischen Boote aus aller Welt selbst fahren darf. Tgl. 10–6.

Flete (Ermington, Abzw. B 3211 von A 38 bei Ivybridge): Viktorian. Landschloß von Norman Shaw, 1878 für einen australischen Millionär in neo-elisabeth. Stil um ein kleines elisabeth. Haus gebaut. Neben Glen Andred bei Groombridge (Ost-Sussex) hervorragendes Beispiel für die malerische Landsitz-Architektur Shaws, des Schöpfers der ersten Gartenvorstadt (Bedford Park in Middlesex, 1880). Heute Rentnerwohnungen. Mai–Sept. Mi u. Do 2–4.

Honiton (A 30 / A 35): Seit der Ansiedlung flämischer Weber im Mittelalter bekannt

349

ORTSHINWEISE / ESSEN UND TRINKEN

für Honiton-Spitze, heute noch hergestellt; histor. Spitzen-Slg. im Heimat-museum, High St, April–Okt. tgl. (außer So) 10–17.
Hembury Fort (5 km nordwestl.): Hügelfestung der Stein- u. Eisenzeit.

Kingsbridge (A 379 / A 381): William Cookworthy Museum, Fore St No. 108: Leben u. Werk des engl. Porzellan-Erfinders, Ostern–Okt. Mo–Sa 10–17.

Knightshayes Court (3 km nördl. Tiverton, A 396): Viktorian. Landsitz von William Burges (1870–74) mit Gemälde-Slg. (Constable, Rembrandt u. a.) u. Garten. April–Okt. tgl. (außer Fr u. Sa) 2–6. NT.

Plymouth: City Museum & Art Gallery, Drake Circus: Gemälde von Reynolds, Angelika Kauffmann u. a., Zeichnungen von Rubens, Rembrandt, Tizian u. a., Porzellan- u. Schiffsmodell-Slg., werktags 10–6, So 3–5.
Elizabethan House, 32 New St: 16. Jh.-Bürgerhaus mit zeitgenössischer Innen-einrichtung. Werktags 10–1, 2.15–6, So (nur im Sommer) 3–5.
Drake's Island: Felsfestung im Sund, deren unterirdische Gänge als ›Abenteuer-Zentrum‹ eingerichtet sind. Fähren ab Mayflower Steps, Sutton Harbour. Mitte Mai – Mitte Sept. tgl. (außer Sa) 10.30–5.30.

Powderham Castle (12 km südl. Exeter, A 379): Landschloß, 14.–19. Jh., Wyatt-Design. Mitte Mai – Mitte Sept. So–Do 2–5.30.

Saltram House (5 km östl. Plymouth): Frühgeorgianisches Landschloß mit Tudor-Kern, Innenarchitektur von Robert Adam, hervorragende Möbel-, Porzellan- u. Gemälde-Slg. April–Okt. tgl. 11–1, 2–6. NT.

Tavistock: Bis ins 19. Jh. Zentrum des Zinn- u. Kupferbergbaus am Westrand des Dartmoors. Benediktinerabtei-Ruine (gegr. 981). St. Eustace: 15. Jh.-Kirche, Ostfenster des Nordschiffs von Morris & Co., Drake-Statue (1883).

Tiverton: Stadt reicher Tuchhändler, deren reichster, John Greenway, das Perp.-Süd-portal (1517) von St. Peter stiftete. Geburtsort des Miniaturenmalers Richard Cosway (1740). Blundell's School (NT, Station Rd): von dem Tuchmacher Peter Blundell 1604 gegründete, berühmte Schule.

Cornwall

Antony House (Torpoint, 8 km westl. Plymouth): Queen Anne-Landsitz mit zeitge-nössischen Möbeln. April–Sept. Di, Mi u. Do 2–6. NT.

Cotehele House (bei Calstock, 22 km nördl. Plymouth): Tudor-Landsitz mit Terras-sengärten oberhalb des Tamar. April–Okt. tgl. 11–1, 2–6. NT.

Godolphin House (8 km nordwestl. Helston): Tudor-Landsitz mit Kolonnadenfront (ca. 1640), Geburtshaus von Sidney Earl of Godolphin, Lordschatzkanzler Queen Annes u. Züchter von Rennpferden (Godolphin Araber). Juni u. Juli Do 2–5, Aug. u. Sept. Di u. Do 2–5.

Lanhydrock (4 km südl. Bodmin, B 3268): Jakobianisch-viktorianischer Landsitz mit

Garten, Park u. Bildern der Präraffaeliten (u. a. Spencer Stanhope). April–Okt. 11–1, 2–6. NT.

St. Germans: Geburtsort von Sir John Eliot, der die Rechte des Parlaments gegen die Willkür König Charles' I. verteidigte. St. Germans: Augustiner-Abteikirche des 12. Jhs. mit zwei Westtürmen, norman. Säulenportal, Ostfenster von Burne-Jones u. Morris (1896), Grabmonument Edward Eliots (von Rysbrack, 1722).

St. Michael's Mount (bei Marazion, A 394): Felsinsel mit mittelalterlicher Burg. Ganzjährig Mi u. Fr 10.30–4.30, Juni–Sept. auch Mo. NT.

St. Neot (8 km nordwestl. Liskeard): Dorfkirche am Südrand des Bodmin Moor mit fast vollständig erhaltenen Perpendicular-Kirchenfenstern.

Tolgus Tinn (B 3300, 5 km nördl. Redruth): Freilichtmuseum, zeigt die Methoden der Zinngewinnung in Cornwall. Juni – Mitte Sept. Mo–Fr 10–9, So 10–5.30.

Trelissick (B 3289, 6 km südl. Truro): Georgian. Landsitz von ca. 1825 oberhalb der Fal-Mündung. Nur Gartenbesichtigung: März–Okt. werktags 11–6, So 2–6. NT.

Trerice (5 km südöstl. Newquay): Elisabethanischer Landsitz von ca. 1572. April–Okt. tgl. 11–1, 2–6. NT.

Truro: County Museum & Art Gallery, River St: Cornisches Provinzmuseum mit reicher Mineralien-Slg., Industriearchäologie, Prähistorie, Cookworthy-Porzellan u. Gemälden (Hogarth u. a.). Tgl. 10–5.

Zennor: (B 3306, 8 km westl. St. Ives): Wayside Museum mit archäolog. u. volkskundl. Slg., Landwirtschaft u. Bergbau Cornwalls. Ostern–Okt. tgl.

Essen und Trinken

R = Restaurant
H = Hotel
GF = Good Food

»There is nothing which has yet been contrived by man by which so much happiness is produced as by a good tavern or inn.«
Dr. Samuel Johnson

Kent

Biddenden: Ye Maydes, High St, Tel. 29 13 06: GF.

Broadstairs: Royal Albion Hotel, Albion St: Dickens-Quartier an der Strandpromenade.
Castle Keep, Kingsgate Castle, H, 2,5 km vom Broadstairs: Landeplatz von Charles II., 1683; ›mittelalterliche‹ Burg des 19. Jhs., umgeben von anderen Follies, z. B. Whitfield Tower.

ESSEN UND TRINKEN

Broome Park: Zwischen B 2065 / A 2, Lord Kitcheners letzter Landsitz, Ziegelsteinbau mit einzigartiger Kamin- und Giebelfront (1635–38).

Canterbury: Roma Antica, 9 Longport: GF, Tel. 6 33 26.

   Falstaff Hotel, St. Dunstan St, Westgate: R +H.

   George & Dragon, 4 km nordöstl. Canterbury in Fordwich, Tel. 71 06 61: H, altes Gasthaus am Stour, GF (Forelle!).

Chilham: White Horse: Neben der Kirche (Chantrey-Grabmal) am ehemaligen Pilgrims' Way; 15. Jh.-Inn, Wirtshaus-Schild Kopie des ›Weißen Pferdes‹ von Stubbs (Tate Gallery).

   Woolpack Inn, Main St: GF, 15. Jh.-Restaurant.

Cobham: Leather Bottle: R, 17. Jh.-Fachwerkhaus mit Dickens-Assoziationen.

Goudhurst: Star & Eagle: H, 14. Jh.-Fachwerkhaus neben der Kirche.

Sarre (A 28 zw. Canterbury u. Margate): Crown Inn: R, hausgebrannter Cherry Brandy seit 16. Jh.

Smarden: Chequers: 15. Jh.-Inn, R.

Speldhurst: George & Dragon Inn: R, Fachwerkhaus von 1212 (neben Kirche mit 10 Burne–Jones-Fenstern), drittältester – der Wirt sagt: ältester – Pub in England; Farmhaus-Käse u. Cider vom Faß!

Tenderden: White Lion, High St: H, 15. Jh.-Wirtshaus.

Tunbridge Wells: High Rocks Inn, High Rocks Lane, Tel. 2 60 74: 2 km-Feinschmecker-Ausflug in ein viktorianisches Restaurant mit Sandsteinfelsen-Umgebung, Spezialität: Guinea Fowl (Perlhuhn).

   Beau Nash: alte Kutscherkneipe neben dem Royal Wells.

   Calverley, Cresent Rd: Von Decimus Burton errichtetes Hotel, Teil einer Villensiedlung im Grünen (Calverley Park, 1828 ff.).

Westerham: Le Marquis de Montcalm, Quebec Square: GF, Tel. 6 21 39 od. 6 33 87.

Wye: Wife of Bath, 4 Upper Bridge St: GF, Tel. 81 25 40.

Surrey

Box Hill (A 24, nördl. Dorking): Burford Bridge Hotel, historisches Gasthaus am Fuß des berühmtesten Hügels von Surrey; zu den Gästen zählten Keats, R. L. Stevenson, Nelson u. a.

Compton (3 km südwestl. Guildford): Withies Inn, GF, Tel. Godalming 2 11 58.

Cranleigh: La Scala, High St: GF, Tel. 49 00.

East Horsley (A 246 östl. Guildford): The Tudor Rose, 15 Bishopsmead Parade: Charles u. Winnie Chapman's familiäres Feinschmecker-Restaurant, Tel. 44 84.

Egham: Great Fosters, Stroude Rd: Elisabethanisches Herrenhaus, »England's most distinguished country hotel«, mit Tennisplatz u. Schwimmbad, Tel. 38 22.

Haslemere (A 286, Sussex-Grenze): Lythe Hill Hotel, 15. Jh.-Fachwerkhaus, 1 km außerhalb in den Downs, H + R, Tel. 5 12 51.

Witley (A 283, 5 km südl. Godalming): The White Hart, malerisches Wirtshaus, in dem die Schriftstellerin George Eliot trank u. Studien trieb.

Sussex

Alfriston (B 2108): Star Inn, R + H, Fachwerkhaus (ca. 1520) mit Holzschnitzereien, malerisches Dorf in den Downs.

Bailiffscourt (bei Littlehampton, Küsten-Abzweigung der A 259 auf der Höhe von Clymping): Birers Hotel, R + H mit eigenem Badestrand, Reitschule u. Golf-platz, Tel. Littlehampton 39 52.

Brighton: Regency-Hotels an der Seepromenade: Royal Albion (Old Steine), Royal Crescent (King's Cliff), Old Ship (King's Rd), Queen's (Grand Junction Rd).
Viktorianische Hotels: Grand Hotel, Metropole Hotel (beide King's Rd, die größten u. einst berühmtesten Hotels von Brighton).
Feinschmecker-Restaurants: English's Oyster Bar (East St No. 29–31), Wheeler's Oyster Rooms (Market St No. 17), Vogue (Holland Rd, Hove).

Chichester: Little London Restaurant, 38 Little London / East St: GF, Tel. 8 48 99.
Ship Hotel, North St: R + H. Georgianisches Haus mit Robert Adam-Treppe u. Seefahrer-Tradition.

Chilgrove (B 2141, 10 km nördl. Chichester): White Horse Inn: GF-Restaurant in den Downs, Weinkarte mit über 1000 Lagen. Beherzigenswerter Speisekarten-Reim: »He may live without hope – what is hope but deceiving? / He may live without passion – what is passion but pining? / But where is the man who can live without dining?« Tel. East Marden 2 19.

Coolham (A 272, 4 km südwestl. Billingshurst): Blue Idol Guest House: B & B, Farm-haus des 16. Jhs., wo sich William Penn mit seinen Quäkern traf und sich heute noch The Friends treffen.

Jevington (bei Eastbourne, B 2105): Hungry Monk: Feinschmecker-Restaurant in den Downs. Tel. Polegate 21 78.

Midhurst (A 286 / B 272): Spread Eagle Hotel, South St: Gasthaus des 15. Jhs. mit 17. Jh.-Anbau. »The oldest and most revered of all the prime inns of the world« (Hilaire Belloc).

Rye: The Mermaid, Mermaid St: R + H. Fachwerkhaus des 15. Jhs. mit legendärem Ruf (s. Farbt. XVI). In Zimmer 16 soll Elizabeth I. 1573 übernachtet haben. Indes sollte man im verlockenden Zeichen der Nixe nur trinken u. schlafen, essen besser in der Flushing Inn, Market St: GF. Tel. 32 92, oder im Old Forge Re-staurant, Wish St No. 24: GF. Tel. 32 27.

ESSEN UND TRINKEN

Hampshire

Alresford (A 31, 9 km östl. Winchester): O'Rorkes, 34 Pound Hill: GF, Tel. 22 93.

Buckler's Hard (4 km südl. Beaulieu): Master Builder's House: Nicht seiner Küche, sondern seiner Lage wegen empfehlenswertes Hotel, Tel. 2 53.

Crawley (7 km nordwestl. Winchester): Fox and Hounds, GF, Tel. Sparsholt 2 85.

Hayling Island (Bade-Insel bei Portsmouth): Three Musketeers, 54 Station Rd: GF, Tel. 32 26.

Lymington (A 337, 14 km östl. Bournemouth): Limpets, 9 Gosport St: GF, Tel. 55 95.

Lyndhurst: Crown Hotel, H + R im New Forest.

Wickham (A 32, 12 km nordwestl. Portsmouth): The Old House, georgianisches Hotel, GF, Tel. 83 30 49.

Isle of Wight

Bonchurch (bei Ventnor): Peacock Vane, Regency-Villa mit familiärem Hotelbetrieb u. erlesener Küche, Tel. Ventnor 85 20 19.

Freshwater: Farringford Hotel, früherer Wohnsitz des Schriftstellers Lord Tennyson, H + R, Tel. 25 00.

Dorset

Bournemouth: Mrs. T's Supper Room, Poole Rd No. 42 e: GF.
Porterhouse, 9 Lansdowne House, Christchurch Rd: GF, Tel. 2 80 79.

Charmouth (bei Lyme Regis, A 35): Queen's Arms, The Street: GF + H. Hier soll Charles II. nach seiner Niederlage gegen Cromwell bei Worcester (1651) auf der Flucht nach Frankreich übernachtet haben.

Christchurch: Splinters, Church St No. 12: GF, Tel. 34 54.

Dorchester: Antelope, Cornhill: 16. Jh.-Postkutschengasthof, H + R.
Kings Arms: 18. Jh.-Gasthaus mit Hardy-Assoziationen, H + R.

Godmanston (8 km nördl. Dorchester, A 352): Smiths' Arms, Flinthaus mit Strohdach, angeblich Englands winzigstes Wirtshaus.

Isle of Portland: Pennsylvania Castle, Küstenvilla von James Wyatt, heute Hotel. Tel. Portland 82 05 61.

Piddletrenthide (B 3143, 11 km nördl. Dorchester): Old Bakehouse, H + GF, Tel. 3 05.

Pimperne (3 km nordöstl. Blandford, A 354): The Anvil, urspr. elisabethanischer Bauernhof, H + R.

Wiltshire

Amesbury (12 km nördl. Salisbury): Antrobus Arms, Church St: ehem. Pfarrhaus mit georgianischem Dekor, H + GF, Tel. 31 63.

Hindon (B 3089, 22 km westl. Salisbury): Lamb Inn, 17. Jh.-Wirtshaus, H + R.

Lacock (A 30, 20 km westl. Bath): At the Sign of the Angel, 6 Church St: H + GF, Tel. 2 30.

Limpley Stoke (B 3108, 6 km südwestl. Bath): Tearles, The Bridge: GF, Tel. 31 50.

Odstock (4 km südl. Salisbury): Yew Tree Inn, GF, Tel. Salisbury 2 97 86.

Redlynch (10 km südöstl. Salisbury): Langley Wood, GF, Tel. Earldoms 3 48.

Salisbury: Crane's, 90 Crane St: GF, Spezialität Guinea Fowl (Perlhuhn), Tel. 34 71.

Winterslow (6 km nordöstl. Salisbury): Pheasant Hotel, altes Wirtshaus an der A 30, früher The Hut; hier schrieb Hazlitt seine ›Winterslow Essays‹.

Somerset

Bilbrook (10 km östl. Minehead): Dragon House, 17. Jh.-Landhaus, H + GF, Tel. Washford 215.

Dunster: Luttrell Arms, 36 High St, R + H, 15. Jh.-Residenz der Äbte von Cleeve, Wirtshaus seit 1651.

Exford (Exmoor, B 3224): Crown Hotel, 16. Jh.-Inn, H + R, Reitgelegenheit.

Glastonbury: George and Pilgrims, High St, R + H, Schlafzimmer aus dem 15. Jh mit Himmelbetten.

Holford (Quantock Hills, A 39): Alfoxton Park, ehem. Wohnsitz des Dichters Wordsworth und seiner Schwester Dorothy, H.

Norton St. Philip (10 km südl. Bath): George Inn, R, eine der ältesten mittelalterlichen Inns Englands (15. Jh.), ursprüngl. Karthäuser-Gasthaus. Berühmte Gäste: Samuel Pepys (1668), Duke of Monmouth (1685).

Porlock Weir: Ship Inn, H + GF, Tel. Porlock 7 53.

Priddy (Mendip Hills, zw. Wells u. Cheddar): The Miners' Arms, GF, Tel. 2 17.

Wells: Gauloise Restaurant, 64 High St: GF, Tel. 7 29 38.

Avon

Bath: Popjoy's, Beau Nash House, Sawclose: GF, Tel. 6 04 94.

The Hole in the Wall, 16 George St: legendärer Feinschmecker-Treffpunkt Englands, bevor es den Besitzer wechselte.

Bruno's, 2 George St: GF, Tel. 2 51 41.

Priory Hotel, Weston Rd: H + GF, Tel. 2 18 87.

355

ESSEN UND TRINKEN

Bristol: Restaurant du Gourmet, 43 Whiteladies Rd: GF, Tel. 3 62 30.
Bristol Guild Coffee Room, 68 Park St: GF.
Rajdoot, 83 Park St: Indisches Restaurant, Tel. 2 80 33.
Ramada Dragonara Hotel, Kiln Restaurant, Redcliffe Way: ehem. Bristol-Glasbläserei, GF, Tel. 2 00 44.
Thornbury (A 38 / B 4061, nördl. Bristol): Thornbury Castle, GF, Tel. 41 26 47.

Devon

Brixham (südl. Torquay): Randall's Restaurant Francais, Harbour: GF, Tel. 33 57.
Buckland Monachorum (zw. Plymouth u. Tavistock): Drake's Manor Inn, Dorfkneipe bei Drakes Landsitz Buckland Abbey.
Chagford (Ost-Dartmoor): Easton Court, Easton Cross (2 km nordöstl. Chagford, an A 382): 15. Jh.-Haus, GF + H, Tel. 34 69.
Challacombe (B 3358): Black Venus Inn, 17. Jh.-Wirtshaus am Westrand des Exmoors, home-made pasties.
Dartington (3 km nordwestl. Totnes): Cott Inn, 14. Jh.-Strohdachhaus, GF, Tel. Totnes 37 77.
Dartmouth: Carved Angel, South Embankment No. 2: Feinschmecker-Fischrestaurant am Hafen, Tel. 24 65.
Exeter: Ship Inn, St. Martin's Lane: Von Drake gepriesenes Wirtshaus.
Gulworthy (5 km westl. Tavistock, A 390): Horn of Plenty – ein ›Füllhorn‹ in der Tat, mit Blick über den Tamar Richtung Bodmin Moor. GF, Tel. Gunnislake 5 28.
Hartland: Hartland Quay, Hotel auf den Klippen der nordwestlichsten Ecke Devons, Schwimmbad u. Felsstrand.
Lydford (12 km südwestl. Okehampton, A 386): Castle Inn, am Westrand des Dartmoors. GF + B & B, Tel. 2 42.
Lympstone (11 km südöstl. Exeter, A 377): Globe Inn, Fischrestaurant an der Exe-Mündung.
Mortehoe (Nordküste, 9 km südwestl. Ilfracombe): Rockham Bay: H + GF, Tel. Woolacombe 3 47.
Plymouth: Marquee Restaurant, 1 Sherwell Arcade (Tavistock Rd): GF, Tel. 6 68 32.
Torquay: Regina, Harbourside: H + R, als ›Bath House‹ Wohnung der Dichterin Elizabeth Barrett Browning (1838–41).

Cornwall

Bolventor (A 30, zw. Launceston u. Bodmin): Jamaica Inn, durch D. du Mauriers gleichnamigen Roman (1936) legendär gewordenes Wirtshaus im Bodmin Moor.

Calstock (bei Cotehele, 20 km nördl. Plymouth): Danescombe Valley Hotel, B & B in einem Dorf im romantischen Tamar-Tal, am Ende des Wegs und der Welt, Tel. Gunnislake 8 32.

Golant (6 km nördl. Fowey): Cormorant, Hotel am River Fowey, gute Fischgerichte, Tel. Fowey 34 26.

Helford (The Lizard, östl. Helston): Riverside, GF-Restaurant am malerischen, fischreichen Helford, Tel. Manaccan 4 43.

Penzance: Bistro One, 46 New St: GF, Tel. 44 08.

Port Isaac (15 km südwestl. Tintagel): Port Gaverne Hotel, GF, Fischspezialitäten, Tel. 2 44.

St. Agnes (zw. St. Ives u. Newquay): Railway Inn, 17. Jh.-Wirtshaus mit kurioser Schuhsammlung u. a.

St. Ives: Outrigger, Street-an-Pol: GF-Restaurant, geführt von zwei früheren Assistenten der Bildhauerin Barbara Hepworth, Tel. 59 36.

Le Matou, St. Andrew's St: GF, Tel. 66 61.

Tregenna Castle Hotel: komfortables 18. Jh.-Landhaus über der Bucht, H + R, eigener Golfplatz, Tel. 52 54.

Sloop Inn: Wirtshaus, teils von 1312, mit Bildern der St. Ives-Künstlerkolonie.

St. Mawes (gegenüber Falmouth): Rising Sun, Hotel am Hafen, GF, Tel. 2 33.

Truro: Rendezvous des Gourmets, 10 Pydar St: GF, Tel. 29 79

Register

Namensverzeichnis

Lebensdaten: nur von Personen, die in England geboren wurden oder dort starben. Seitenzahl in Kursiv: ausführliche Erwähnung

Abbot, George (1562–1633) 92
Adam, Robert (1728–92) 62, 72,
101, 167, 234, 265, 290, 350, 353
Adams, Henry (1713–1805) 155, 156
Addison, Joseph (1672–1719)
68, 105, 346
Aella (gest. 867) 108
Aethelbald (gest. 757) 194
Aethelbert I. (gest. 616) 21, 194,
271
Aethelred II. the Unready, der
Unberatene (978–1016) 185
Aethelstan (895–939) 168, 236, 271
Aethelwulf (gest. 858) 152
Albert von Sachsen–Coburg–Gotha,
Prinzgemahl (1819–61) 159, 160
Aldhelm (ca. 639–709) 193, 236
Alfred the Great (849–99) 150,
187, 194, 195, 238, 271
Alken, Henry (1816 bis ca. 1850)
240
Allan, Ralph (1693–1764) 266
Al-Tajir, Mohammed Mahdi 62
Anguisciola, Sofonisba 234
Anne, Queen (1665–1714) 59
Anne Boleyn (ca. 1507–36) 14, 32,
58, 62, 338
Anne of Cleves, Anna von Kleve
(1515–57) 59, 114
Anning, Mary (1799–1847) 192
Anselm von Canterbury (1033–1109)
25
d'Arblay, General Alexandre 72
Arden, Thomas (gest. 1550) 338
Arthur, Artus (6. Jh.) 150, 151,
250–253, 278, 300, 310, 311
Astor, William Waldorf, 1. Viscount
(1848–1919) 59
Attenborough, Richard Samuel
(geb. 1923) 103
Aubrey, John (1626–97) 201, 208
Augustinus, Erzbischof von
Canterbury (gest. 604) 25–28, 241
Augustus 268
Austen, Jane (1775–1817) 70, 103,
120, 121, 137, 192, 258, 267, 338,
342

Bach, Johann Sebastian 97
Bacon, Roger (ca. 1220 bis ca. 1292)
239

Baden-Powell, Sir Robert
Stephenson Smyth (1857–1941)
68, 166
Barnes, William (1801–86)
189, 344
Barrett Browning, Elizabeth
(1806–61) 356
Barry, Sir Charles (1795–1860) 17
Bartolommeo, Fra 115
Bath, 6. Marquess of 216, 233
Baxter, George (1804–67) 114
Beale, Benjamin 17
Beardsley, Aubrey Vincent (1872–98)
103, 165
Beaufort, Duke of 261
Beaufort, Margaret (1443–1509) 261
Beaumont, Francis (ca. 1584–1616)
116
Becket, Thomas (1118–70) 13,
21–27, 151, 152, 207
Beckford, William (1760–1844)
210–213, 262, 265 f., 273
Beda, gen. Venerabilis (ca. 673–735)
112
Bedford, John Herzog von
(geb. 1917) 159, 216
Bellin, Nicolas 89
Belloc, Hilaire (1870–1953) 353
Bellot, Dom Paul (1876–1943) 160
Bellotto, Bernardo 107
Bentham, Jeremy (1748–1832) 193
Biggs, Ronald (geb. 1929) 10, 292
Blackmore, Richard Doderidge
(1825–1900) 241
Blake, Peter (geb. 1932) 246
Blake, Robert (1599–1657) 239, 280
Blake, William (1757–1827) 106,
109, 110, 154
Blathwayt, William (ca. 1649–1717)
262
Blücher, Gebhard Leberecht von
10, 138
Blundell, Peter (1520–1601) 350
Böhm, Joseph Edgar (1834–90) 279
Böttger, Johann Friedrich 280
Bonifatius, eig. Winfrid (672/73–754)
193, 269, 271
Boscawen, Edward (1711–61) 72,
340
Boulle, Andrée Charles 290
Brecht, Bertolt 296

Bridgeman, Charles (gest. 1738) 69
Britten, Benjamin (1913–76) 295
Brown, Ford Madox (1821–93)
18, 29
Brown, Lancelot, gen. Capability
Brown (1716–83) 20, 64, 69, 105,
156, 168, 194, 216, 233, 241, 260,
296, 338–341, 345, 348
Browne, Sir Anthony (gest. 1548)
117
Brunel, Isambard Kingdom
(1806–59) 146, 258
Bull, John (1562/63–1628) 238
Bulwer-Lytton, Edward George
Earle (1803–73) 267, 274
Bunyan, John (1628–88) 119
Burges, William (1827–81) 350
Burke, Edmund (1729–97) 256, 267
Burlington, Richard Boyle, 3. Earl of
(1694–1753) 139
Burne-Jones, Sir Edward Coley
(1833–98) 18, 21, 29, 30, 103,
104, 147, 155, 240, 275, 341, 351,
352
Burne-Jones, Lady Georgiana
(1840–1920) 103
Burney, Fanny (1752–1840) 71, 72,
267, 345
Burra, Edward (geb. 1905) 116
Burt, George 185
Burton, Decimus (1800–81) 352
Burton, Robert (1577–1640) 167
Busch, Fritz (1890–1951) 114
Bustelli, Franz Anton 89
Byron, George Gordon Noel, Lord
(1788–1824) 101, 210, 211, 347

Cabot, John (ca. 1455–98 od. 99)
255
Cabot, Sebastian (1474 od. 83
bis ca. 1557) 255
Cäsar 64, 253
Cameron, Julia Margaret (1815–79)
91, 162
Campbell, Colen (1673–1729)
61, 213
Canaletto, eig. Antonio Canal
108, 262
Canning, George (1770–1827) 103
Cardew, Michael (geb. 1901) 309
Carlini, Agostino (gest. 1790) 167

358

Carlyle, Thomas (1795–1881) 294
Carroll, Lewis (1832–98) 92, *93*, 246
Cartwright, Edmund (1753–1823) 118
Casali, Andrea 262
Caus, Isaac de 207
Caxton, William (ca. 1422–91) 32
Chagall, Marc 28
Chamberlain, Neville (1869–1940) 64
Chambers, Sir William (1723–96) 101, 108, 168, 345
Chantrey, Sir Francis (1781–1841) 101, 113, 268, 273
Chard, Thomas 192
Charles I. (1600–49) 106, *163*, 191, 208, 297
Charles II. (1630–85) 10, 20, 70, 89, 106, 107, *145*, 150, 243, 280, 301, 354
Charles, Prince of Wales, Kronprinz (geb. 1948) 61
Chatterton, Thomas (1752–70) 255, 256, 348
Chaucer, Geoffrey (ca. 1340–1400) 21, 27, 167
Chichester, Sir Francis (geb. 1901) 156, 280
Chippendale, Thomas (ca. 1709–79) 62
Chippendale, Thomas d. J. (1749–1822) *101*, 214, 234
Chirico, Giorgio de 107
Chrétien de Troyes 311
Christie, John T. (1882–1962) 114
Christie, Lady Agatha (1890/91–1976) 269, *274*, 275.
Churchill, Sir Winston (1874–1965) 10, 14, 60, *61*, 104, 187, 338, 348
Chute, John (1701–76) 139
Cibber, Caius Gabriel (1630–1700) 113
Claudius 11
Clive, Lord Robert, Baron Clive of Plassey (1725–1774) 69
Clouet, François 59
Cobbet, William (1763–1835) 95
Cogidubnus, Tiberius Claudius 110
Coleridge, John (gest. 1781) 120
Coleridge, Samuel Taylor (1772–1834) 120, 242, 244, 255, 258, 270, 309, 347
Collingwood, Cuthbert, Baron (1748–1810) 155
Collins, Wilkie (1824–89) 16, 305
Collins, William (1721–59) 109
Conrad, Joseph (1857–1924) 30
Constable, John (1776–1837) 68, 103, 106, 120, 191, *201*, 202, 205, 212, 350
Cook, James (1728–79) 107, 269, 280
Cookworthy, William (1705–80) 280, 301, 349

Copenhagen (1808–36) 138
Coper, Hans (geb. 1920) 346
Correggio, Antonio Allegri 115
Cosway, Richard (ca. 1742–1821) 273, 350
Courtenay, William, 3. Viscount (1768–1835) 211, 273
Cozens, Alexander (1717–86) 211
Crace, Frederic (1779–1859) 101
Cranach, Lucas d. Ä. 59
Crane, Walter (1845–1915) 112
Cranmer, Thomas (1489–1556) 25
Cromwell, Oliver (1599–1658) 27, 163, 272, 354
Cromwell, Thomas, Earl of Essex (ca. 1485–1540) 114, 152
Crossland, William Henry 68
Cruikshank, George (1792–1878) 16
Cubitt, Thomas (1788–1855) 159
Custodis, Hieronymus 291

Dadd, Richard (1817–87) 18
Daguerre, Louis Jacques Mandé 234, 235
Dali, Salvador 107, 341
Damer, Joseph Lord Milton, 1. Earl of Dorchester (1717–98) 167, 168
Dampier, William (1652–1715) 253
Dance, George d. J. (1741–1825) 149
Darwin, Charles (1809–82) 162, 274, 338
David 253
Defoe, Daniel (1661–1731) 25, 30, 65, 66, 70, 113, 151, 155, 207, 256, 258
Delius, Frederick (1862–1934) 340
Denny, Robyn (geb. 1930) 71
Derby, Edward, 12. Earl of (1752–1834) 70
Dickens, Charles (1812–70) 16, 18, 20, 120, 146, 267, 275, 295, 339, 342
Digby, John, 3. Earl of Bristol (gest. 1698) 194
Dolmetsch, Arnold (1858–1940) 97
Dolmetsch, Carl (geb. 1911) 97
Donne, John (1572–1631) 208
Dorset, Thomas Earl of (gest. 1608) 57
Doyle, Sir Arthur Conan (1859–1930)113, 145, 292
Drake, Sir Francis (ca. 1543–96) 113, 269, 272, 275, 279, 280, 290, 291, 349, 350, 356
Drewe, Julius Charles (1856–1931) 293
Dryden, John (1631–1700) 94
Dubricius, St. (gest. 612) 241
Dürer, Albrecht 14
Du Maurier, Daphne (geb. 1907) 299, 300, 356
Duncan, Ronald (geb. 1914) 294, 295
Dunstan, St. (ca. 909–88)

Durrell, Lawrence (geb. 1912) 27
Dyce, William (1806–64) 160
Dyck, Anthonis van (1599–1641) 106–108, 115, *208*, 234, 289
Dyer, Sir Edward (1543–1607) 252

Edgar (gest. 975) 268
Edmund the Magnificent (gest. 946) 251
Edmund Ironside (gest. 1016) 185
Edred (gest. 955) 152
Edward, St., the Martyr (ca. 963–978) 185, 186, 195
Edward the Confessor, Eduard der Bekenner (ca. 1002–1066) 12, 185, 303
Edward the Black Prince, Eduard der Schwarze Prinz (1330–76) 25, 280
Edward I. (1239–1307) 62, 115, 293
Edward III. (1312–77) 152, 254, 297
Edward IV. (1471–83) 300
Edward VI. (1537–53) 59, 117
Edward VII. (1841–1910) 158, 294
Egbert (gest. 839) 150, 152
Egremont, s. Wyndham
Eisenberg D', Baron 209
Eleonore von Aquitanien (ca. 1122–1204) 273
Eliot, George (1819–80) 97, 353
Eliot, Sir John (1592–1632) 350
Eliot, Thomas Stearns (1888–1965) 27, 57, 253
Elizabeth I. (1533–1603) 13, 57, 58, 89, 90, 118, 239, *255*, 269, 271 279, 280, 302
Elizabeth II. (geb. 1926) 194, 269, *280*
Elmhirst, Leonhard u. Dorothy 278
Elsheimer, Adam 106, 234
Elton, Edmund Harry 260
Engels, Friedrich (1820–95) 159
Enzensberger, Hans Magnus 258
Erasmus, Desiderius 22, 167, 251
Ethelred I. (gest. 871) 167
Evelyn, John (1620–1706) 95

Fawkes, Guy (1570–1606) 253
Feisal I. Ibn Husein 186
Fielding, Copley (1787–1855) 161
Fielding, Henry (1707–54) 252, 266
Fisher, John, Bischof (1748–1825) 205
Fisher, John, Erzdiakon (1788–1832) 205
Fisher, Kitty (ca. 1741–67) 106
Fitzalan, Henry, 22. Earl of Arundel (gest. 1579) 111
Fitzherbert, Maria Anne (1756–1837) 100, 101
Flaxmann, John (1755–1826) 106, 109, 110, 113, 268, 273
Fletscher, John (1579–1625) 116
Fontane, Theodor 195, 333
Ford, John (1586 bis ca. 1640) 294

359

REGISTER

Forster, Edward Morgan
(1879–1970) 71
Foulston, John (1772–1842) 304
Fournier, Robert u. Sheila
(geb. 1915 u. 1930) 234
Fox, Charles James (1749–1806)
66
Fox, George (1624–91) 299
Franz I., König von Frankreich
14, 89
Fricker, Edith (gest. 1837) 255
Fricker, Sara 255, 258
Friedel, Egon 269
Friedrich August II., König von
Sachsen 192
Friedrich, Caspar David 148
Frith, William Powell (1819–1909)
68
Frobisher, Sir Martin (ca. 1535–94)
279
Fry, Christopher (geb. 1907) 256
Fry, Roger (1866–1934) 92
Füssli (Fuseli), Johann Heinrich
(1741–1825) 106
Fuller, Jack (gest. 1834) 108
Fulton, Hamish (geb. 1946) 21

Gabo, Naum 308
Gainsborough, Thomas (1727–1788)
68, 106–108, 115, 267, 348
Galsworthy, John (1867–1933) 111
Gardiner, Stephen & Christopher
Knight 149
Garibaldi, Giuseppe 162
Garrick, David (1717–79) 57
Gay, John (1685–1732) 296
Geeraerts, Marcus d. J. (1561–1635)
58, 291
Geoffrey of Monmouth, Galfred
von M. (ca. 1100–54) 276, 311
George I. (1660–1727) 213
George II. (1683–1760) 211
George III. (1738–1820)
62, 69, 101, 166, 190, 191
George IV. (1762–1830) 100, 101,
113, 191, 267
George V. (1865–1936) 186
George VI. (1895–1952) 72
Géricault, Théodore 70
Getty, Jean Paul (1892–1976) 89
Gibbon, Edward (1737–94) 57, 104,
267
Gibbons, Grinling (1648–1721)
106, 262, 347
Gilbert, Sir Humphrey (ca. 1539–83)
269, 349
Gilbert & George: Gilbert Proesch
(geb. 1943), George Passmore
(geb. 1942) 269
Giotto 140
Gleim, Johann Wilhelm Ludwig
195
Godolphin, Sidney Earl of
(1645–1712) 350

Godwin, Mary Wollstonecraft
(1759–97) 114, 165
Godwin, William (1756–1836) 165
Goes, Hugo van der 209
Goethe, Johann Wolfgang von 94,
160, 196, 216, 274
Gogh, Vincent van 17
Goldsmith, Oliver (1728–74) 57, 267
Goldstücker, Eduard 99
Gomme, Bernard de 145
Gottfried von Bouillon 253
Gottfried von Straßburg 311
Goyen, Jan van 72
Grandisson, John de (1292–1369) 270
Gray, Thomas (1716–71) 147, 164
Greene, Graham (geb. 1904) 103
Gregor der Große, Papst 13
Greville, Margaret (gest. 1942) 72
Grenville, Sir Bevil (gest. 1643) 312
Grenville, Sir Richard (1542–91) 291
Grey, Lady Jane (1537–54) 339
Gropius, Walter 294
Guardi, Francesco 115
Gubbay, Mrs. (gest. 1968) 89
Gundrada de Warenne (gest. 1085)
114
Gundulf (1077–1108) 21
Gutenberg, Johann 32
Guthrum, König (gest. 890) 238

Hadrian, Publius Aelius 268
Händel, Georg Friedrich (1685–1759)
97, 255
Haile Selassi, Kaiser 267
Hallam, Alfred (gest. 1833) 259
Hamada, Shoji 309
Hardy, Thomas (1840–1928) *164,*
187–189, 344
Hardy, Sir Thomas (1769–1839) 187
Hargreaves, geb. Alice Liddell (1852
bis 1934) 93
Harold II. (ca. 1022–66) 109, 117
Hartmann von Aue 311
Harvey, William (1578–1657) 15
Haschenperg, Stephan von 14
Hawker, Robert Stephen (1803–75)
312, 313
Hawkins, Sir John (1532–95) 279,
291
Hawley, John 276
Haworth, Jann 246
Haydon, Benjamin Robert (1786 bis
1846) 106, 273, 289
Haydon, John (gest. 1587) 270
Hayley, William (1745–1820) 110
Hazlitt, William (1778–1830) 99,
338, 355
Heine, Heinrich 17
Heinrich II. der Heilige 138
Heizer, Mike 189
Hektor 253
Hengist (gest. 488) u. Horsa (gest.
455) 13
Henrietta Maria von Frankreich
107, 208

Henry of Blois (ca. 1099–1171) 152,
154
Henry I., König Heinrich I. (1100
bis 35) 144
Henry II., König Heinrich II. (1154
bis 89) 10, 24, 207, 273
Henry III. Henry of Winchester
(1216–1272) 150
Henry V., König Heinrich V. (1387
bis 1422) 145, 146
Henry VI., König Heinrich VI.
(1421–71) 66, 153
Henry VII., König Heinrich VII.
(1457–1509) 188, 268, 299
Henry VIII., König Heinrich VIII.
(1491–1547) 14, 15, 25, 27, 58, 59,
89, 90, 106, 111, 114, 117, 138, 150,
158, 166, 191, 192, 207, 213, 250,
252, 253, 257, 261, 280, 291, 301,
302
Hepplewhite, George (gest. 1786) 62
Hepworth, Barbara (1903–75)
307–309, 357
Herbert, William, 1. Earl of Pem-
broke (1507–70) 207
Herodot 306
Heron, Patrick (geb. 1920) 309
Herrick, Robert (1591–1674) 278
Herschel, Sir Friedrich Wilhelm
(1738–1822) 267
Hess, Rudolf 64
Hildesheimer, Wolfgang 305, 306,
308
Hill, Graham 156
Hilliard, Nicholas (ca. 1547–1619)
59, 271
Hitchcock, Alfred (geb. 1899) 300
Hitler, Adolf 27, 233
Hoare, Henry d. J. (1705–85)
213–215
Hoare, William (ca. 1707–99) 214
Hobbema, Meindert 106
Hobbes, Thomas (1588–1679) 235
Hofmannsthal, Hugo von 186
Hogarth, William (1697–1764) 108,
191, 255, 348, 351
Holbein, Hans d. J. (1497/98–1543)
58, 59, 106, 111, 207
Holland, Henry (1745–1806) 100,
340
Holloway, Thomas (1800–83) 68
Hooch, Pieter de 72
Hoogstraeten, Samuel van 262
Hooker, Richard (1553/54–1600) 30,
167, 272
Horaz 214
Howard, Henry, Earl of Surrey
(ca. 1517–1547) 111
Howard, Sir Ebenezer (1850–1928)
274
Howard, Thomas, Earl of Arundel
(1586–1646) 111
Howard of Effingham, Charles
(1536–1624) 279
Hudson, Thomas (1701–79) 119

360

Hussey, Edward 32
Huxley, Aldous (1894–1963) 68
Huysmans, Joris Karl 211

Ina, König (gest. 726) 238
Irving, Sir Henry (1838–1905) 166

Jagger, Mick (geb. 1944) 246
James, Edward F. W. 107
James, Henry (1843–1916) 116, 118,
271, 341
James I., Jakob I. (1566–1625) 90,
116, 194, 253, 271, 280
James II., Jakob II. (1633–1701)
57, 275
Jeffreys, George (1645–89) 244
Jekyll, Gertrude (1843–1932) 95
Johanna von Navarra 25
John, König Johann Ohneland
(1167–1216) 66, 185
Johnson, Hester (gest. 1728) 94
Johnson, Samuel (1709–84) 57, 103,
146, 239, 351
Jones, Allen (geb. 1937) 147
Jones, Inigo (1573–1652) 61, 139,
156, 191, 201, 207, 208, 264, 265,
346
Jonson, Ben (1573–1637) 208, 278
Joseph von Arimathia 250, 251
Josua 253
Judas Makkabäus 253

Kaendler, Johann Joachim 89
Karl der Große 150, 253
Karl V. 25, 150
Karoline von Braunschweig
(1768–1821) 101
Katharina von Aragonien (1485–1536)
14, 58, 280
Katharina von Braganza (1638–1705)
20, 145
Kauffmann, Angelika 106, 214, 290,
350
Keats, John (1795–1821) 71, 154,
161, 165, 273 f.
Kennington, Eric 186
Kent, William (1685–1748) 69, 105,
208, 214, 262
Kingsley, Charles (1819–75) 294,
295
Kipling, Rudyard (1865–1936) 61,
104, 340, 341
Kitchener, Horatio Herbert, Earl of
Khartum (1850–1916) 246
Klemens VII., Papst 14
Klopstock, Friedrich Gottlieb 154
Kneller, Sir Godfrey (1646–1723)
301
Knight, Richard Payne (1750–1824)
32
Knuth d. Gr. (1016–35) 152
Kokoschka, Oskar 299, 300
Kubrick, Stanley (geb. 1928) 209
Kunert, Günter 341

Lacon, Jonne 159
Lamb, Charles (1775–1834) 119,
260, 270
Landseer, Sir Edwin (1802–73) 68
Lanfranc, Erzbischof von Canter-
bury (ca. 1005–89) 26
Lang, Nikolaus 309
Langton, Stephen (gest. 1228) 66
Lanyon, Peter (geb. 1918) 309
Lawrence, David Herbert
(1885–1930) 309
Lawrence, Sir Thomas (1769–1830)
262, 267, 345
Lawrence, Thomas Edward
(1888–1935) 186, 187, 344
Leach, Bernard (geb. 1888) 278,
307, 309
Leach, David (geb. 1911) 348
Lear, Edward (1812–88) 15, 115, 333
Le Corbusier 99
Leech, John (1817–64) 68
Leighton, Frederic, Baron Leighton
of Stratton (1830–96) 155
Lenkiewicz, Robert O. 279
Le Nôtre, André 270
Leo X., Papst 59
Leoni, Giacomo (ca. 1686–1746) 72
Leopold I., König von Belgien 69
Lewis, Matthew Gregory (1775–1818)
149
Leyden, Lucas van 209
Leyton, Paul 247
Lind, Jenny 162
Lippi, Fra Filippo 234
Livingstone, David (1813–73) 267
Locke, John (1632–1704) 239
Long, Richard (geb. 1945) 189
Longfellow, Henry Wadsworth 161
Longspée, William, 1. Earl of Salis-
bury (gest. 1226) 207, 234
Lorrain, Claude 32, 106, 215, 262
Lotto, Lorenzo 209
Louis XIV. 137, 270, 275
Louis XV. 108
Louis Philippe, König von Frank-
reich (1773–1850) 69
Loutherbourg, Philip James de
(1740–1812) 211
Lowry, Lawrence Stephen
(1887–1976) 147
Luther, Martin 59
Lutyens, Sir Edwin Landseer (1869
bis 1944) 95 f., 293, 294, 339,
340, 349

Macaulay, Thomas Babington
(1800–59) 30
Macpherson, James (1736–96) 255
Makepeace, John (geb. 1939) 345
Makintosh, Charles Rennie
(1868–1928) 340
Magritte, René 107, 341
Mallarmé, Stéphane 211
Malory, Sir Thomas (ca. 1408–71)
150, 311

Malthus, Thomas Robert (1766–1834)
65
Marconi, Guglielmo 303
Maria die Katholische (1516–1558)
25
Marlborough, John Churchill, Her-
zog von (1650–1722) 61, 137
Marlowe, Christopher (1564–93) 27
Marsh, William 273
Martin, John (1789–1854) 212
Mary, Maria Stuart (1542–87) 57,
107
Mary II. (1662–94) 262
Maugham, William Somerset
(1874–1965) 27, 333
May, Walter Barton 339
Melanchton, Philipp 59
Mengs, Anton Raphael 214
Menuhin, Yehudi 97
Menzies, Sir Robert 14
Meredith, George (1828–1909) 30,
71, 146
Merton, Walter de (gest. 1277) 21
Methuen, Paul (1723–95) 234
Metternich, Klemens Fürst von 103
Millais, Sir John Everett (1829–96)
68, 147
Miller, Sanderson 234
Milton, John (1608–74) 244
Monmouth, James Scott, Duke of
(1649–85) 238, 244, 355
Montagu, Lady Mary Wortley
(1689–1762) 239, 267
Montagu, 2. Duke of 155
Montagu, 8. Viscount (gest. 1793)
117
Montcalm, Marquis de 61
Moore, Henry (geb. 1898) 202, 278
More, Hannah (1745–1833) 239
Morgenstern, Christian 249
Morris, William (1834–96) 18, 21,
29, 30, 68, 97, 104, 147, 152, 155,
165, 189, 275, 299, 309, 346
Morton, John (ca. 1420–1500) 188
Mowlem, John 185
Moyne, Lord Walter Guinness
(gest. 1944) 112
Mozart, Wolfgang Amadeus 114, 211
Muthesius, Hermann 96
Muybridge, Eadweard (1830–1904)
66

Napoleon I. 14, 15, 17, 61, 117,
138, 244, 275, 311
Napoleon III. (1808–73) 62
Nash, John (1752–1835) 32, 101,
158, 257, 337
Nash, Paul (1889–1946) 147, 192
Nash, Richard ›Beau‹ (1674–1761)
29, 30, 266, 267
Nelson, Horatio, Viscount (1758 bis
1805) 61, 146, 155, 187, 352
Nemon, Oscar 61
Newcomen, Thomas (1663–1729)
276

361

REGISTER

Newton, Isaac, Sir (1643–1727) 341
Nicholson, Ben (geb. 1894) 147, 307–309
Nicolson, Harald 57
Nollekens, Joseph (1737–1823) 113
Northcote, James (1746–1831) 273, 289
Nost, Jan (John) van (gest. 1729) 194
Nyren, John N. of Hambledon (1764–1837) 119

O'Casey, Sean (1880–1964) 274
Occam, William of, Wilhelm von Ockham (ca. 1285–1349) 67
Odo von Bayeux (ca. 1036–97) 64
Oldenburg, Claes 249
Olivier, Sir Laurence (geb. 1907) 109
Opie, John (1761–1807) 301, 303

Paine, James (ca. 1716–89) 209
Paine, Thomas (1737–1809) 13, 114
Palladio, Andrea 61, 89, 139, 213, 264
Palmer, Samuel (1805–81) 339
Palmerston, Henry John Temple, Viscount (1784–1865) 145, 146, 157
Parker, John, 1. Lord Boringdon (1734–88) 289, 290
Parler, Peter 257
Parr, Katherine (1512–48) 90, 207
Parry, Sir William Edward (1790–1855) 267
Paxton, Sir Joseph (1801–65) 159
Payne, Anthony (ca. 1612–91) 301
Peacock, Thomas Love (1785–1866) 149
Pearson, Colin (geb. 1923) 337
Pearson, John Loughborough (1817–97) 301
Pembroke, 4. Earl of 208
Pembroke, Lord Henry 208, 209
Penn, William (1644–1718) 247, 353
Pentreath, Dorothy (gest. 1777) 304
Pepys, Samuel (1633–1703) 70, 95, 146, 205, 262, 355
Perceval, Richard (1550–1620) 239
Percy, Sir Henry, gen. Percy Hotspur (1364–1403) 195
Perugino, Pietro 72
Pevsner, Sir Nikolaus (geb. 1902) 95, 99
Phelips, Sir Edward 253
Philipp II., König von Spanien 13, 59, 150, 280
Phillips, Amyas 112
Piggott, Lester 70
Pinton 109
Piper, John (geb. 1903) 109, 280
Pistoletto, Michelangelo 290
Pitt, William d. Ä. (1708–78) 211, 267
Pitt, William d. J. (1759–1806) 14, 61

Poore, Richard (gest. 1237) 167, 203
Pope, Alexander (1688–1744) 72, 105, 118, 194, *215*, 245, 266
Popjoy, Juliana 267
Potter, Walter 112
Pound, Ezra 294
Poussin, Gaspard 32, 215
Pratt, Sir Roger (1620–84) 344
Praxiteles 106
Price, Sir Uvedale (1747–1829) 32
Prideaux, Sir Edmund (gest. 1659) 192
Priestley, John Boynton (geb. 1894) 271
Priestley, Joseph (1733–1804) 233
Primaticcio, Francesco 89
Pückler-Muskau, Fürst Hermann von 63, 103, 106
Pugin, Augustus Welby Northmore (1812–52) 17, 18, 204
Pulteney, Sir John de (gest. 1349) 60
Purcell, Henry (1659–95) 312
Pym, John (1584–1643)

Quiller-Couch, Sir Arthur Thomas (1863–1944) 300

Radnor, Earl of 234
Raebourn, Sir Henry (1756–1823) 348
Raffael 193, 213
Raleigh, Sir Walter (ca. 1552–1618) 150, 167, 194, 269, 271, 276, 279, 345
Ray-Jones, Tony (1941–72) 347
Rembrandt 209, 289, 350
Repton, Humphry (1752–1818) 20, *101*, 104, 216, 258, 262, 298, 337, 341, *342*, 345
Reynolds, Sir Joshua (1723–92) 106–108, 115, 209, 262, *289*, 290, 350
Richard I., Löwenherz (1157–99) 10, 13, 306
Richard II. (1367–1400) 30, 145
Richardson, Samuel (1689–1761) 266
Richmond, Charles, 3. Duke of (1735–1806) 108
Richthofen, Frieda von 309
Riley, Bridget (geb. 1931) 309
Robinson, Gerrard (1834–91) 196
Roettier, James 20
Romney, George (1734–1802) 107
Rosa, Salvator 32
Rosenkrantz, Arild 28
Rossetti, Dante Gabriel (1828–82) 18, 118
Roubiliac, Louis Francois (ca. 1705–62) 209
Rubens, Peter Paul 114, 115, 193, 209, 234, 350
Ruskin, John (1819–1900) 161
Russell, Richard (gest. 1759) 99
Russell-Cotes, Sir Merton (1835 bis 1921) 166

Rysbrack, John Michael (1694–1770) 214, 215, 256, 347

Sackville, Thomas (1536–1608) 57, 112, 113
Sackville-West, Victoria (1892–1962) 57, 112
Sallust 186
Salvin, Anthony (1799–1881) 32
Sandys, William Lord (gest. 1540) 138
Schiller, Friedrich von 196
Schinkel, Karl Friedrich 150, 256
Schopenhauer, Johanna *263*, 266, 267
Scott, Robert Falcon (1868–1912) 273, 289
Scott, Sir Walter (1771–1832) 94, 137, 267, 297
Sederbach, Victor Alexander 234
Selkirk, Alexander (1676–1721) 256
Seymour, Jane (1509–37) 58, 348
Seymour, Lord Henry 159
Shackleton, Sir Ernest Henry (1874–1922) 280
Shaftesbury, Antony Ashley Cooper, 3. Earl of (1671–1713) 196
Shakespeare, William (1564–1616) 27, 109, 138, *147*, 195, 209, 246, 271, 275, 305
Shaw, George Bernard (1856–1950) 158
Shaw, Richard Norman (1831–1912) 96, 349
Sheffield, 1. Earl of 104
Shelley, Mary Wollstonecraft (1797–1851) 114, 165
Shelley, Percy Bysshe (1792–1822) 114, 165, 241
Sheraton, Thomas (1751–1806) 62
Sheridan, Richard Brinsley (1751–1816) 72, 267
Sickert, Walter R. (1860–1942) 147, 308
Siddal, Elizabeth Eleanor (1834–62) 118
Siddons, Sarah (1755–1831) 267
Sidney, Sir Philip (1554–86) 60, 208
Sillitoe, Allan (geb. 1928) 116
Smeaton, John (1724–92) 280, 308
Smirke, Sir Robert (1780–1867) 256
Smollett, Tobias George (1727–71) 265
Smythson, Robert (ca. 1536–1614) 233
Snetzler, Johann (1710–74) 20
Somerset, Edward Seymour, Duke of (ca. 1506–52) 238, 347
Southampton, Henry Wriothesley, 3. Earl of (1573–1624) 147
Southampton, Thomas Wriothesley, 1. Earl of (1505–50) 147
Southey, Robert (1774–1843) 154, 241, 255, 267

Spence, Sir Basil (1907–76) 99, 146
Spencer, Herbert (1820–1903) 103
Spencer, Sir Stanley (1891–1959)
    140, 147
Spenser, Edmund (ca. 1552–99) 271
St. Elgiva Virgin (gest. ca. 944) 195
St. Swithun (gest. 862) 151
Staël, Anne Louise Germaine,
    Baronne de 72
Stanhope, Spencer (1829–1908) 346,
    351
Starr, Ringo (geb. 1940) 246
Steele, Sir Richard (1672–1729) 68
Stevens, Alfred George (1818–75)
    189, 344
Stevenson, Robert Louis (1850–94)
    166, 300, 352
Stewart, Frances (1647–1702) 20
Stillingfleet, Benjamin 239
Strauß, Richard 114
Strawinsky, Igor 114
Storm, Theodor 164
Street, George Edmund (1824–81)
    257, 275
Stuart, Gilbert Charles 290
Stubbs, George (1724–1806) 107,
    108, 262, 352
Sullivan, Sir Arthur (1842–1900) 162
Sutherland, Graham (geb. 1903) 70,
    109, 147, 233
Sutton, Thomas 68
Swifft, Jonathan (1667–1745) 94
Swinburne, Algernon Charles
    (1837–1909) 161, 311

Talbot, William Henry Fox
    (1800–77) 234 f., 345
Talleyrand, Charles Maurice 72
Talman, William (1650–1719) 262
Tatham, Thomas (1763–1818) 273 .
Temple, Sir William (1628–99) 94,
    95
Teniers, David d. J. 72, 106, 342
Tenniel, Sir John (1820–1914) 93
Tennyson, Lord Alfred (1809–92)
    97, 98, 104, 162, 240, 251, 259,
    302, 305, 311, 354
Terborch, Gerard 72, 209
Terry, Ellen (1847–1928) 91, 162,
    339
Thackeray, William (1811–63) 94,
    103, 209, 260, 267, 348
Thornhill, Sir James (1675–1734)
    191
Thynne, Sir John (gest. 1580) 233
Tiffany, Louis Comfort 260
Tintoretto 234
Tirpitz, Alfred von 158
Tizian 59, 91, 106, 350
Tobey, Mark 278
Trajan 268
Trevelyan, George Macaulay
    (1876–1962) 158
Trevithick, Richard (1771–1833)
    307, 338

Turner, Joseph, Mallord William
    (1775–1851) 68, 105, 106, 108,
    158, 161, 201, 212, 259
Tussaud, Marie (1761–1850) 156,
    246
Tyler, Wat (gest. 1381) 30

Vanbrugh, Sir John (1664–1726)
    69, 137
Verdi, Giuseppe 114
Verelst, Simon 107
Vergil 215
Verlaine, Paul 165
Veronese, Paolo 234
Vertue, Robert und William
    (um 1500) 268
Vepasian 189, 265
Victoria, Königin (1819–1907) 69,
    102, 138, 158, 159, 160, 191, 276
Volk, Magnus (1851–1937) 103
Voysey, Charles F. Annesley
    (1857–1941) 15, 96

Walkelin (gest. 1098) 152
Wallis, Alfred (1855–1942) 308
Walpole, Sir Horace (1717–97) 17,
    69, 139, 147, 211, 267
Walton, Izaak (1593–1683) 119
Warbeck, Perkin (ca. 1474–99) 299
Watt, James (1736–1819) 276, 307
Watts, George Frederic (1817–1904)
    90, 162, 340
Watts, Mary (1830–1938) 90
Waugh, Evelyn Arthur St. John
    (1903–66) 244
Webb, Sir Aston (1849–1930) 276
Webb, John (1611–72) 139, 208
Webb, Matthew 10
Webb, Philip (1831–1915) 18, 96,
    337
Wedgwood, Josia (1730–95) 260,
    267
Wellington, Arthur Wellesley Duke
    of (1769–1852) 14, 17, 137
Wells, Herbert George (1866–1946)
    15, 337, 339, 342
Weltje, Louis 100
Wesley, John (1703–91) 68, 115,
    256, 298
Westbrook, Harriet 114
Weston, Sir Richard (gest. 1542) 89
Weyden, Rogier van der 106
Whistler, James McNeill (1834–1903)
    68, 192, 308
Whistler, Rex John (1905–44) 139
White, Gilbert (1720–93) 120, 343
White, Terence Hanbury (1906–64)
    311
Whitehouse, John Howard (gest.
    1955) 161
Whiting, Richard 252
Wilberforce, William (1759–1833)
    267
Wilde, Oscar (1856–1900) 273
Wilhelm II., dt. Kaiser 158, 159

Wilkins, William (1778–1839) 149
William I., Wilhelm der Eroberer
    (1027–87) 114, 117, 150, 154, 185,
    293
William II., gen. Rufus (ca. 1056/60
    bis 1100) 152
William III., von Oranien (1650 bis
    1702) 94, 113, 256, 262, 275, 289
William the Englishman (12. Jh.) 26
William of Malmesbury (ca. 1090 bis
    ca. 1143) 236
William of Perth 21
William of Sens (gest. 1180) 26
William de Warenne (gest. 1088) 114
William of Wykeham (1324–1404)
    153
William of Wynford (gest. ca.
    1405–10) 152, 153
Wilson, Colin (geb. 1931) 292
Winterhalter, Franz Xaver 160
Wodehouse, Sir Pelham Grenville
    (1881–1975) 92
Wolfe, James (1727–59) 61
Wolfram von Eschenbach 311
Wolsey, Thomas (1472–1530) 69, 89
Wood, Derwent 61
Wood, John d. Ä. (1704–54) 256,
    263, 265–67
Wood, John d. J. (1728–81) 263, 265
Woolf, Leonard 57, 114
Woolf, Virginia (1882–1941) 57,
    114, 162
Woolley, Frank 339
Wootton, John (1686–1765) 233, 262
Wordsworth, Dorothy (1771–1855)
    242, 243
Wordsworth, William (1770–1850)
    242–244, 256, 267, 309, 355
Wotton, Sir Henry (1568–1639) 242
Wren, Christopher (1632–1723)
    150, 191, 206, 213, 262
Wright, Frank Lloyd 96
Wriothesley, Thomas 147, 156
Wyatt, James (1747–1813) 20,
    107, 108, 159, 168, 191, 209, 211,
    260, 261, 273, 343, 348, 354
Wyatt, Sir Thomas (1503–42) 62,
    194, 345
Wyatt, Thomas Henry (1807–80)
    104, 209
Wyndham, Sir George O'Brien, 3.
    Earl of Egremont (1751–1837) 106
Wynter, Bryan (1915–75) 309

Yvele, Henry (ca. 1320–1400) 26
Young, Edward (1683–1765) 154
Young, Thomas (1773–1829) 239

Zarb, Raymond 61
Zobel, Georg 166
Zorn, Anders 308
Zucchi, Antonio 290

Orts- und Sachverzeichnis

Av = Avon
Corn = Cornwall
Dev = Devon
Dor = Dorset
GL = Groß-London
Hants = Hampshire
IoW = Isle of Wight
Ke = Kent
Som = Somerset
Sur = Surrey
Sus = Sussex
Wilts = Wiltshire

Abbotsbury (Dor) 344
Abinger Hammer (Sur) 71
Aldworth (Sus) 97
Alfoxton Park (Som) 243
Allington Castle (Ke) 62
Almondsbury (Av) 254
Alnwick Castle 193
Altarnun (Corn) 299
Alton Barnes (Wilts) 197
Alum Bay (IoW) 157, 161, 162
Amberley (Sus) 111
Angeln 21, 119, 329
Antony House (Corn) 298, 350
Appuldurcombe House (IoW) 162
Arreton Manor (IoW) 162, 343
Arundel (Sus) 111, 112, 340
Ascot 69, 107
Ashdown Forest (Sus) 112
Athelhampton (Dor) 188, 344
Atherington (Dev) 296
Aust (Av) 258
Avebury (Wilts) 202, 203
Avington Park (Hants) 342
Aylesford (Ke) 337

Badbury Rings (Dor) 189
Badminton House (Av) 261, 262, 347
Badon Hill 311
Bagtor (Dev) 294
Bailiffscourt (Sus) 112
Balmoral Castle 191
Banstead Wood (Sur) 96
Barfreston (Ke) 28
Barnstaple (Dev) 271, 295, 296
Barrington Court (Som) 252, 346
Bateman's (Sus) 104, 340
Bath (Av) 29, 209, 213, 234, 254–256, 263–268, 336, 347
Battle (Sus) 117, 340
Beachy Head (Sus) 98
Beaulieu (Hants) 155, 156, 342
Beltring (Ke) 31
Bembridge (IoW) 161, 343
Bere Regis (Dor) 188
Berry Pomeroy Castle (Dev) 348
Bexleyheath (GL) 18, 337

Bicton (Dev) 270, 271, 348
Bidborough (Ke) 29
Biddenden (Ke) 31, 335
Bideford (Dev) 294, 295
Bignor (Sus) 111, 340
Birchington (Ke) 18, 337
Bishop's Watham (Hants) 154
Bishopsbourne (Ke) 30
Bishopstone (Sus) 112
Blackdown (Sus) 97, 104
Blaise Castle (Av) 258
Blaise Hamlet (Av) 257
Blakesware Park 260
Blandford Forum (Dor) 344
Bodiam Castle (Sus) 108, 111, 340
Bodmin (Corn) 299, 300, 309
Bodmin Moor (Corn) 299, 300, 310
Bolventor (Corn) 299
Bonchurch (IoW) 161
Boscastle (Corn) 311
Bosham (Sus) 109
Botallack (Corn) 306
Boughton Malherbe (Ke) 242
Boughton Monchelsea Place 337
Bournemouth (Dor) 154, *164–166*, 188, 196, 344
Bovey Tracey (Dev) 349
Bowood House (Wilts) 233, 345
Boxgrove (Sus) 340
Box Hill (Sur) 65, 70
Bradford-on-Avon (Wilts) 236, 237
Bramber (Sus) 113, 341
Bramshill House (Hants) 137
Braunton (Dev) 296
Breamore House (Hants) 119, 154, 342
Brent Knoll (Som) 245
Bridgwater (Som) 239, 243
Brightling (Sus) 108
Brighton (Sus) 98, *99 ff.*, 102, 103, 106, 159, 191, 212, 267, 336, 341
Bristol (Av) 140, *254–258*, 260, 262, 348
Brixham (Dev) **274, 275**
Broadlands (Hants) 146
Broadstairs (Ke) 16, 336
Brockenhurst (Hants) 336
Brockwood (Sur) 95
Bromley (GL) 337
Brookland (Ke) 15
Brook (Sus) 338
Brownsea Island (Dor) 166
Brympton d'Evercy House (Som) 252, 346

Buckfast Abbey (Dev) 349
Buckland Abbey (Dev) 290, 291, 349
Bucklers Hard (Hants) 155, 156, 342
Burghclere (Hants) 140
Burton (Hants) 154
Bury (Sus) 111

Cadbury Castle (Som) 238, 310
Cadgwith (Corn) 302
Cadhay Manor (Dev) 270, 349
Camber Castle (Sus) 115
Camden Town Group 147
Camborne (Corn) 307
Cambridge 153, 194, 234
Camelford (Corn) 310
Canford Manor (Dor) 344
Canterbury (Ke) 11, 13, 21, *22 bis* 25, *27–30*, 67, 151, 336, 338
Carbis Bay (Corn) 308
Carhampton (Som) 335, 346
Carisbrooke Castle (IoW) 162, 163, 343
Carn Euny (Corn) 305
Castle-an-Dinas (Corn) 310
Castle Combe (Wilts) 234
Castle Dore (Corn) 300
Castle Drogo (Dev) 293, 294, 349
Castle Goring (Sus) 105
Cerne Abbas (Dor) 190
Chagford (Dev) 292, 293, 349
Chaldon (Sur) 65, 67
Challacombe (Dev) 240
Chanctonbury Ring (Sus) 71, 98
Charlcombe (Av) 266
Charmouth (Dor) 192
Charterhouse (Sur) 68
Charterhouse (Som) 247
Chartwell (Ke) 14, 60, 61, 338
Chatham (Ke) 18
Chawton (Hants) 120, 342
Cheddar (Som) 238, 245
Cherhill (Wilts) 197
Chertsey (Sur) 66
Chesil Beach (Dor) 191
Chevening Park (Ke) 61
Chichester (Sus) 106, *108 ff.*, 111, 142, 336
Chiddingstone (Ke) 60
Chiddingstone Castle (Ke) 59, 338
Chilham Castle (Ke) 64, 338
Christchurch (Dor) 27, 164, 165
Chysauster (Corn) 305
Cinque Ports 12, 14, 15, 115, 118
Cissbury Ring (Sus) 98
Clandon Park (Sur) 72, 339
Claremont (Sur) 68, 69, 340
Clarendon (Wilts) 207
Claverton Manor (Av) 348
Cleeve Abbey (Som) 346

Clevedon (Av) 258, 259, 348
Clevedon Court (Av) 260
Clifton (Av) 257, 258
Clouds Hill (Dor) 186, 187, 344
Clovelly (Dev) 295
Cobham (Ke) 18
Cobham Hall (Ke) 20, 338
Cockington (Dev) 349
Combe Florey (Som) 244
Combe Martin (Dev) 241, 296
Compton (Sur) 90, 340
Compton Acres (Dor) 166, 344
Compton Castle (Dev) 349
Coniston 161
Cookham 140
Corfe Castle (Dor) 145, 185, 186
Corsham Court (Wilts) 234, 345
Cotehele House (Corn) 260, 298, 350
Cotswold Hills (Av) 234, 235, 254, 262
Cowdrey House (Sus) 117
Cowes (IoW) 158
Cranbore Manor (Dor) 344
Cranbrook (Dev) 32, 293
Cranbury Park (Hants) 148
Crediton (Dev) 271
Cricket 66, 92, 119, 203, 339
Croscombe (Som) 346
Crossway Farm (Sur) 71
Crowborough (Sus) 113
Crowndale (Dev) 291

Dallington (Sus) 108
Dartford (Ke) 246, 338
Dartington Hall (Dev) 278, 349
Dartmoor (Dev) 239, 240, 269, 278, *291–293*, 299
Dartmouth (Dev) 275, 276
Deal (Ke) 14
Deal Castle (Ke) 14
Dean Prior (Dev) 278
Devil's Dyke (Sus) 98
Devizes (Wilts) 203, 345
Devonport (Dev) 273, 289, 298, 304
Ditchling (Sus) 114
Dodington House (Av) 260–262, 348
Doone Valley (Som) 240
Dorchester (Dor) 142, 188, 344
Dorking (Sur) 71
Dover (Ke) 10–12, 28, 145, 338
Downe (GL) 338
Downton Vale 32
Dozmare Pool (Corn) 310
Dungeness (Ke) 15
Dunkery Beacom (Som) 238, 240
Dunster (Som) 238, 243
Dymchurch (Ke) 15
Dyrham Park (Av) 262, 348

East Budleigh (Dev) 271
East Coker (Som) 253
East Knoyle (Wilts) 213

East Meon (Hants) 152
Ebbsfleet (Ke) 13
Egham (Sur) 66, 68, 70
Epsom (Sur) 65, 69 f., 90, 107, 336
Esher (Sur) 68, 69
Eton 153
Ewell (Sur) 90
Exeter (Dev) 168, 249, *269–273*, 349
Exford (Som) 240
Exmoor (Som/Dev) *239–241*, 243, 269, 296
Eynsford (Ke) 338

Falmer (Sus) 99
Falmouth (Corn) 59, 301
Farleigh Hungerford (Som) 346
Farnham (Sur) 93, 95, 340
Farringdon (IoW) 104, 162
Faversham (Ke) 338
Felpham (Sus) 109, 110
Field Place (Sus) 114
Firle Place (Sus) 114, 341
Fishbourne (Sus) 110, 341
Flete (Dev) 349
Folkestone (Ke) 15
Follies 99, 108, 210, 266, 296, 304
Fontainebleau 89
Fonthill Abbey (Wilts) *210–213*, 261, 265, 266
Forde Abbey (Dor) 192, 193, 344
Fowey (Corn) 299, 300
Freshwater Bay (IoW) 162
Frome (Som) 240, 346
Fulda 211, 269
Furzey Gardens (Hants) 342

Gad's Hill Place (Ke) 18, 20
Gärten 20, 104, 105, 194, 214, 216, 302, 305
Gespenster 20, 58, 106, 291, 304, 331
Glamorgan 241
Glastonbury (Som) 195, 238, 247, 250–252, 346
Glendurgan Garden (Corn) 59, 302
Clynde Place (Sus) 114, 341
Glyndebourne (Sus) 97, 114, 336
Godalming (Sur) 68, 96
Godinton Park (Ke) 62, 63, 338
Godolphin House (Corn) 350
Golf 12, 99, 113, 115, 266
Good Food 195, 241, 246, 334
Goodwood House (Sus) 107, 108, 341
Gosport (Hants) 150
Gothic Revival 17, 105, 147, 234, 303
Goudhurst (Ke) 31
Great Chalfield Manor (Wilts) 345
Great Dixter (Sus) 341
Green Hill Row (Dev) 292
Greyfriars (Sur) 96
Grimspound (Dev) 292

Guildford (Sur) 66, 72, 89, 90, 92, 93
Gwennap Pit (Corn) 298

Hadlow Castle (Ke) 213
Hambledon (Hants) 119, 189
Ham Hill 252, 253
Hardy's Cottage (Dor) 344
Hardwick Hall 253
Hartland Point (Dev) 295
Haslemere (Sur) *95–97*, 336
Hassel Street (Ke) 31
Hastings (Sus) 12, *116–118*, 336
Hatchlands (Sur) 72, 340
Hawkhurst (Sus) 340
Hayes Barton (Dev) 271
Haytor (Dev) 294
Headcorn (Ke) 31
Helford (Corn) 357
Helston (Corn) 306, 336
Henbury (Av) 257
Hensbarrow Downs (Corn) 301
Herstmonceux Castle (Sus) 117, 341
Hever Castle (Ke) 14, 58, 59, 338
High Bickington (Dev) 271, 296
Higher Bockhampton (Dor) 187
Historic Houses 331
Holford (Dev) 243
Holne (Dev) 294
Holybourne (Hants) 142
Honiton (Dev) 349
Horsham (Sus) 112, 114
Horton Court (Av) 348
Hügelfiguren 115, 190, 197
Hythe (Ke) 12, 15

Idsworth (Hants) 140
Ightham Mote (Ke) 62, 338
Ilchester (Som) 239
Iffracombe (Dev) 295, 296
Ipswich 13
Isle of Portland (Dor) 191
Isle of Thanet (Ke) 11

Jamaika 211
Juniper Hall (Sur) 72

Kassel 148, 265
Kilkhampton (Corn) 311
Kimmeridge (Dor) 168
Kingsbridge (Dev) 349
Kingston Lacy (Dor) 344
Kingston-upon-Thames (GL) 66
Knightshayes Court (Dev) 350
Knole (Ke) 57, 58, 112, 338
Köln 17, 257, 269
Kynance Cove (Corn) 302

Lacock (Wilts) 234
Lacock Abbey (Wilts) 234, 235, 345
Lancing College (Sus) 112
Land's End (Corn) 297, *304 ff.*, 310, 336
Langton Green (Ke) 29

365

REGISTER

Lanhydrock (Corn) 299, 350
Launceston (Corn) 297–299
Leeds Castle (Ke) 62, 338
Lewes (Sus) 99, 113, 114, 341
Limpsfield (Ke) 340
Lingfield (Ke) 340
Liskeard (Corn) 306
Little Trent Park 89
Littlecote (Wilts) 345
Lizard (Corn) 298, 302
London 10, 11, 13, 65, 70, 95, 101,
   111, 142, 150, 191, 233, 235, 246,
   254, 265
Longford Castle (Wilts) 234
Longleat (Wilts) 216, 233, 346
Loseley Park (Sur) 90, 340
Lostwithiel (Corn) 306
Lullingstone (Ke) 11
Lullington (Som) 347
Lulworth (Dor) 185
Lundy 295
Lydd (Ke) 15
Lydford (Dev) 293
Lyme Regis (Dor) 192
Lympne Castle (Ke) 15
Lyndhurst (Hants) 93, 155
Lynmouth (Dev) 241, 296
Lynton (Dev) 241, 242, 269
Lytes Cary (Som) 347

Magna Charta 66, 67, 186
Maiden Castle (Dor) 189
Maidstone (Ke) 20, *30*, 62, 338
Malmesbury (Wilts) 193, *205*, 235,
   236
Malpas (Corn) 300
Marazion (Corn) 303
Margate (Ke) 16
Marlborough (Wilts) 346
Marlborough Downs (Wilts) *197*,
   260, 346
Marsh Court (Hants) 96
Martello-Türme 15, 30, 108
Mayfield (Sus) 113
Meare (Som) 251
Menabilly (Corn) 300
Mendip Hills (Som) 238, 239,
   243–246, 251, 254
Mereworth Castle (Ke) 61
Merrivale-Le-Hatch (Ke) 62
Merton Abbey (GL) 29
Mevagissey (Corn) 309
Michelham Priory (Sus) 341
Mickleham (Sur) 71
Milston (Wilts) 346
Milton Abbas (Dor) 167, 168
Milton Abbey (Dor) 167, 345
Milverton (Som) 239
Minack Cliff Theatre (Corn) 304,
   305
Minehead (Som) 241–243, 336
Minstead (Sus) 113
Montacute House (Som) 238, 252,
   253, 347
Moor Park (Sur) 94

Moreton (Dor) 186, 187
Morwenstow (Corn) 297, 310, 311
Mottisfont Abbey (Hants) 139, 342
Mount's Bay (Corn) 303
Mousehole (Corn) 304
Muchelney (Som) 347
Mullion (Corn) 303
München 67
Munstead (Sur) 96

Nailsea (Av) 239
National Trust 332
Nether Stowey (Som) 244, 347
Netley Abbey (Hants) 147–149,
   342
New Forest (Hants) 154, 155
New Romney (Ke) 15
Newlyn (Corn) 309
Nonsuch Palace (Sur) 89, 211, 213
Norris Castle (IoW) 158, 343
Northiam (Sus) 118
Nunney Castle (Som) 347
Nunwell House (IoW) 162, 343

Oare (Som) 240, 241
Ockham (Sur) 67
Okehampton (Dev) 292, 293
Old Sarum (Wilts) 142, 193, 203
Old Soar Manor (Ke) 338
Osborne House (IoW) 158–160, 343
Osmington (Dor) 190
Otterburn 195
Ottery St. Mary (Dev) 270
Over Compton (Dor) 164
Oxford 153, 187, 239

Padstow Bay (Corn) 310, 336
Paignton (Dev) 274
Parham House (Sus) 107, 111, 341
Parnham House (Dor) 345
Passau 20
Patrixbourne (Ke) 28
Pendennis Castle (Corn) 14, 301,
   302
Penjerrick (Corn) 302
Penshurst Place (Ke) 60, 339
Penwith (Corn) 305, 308
Penzance (Corn) 297, 303–305
Perranporth (Corn) 310
Petworth House (Sus) *105 f.*, 108,
   112, 341
Pevensey Castle (Sus) 116, 117, 144
Pewsey (Wilts) 197
Picknick 65, 70, 114
Pilgrims' Way 22, 67, 72, 151, 152,
   303
Plymouth (Dev) 145, 273, *278–280*,
   289, 294, 301, 350
Plympton (Dev) 289, 293
Poldhu (Corn) 302, 303
Polesden Lacey (Sur) 72, 340
Polperro (Corn) 297, 299, 300
Pool (Corn) 307
Poole (Door) 166, 186, 345
Porlock (Som) 241, 242

Portchester (Hants) 143–145, 342
Porthcurno (Corn) 304
Portland Castle (Dor) 191
Portsmouth (Hants) 143, *145 f.*
   155, 335, 342
Postbridge (Dev) 293
Powderham Castle (Dev) 273, 350
Prähistorische Gräber 190, 238, 246
Prähistorische Siedlungen 98, 108,
   116, 154, 189, 197, 203, 251, 252,
   274, 292
Prähistorische Steinkreise 197, 201,
   202, 239, 291, 292, 305
Priddy (Som) 246
Princetown (Dev) 292, 293
Prior Park (Av) 209, 266
Public Schools 68, 69, 153, 193,
   209, 266, 346
Purbeck (Dor) 168, 185, 186, 191
Purse Caundle Manor (Dor) 345

Quantock Hills (Som) 243, 244, 251
Quarr Abbey (IoW) 160

Ramsgate (Ke) 16, 17
Ranmore Common (Sur) 72
Reculver (Ke) 11, 144
Reiten 70, 107, 108, 333
Richborough (Ke) 11, 143, 339
Robertsbridge (Sus) 341
Roche (Corn) 299
Rochester (Ke) 20, 21, 28, 339
Rockbourne (Hants) 142, 343
Rodmell (Sus) 114
Rom 14, 25, 165, 238, 262, 272
Römische Besiedlung 110, 111, 116,
   141, 142, 143, 168, 169
Romney Marsh (Ke) 12, 15
Romsey Abbey (Hants) 152, 237
Rose (Corn) 310
Rottingdean (Sus) 103, 104, 341
Rovelden (Ke) 339
Royal Holloway College (Sur) 68
Ruinen 148, 149, 203, 250, 306
Runnymede (Sur) 66
Rutupiae 11
Rye (Ke) 12, 15
Rye (Sus) 113, 115, *116*, 341

Salisbury (Wilts) 109, 167, 168,
   197, *203 ff.*, 207, 209, 257, 346
Salisbury Plain (Wilts) 197
Saltash (Corn) 297
Saltram House (Dev) 289, 290, 350
Sandgate (Ke) 15
Sandown (Ke) 14
Sandown (IoW) 161, 243
Sandwich (Ke) 12, 13, 339
Saunton (Dev) 296
Saxon Shore 11
Scilly Isles (Corn) 305
Scotney Castle (Ke) 32, 339
Seaford (Sus) 15, 99, 112
Sedgmoor (Som) 238, 244
Segeln 155, *158*, 300

366

Selborne (Hants) 120, 343
Selworthy (Som) 240
Seven Sisters (Sus) 99
Sevenoaks (Ke) 57, 62, 339
Severn (Av) 258
Shaftesbury (Dor) 193, 195, 196
Shanklin (IoW) 161
Sharpam Park (Som) 252
Sheffield Park (Sus) 104, 341
Shepton Mallet (Som) 347
Sherborne (Dor) *193 f.*, 236, 345
Sherborne Castle (Dor) 194
Shoreham (Ke) 339
Shoreham-by-Sea (Sus) 341
Shovel Down (Dev) 292
Silbury Hill (Wilts) 203
Silchester (Hants) 141, 142
Singleton (Sus) 107, 342
Sissinghurst Castle (Ke) *33 f.*, 112, 339
Slaughterbridge (Corn) 310
Smallhythe Place (Ke) 339
Smarden (Ke) 31
Smedmore (Dor) 185, 345
Solent (Hants) 146
Somerton (Som) 238
Sompting (Sus) 112
Southampton (Hants) 146, 148, 152, 343
Southsea (Hants) 145
Spaxton (Som) 245
Speldhurst (Ke) 29
St. Austell (Corn) 299, 300, 301
St. Buryan (Corn) 304
St. Catherine's Hill (Hants) 154
St. Germans (Corn) 350
St. Ives (Corn) 305–309, 336
St. Just (Corn) 306, 307
St. Levan (Corn) 304
St. Margaret's at Cliffe (Ke) 28
St. Mary Bourne (Hants) 152
St. Mawes Castle (Corn) 301
St. Merryn (Corn) 309
St. Michael's Mount (Corn) 303, 351
St. Neot (Corn) 351
Stane Street 72, 111
Stanton Drew (Som) 347
Steventon (Hants) 120
Stinsford (Dor) 187
Stockbridge (Hants) 120
Stoke (Dev) 295
Stoke d'Abernon (Sur) 20, 97
Stonehenge (Wilts) *197, 199,* 201–203, 336

Stourhead (Wilts) 213, 215
Stourhead Garden (Wilts) 213–215
Stowe 214
Stratfield Saye (Hants) 137, 138, 141, 343
Stratton (Corn) 312
Stratton Park (Hants) 149
Strawberry Hill 139, 211, 303
Street (Som) 347
Stutfall Castle (Ke) 15
Sutton Place (Sur) 89
Swanage (Dor) 185
Swindon (Wilts) 346

Tarr Steps (Som) 240
Tarrant Crawford (Dor) 167
Taunton (Som) 243, 244
Tavistock (Dev) 290, 291, 293, 350
Teignmouth (Dev) 273, 274
Tenderden (Ke) 32
Teppich von Bayeux 118
The Grange (Hants) 149, 150
The Vyne (Hants) 138, 139, 343
Throwleigh (Dev) 292
Tigbourne Court (Sur) 96
Tintagel (Corn) 310, 311
Titchfield Abbey (Hants) 147
Tiverton (Dev) 350
Tolpuddle (Dor) 336
Tolgus (Corn) 351
Tonbridge (Ke) 213, 339
Tor Bay (Dev) 274
Torquay (Dev) 269, *274 f.*, 304
Totnes (Dev) 276, 278
Trelissick (Corn) 351
Trerice (Corn) 297, 310, 351
Trundle (Sus) 108
Truro (Corn) *299–301,* 306, 351, 357
Tudely (Ke) 28
Tunbridge Wells (Ke) 29, 70, 117, 118
Twickenham (GL) 105, 246

Uffington 197
Upham (Hants) 154
Uppark (Sus) 342

Vicenza 61
Vindomis (Hants) 142

Wadebridge (Corn) 310
Walmer Castle (Ke) 12, *14,* 138, 339
Wardour Castle (Wilts) 209, 210, 346

Wareham (Dor) 186
Warren House Inn (Dev) 292, 293
Watchet (Som) 242, 243
Waterloo 14, 120, 137, 275
Watern Down (Dev) 292
Waterston Manor (Dor) 345
Watling Street 11, 21
Waverley Abbey (Sur) 90, 93 f., 96, 117, 192
Weald 30–32, 71, 98, 112, 118, 155
Wedmore (Som) 238
Welcombe (Dev) 294, 295
Wellow (Av) 238, 246
Wells (Som) 152, 207, 238 247–250, 257, 270, 347
West Dean (Sus) 107
West Kennett (Wilts) 203
Westerham (Ke) 61
Westward HO! (Dev) 294
Westwood Manor (Wilts) 346
Weymouth (Dor) 190, 191
Whippingham (IoW) 160
Wickhambreux (Ke) 28
Widecombe-in-the-Moor (Dev) 292, 293, 336
Wilmington (Sus) 115
Wilton (Wilts) 209
Wilton House (Wilts) 207–209, 346
Wimborne Minster (Dor) 166, 167, 270
Wimborne St. Giles (Dor) 196
Winchelsea (Sus) 12, 113, 115
Winchester (Hants) 22, 93, 139, 142, *150–153,* 257, 343
Windmill Hill (Wilts) 189, 203
Wisley Gardens (Sur) 95, 340
Wiston House (Sus) 342
Withyam (Sus) 112
Withypool (Som) 239
Witley (Sur) 96
Wittersham (Sus) 116
Woburn Abbey 216
Wollaton Hall 233
Woodhenge (Wilts) 201
Wookey (Som) 238, 245, 246
Woolacombe (Dev) 296
Wörlitz 216
Worth (Sus) 112
Wotton (Sur) 95
Wrington (Av) 239
Wye (Ke) 352

Yeovil (Som) 252

Zennor (Corn) 305, 309, 351

DuMont Kunst-Reiseführer

»Kunst- und kulturgeschichtlich Interessierten sind die DuMont Kunst-Reiseführer unentbehrliche Reisebegleiter geworden. Denn sie vermitteln, Text und Bild meist trefflich kombiniert, fundierte Einführungen in Geschichte und Kultur der jeweiligen Länder oder Städte, und sie erweisen sich gleichzeitig als praktische Führer.« *Süddeutsche Zeitung*

Alle Titel in dieser Reihe:

Ägypten	Die griechischen Inseln	Japan
Äthiopien	Kreta	Jugoslawien
Algerien	Alte Kirchen und Klöster	Malta und Gozo
Belgien	Griechenlands	Marokko
Deutsche Demokratische	Tempel und Stätten der	Die Götterburgen Mexikos
Republik	Götter Griechenlands	Nepal
Franken	Guatemala	Salzburg, Salzkammergut,
Köln	Indien	Oberösterreich
Der Niederrhein	Indonesien	Wien und Umgebung
Die Pfalz	Iran	Portugal
Schleswig-Holstein	Irland	Rumänien
Zwischen Neckar und Donau	Rom	Kunst in Rußland
Dänemark	Von Pavia nach Rom	Die Schweiz
Süd-England	Ober-Italien	Skandinavien
Die Bretagne	Florenz und die Medici	Zentral-Spanien
Burgund	Das etruskische Italien	Südamerika:
Südwest-Frankreich	Apulien	präkolumbische Hochkulturen
Das Tal der Loire	Venedig	Tunesien
Die Provence	Sardinien	Städte und Stätten der Türkei
Athen	Sizilien	

Alle Bände mit vielen, zum Teil farbigen Abbildungen; dazu Zeichnungen, Karten, Grundrisse, praktische Reisehinweise

»Richtig reisen«

»Moderne, handliche und übersichtlich gestaltete Reiseführer. Frische, manchmal auch freche Sprache, gute Fotos und auch voller Geschichten, die dem flüchtigen Reisenden sonst kaum zugänglich werden.« *Die Welt*

In dieser Reihe liegen vor:

Amsterdam	Kopenhagen	New York
Ferner Osten	London	Paris
Ibiza/Formentera	Mexiko und Zentralamerika	San Francisco
Istanbul	Moskau	Südamerika
Kanada und Alaska	Nepal	Südamerika 2

Alle Bände reich, auch farbig illustriert; Zeichnungen, Karten, Grundrisse, Register und praktische Reisetips